슬픈 중국 : 인민민주독재 1948-1964

"슬픈 중국" 3부작 제1권

슬픈 중국
인민민주독재
1948-1964

송재윤

저자 송재윤(宋在倫)

1969년 서울에서 태어나 자랐다. 고려대학교에서 학사 및 석사 학위를 마치고, 미국 하버드 대학교에서 박사 학위를 받았다. 미국 테네시 주립대학교를 거쳐서 2009년 이후 캐나다 맥마스터 대학교에서 역사학과 교수로 재직하고 있다. 주요 저서로는 11세기 중국의 국가개혁과 유가경학사의 관계를 조명한 학술서 *Traces of Grand Peace: Classics and State Activism in Imperial China*(Harvard University, 2015)와 국적과 개인의 정체성을 탐구한 영문소설 *Yoshiko's Flags*(Quattro Books, 2018) 등이 있다. "슬픈 중국" 3부작을 완결하고, 현재 캐나다에서 과거 중화제국의 정치 담론과 현대 중국의 헌정 논쟁에 관한 학술서를 집필하고 있다.

슬픈 중국 : 인민민주독재 1948-1964

저자 / 송재윤
발행처 / 까치글방
발행인 / 박후영
주소 / 서울시 용산구 서빙고로 67, 파크타워 103동 1003호
전화 / 02 · 735 · 8998, 736 · 7768
팩시밀리 / 02 · 723 · 4591
홈페이지 / www.kachibooks.co.kr
전자우편 / kachibooks@gmail.com
등록번호 / 1-528
등록일 / 1977. 8. 5
초판 1쇄 발행일 / 2020. 4. 1
    6쇄 발행일 / 2023. 9. 25
값 / 뒤표지에 쓰여 있음
ISBN 978-89-7291-708-3 04910
    978-89-7291-707-6 (세트)

이 도서의 국립중앙도서관 출판예정도서목록(CIP)은 서지정보유통지원시스템 홈페이지(http://seoji.nl.go.kr)와 국가자료종합목록시스템(http://www.nl.go.kr/kolisnet)에서 이용하실 수 있습니다. (CIP제어번호 : CIP2020011839)

"너희들은 독재를 하고 있어!" 귀여운 선생들이여, 그대들의 말이 맞다. 진정 우리는 그러하다. 중국 인민이 수십 년간 축적해온 경험의 총체가 우리로 하여금 인민민주전정(人民民主專政)을 실행하게 한다. 혹자는 인민민주독재라고도 하는데, 결국 같은 의미이다. 바로 반동 세력의 발언권은 박탈하고, 인민만이 발언권을 누리게 하는 것!

　　　　　　　　— 마오쩌둥, "인민민주독재를 논함: 중국공산당 28주년 기념",

　　　　　　　　　　　　「인민일보(人民日報)」 1949년 6월 30일 자

중화인민공화국은 노동자 계급이 영도하는, 노동자와 농민의 연맹에 기초한 인민민주독재의 사회주의 국가이다.

　　　　　　　　— 『중화인민공화국 헌법』 「총강(總綱)」 제1조

(유토피아에서) 군주는 평생토록 군주이다. 모종의 계략을 써서 인민을 노예 삼으려고 한다는 혐의로 제거되지 않는 한.

　　　　　　　　— 토머스 모어, 『유토피아(*Utopia*)』에서

이 책에서는 용어의 혼돈을 최소화하기 위해서 중국의 정부 및 군사 조직의 명칭을 다음과 같이 정리해서 사용했다.

공산당군 : 중국공산당의 군대를 이른다. 1947년 10월 10일 "공산당군"으로 개칭되었다. 이 책에서는 필요에 따라서 "인민해방군"이라는 명칭도 사용했다. 홍군(紅軍), 공군(共軍), 중공군(中共軍)으로도 불린다. 이 책에서 공산당군이라고 쓰는 이유는 "당이 군대를 통솔한다"는 중국공산당의 기본 원칙을 드러내기 위함이다.

국민당군 : 중국국민당의 국민혁명군(國民革命軍)을 의미한다. 1928년 이전에는 주로 혁명군으로, 1928년 이후에는 국군(國軍)으로 불렸다.

중공정부 : 중국공산당 산하 중앙인민정부(국무원) 및 성, 시, 현 등 각급 인민정부의 범칭. 중화인민공화국의 행정 조직 역시 중국공산당의 명령계통과 지휘체계에 속해 있으므로 중공정부라고 명시했다.

중공중앙 : 중국공산당 중앙위원회를 의미한다. 2017년 현재 중공중앙의 조직도를 보면, 중앙위원회는 총서기(1명), 중앙정치국 상무위원회(7명), 중앙정치국 위원(25명), 중앙서기처 서기(7명), 중앙위원 (204명), 중앙후보위원 (168명) 등으로 구성되어 있다.

중공지도부 : 중국공산당의 최고 영도기관이자 최고 의결기구로서 중국공산당 중앙위원회 중앙정치국을 의미하며, 그중에서도 특히 상무위원회를 의미한다. 상무위원회의 결정 사항은 실제적으로 법률의 효력을 발휘한다.

차례

프롤로그

2020년 현재 중국발 코로나 바이러스가 전 세계를 불안과 공포로 몰아넣고 있다. 사스(SARS) 이후 반복되는 중국발 역병의 확산은 중국공산당의 관료주의, 언론 통제 및 권위주의 정치문화와 결코 무관하지 않다. 전염이 확산되던 최초의 2주일 동안 정부는 사태를 은폐했고, 언론은 축소 보도했고, 전문가의 경고는 묵살되었다. 급기야 WHO까지 중국 측의 거짓 주장을 사실로 인정하는 큰 실수를 범했다. 중국의 문제가 곧 전 지구적 문제임을, 중국공산당의 모순이 곧 세계사의 모순임을 일깨우는 중대한 사건이다.

오늘날의 중국은 어떤 나라인가? 미래의 중국은 어떤 모습인가? 1949년 10월 1일에 건국한 이래 중국공산당 정부(이하 중공정부)는 마르크스주의, 레닌주의, 마오쩌둥 사상의 깃발을 내걸고 공산 유토피아의 건설을 위해서 무산계급 "인민민주독재"의 이름으로 일당지배체제를 이어가고 있다. 그 파란만장한 70년 동안 중국은 크게 두 차례의 거대한 혁명을 치렀다. 첫 번째 혁명(1949-1976)은 중앙집권적 집산화(集産化)를 통한 사회주의 건설의 혁명이었다. 두 번째 혁명(1978-)은 개혁개방을 통한 실용주의 경제발전의 혁명이었다. 이 두 차례의 혁명은 모두 기존의 사회, 경제적 기본 체제를 근본적으로 바꾸는 대규모의 구조 변혁이었다.

이 두 혁명이 오늘날의 중국을 만들었다. 그 결과 현재 중국은 흡사 두 얼굴의 야누스처럼 사회주의 헌법체제와 자본주의 생산양식을 결합하고 있다. 헤겔(Hegel, 1770-1831)의 변증법을 원용하자면, 냉전시대 세계를 두 진영으로 갈랐던 공산주의와 자본주의가 오늘날의 중국에서는 "대립물의 통일(unity of opposites)"을 이루고 있다. 상반되는 이 두 힘은 표면상 정체(停滯, stasis) 상태를 이루고 있는 듯하지만, 실제로는 격렬하게 충돌하고 대립하면서 동적 긴장의 상태에 놓여 있다. 공산주의 정치체제와 자본주의 생산양식이 팽팽한 긴장 속에서 '대립물'의 투쟁을 벌이고 있다. 겉으로는 멀쩡해 보이지만, 속으로는 부글부글 끓고 있다.

오늘날 중국은 세계 최고의 빈부격차, 지역격차, 계급갈등, 부동산 버블, 지방정부의 부채 증가, 전체주의적 통제 강화, 인권 침해 등 여전히 많은 문제에 직면해 있으며, 극심한 변화의 소용돌이에 휩싸여 있다. 현재 중화인민공화국의 지배체제는 중공정부의 일당독재 권위주의 체제이다. 중국에서는 사상과 양심의 자유도, 종교와 신념의 자유도, 학문과 예술의 자유도, 집회 및 결사의 자유도, 언론과 출판의 자유도, 거주, 이전의 자유도, 출산과 양육을 포함한 사생활의 자유까지도 제대로 누릴 수 없다. 사회주의 중국은 노동자 농민의 나라를 표방하고 있지만, 1982년에 재개정된 오늘날의 중국 헌법에는 "파업의 권리(노동쟁의권)" 자체가 삭제되어 있다. 세계은행의 지니 계수 발표를 보면, 중국의 경제적 불평등(42.2, 2012년)은 이미 미국(41, 2013년)보다 심각한 수준이다. 바로 그런 체제의 모순과 이해의 충돌, 가치의 대립과 사회갈등 때문에 중국식 모델은 진통을 겪고 있다. 과연 인구 14억의 대륙국가 중국은 어디로 가고 있는가?

중국의 미래에 관해서는 낙관론과 비관론이 엇갈린다. 낙관적인 전망도 극적으로 엇갈린다. 중국공산당이 최소 향후 30년 이상 현재 상태의 권위주의 통치를 지속한다. 혹은 지속적인 경제성장의 결과, 중국은 자유민주주의 체제로 진화한다. 비관적 전망 역시 크게 양분된다. 중국식 발전 모델은 실패하지만, 중국공산당의 일당지배는 지속된다. 또는 중국식 발전 모델의 실패는 급격한 체제 붕괴로 이어진다. 미국에서 활약하는 중국 출신의 정치학자 민신페이(Minxin Pei, 裴敏欣)가 제시하는 이상의 네 가지 모델 중에서 과연 어떤 전망이 중국의 미래가 될 것인가?

　그 누구도 무엇이라고 장담할 수는 없지만, 중국의 미래가 곧 인류의 미래와 직결된다는 점은 부인할 수 없다. 중국의 경제규모는 머지않아 미국을 누르고 세계 제1위에 오를 전망이다. 이에 미국은 대중국 관세를 올리고 비관세 장벽을 높이면서 이른바 불공정 거래의 관례를 철폐하려고 하고 있다. 미국은 중국을 겨냥하여 핵심기술 유출 금지, 지적재산권 보호, 경제첩보 활동 봉쇄 등의 보호주의 정책을 이어가고 있다. 중국을 향한 미국의 이른바 "정부 전체 접근법(WGA : whole-of-government approach)" 은 현재 진행 중인 미, 중 무역전쟁이 단순한 경제문제 이상임을 보여준다.

　그 밑에서는 미국식 자유민주주의와 '중국 특색 사회주의'가 대립, 충돌하고 있다. 제2차 세계대전 이후 자유 진영의 영수로 군림해온 미국으로서는 중화민족의 부흥을 국시로 내세우는 공산당 일당독재의 중국이 권위주의 체제를 그대로 유지한 채 세계 기준(global standards)을 예사로 무시하며 패권 국가로 도약하는 현재의 상황을 그대로 방치할 수가 없다. 한편 중국몽(中國夢)을 부르짖는 중국은 일대일로(一帶一路)의 구호를 외치며 신장(新疆)을 지나 중앙 아시아로, 또 유럽을 끼고 아프리카로 이어지는 실크로드 경제 벨트의 건설과 태평양에서 인도양을 거쳐 남아메리카의 대

서양까지 뻗어가는 해상 실크로드의 확장을 추진하고 있다.

세계는 지금 미국 우선주의와 중국 패권주의가 격돌하는 불안한 현실 앞에서 냉전의 종식 이후 다시금 사상적 혼란과 이념의 갈등을 겪고 있다. 미국과 중국의 무역전쟁은 군사긴장을 고조시키고 정치대립을 심화시키는 체제전쟁으로 비화될 수밖에 없을 듯하다. 대망의 2020년대 미중 간의 갈등은 전 세계 모든 나라에, 아니 지구촌의 세계시민들 모두에게 새로운 고민거리를 안겨준다. 과연 우리는 미중 갈등의 새로운 시대를 어떻게 헤쳐나가야 할까?

이 책은 세계시민이라면 누구나 알고 있어야 할 중국 최현대사의 기본적인 지식을 담고 있다. 오늘날의 중국을 이해하기 위해서는 중화인민공화국의 성립과정에서부터 현재에 이르는 역사의 궤적을 전체적으로 조망해야 한다. 중국의 현실을 알고자 하는 독자들을 위해서 "슬픈 중국" 시리즈는 3부작으로 기획되었다. 3부작은 각각 제1권『인민민주독재 1948-1964』, 제2권『문화대반란 1964-1976』, 제3권『대륙의 자유인들 1976-현재』이다.

제1권은 중화인민공화국의 성립과 사회주의의 건설을 대략 1948년부터 1964년에 걸쳐서 다루고 있다. 1948년을 출발점으로 삼은 이유는 중화인민공화국이 실제로 어떤 과정을 통해서 성립되었나를 보여주기 위함이다. 1964년은 대약진 운동(1958-1962)이 처참한 대기근으로 막을 내리고 광기의 문화혁명이 시작되기 전, 중공지도부가 집산화의 강박증에서 벗어나서 경제개발의 새로운 출구를 모색하던 때였다. 또한 중국이 핵무장에 성공하여 자강 운동(1861-1895) 이래 100년을 추구해온 강국의 꿈을 마침내 실현하는 역사적 분기점이었다.

"인민민주독재"는 1954년 이래 중국의 헌법 전문(前文)과 총강 제1조에

12

명시된 중화인민공화국의 가장 기초적인 정치제도이다. 1949년에 마오쩌 둥(毛澤東, 1893-1976)은 마르크스-엥겔스의 "프롤레타리아 독재" 이론에 중국혁명의 계급투쟁 경험을 결합해 "인민민주독재"라는 새로운 통치 원리 를 제창했다. 쉽게 말해서 "인민민주독재"란 "대다수 인민에게는 민주를, 극소수 적인(敵人)에게는 독재를" 실시한다는 중국 특유의 통치 원리이다. 적인이란 "인민의 적"을 이른다. "인민의 적"은 중국공산당 주도의 사회주 의 혁명노선에 반대하는 모든 이들의 통칭이다.

1950-1960년대 반혁명 세력의 진압, 토지개혁, 반우파 투쟁, 집산화, 인 민공사 등 중국공산당의 모든 경제정책, 사회개혁, 정치 캠페인은 "인민민 주독재"의 이름으로 진행되었다. 중국공산당은 모든 국가정책이 인민에 의한, 인민을 위한, 인민의 "민주적" 의사결정이라고 선전했다. 인민을 위 한, 인민에 의한, 인민의 유토피아는 그러나 실현되지 않았다.

국가정책에 순종했던 다수 인민은 사생활을 헌납한 채 안티 유토피아의 현실을 견뎌야 했다. 국가정책을 비판하는 소수의 사람들은 적인으로 몰 려서 처형되거나 격리되었다. 결국에는 인민과 적인이 모두 공히 중국 헌 법에 보장된 인간의 기본권을 상실한 채 국가권력의 농노로 전락하고 말 았다.

오늘날 중공정부는 여전히 '중국 특색 사회주의'를 부르짖으며 "인민민 주독재"를 고수하고 있다. 여전히 "사회주의 유토피아"의 꿈을 팔아서 인 민의 자유를 축소하고 인권을 제약하고 있다. 무수한 인명을 죽음으로 내 몰아간 바로 그 "사회주의 유토피아"는 과연 무엇이었나? "인민민주독재" 는 어떤 결과를 초래했는가?

지금부터 중화인민공화국 초창기의 역사를 돌아보려고 한다. 이 책은 모두 35개 장으로 구성되어 있다. 굵직한 사건 중심으로 연대기 순서를 따라서 기술되었지만, 각 장마다 독립된 주제, 문제 및 잠정적 결론이 담겨 있다. 처음부터 순서대로 읽어도 좋고, 눈길을 끄는 장부터 마음대로 넘기면서 읽어도 좋을 듯하다.

역사 앞에서는 누구나 겸허해질 수밖에 없다. 편견과 선입관을 접어두고 역사의 현실을 추적해보자.

유럽의 속담처럼, 어리석은 사람은 체험에 의존하고 현명한 사람은 역사를 본다.

제1장

슬픈 대륙의 역사를 돌아보라!

혁명의 마파람

2019년 내내 중화인민공화국의 남단에서는 혁명의 마파람이 일어났다. 홍콩에서 부는 이 돌풍은 어디서 와서 어디로 불어가는 바람일까? 거세게 일지만 힘없이 사라지는 아닌 밤중의 돌개바람일까? 산을 허물고 물길을 바꾸는 희귀성 슈퍼 태풍일까? 그도 아니라면 해마다 찾아오는 아열대의 계절풍일까? 홍콩의 미래에 관해서는 종잡을 수 없는 바람처럼 전망이 엇갈린다.

세계사의 격랑 속에서 홍콩의 미래와 중화인민공화국의 운명은 기계의 톱니처럼 맞물려 돌아가고 있다. 앞으로 최소 30년 동안 중국공산당의 독재체제가 굳건하게 유지된다면, 홍콩은 용광로 속으로 던져진 철광석과 같은 운명을 피할 수 없으리라. 반대로 만약 중국이 먼저 급변의 소용돌이에 휩싸인다면 홍콩은 어떻게 될까? 1978년 이래 40여 년간 유지되어온 '중국 특색 사회주의' 자체가 먼저 붕괴의 조짐을 보인다면? 2019년 홍콩에서 일어난 자유혁명의 마파람은 대륙을 강타하는 허리케인이 될 수도 있다.

역사의 큰 변화는 예측을 불허한다. 베를린 장벽이 무너지기 전날까지 변화의 조짐을 감지했던 사람들은 극소수에 불과했다. 구소련 말기에도 많은 사람들은 페레스트로이카가 사회주의 재건 운동이라고 굳게 믿고 있었다. 미래에 대한 그 어떤 예단도 부질없는 만용일 뿐이다. 격변하는 현대 사회에서는 더더욱 그러하다. 다만 누구나 바라는 미래를 꿈꾸고 희망의 만트라(mantra)를 읊조릴 수는 있다. 홍콩민주동맹의 지도자 마틴 리(Martin Lee, 1938-)는 말한다.

> 머지않아 전 세계인들이 민주주의를 누릴 날이 반드시 올 것이라고 확신한다. 비록 중국이 그 마지막 나라가 될지라도, 민주주의는 결국 중국에 도래하고 말 것이다.1)

마틴 리의 확신은 어디에서 비롯되는가? 인간은 누구나 신체, 표현, 사상, 종교, 집회, 결사 등의 자유를 가진다는 천부인권사상과 자유주의 시장경제의 발전은 정치적 민주화로 이어진다는 역사적 경험칙에 근거하고 있다. 반면 중국 특색 사회주의의 반영구적 지속을 장담하는 이론가들은 대부분 중화문명의 독자성, 중공정부의 효율성, 중국 역사의 특이성, 중국 문화의 특수성 및 중국 인민의 국민성 등을 강조한다. 중국은 지구의 다른 국가들과는 근본적으로 차별된다는 "중국 예외주의(Chinese exceptionalism)"에 따른 주장이다. 과연 중국만이 인류사의 보편적인 궤적을 벗어나는 극적인 이탈 사례가 될 수 있을까?

2019년 홍콩의 자유화 운동

2019년의 홍콩 시민들은 왜 그토록 필사적으로 반중시위에 나서는가? 중공정부의 체제가 개인의 자유를 제한하고 인권을 유린하는 일당독재체제이기 때문이다.

현재 홍콩과 중국 사이에는 범죄인 인도조약이 없다. 특히 도주 범인과 관련된 인도조약이 없다. 그럼에도 중공정부는 해외에 체류하는 수배자들을 임의로 납치하고 억류하기도 한다. 2015년 스웨덴 국적의 홍콩 출판업자 구이민하이(桂敏海, 1964-)는 태국의 자택에서 긴급 납치되어 중국으로 끌려갔다. 캐나다의 화교 출신 거부(巨富) 샤오젠화(肖建華, 1972-) 역시 2017년 1월에 중국으로 잡혀간 이후 2년이 넘게 재판도 받지 못한 채 억류된 상태이다. 이런 반인권 범죄가 중공정부의 승인하에 행해진 국가적 조치라는 사실에 경악을 금할 수 없다. 당연히 현재 스페인을 제외한 대부분의 선진국들은 중국과의 범죄인 인도조약을 거부하고 있다. 얼마 전 중국과의 범죄인 인도조약 체결을 고려했던 오스트레일리아 역시 면밀한 검토 후에 그 계획을 철회했다. 홍콩도 서구의 여타 국가들과 같은 입장이었다.

만약 중국에서 홍콩의 범인들을 데려다가 중국의 법정에 세운다면 어떤 일이 발생할까? 반중 자유주의 운동을 이끌고 있는 홍콩의 정치 활동가들이 중공정부의 위협에 직접 노출될 수밖에 없다. 또한 홍콩 시민들이 그동안 누려왔던 표현, 사상, 양심, 언론, 출판, 종교, 집회, 결사의 자유도 심각하게 침해당할 수밖에 없다. 2019년 봄 범죄인 인도조약의 반대에서 시작된 홍콩의 시위는 2019년 11월 현재 행정장관 직선제 요구를 넘어 "광복홍콩"의 구호 아래에 본격적인 분리주의 독립 운동으로 번지고 있다. 홍콩은 대체 어디로 가고 있나?

반송중의 의미

2019년 8월 말까지 홍콩 시민들은 "반송중(反送中)"의 구호를 내걸고 있었다. "반송중"이라는 세 글자에는 두 가지 의미가 담겨 있다. 일국양제(一國兩制)의 현실에서 "반송중"은 일단 "중앙정부 송환 반대"를 의미한다. 정확히 말하면 중화인민공화국 최고인민검사원으로의 범죄용의자 송환 반대를 의미한다. 그 점에서 2019년 홍콩의 시위는 홍콩특별행정구의 기본법에 따라서 자치정부의 자율권을 보장받으려는 소극적 운동으로 보일 수도 있다.

그러나 "반송중"은 "중국 송환 반대"라는 의미가 훨씬 강하다. 실제로 홍콩 시민들은 영어로 "No Extradition To China"라는 구호를 들고 있다. 홍콩은 중국의 일부이다. 홍콩 시민들이 "중국"에 범죄인을 보내지 말라고 요구한다면, 이는 곧 홍콩이 중국의 일부가 아니라는 이야기가 된다. 일국양제가 아니라 양국양제(兩國兩制)라는 말인가.

46세 리젠룽(李健龍)은 「뉴욕 타임스(*New York Times*)」와의 인터뷰에서 말한다. "우리는 두 눈을 뜨고 중국이 우리의 자유를 침식하는 것을 볼 수가 없다!" 한 20대 여성은 길거리 인터뷰에서 영어로 부르짖는다. "우리는 독립을 원한다!" 현재 홍콩의 많은 시민들은 실제로 중국으로부터의 완전한 독립을 위해서 투쟁하고 있다. 홍콩 대학의 조사에 의하면, 홍콩 시민들 중에서 단 11퍼센트만이 스스로를 중국인이라고 생각하고 있다. 반면 71퍼센트의 홍콩 시민들은 자신들이 중국인이라는 사실에 긍지를 느끼지 못한다고 응답했다.

결국 홍콩 시민들이 손에 들고 있는 "반송중"이라는 구호는 홍콩 독립의 염원을 담은 반독재, 반중국, 반공산당의 구호이다. 이 세 글자의 구호 속에 "자유"의 핵탄두가 내장되어 있을 수도 있다.

최후의 저항? 체제변혁의 신호탄?

2019년 현재 많은 중국인들이 시진핑(習近平, 1953-) 집권 이후에 중국의 언론 및 표현의 자유가 1990년대보다도 더 위축되었다고 불만을 토로한다. 한 대학 교수는 강의실에서 지나가는 말로 중국 사회의 병폐를 지적했다가 학생들의 고발로 파면되었다. 술자리에서 친구끼리 나눈 대화를 몰래 녹음해서 정부에 고발하는 사례도 드물지 않다. 해외에 거주하는 한 중국인은 위챗(wechat)에 중공정부를 비판한 이후 계정이 해지되었다.

2019년 현재 중국의 인권 상황은 실제로 점점 더 열악해지는 추세이다. 디지털 기술의 발전이 오히려 공산당 일당독재를 강화하고 있기 때문이다. 이미 중국에서는 QR코드, 바이오 매트릭스, 홍채인식, 인공지능, 빅데이터 등 정교한 최첨단의 디지털 감시체제가 구축되고 있다. 중공정부는 이미 오래 전부터 개개인에 관련된 모든 정보를 통합한 당안(檔案 : 공문서) 체제를 구축해왔다. 초등학교 때의 성적표부터 인터넷 댓글까지 전부 모아서 개개인의 사회신용등급을 정하고 있다. 신장 지역에서는 이미 100만 명 이상의 위구르족과 카자흐족 이슬람 교도들이 구금 상태에서 사상 개조를 강요받고 있다. 14억 명에 육박하는 중국인들은 오늘날 제대로 자유를 누리지 못하고 있다.

반면 홍콩은 어떠한가? 아편전쟁 이후 150년간 영국의 통치를 받는 과정에서 홍콩은 자유주의의 허브가 되었다. 1976년 노벨 경제학상 수상자 밀턴 프리드먼(Milton Friedman, 1912-2006)은 홍콩을 자유주의 시장경제의 상징이라고 칭송한 바 있다. 그의 표현을 빌리면, 홍콩은 고전경제학적 불간섭주의(laissez-faire)의 세계사적 실험이 이루어진 곳이다. 홍콩의 시민들은 최대한의 경제적 자유를 누리면서 동시에 언론, 집회, 결사, 양심,

2019년 11월 18일 홍콩 과학기술대학의 시위 현장. 시위대가 영, 미의 국기를 들고 행진하고 있다. 이날 시위대는 "광복 홍콩, 시대혁명"이라는 구호 아래 범죄인 인도법의 완전한 폐지, 구속자의 무조건 석방, 시위대에의 폭도 규정 철회, 경찰 폭력 독립 조사, 보편적 참정권 보장 등을 요구했다. (Studio Incendio, https://www.flickr.com/photos/studiokanu/albums/)

종교의 자유도 최대한으로 누렸다. 물론 영국 정부가 홍콩의 총독을 직접 지명했다는 점에서 홍콩 시민들의 참정권은 제약되어 있었다. 홍콩 사람들은 정치적으로는 제한적인 민주주의를 체험했을 뿐이다. 1997년 중국으로 이양되기 전까지 홍콩의 체제를 한마디로 표현하자면, 입헌자유주의 체제(constitutional liberalism)였다고 할 수 있다.

요컨대 2019년 홍콩의 자유화 운동은 타협 불가능한 두 체제 사이의 격돌이다. 입헌자유주의와 공산전체주의의 싸움이다. 물과 기름처럼 섞일 수 없는 이 두 체제가 맞부딪히고 있다. 예측불허의 상황으로 치닫고 있다.

홍콩은 혁명의 메카

홍콩은 공산당 일당독재하의 대륙의 최남단에 위치한 자유주의의 아성이다. 1997년 이양 합의에 따라서 중국과 홍콩은 2047년까지 50년 동안 '일국양제'로 불편한 공존을 이어가야만 한다. 과연 2047년까지 홍콩은 중공 정부의 계획대로 중화인민공화국의 일개 도시로 귀속될 수 있을까? 오히려 전 중국 대륙이 홍콩과 같은 자유주의 체제로 변혁될 가능성은 아예 없을까? 홍콩의 시위가 소수화, 과격화하면서 세를 잃으리라는 전망도 있지만, 중국 전역으로 번져나가서 중국 자체의 변화를 일으키리라는 예측도 있다. 홍콩의 시위대는 현재 신장 지역의 인권유린을 비판하면서 중국 공산당의 일당독재를 규탄하고 있다. 시위의 주역은 대부분 10-20대의 젊은이들이다. 일국양제가 종식되고 홍콩이 중국에 귀속되는 2047년이 되면, 그들은 40-50대의 중장년층이 된다. 그들은 홍콩의 독립뿐 아니라 대륙의 자유화를 부르짖고 있다.

세계사를 돌아보면, 소수가 다수를 정복하고 지배하는 사례도 얼마든지 보인다. 청나라 말기 홍콩은 중국사에서 2,000년 동안 지속되었던 황제지배체제를 종식한 공화혁명의 메카였다. 1895년 민국혁명의 아버지 쑨원(孫文, 1866-1925)은 홍콩을 기지 삼아서 첫 번째 무장봉기를 시도했다. 광둥 성(廣東省)의 성도 광저우(廣州)를 함락하려는 이 계획은 정보의 유출로 미수에 그치고 말았다. 청조의 압박하에서 홍콩 정부는 쑨원을 추방했지만, 그는 해외를 떠돌며 공화혁명을 이어갔다. 19세기 후반 홍콩에서 처음 일어난 혁명의 마파람은 마침내 2,000년이나 존속되었던 황제지배체제를 무너뜨리는 공화혁명의 성공으로 이어졌다.

여전히 많은 사람들이 중공정부의 위력을 인정하며, 홍콩의 자유화 운동을 비관적으로 전망한다. 쑨원은 왜 하필 홍콩에서 공화혁명의 도화선을 당겼을까? 홍콩이 자유세계의 관문이면서 동시에 화교세계 네트워크의 절점(節點)이었기 때문이다. 이는 오늘날의 홍콩도 크게 다르지 않다.

대륙의 중국인들과는 달리 홍콩인들은 열린 세계의 자유인들이다. 영어에 능통한 홍콩인들은 실시간으로 전 세계의 정보를 빨아들인다. 또한 자유와 인권을 최고의 가치로 선양한다. 홍콩인들은 공산당 일당독재의 전체주의를 비판하면서 중국 전체의 변화를 촉구하고 있다. 표면상 홍콩은 인구 800만 미만의 작은 섬이지만, 실은 전 세계로 열려 있는 중국 자유화 운동의 중심이다. 오늘날에는 미국과 유럽뿐만 아니라 자유 진영의 아시아 국가들 대부분이 홍콩의 자유화 운동을 지지하고 있다. 동남 아시아, 아메리카 대륙, 유럽의 5,000만 중국인 교포들 역시 대부분 홍콩인들의 편에 서있다. 홍콩에서 일어난 혁명의 마파람은 과연 중국의 자유화로 이어질 수 있을까?

2019년 홍콩 시위 역시 2014년의 우산혁명처럼 차츰 동력을 잃으리라는 전망이 있지만, 인간은 기억의 동물이다. 200만 명이 운집한 미증유의 시민 운동은 거대한 지진처럼 길고도 강렬한 여진을 남긴다. 겉으로 멀쩡해 보일지라도 일당독재의 제방에는 이미 실금이 생겼다. 시간이 갈수록 실금은 더 벌어져 큰 틈이 될 수밖에 없다. 거시적으로 이번 홍콩 시위는 새로운 자유 중국을 여는 혁명의 도화선이 될 수도 있다.

홍콩 시위의 단기전망은 어두울지도 모르지만, 장기전망은 매우 밝다. 프랑스 혁명 이래 인류의 역사를 돌아보면 알 수 있다. 자유라는 "바이러스"는 흑사병과 같은 전파력을 가지며, 자유의 파괴력은 핵폭탄의 위력을 발휘한다. 홍콩의 자유화 운동이 결국 성공할 수밖에 없는 이유이다.

대륙의 중국인들, 왜 자유를 잃었나?

2019년 현재 지구의 총인구는 대략 77억에 달한다. 그중 13억8,600만 정도가 2017년 현재 960만 제곱킬로미터 면적의 중화인민공화국에 살고 있다. 현생 인류 호모 사피엔스 사피엔스의 5명 중 1명이 중국 국적자라는 말이다. 묻지 않을 수 없다. 인류의 20퍼센트에 달하는 대륙의 중국인들은 왜, 무엇 때문에, 과연 어떤 과정을 통해서 중국공산당의 일당독재 아래 놓이게 되었는가? 또 중국공산당은 과연 어떻게 중국인들의 생활을 통제하고, 사상을 개조하고, 자유를 박탈해왔는가?

이 질문에 답하기 위해서 이 책은 중화인민공화국의 성립과정 및 인민독재체제의 형성기를 집중적으로 조명한다. 제2차 국공내전(1945-1949)의 막바지에서 대기근(1958-1962)까지 이어진 중국공산당 정권의 형성과정, 극단적인 경제 실험 및 과격한 정치 모험의 드라마를 살펴보고자 한다. 무엇보다 슬픈 대륙의 '라오바이싱(老百姓 : 평범한 인민)'이 겪어야 했던 혁명과 도전, 좌절과 실패의 경험을 되짚어가며 그들의 고통에 공감하고자 한다.

표면상 각 장은 내전, 건국, 토지개혁, 집단농장화, 코뮌 체제, 언론 통제, 사상 개조, 총동원체제 등 개별 주제들로 구성되어 있지만, 이 책을 관통하는 주제는 바로 '자유의 상실'이다. 이 책은 중국식 공산전체주의 혹은 국가사회주의 정권의 형성과정에서 중국의 개개인이 사상의 자유, 학문과 양심의 자유, 언론 및 출판의 자유, 집회 및 결사의 자유, 신념과 종교의 자유, 출산 및 양육의 자유, 거주, 이전의 자유와 사적 소유의 자유 등 인간의 기본권을 박탈당하는 과정을 있는 그대로 보여주고자 한다. 또한 그 근저에 중국공산당의 인민민주주의와 민주/집중제의 이념이 깔려

"하늘이 중국공산당을 멸망시킨다!" 2019년 11월 13일 홍콩 중문 대학의 시위에서 등장한 구호. (Studio Incendo)

있음을 밝히려고 한다.

중공정부는 1940년대 옌안(延安) 시절 정풍 운동(整風運動)부터 강력한 사상 통제를 이어갔다. 이후 사회주의적 집산화 과정을 통해서 인민 개개인은 집단노동의 농노로 전락했으며, 인간의 기본권과 개인의 고유성을 상실한 채 기껏 국가권력의 관물(官物)로 취급되고 말았다. 어떻게 중국공산당은 거듭되는 실정과 인권유린, 행정착오와 대실패를 거듭하면서도 철권통치를 이어갈 수 있었나? 왜 중국의 인민들은 공산전체주의 독재권력에 의해서 그토록 무력하게 지배당했나?

이 책은 중국공산당의 인민독재, 중국식 전체주의 인민 통제의 역사적 기원을 밝히려는 시도이다. 대륙의 중국인들, 그들은 도대체 왜 인간이라면 누구나 마땅히 누려야 할 천부의 인권을 빼앗겼는가? 그들은 왜 소중한 자유를 잃어야 했나? 이제 함께 그 역사적 과정을 추적해보자. 슬픈 대륙의 역사를 되돌아보자!

제2장
변방에 역사서를 주지 말라!

소동파의 간지

11세기 후반 송나라(960-1279)에 파견되었던 고려의 사신들은 수도 카이펑(開封)의 국자감에서 다양한 서적을 사 모았다. 당시 송나라 정부는 상서성의 조령(條令)으로 서적의 국외반출을 엄격히 관리하고 있었다. 역대 제왕의 통치술이 일목요연하게 정리된 정부 공식 백과사전 『책부원귀(冊府元龜)』, 태학의 칙령과 세칙, 역대의 역사서 등은 고려 사신들에게는 금지된 서적이었다. 그런 상황에서도 고려의 사신들은 국자감의 관리들과 개인적인 친분을 터서 슬그머니 역사서를 사 모으려고 했다.

"적벽부(赤壁賦)"로 우리나라에도 잘 알려진 북송의 대문호 소동파(蘇東坡, 1037-1101)는 이 사실을 알고는 격분했다. 그는 모두 세 통의 상주문(上奏文)을 작성해서 고려 사신에게 절대로 중국의 역사서를 넘겨주어서는 안 된다고 역설했다. 고려의 지식인들이 중국의 역사서를 읽게 되면 거란으로 중요한 정보가 유출될 수 있다는 것이 표면적인 이유였다. 과연 군사상의 이유 때문에 역사서의 국외반출을 금지했을까. 그보다는 혹시 변방의 지식인들에게 중화제국의 어두운 역사를, 자신들의 알몸과 민낯을 보이기 싫었음은 아닐까.

역사서와는 달리 『서경(書經)』, 『시경(詩經)』, 『논어(論語)』, 『맹자(孟子)』 등 이른바 경서의 구매는 전혀 금지되지 않았다. 오히려 경서는 변방의 사신들에게 적극 권장되었다. 경서에는 먼 옛날 성스러운 임금들의 빛나는 위업과 아름다운 행적이 기록되어 있으며, 고원한 도덕 원칙과 이상 정치의 청사진이 담겨 있었다. 반면 역사서에는 권모, 술수, 모략, 중상, 배신, 찬탈의 어두운 기록이 담겨 있었다.

소동파는 변방에 그런 적나라한 중화문명의 실체를 보일 수 없다고 생각했다. 변방의 지식인들에게는 오로지 드높은 도덕과 아름다운 이념 등 중화제국의 밝은 면만 보이려는 의도였다. 제국의 중심부에 있는 지식인의 간지(奸智)가 아닐 수 없다. 역사의 경험과 시행착오의 기록을 깊이 공부하면 인간은 슬기와 지략을 얻는다. 영악하고 노회해진다. 소동파는 변방의 지식인들이 고루과문(孤陋寡聞)하고, 엄숙우직(嚴肅愚直)한 백면서생으로 남기를 원했으리라.

한나라(기원전 206-기원후 220) 이후 2,000년이 넘는 세월에 걸쳐서 중국의 지식인들은 황홀한 경(經)의 세계를 구축했다. 중국의 경학은 보편이념이 되어 동아시아를 지배했다. 전통시대의 동아시아 지식인들은 제국의 변방에서 경의 이념에 빠져서 이상화된 "중국(中國)"을, 보편질서로서의 "중화(中華)" 세계를 흠모했다. "중화"를 숭배했던 변방의 지식인들은 많은 경우 중화제국의 역사적 현실에는 눈을 감았다.

남송 성리학의 시조 주희(朱熹, 1130-1200)는 어린 학생들에게는 "역사서를 읽히지 말라!"고 했다. 역사책 속에는 불완전한 인간의 악행이 빼곡히 기록되어 있다는 이유였다. 그는 역사를 읽기 전에 우선 성현의 모범을 본받아 실천하며 도덕적 의지를 계발하라고 했다. 주희의 충실한 제자였던 조선의 성리학자들은 중국의 역사서에 대해서는 거의 무관심했다.

단적인 사례로 조선 성리학의 거두 퇴계 이황(李滉, 1502-1571)은 단 한 권의 역사서도 저술하지 않았다. 율곡 이이(李珥, 1537-1584)는 소중화(小中華)의 이념 아래 기자동래설(箕子東來說)이 강조된『기자실기(箕子實記)』(1580)라는 단편의 기록을 남겼을 뿐이다. 퇴계와 율곡은 모두 후대의 역사서를 통해서 인간사의 궤적을 경험적으로 탐구하기보다는, 유가 경전에 제시된 고대 성왕(聖王)의 이념을 존숭했던 관념의 철인(哲人)들이었다. 관념의 철인들에게 과연 인간의 현실은 무엇일까?

고려 사신에게 "역사서를 주지 말라!"고 외쳤던 소동파의 의도대로 고려와 조선의 지식인들은 중국의 역사에는 눈을 감았다. 그들은 중화문명의 경학에 함몰되어서 냉철하게 중국의 역사를 살펴보지 않았다. 1,000년의 세월 동안 중화문명권에 속해 있으면서도 한국의 문명에는 중국의 역사학 자체가 크게 자리잡지 못했다. 중국인의 행위를 통해서 중국의 현실을 탐구하기보다는, 경전의 세계에 빠져서 이상화된 중화의 세계를 존숭했다. 지난 1,000년의 세월 동안 한반도의 지식인들은 역사의 현실을 외면한 채 경전의 이념만을 좇고 따랐다.

안타깝게도 오늘날의 많은 한국인들도 중국의 구체적 현실에는 눈을 감고 있는 듯하다. "관념 철인"의 사상적, 문화적 영향 때문일까? 경에 빠져서 역사를 외면한 "변방 지식인들"의 뿌리 깊은 친중사대와 소중화 의식 때문일까? 그러나 중화중심 질서(Sino-centric order)는 아편전쟁 이후 무너졌다. 한국은 이제 변방이 아니라 지구 전역에 촘촘한 네트워크를 구축한 세계적 국가이다. 중국과의 정상적인 관계를 정립하기 위해서는, 인류의 관점에서 중국의 실상을, 역사의 현실을 있는 그대로 직시해야 한다.

사례 #1

2017년 11월 18일 저녁 6시경, 베이징(北京) 남쪽 다싱 구(大興区)의 한 2층 건물에서 치솟은 불길이 19명의 귀중한 생명을 앗아갔다. 베이징의 번화한 도심에서 약 18킬로미터 정도 떨어진 그 사고 현장은 가건물, 아파트, 봉제 가게, 의류 공장이 어지럽게 섞여 있는 교외의 빈촌이었다. 그곳에 살고 있는 17만5,000명의 인구 중에서 약 15만 명(85.7퍼센트)이 농촌에서 일자리를 찾아 몰려온 "외래" 노동자들이었다. 이곳은 2011년에도 화재가 발생했던 장소이기 때문에 이미 화재위험지구로 지정되어 있었다. 누추하고 허름하지만 17만5,000명의 저임금 노동자들이 모여 사는 그들만의 보금자리였다. 화재가 재발하자 중공정부는 일주일 만에 군사작전을 치르듯 철거를 결정하고는 그 지역을 전부 갈아엎어버렸다. 철거 몇 시간 전에 급작스럽게 축출 통보를 받은 주민들도 있었다. 그렇게 17만5,000명의 노동자들은 엄동설한에 둥지를 잃고 말았다.

사례 #2

2011년 6월 4일부터 톈안먼 대도살(大屠殺) "기억주기(記憶周期)"라는 주제로 1년에 걸쳐서 행위예술을 해온 베이징 화가 화융(華湧, 1969?-)은 2012년 6월 4일 카메라 앞에서 스스로의 코를 주먹으로 때렸다. 코피가 흐르자 손가락으로 선혈을 찍어서 이마에 "톈안먼 대도살"의 날짜를 의미하는 "64"라는 숫자를 썼다. 그 동영상이 SNS를 타고 급속히 퍼져나가자 그는 곧 체포되어 노동교양형에 처해졌다.

그로부터 6년이 지난 2017년 11월 말, 화융은 막 철거가 끝난 다싱 구 화재사건 현장으로 달려갔다. 셀카봉에 휴대전화를 달고 순식간에 폐허가 된 거리를 묵묵히 걸어가며 촬영을 했다. 그는 스스럼없이 피해자들에게

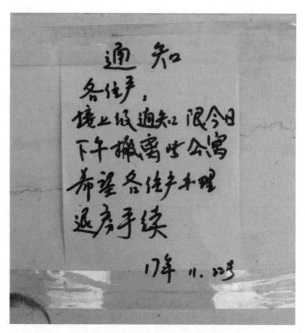

"알림, 모든 거주자들은 상부의 통지에 따라서 오늘 오후까지 이 숙소에서 나가야 합니다. 거주자는 모두 퇴소 수속을 밟기 바랍니다. 2017년 11월 22일(화재 발생 나흘 후)." (에밀리 펑[Emily Feng], 「파이낸셜 타임스[*Financial Times*]」 2017년 11월 25일 자)

다가가서 인터뷰를 청했고, 피해자들은 일방적인 철거를 감행한 정부에 대해서 거칠게 울분을 토로했다. 한 여성이 분노를 참지 못하고 소리쳤다.

일본군이 점령했을 때도 이러지는 않았겠다!

화융은 현장에서 제작한 동영상을 SNS를 통해서 외부로 알리기 시작했고, 즉시 수배령이 떨어졌다. 그는 도주했지만, 톈진(天津)의 한 은신처에서 결국 체포되었다. 체포 직전 은신처에 들이닥친 공안(公安)이 문을 두드릴 때, 그는 카메라를 향해 마지막 말을 외쳤다.

이제 날 잡으러 왔어! 날 잡으러 왔어!

그의 영상은 마지막으로 발송된 것까지 SNS를 타고 중국의 여러 지역으로 퍼져나갔다. 그러나 현재는 중국의 인터넷에서 모두 삭제된 상태이다.

사례 #3

2016년 9월, 오스트레일리아의 북아시아 특파원 매슈 카니(Matthew Carney)는 중국 중부의 산촌마을에서 부모 없이 혼자 살고 있는 13세의 리이쿠이를 만났다. 그의 부모는 모두 도시에서 저임금 노동자로 일을 하고 있다. 리이쿠이는 주중에는 혼자 학교를 가고 주말이면 몇 시간을 걸어서 조부모의 집으로 간다. 웃는 얼굴이 귀엽고 천진난만해 보이는 리이쿠이는 부모님이 보고 싶냐고 묻자 금방 커다란 눈물을 뚝뚝 흘렸다. "내가 따라가면 짐이 되니까"라며 소년은 말을 잇지 못했다. 리이쿠이의 학교에는 그렇게 혼자 남겨진 아이들이 40퍼센트나 된다. 중국 농촌 전체로 보면 무려 6,100만 명에 달하는 숫자이다. 그중 70퍼센트의 아이들이 우울증과 공포에 시달리고, 2,000만 명(약 33퍼센트) 정도가 결국에는 범죄에 연루된다고 한다.[1]

사례 #1에서 언급한 15만 명의 외래 노동자들 역시 고향에 자식을 두고 온 사람들이 다수일 듯하다. 중국 특유의 호구제도(戶口制度)는 자유로운 이주를 허용하지 않는다. 외래 노동자가 자식을 데리고 도시로 이주하면 그 아이는 학교에 갈 수가 없다. 중국 사람임에는 틀림없지만 그 도시의 거주민은 아니기 때문이다. 호구란 태어나면서 정해지는 개개인의 거소증(居所證)인데, 도시 호구와 농촌 호구로 나뉜다. 도농 간의 격차를 법제화했다는 점에서 현대판 카스트라는 비판까지 제기되고 있다. 화재사건 발생 직후 중공정부가 전격적인 철거를 감행할 수 있었던 법적 근거 역시 호구제도였다. 엄격하게 법의 기준을 들이대면 "불법체류자"인 그들은 당당하게 거주권을 주장할 수가 없다.

사례 #4

중국청년정치학원에서 민법을 가르치던 양즈주(楊支柱, 1966-) 교수는 2010년 계획 없이 생긴 둘째를 낳기로 결심했다. 당시 법률에 따라서 둘째를 임신하면 낙태를 하거나 인민폐 20만 위안(한화 3,300만 원 정도)의 벌금을 물어야만 했다. 양심상 "하늘이 준" 자식을 지울 수 없었던 양 교수는 개인의 출산에 벌금을 물리는 중공정부의 처사가 근원적으로 부당하다는 판단에 이르렀다. 그는 큰 종이에 항의의 문장을 적어 거리에서 1인 시위를 벌였다. "몸을 팔아서 벌금을 갚으려고 합니다!" 그의 행위예술은 당시 중국 사회에 작은 소음을 만들었다. 결국 그는 대학에서 파면되었다. 이후 벌금을 물고 복직할 수 있었지만, 학교에서는 그에게 강의를 맡기지 않았다.

중국에서는 아이를 낳기 전에 정부의 허락을 먼저 받아야 한다. 혼외임신, 특히 미혼임신일 경우에는 엄격하게 낙태가 강요된다. 모든 가임기 중국 여성의 신체는 국가의 통제 대상이다. 2009년쯤, 중공정부는 1자녀 정책을 도입한 이래 중국 전역에서 무려 3억3,800만 명의 인구가 덜 태어났다며 인구계획의 성과를 공공연히 선전했다. 실제로 그보다 훨씬 더 많은 인구가 통제되었다고 추정된다. 1자녀 정책하에서 인구관리를 담당한 정부의 관리들은 농촌 지방의 마을 곳곳까지 찾아다니며 불법임신의 사례를 적발하고 강제 낙태 및 강제 불임수술을 집행했다. 누구라도 1자녀 정책을 거스르고 아이를 가질 경우 사회양육비의 명목 아래 많게는 연소득

중국의 한 농가에 적혀 있는 1자녀 정책의 구호. "피가 흘러서 강물이 될지언정 단한 명도 더 낳아서는 안 된다!" 누군가 이 구호에서 "超"자를 지우고 "少"자를 적어놓았는데, 그렇게 하면 "단 한 명도 덜 낳으면 안 된다!"로 의미가 바뀐다. (해외 반중조직 중국민주당 미국위원회 웹사이트, https://cdp1989.org)

의 6배(빈곤 가정의 경우), 적게는 1-2배(중산층 이상)에 달하는 벌금을 물어야만 했다. 원치 않는 아이가 태어나면 사람들은 눈물을 머금고 아이를 상자에 넣어 내다 버렸다. 차마 아이를 버리지 못해 몰래 키운 사람들도 많았다. 호적에서 누락된 "헤이하이즈(黑孩子 : 검은 아이들)"가 이미 수천만 명에 달하지만, 공민의 기본권도 누리지 못하고 있다.

2019년 8월 선댄스 영화제 다큐멘터리 부문 심사위원 대상은 중국 장시성(江西省) 출신 난푸 왕(Nanfu Wang, 1985-) 감독의 「1자녀 국가(*One Child Nation*)」에 돌아갔다. 이 다큐멘터리에서 난푸 왕은 직접 중국의 현장을 돌면서 '인구전쟁'의 이름으로 자행된 전체주의적 인권유린과 국가범죄를 고발한다. 1980년대 난푸 왕이 태어난 마을에서 활약했던 84세의 조산사는 28년간 그 지역의 각지를 옮겨다니며 약 5만에서 6만 건의 낙태 및 불임수술을 했다고 카메라를 바라보고 담담하게 진술한다. 쓰레기 더미에서 유기된 태아를 발견한 이후 낙태당하고 버려진 태아들의 이미지를 예술적으로 형상화해온 왕펑(王鵬, 1964-)은 2014년 베이징의 스튜디오에서 추방당하고 예술작품을 모두 압수당했다. 난푸 왕의 카메라 앞에서 그는 1자녀 정책 아래에는 "집단이 개인에 우선하며, 공산당은 무오류"라는 두 가지의 전제가 깔려 있다고 주장한다.

2015년 이후 중공정부는 인구계획을 2자녀정책으로 전환했다. 그 목적은 노동력 감소를 막기 위함이었다. 1979년 이래 중공정부는 전체주의적 사회 공학(social engineering)에 따라서 가임기 여성의 몸속에 강압적으로 "자궁 내 피임기구(IUD)"를 삽입했는데, 2015년 이후에는 다시 사회 공학의 고려에 따라서 이제 그 기구를 빼라고 강요하고 있다. 보통 한국을 포함한 대부분의 나라에서는 연결된 실을 당겨서 쉽게 자궁 내 피임기구를 제거할 수 있지만, 중국의 경우 그 기구를 제거하려면 정식으로 산부인과 수술이 요구된다. 기구들이 대부분 변형되었거나 연결된 실이 짧거나 아예 없기 때문이다.

중공정부는 1자녀 정책을 2자녀 정책으로 바꾸면서 여성들에게 무료 시술을 약속했다. 그러나 한 여성은 미국 언론과의 전화 인터뷰에서 "정부가 면상을 후려치는 느낌"이라고 답했다.2) 정부가 인구정책의 변화에 따라서 개인의 신체에 또 한번의 메스질을 가하고 있기 때문이다. 중공정부는 1자녀 정책에 동원된 선전방법은 물론 강제 낙태 및 강제 불임의 시술방법은 그대로 유지한 채 출산 가능한 아이의 숫자만 바꾸었다. 현재 중국에서 여성의 신체는 여전히 국가권력의 삼엄한 감시하에 놓여 있다.

사례 #5

2017년 10월, 카이라트 사마르칸은 재교육 캠프에 수감되었다. 30대 초반으로 보이는 건장한 청년인 그는 카자흐스탄에 잠시 여행을 다녀온 후 전격적으로 체포되었다. 수감된 첫날, 그의 얼굴에는 두건이 씌워지고, 손발에는 족쇄가 채워졌다. 그 상태로 무려 12시간 동안 부동자세로 서 있는 고문을 당했다. 12시간의 고난 이후 그는 삶의 의지를 상실했고, 교도관의 명령에 무조건 복종했다. 그 캠프에는 대략 6,000명이 수감되어 있었다. 그들은 매일마다 정치 가곡을 부르고 공산당의 연설문을 학습했으며, "시진핑 만세!"를 외쳐야 했다. 카이라트는 그곳에서 풀려나기 직전까지 자살만 생각하고 있었다고 한다.[3]

18세기 이래 중국의 지배하에 들어온 신장 지역은 몽골, 러시아, 파키스탄, 카자흐스탄 등을 포함하여 모두 8개국과 국경이 맞닿아 있는 광활한 영토이다. 1990년대 초 구소련의 해체와 더불어 중앙 아시아에 이슬람 국가들이 생겨나자 신장 지역의 위구르족들 사이에서는 분리주의 운동이 격렬하게 전개되었다. 중공정부의 이주정책으로 2000년 이후 한족의 인구가 40퍼센트를 넘게 되자 위구르족과 한족 사이에서 종족 갈등이 일어났다. 2009년 위구르족의 반란에서는 무려 200명(대부분 한족)이 사망하는 참사가 일어나기도 했다. 2010년 이후 신장의 분리주의 운동은 식칼 테러, 폭탄 테러, 비행기 탈취 시도, 차량 폭주 등 무장폭동과 테러리즘의 양상을 보였다.

2017년 3월 중공정부는 극단주의 제거 및 테러 활동 규제를 위한 특별 법안을 발효했다. 최근 중공정부는 위구르족의 신체 정보를 강제로 수집하기 시작했다. 중공정부는 "반테러, 탈(脫)극단화" 조치가 인권 보장을 위한 최선의 방법이라고 선전하고 있다. 이슬람식의 긴 수염 기르기, 히잡

착용, 라마단 단식도 규제되며, 알코올 금지도 종교적 극단주의라고 비판받는다. 심지어는 케밥 등 이슬람 전통음식까지 문제 삼다가 최근에 와서는 위구르식 아기 이름을 쓰는 것도 불법화했다. 과거 일본 정부에 의한 재일교포의 지문 채취와는 비할 바 없이 가혹한 소수민족의 감시이자 문화 파괴이며, 인종차별의 사례가 아닐 수 없다. 그런 중공정부의 인권유린과 정치범죄에 대해서는 국제사회의 항의가 쏟아지지만, 정작 중국 내부에서는 그 누구도 섣불리 정부를 비판할 수가 없다.

이상의 다섯 가지 사례는 모두 인간의 신체에 가해지는 국가폭력의 구체적인 실상을 보여준다. 중공정부는 호구제도를 통해서 지역의 인구 비율을 강압적으로 조정하며, 인구 조절을 위해서 여성의 신체를 감시하고 관리한다. 정부시책에 반대하는 표현의 자유를 억압하고, 반체제 인사의 감시를 위해서 강압적으로 신체 정보를 수집한다.

일상적인 국가폭력을 가능하게 하는 집체주의(collectivism) 정치문화의 근저에는 전체주의적 인간관이 깔려 있다. 유적(類的) 존재로서의 인간은 개미 군단을 위해서 이타적 자살을 하는 일개미처럼 인민 전체의 이익에 복무해야 한다는 사회주의적 인간관이다. 그런 집체주의적 인간관을 받아들이면, 다수의 공생을 위한 개개인의 희생은 당연시된다. 개개인의 권리를 주장하는 것은 퇴폐적인 부르주아 자유주의라고 비판받는다. 실제로 중국과 북한의 일상어에서 자유주의는 이기주의의 동의어이다. 개인주의는 사특한 이기심의 추구 정도라고 치부된다. 국가폭력에 맞설 수 있는 연약한 개개인의 천부인권은 가볍게 부정된다.

2019년 홍콩의 시민들이 들고 일어나 처절한 반중 시위를 벌이는 이유가 바로 여기에 있다. 홍콩의 개개인을 보호하는 천부인권의 이념과 헌법적 권리는 중국공산당의 일당독재 아래에서는 절대로 지킬 수 없기 때문이다.

당신들의 중국

1919년 5-4 운동 당시 중국의 많은 지식인들이 개인주의와 자유주의의 기치를 들고 신(新)중국의 건설을 외쳤다. 1949년 중국공산당 집권 후, 중국에서 개인주의와 자유주의는 금지된 이념이 되었다. 개인주의는 타락한 부르주아의 탐욕과 이기심으로, 자유주의는 서구 제국주의자들의 중국 파괴 음모로 여겨졌다. 1950년대에 사상 개조 운동을 거치면서 중국의 지식인들은 "개인"과 "자유"를 거론조차 할 수 없게 되었다. 그 결과, 중국인들은 신체의 자유를, 사상과 표현의 자유를, 종교와 양심의 자유를, 집회와 결사의 자유를 상실했다. 개인의 자유를 포기한 결과, 중국의 개개인들은 강력한 국가권력 앞에서 무기력해졌다.

한국의 지식인들은 중국 사회에서 공공연히 자행되는 인권유린과 국가폭력에 대해서는 눈을 가리고 입을 닫는다. 2016년에는 주말 황금시간대 방송에 석 달 넘게 출연하면서 중국공산당 일당독재의 "합리성"을 칭송하며 중국체제의 "우월성"을 선전했던 유명인도 있었다. 2017년 12월에는 대한민국의 대통령이 중국의 한 대학 연설에서 마오쩌둥의 공산혁명을 은근히 칭송하면서 중국을 "높은 산봉우리"라고 높이고 대한민국은 "작은 나라"라고 낮추는 실로 외교사에 전례를 찾기 힘든 비례(非禮)의 우를 범하고 말았다. 왜 이런 일이 일어날까? 자유의 소중함을 망각한 소치는 아닐까?

결국 소동파의 의도대로 전통시대 한반도의 지식인들은 황홀한 경전의 세계에 함몰되어서 중국의 실체를 보지 못했다. 역사서를 읽지 않는 관념 철학자들처럼 오늘날 대한민국의 친중파 지식인들은 섣불리 중국을 찬양하는 오류를 범한다. 또다시 중국 이념에 빠져 중국의 역사현실에 눈감는 어리석음은 아닐까. 중국과의 정상적인 관계를 정립하기 위해서는, 무엇보다 인류의 관점에서 중국의 실상을, 역사의 현실을, 적나라한 민낯을 있는 그대로 직시해야 한다. 중국의 현대사는 화려하지도, 숭고하지도 않다. 이제 70년의 세월 동안 중국 사람들이 직접 겪었던 현대 중국의 슬픈 역사를 되짚어보자.

제3장

1948년 창춘 홀로코스트 I

중화인민공화국의 건국 비사

오늘날 중국의 헌법 전문에 따르면, 1949년 10월 1일에 성립된 중화인민
공화국은 중국공산당의 지도 아래 인민들이 대단결하여 "제국주의, 봉건
제도, 관료 자본주의"를 타파하고 "신민주주의 혁명"을 일으켜 세운 나라
이다. 그러나 중국공산당의 선전과는 별개로 실제 중화인민공화국은 어떤
과정을 통해서 성립되었는가? 참혹한 국공내전에서 압도적인 군사적 열
세를 극복하고 "위대한 승리"를 쟁취할 수 있었던 중국공산당만의 군사전
략은 무엇이었나?

"건국"의 감격

1949년 1월 31일, 베이징의 시민들은 거리에 쏟아져 나와 환호성을 지르
며 씩씩하게 행군하는 공산당군의 행렬을 열렬히 환영했다. 1937년 일본
의 침략 이후로만 쳐도 12년의 전쟁 끝에 찾아온 귀한 평화였다! 젊은 여

인들은 장갑차의 철판에 분필로 "인민 해방 만세!"라는 문구를 적고, 포신에는 꽃을 달았다. 거리에서는 학생들이 행진하는 군인들의 머리에 잘게 자른 색종이를 꽃잎처럼 뿌리며 해방의 기쁨에 도취해 감격스러운 울음을 터뜨렸다.

8개월 후인 1949년 9월 27일, 중국인민정치협상회의 제1차 전체회의는 "인민민주전정(人民民主專政)"과 "민주집중제(民主集中制)"를 국가운영의 기본 정신으로 채택했다. "인민민주전정(인민민주독재, 이하 인민민주독재로 표기)"은 마르크스-엥겔스의 고전적인 "프롤레타리아 독재" 이론에 중국혁명의 계급투쟁 경험을 결합한 중국공산당의 기본적인 정치제도이다. "민주집중제"란 인민이 정치 참여를 독려하면서도 실제로는 당의 결정에 대한 무조건적인 복종을 강제하는 공산당 일당지배의 통치 원리이다. 이로써 국가운영의 기본 노선이 정립되었다. 건국이 얼추 완성되었다.

1949년 10월 1일, 베이징 중심의 톈안먼 광장에는 새벽부터 대규모의 군중이 몰려와서 깃발을 흔들며 혁명가를 부르고 있었다. 오전 10시, 중국공산당 지도자들과 함께 톈안먼의 성루(城樓)에 오른 최고영도자 마오쩌둥(당시 만 56세)은 후난 성(湖南省) 억양이 섞인 카랑카랑한 음성으로 선언했다.

중국인민들이 일어섰도다!

감격한 군중들은 우레처럼 박수를 치며 "중화인민공화국 만세!" "중국공산당 만세!"를 외치고 또 외쳤다.

그날 광장의 앞줄에는 국공내전 당시 오스트레일리아에서 내과의사 생활을 하다가 그해 초에 베이징으로 돌아온 젊은 의사 리즈수이(李志綏,

1919-1995)도 섞여 있었다. 리즈수이는 가까이서 최고지도자 마오쩌둥의 모습을 올려다보았다. 전장의 야전복 대신 짙은 갈색의 쑨원복을 단정히 차려입고 있었다. 마오쩌둥은 키가 크고, 머리털이 검고, 홍조를 띤 얼굴의 건장한 모습이었다. 리즈수이의 눈에 마오쩌둥은 장제스(蔣介石, 1887-1975)와 달리 소탈하고 겸손하고 차분해 보였다. 광장의 군중들은 힘차게 박수를 치면서 우렁차게 "만세! 만세!"를 외쳐댔다. 중화인민공화국은 외세의 침략을 물리치고 누천년의 억압과 착취를 종식하기 위해서 태어난 새로운 사회주의 국가였다. 꿈에라도 리즈수이는 자신이 얼마 후 마오쩌둥의 주치의가 되어 22년간 그림자처럼 그를 따라다니다가 1976년 9월에 그의 사망진단서를 직접 쓰게 되리라고는 상상할 수 없었다. 그 순간 마오쩌둥은 광장을 가득 채운 수십만 군중의 눈동자에 태양처럼 강림하는 중국 인민의 메시아였다.[1]

"해방"의 의미

그 감격과 흥분의 현장에서 마오쩌둥은 공식적으로 "중화인민공화국 중앙인민정부의 성립"을 선포했다. 의심의 여지없이 중앙정부의 성립이란 중화인민공화국의 건국을 의미한다. 오늘날의 중국에서 매년 10월 1일은 중화인민공화국의 성립을 기념하는 "국경일"이다. 2019년은 중화인민공화국의 건국 70주년이다.

대한민국은 1948년 5월 10일에 UN 감시하에 시행된 국민총선거를 통해서 그해 8월 15일에 공식적으로 성립되었다. 이와 달리 중화인민공화국은 4년에 걸친 내전 끝에 군사작전을 통해서 성립되었다. 마오쩌둥의 공산당군이 국공내전의 과정에서 장제스의 국민당군을 군사적으로 제압한 결

1949년 1월 31일 베이징에 입성하는 공산당군을 환영하는 사람들.

과, 중화민국(中華民國, The Republic of China)이 물러나고 대신 중화인민공화국(中華人民共和國, The People's Republic of China)이 들어섰다. 공산당군에 맞서는 반군이나 군벌도 더는 없었다. 건국을 승인하고 중앙정부의 대표를 뽑는 국민총선거의 절차 따위는 필요조차 없었다. 건국의 합법성은 이미 군사적으로 쟁취되었기 때문이다.

중화인민공화국은 내전을 거치면서 군사작전을 통해 건립된 국가이다. 그 점에서 내전을 거쳐 건립된 주원장(朱元章, 재위 1368-1398)의 명나라(1368-1644)나 정복 전쟁의 결과로 형성된 만주족의 청나라(1644-1912)와도 크게 다르지 않았다. 다만 제세안민(濟世安民)과 도덕교화(道德敎化)를 지향했던 전통 왕조와 달리 중화인민공화국은 계급투쟁을 통한 인민

해방을 국가의 궁극적인 목표로 내세웠다. 전근대 왕조들은 지방의 엘리트 계층을 포섭해서 통치의 기반을 공고하게 했지만, 중화인민공화국은 지주계급의 척결과 토지의 압류 및 재분배를 건국의 기본 절차로 삼았다. 또한 중화인민공화국은 이미 현대식 중화기와 군대, 교통시설 및 통신수단을 갖추고 지방의 마을 단위까지 침투할 수 있는 강력한 근대 국가로 출발했다.

그날 마오쩌둥이 낭송한 "중앙인민정부 성립 공고"의 첫 문단에는 "해방"의 의미가 다음과 같이 제시되어 있다.

> 장제스 국민당 반동정부가 조국을 배신하고 제국주의와 결탁하여 반혁명 전쟁을 시작한 이래 전국의 인민들은 물은 깊고 불은 뜨거운 수심화열(水深火熱)의 상황에 처해 있었다. 다행히도 공산당군은 전국 인민의 지원 아래서 조국의 영토주권을 지키고, 인민의 생명과 재산을 보위하고, 인민의 고통을 제거하고, 인민의 권리를 쟁취하는 투쟁에 목숨을 바쳐 영웅적인 작전을 수행했다. 그리하여 반동군대를 소탕하고 국민당 반동정권을 전복했다. 이제 인민 해방 전쟁이 승리로 끝났다. 전국 대다수의 인민은 해방되었다.

요컨대 공산당군은 마오쩌둥의 영도 아래 장제스의 "반동정부"로부터 ① 국가의 영토주권을 지키고, ② 인민의 생명과 재산을 보위하고, ③ 인민의 주권을 지키기 위해 성공적인 군사작전을 통해서 전국을 점령했다는 선언이다. 결국 중국공산당이 말하는 "해방"이란 무엇보다 군사적 점령에 의한 토지, 인민 그리고 재원(財源)의 확보를 의미한다. 공산당의 선전에 따르면, 중화인민공화국의 성립은 크게 세 가지 의미에서 해방이었다. 첫

1949년 10월 1일 톈안먼 성루에서 중국인민공화국 중앙정부의 성립을 선언하는 마오쩌둥.

째, 제국주의 침탈로부터의 "조국 해방", 둘째, 국민당 정부로부터의 "반부르주아 반독재 해방", 셋째, 누천년 동안 지속된 경제적 착취로부터의 "인민 해방"이었다.

마오쩌둥의 이 선언에는 "만민평등과 계급철폐"라는 숭고한 이상이 담겨 있다. 공산주의의 이상을 천명함으로써 중국공산당은 "집권의 정당성"을 선점하게 되었다. 중화인민공화국의 성립 그 자체가 해방이며, 위대한 혁명이라는 논리였다. 장제스의 국민당 정부가 무너진 상황에서 그 누구도 감히 인민 해방의 당위를 부정하거나 만민평등의 이상을 비판할 수는 없었다. 장제스의 국민당 정부가 축출된 상황에서 공산혁명을 비판하는 세력은 학살되거나 수감되거나 입막음당했다. 그날 마오쩌둥의 중화인민공화국의 건국 선언은 이후 전 중국 인민의 의식을 꽁꽁 묶는 완벽한 이념의 올가미가 되었다.

요컨대 신중국은 유토피아의 건설을 국가 이유(raison d'état)로 내건 강력한 혁명정부였다. 유토피아의 실현을 위해서 혁명정부는 조만간 모든 인민을 향해 해방의 청구서를 들이밀 예정이었다. 물론 그날 톈안먼 광장에서 환호하던 군중은 앞으로 닥칠 미래를 전혀 알지 못했다. 공산주의의 이상을 추구하기 때문에 중국공산당의 집권은 그 자체로 숭고한 혁명이라고 생각할 뿐이었다.

오늘날까지도 다수의 중국인들은 중화인민공화국의 성립과정 그 자체가 위대한 해방전쟁이자 혁명투쟁이라고 굳게 믿고 있다. 비판적 지식인들조차도 중화인민공화국의 성립에 대해서는 큰 자부심을 가지고 있다. 그러나 과연 중국공산당은 어떤 과정을 통해서 국민당을 물리쳤는가? '인민 해방'은 과연 어떤 방법으로 이루어졌는가?

일본의 패망과 국공내전

1945년 8월 15일 일본의 천황 히로히토(裕仁, 1901-1989)는 연합국 측에 "무조건 항복"을 선언한다. 사흘 간격으로 히로시마(8월 6일)와 나가사키(8월 9일)에 인류 역사 최초로 원자폭탄이 투하된 지 엿새 만이었다.

당시 중국에는 무려 215만 명의 병력(만주에 90만, 만리장성 이남에 125만)과 175만 명의 민간인 등 약 400만 명의 일본인이 머물고 있었다. 항복 선언과 더불어 일본인들은 서둘러 귀환을 준비했다. 일본인 송환 작전의 책임자는 제2차 대전의 영웅이자 노르망디 상륙 작전의 주역인 웨드마이어(Albert C. Wedemeyer, 1897-1989) 미군 사령관이었다. 미군의 지휘 아래 만주와 북중국의 일본인들은 만리장성 남쪽의 항구 도시에 집결하여

1945년 9월 9일 난징에서 거행된 항복 의식. 일본의 인도차이나 파견군 총사령관 오카무라 야스지와 국민당 장군 허잉친.

배를 타고 황해 건너 본국으로 돌아가는데…….

1945년 8월 21일, 일본군 소장 이마이 다케오(今井武夫, 1900-1982)는 국민당에 100만 일본군의 주둔지가 명시된 전쟁 지도를 넘긴다. 같은 해 9월 9일 난징(南京)에서는 주중(駐中) 일본군 총사령관 오카무라 야스지(岡村寧次, 1884-1966)가 국민당 장군 허잉친(何應欽, 1890-1987)에게 맥아더 일반명령 제1호(General Order No. 1)에 따라서 항복 의식을 거행한다.

맥아더 일반명령 제1호에 따르면, 일본군은 소련군이 이미 진격한 만주 지역을 제외한 전 중국, 타이완, 프랑스 인도차이나의 위도 16선 이북 지역을 모두 장제스에 이양해야 한다. 주중 일본군은 승전국의 명령을 순순히 따르지만, 일본군의 항복을 접수하는 과정은 용이치 않다. 연합군과의 조약을 무시한 채 공산당군이 경쟁적으로 일본의 주둔지로 달려갔기 때문이다. 일본군의 항복을 먼저 접수하려는 국공(國共) 양측의 피 튀기는 각축전이 펼쳐진다. 특히 만주 점령에서 가장 긴박하게 펼쳐진다.

6개월 전인 1945년 2월 4일-11일, 스탈린(Iosif Stalin, 1879-1953)은 흑해 연안 크림 반도의 휴양지 얄타에서 루스벨트(Franklin Roosevelt, 1882-1945) 미국 대통령과 처칠(Winston Churchill, 1874-1965) 영국 총리를 만나 동아시아 국가들의 운명을 결정하는 중요한 협정을 맺는다. 독일이 패망하면 2-3개월 내에 소련이 기존의 불가침조약을 깨고 일본과의 전쟁을 개시한다는 밀약이다. 군사개입의 반대급부로 스탈린은 1924년에 건립된 소련의 위성국가 몽골인민공화국을 그대로 유지하고, 러일전쟁 때 상실한 사할린과 쿠릴 열도를 돌려받고, 중국 랴오닝 성(遼寧省)의 공업 단지 다롄(大連)과 뤼순 항(旅順港)의 점령을 요구한다. 루스벨트는 장제스와의 상의도 없이 스탈린의 요구에 따라서 시베리아의 소련 병력에 무려 500대의 M4 셔먼 탱크까지 포함하는 대규모의 군사지원을 결정한다. 미국의 군수 물자지원하에 스탈린은 베를린과 동유럽으로 전선을 넓히면서도 시베리아에 100만의 군대를 배치한다.

1945년 8월 6일, 히로시마에 최초의 원자폭탄이 투하되자 상황을 예의 주시하던 스탈린은 8월 8일 밤 11시에 전격적으로 일본에 선전포고를 한다. 8월 9일부터 시베리아 주둔 소련군은 터진 봇물처럼 만주를 향해서 남하한다. 국경을 넘은 미국 공군의 엄호를 받으며 파죽지세로 아무르 강을 건넌다. 중무장한 전위부대는 중국 동부철도를 타고 바로 하얼빈(哈爾濱)으로 향한다. 뒤따르는 보병부대도 하루 70킬로미터의 속도로 움직여 소련군은 불과 며칠 안에 만주 전 지역에서 주요 도시를 점령한다. 한편 블라디보스토크로 투입된 소련 병력은 두만강을 건너 한반도로 진입한다. 1945년 8월 9일부터 9월 2일까지 소련군은 네이멍구(內蒙古), 만주, 사할린, 쿠릴 열도 그리고 38선 이북의 한반도를 점령한다.

만주 벌판으로 몰려든 소련군대는 굶주린 마적 떼처럼 만주국의 산업기

1945년 8월 만주에 투입된 소련 병력.

지를 약탈하기 시작한다. 공장을 통째로 분해해서 소련행 기차에 싣고,
도시를 급습해서 전리품을 챙긴다. 특히 선양(沈陽)을 점령한 소련군 병사
들은 사흘에 걸쳐 무차별적인 강탈, 파괴, 강간, 살해 등의 만행을 저질렀
다고 전해진다. 재미 중국 작가 하진(Ha Jin, 1956-)의 작품에도 1970년대
초까지 그 당시 소련군의 만행을 똑똑히 기억하고 규탄하는 한 조선족 노
인이 등장한다.[2] 하얼빈의 중국인들은 급기야 "붉은 제국주의를 타도하
자!"는 구호를 외치며 들고 일어나고, 중공 지도자들은 격하게 소련에 항
의한다.

　소련군은 그러나 개의치도 않는다. 만주를 점령한 소련군은 국민당군과
공산당군 양쪽 모두에게 뻣뻣한 자세를 유지한다. 만주의 소련군은 일본
의 항복을 먼저 접수한 전승국의 부대였다. 소련군은 만주의 이양 그 자체
를 전승국이 점령지에 베푸는 큰 시혜라고 생각하고 있었다.

　당시 국, 공 양측 모두 만주의 전략적 중요성을 잘 알고 있었다. 1931년

부터 일제의 만주국이 지배해온 만주에는 대규모의 산업시설과 잘 발달된 철도, 큰 규모의 석탄이 매장되어 있으며, 황해를 거쳐 극동의 태평양까지 이어지는 다롄과 뤼순 등 소련이 관할하는 부동항도 포함되어 있기 때문이었다.

바로 그런 이유 때문에 제2차 세계대전이 막바지로 치달을 때 장제스는 스탈린을 상대로 선수를 쳤다. 1945년 7월 2일, 국민당 정부의 외무부 장관이자 장제스의 처남인 쑹쯔원(宋子文, 1874-1971)은 모스크바에서 스탈린과 회담했는데, 이때 스탈린과의 공방 끝에 만주의 뤼순 항과 다롄을 내주는 대신 소련군의 신장 지역 점령을 막는 협약을 이끌어낸다. 국민당 정부 입장에서는 혁혁한 외교적 성과가 아닐 수 없었다.3) 스탈린이 중국 공산당 대신 장제스의 국민당을 중국의 합법정부로 인정한 셈이었다. 스탈린으로서는 세계 유일의 핵보유국인 미국과의 군사충돌은 피해야만 했으므로, 일단 장제스에게 만주 지역의 이양을 약속함으로써 미국의 조속한 철수를 요구하고자 했다.

스탈린과 장제스의 밀약을 파악한 마오쩌둥은 서둘러 움직인다. 8월 8일 스탈린이 일본에 선전포고하자 바로 다음날 일본군에 대한 총공격을 명령한다. 8월 10일 공산당군 총사령관 주더(朱德, 1886-1976)는 전국에 산재된 일본 점령지로 달려가 무기와 군수품을 인양하라고 명령한다. 8월 11일, 린뱌오(林彪, 1907-1971)는 베이징-선양 철도를 이용해서 10만 병력을 이끌고 만주로 들어간다.

장제스는 만주에 병력을 투입하기 위해서 미국에 공수 및 해상 수송을 요구한다. 미국은 서둘러 중국의 일본군 점령지에 미군을 배치하기 시작한다. 특히 5만 명의 미군 해병대를 파병해서 주요 항구 및 교통 요지를 점령하게 한 후 국민당군을 맞이한다. 미군의 항공 지원을 받은 50만의 국민당군은 베이핑(北平, 오늘날의 베이징), 톈진, 상하이(上海), 난징 등 전략적 요충지를 점령한다. 장제스는 8월 15일 맥아더 일반명령 제1호에 입각해서 주중 일본군 사령관 오카무라에게 항복 절차를 공식 통보한 후, 8월 22일에 공산당군의 일본군 점령지 진입을 금지하라고 다시 명령한다.

미국의 지원과 일본의 순응으로 장제스의 국민당군은 전국의 주요 도시들을 선점하고, 중부, 동부, 남부 지역의 전략적 요충지도 대부분 점령하게 된다. 그리하여 일본 패망 직후 일본군 항복 접수 작전에서는 일단 국민당군이 우세를 점하지만……. 공산당군의 움직임도 만만치 않다. 마오쩌둥은 산둥(山東), 허베이(河北), 산시(山西), 러허(熱河) 지역 및 쑤이위안(綏遠)과 차하르(察哈尔) 등 네이멍구 지역까지 침투하면서 이제 랴오둥(遼東) 지역 일부까지 노리고 있다. 일본군의 전략 무기와 군수 물자를 흡수하면서 국, 공 모두 더욱 강력한 중화기를 확보한다. 국공내전이 터진다면 또 한번의 대규모 살육전을 피할 수 없는 상황이다.

1945년 3월까지 스탈린의 얄타 협정 위반을 비판하면서 신경전을 이어가던 미국 대통령 루스벨트는 4월 12일 조지아 주의 작은 별장에서 두통을 호소하다가 급사한다. 급히 들어선 트루먼 행정부는 중국의 내전을 막기 위해서 최후의 노력을 한다. 일본의 항복 선언 이후 국민당과 공산당 사이에서 각축전이 진행되자 트루먼(Harry S. Truman, 1884-1972)은 전쟁 영웅 패트릭 헐리(Patrick J. Hurley, 1883-1963)를 옌안에 급파하여 중공 지도부를 설득하게 한다. 1945년 8월 28일, 헐리의 중재로 마오쩌둥은 국민당 정부의 전시 수도 충칭(重慶)으로 간다. 이후 43일간 진행된 충칭 담판에서 국공 양측은 새로운 통합정부의 조직 및 재편, 국민대회의 개최, 평화 건국 강령, 전국 군대의 재편성 및 헌법 제정 등 평화재건과 공동정부 수립을 위한 여러 주제를 다루지만, 결국 의견 차이를 좁히지 못한다.

10월 10일 채택된 장제스와 마오쩌둥의 공동성명은 평화재건 및 국민대회 개최 등 원칙 천명에만 머물고 만다.

1945년 12월 중순 트루먼의 특명으로 제2차 세계대전의 최고 영웅 조지 마셜(George C. Marshall, 1880-1959)이 중국에 도착한다. 내전 종식, 정치협상회의를 통한 공동정부의 수립, 국, 공 통합 국가군대의 형성 등이 주요 목적이었다. 정치협상회의는 마셜의 중재하에 1946년 1월 10일부터 1월 31일까지 진행된다. 국민당, 공산당, 자유민주동맹, 청년당 및 무당파까지 모두 38명의 각 당 대표들이 참여한 이 회의에서는 내각책임제, 행정부와 입법부의 상호 견제, 중앙정부와 지방정부의 권력 배분을 명시한 미래의 헌법 초안까지 논의된다. 이어서 2월 25일 마셜은 국, 공 양측의 군사력을 반영하는 국, 공 국가군대 형성의 액션플랜을 발표한다. 1년 이내에 국민당군은 90개 사(師, 1사는 1만-1만2,000병력)로, 공산당군은 18개 사로 줄이고, 이어서 6개월 내에 다시금 각각 50개 사, 10개 사로 감축한 다음 중국의 각지에 적당히 배분하는 방식이었다. 예를 들면 동북 지역에는 국민당 14개 사, 공산당 1개 사, 화북 지역에는 국민당 10개 사, 공산당 7개 사 등을 배치하는 것이었다.

마셜의 중재안에 고무된 트루먼은 1,000명의 미군 장교를 중국에 보내 공산당군을 훈련하는 국, 공 통합 계획까지 수립하지만, 3월 11일 마셜이 미국으로 돌아가자 장제스와 마오쩌둥은 다시금 격돌한다. 국민당과 공산당은 모두 중국의 재통일을 지향했다. 그 점에서 국, 공의 어중간한 공동정부는 실현이 불가능한 꿈이었다.

장제스는 미국의 중재가 없으면 더 빨리 공산당군을 소탕하고 국민당에 의한 중국 통일을 이룰 수 있다고 확신했다. 미국은 내전이 발생할 경우 국민당 정부를 지원하지 않겠다고 경고했지만, 장제스는 미국의 경고를 귓등으로 흘려듣는 듯했다. 장제스는 단기간에 공산당을 물리칠 수 있다고 굳게 믿었고, 헐리나 마셜의 공동정부 중재안은 중국의 현실을 모르는 미국인들의 낭만주의적 오류일 뿐이라고 생각했다. 그는 아마도 전쟁의 승리를 통해서 미국의 전략적 오류를 증명하고 싶었던 듯하다.

장제스는 선제적인 군사작전으로 1945년 11월부터 1년에 걸쳐 린뱌오가 이끄는 공산당군의 손아귀에서 남만주를 탈환한다. 1946년 봄 무렵이면, 국민당군은 남만주의 주요 도시를 거의 모두 점령해 공산당군을 쑹화강 이북까지 몰아낸다. 그러나 공산당군 역시 국민당군의 공격을 효과적으로 막아낸다. 전열을 정비한 린뱌오는 1946년 말부터 본격적인 공세를 감행하고, 1948년 3월부터는 승기를 잡는다. 린뱌오는 우선 국민당군의 교통로를 차단하고, 지린 성(吉林省)의 창춘(長春), 랴오닝 성의 요충지 진저우(錦州)와 중심지 선양 등 세 도시에서 국민당군을 고립시키는 군사작전을 구사한다.

1948년 10월 창춘을 점령한 공산당군은 한 달이 못된 11월 2일에 선양까지 점령하는 데에 성공한다. 장제스는 만주에서 거의 50만의 주력 부대를 상실한 후, 두 달도 채 되지 않아 베이핑과 톈진을 내어주고 속절없이 퇴각하고 만다. 1949년 가을 공산당군에 의한 전 중국의 "해방"이 눈앞에 보이던 때, 마오쩌둥은 톈안먼의 성루에 올라 중화인민공화국의 성립을 선언하는데……

공산당군의 승리전략

1946년 6월 국공내전이 본격적으로 개시되기 직전 국민당은 공산당에 비해 최소 3배의 전력을 갖추고 있었다. 한 연구의 집계에 따르면, 당시 국민

| 표 1 | 국공내전 직전 국민당과 공산당의 전력 비교

1946년 6월	국민당	공산당
병력	430만	128만3,000
통치 면적	730만km²(76%)	230만km²(24%)
인구	3억3,900명(71.4%)	1억3,600명(28.6%)
도시(현 이상)	1,509개(76.9%)	464개(23.1%)

당의 병력은 대략 430만 정도로 추정되며 이미 1,509개의 현(縣)급 이상 도시를 포함한 730만 제곱킬로미터의 면적에서 대략 3억3,900만의 인구를 직접 통치하고 있었다. 반면 공산당은 120만의 병력으로 465개 현급 이상의 도시를 포함한 230만 제곱킬로미터의 면적을 확보하고 대략 1억 3,600만 인구를 통치하는 상황이었다.[4]

전시에 작성된 인구 현황과 군대의 전력(戰力) 관련 보고가 정확할 수는 없다. 다만 양측의 객관적인 군사력과 국제정세를 따져보면, 당시로서는 국민당의 승리가 거의 확실해 보였다. 국민당은 양쯔 강 이남의 곡창지대를 점령하고 있었으며, 발달된 연해 도시를 거의 모두 점령하고 있었다. 공산당은 험준한 산시(陝西) 북부의 오지에 본부를 두고 농촌을 거점으로 삼아서 허베이와 산둥 등지로 세를 확장해가는 상태였다.

객관적인 전세가 국민당의 우위임에 틀림없음에도, 마오쩌둥은 국민당군을 기껏 '종이호랑이'로 여기며 오히려 승리를 장담했다. 병력 규모나 통치 면적 측면에서 공산당군이 국민당군에 압도적으로 밀리지만, 지정학적으로는 유리한 면도 있기 때문이었다. 국민당군은 전국적으로 산만하게 흩어져 있었고, 충칭을 중심으로 서부 지역에 많은 병력이 주둔한 상태였다. 반면 공산당군은 북부, 남부, 중부의 18개 지역에 이미 해방구를 구축

| 표 2 | 국민당군과 공산당군의 전력 비교[5]

	1945년 8월		1948년 6월	
	국민당	공산당	국민당	공산당
중화기 무장병력	162만	16만6,000*	98만	97만
기초화기 무장병력	208만	15만4,000	120만	59만
대포수	6,000대	600대	2만1,000대	2만2,800대

스펜스(Jonathan Spence)의 분석에 따르면, 이 수치는 1945년 당시 연해 지역의 공산당군 병력으로 미루어볼 때 공산당군 병력에 대한 지나친 과소평가이다.[6]

해놓았고, 일본군이 항복한 이후 불과 2주일 만에 점령지도 116개의 현에서 175개의 현으로 늘려가고 있었다.

공산당에 대한 국민당의 우위는 불과 2-3년의 내전을 거치는 과정에서 역전되고 만다. 국공내전을 현장에서 목도했던 프랑스 군 장교 출신 연구자 샤생(Lionel Chassin, 1902-1970)의 추계에 따르면, 내전 시작 당시 국민당의 주력 부대 전력은 공산당의 10배에 달했다. 그렇다면 과연 공산당은 어떤 군사전략과 대민전략을 통해서 그들보다 훨씬 강력했던 국민당을 물리칠 수 있었는가?

중국 현대사 교과서에서는 흔히 국민당 정부가 패배한 원인으로 다음의 7개 이유를 제시한다.

첫째, 8년간의 항일전쟁에 따른 대규모 전력 소모
둘째, 국민당군의 전쟁피로 증후군과 사기 저하
셋째, 국민당 정부의 재정정책 실패와 극심한 인플레이션

넷째, 국민당 정부의 공포정치 및 잔인한 숙청에 따른 민심 이반

다섯째, 미국과의 소통 실패로 인한 중재 및 지원 중단

여섯째, 국민당 정부의 사회, 경제적 개혁 실패

일곱째, 만주 및 북중국 확보에 집중한 장제스의 군사전략적 패착[7]

이상의 원인들은 분명 국민당 정부의 패배를 설명하지만, 공산당의 승리를 설명하기에는 불충분해 보인다. 내전 발발 당시 열세였던 공산당은 과연 어떤 비대칭 전략으로 비대한 국민당 군대를 무찌를 수 있었나? 공산당의 군사전략 속에 중요한 비밀이 숨어 있다.

1948년 창춘 홀로코스트

만리장성 이북 지린 성의 소도시였던 창춘은 19세기 말 만주 지역의 양대(兩大) 철로가 개설되면서 교통의 요충지로 급속하게 성장했다. 이후에는 만주국의 수도가 되면서 넓은 가로수길 양옆으로 이국풍 건물이 들어선 방사상의 휘황찬란한 도시로 거듭났다.

장제스의 국민당 제1병단은 1946년 5월 23일 시민의 뜨거운 환영을 받으며 창춘을 점령하는데, 그해 겨울 제1병단이 랴오시(遼西) 지역의 쓰핑(四平)으로 옮기면서 창춘에는 제7군과 제60군(윈난 성[雲南省] 출신 부대) 등 대략 10만의 병력만이 남아서 황푸 군관학교 출신 지략가 린뱌오가 이끄는 동북인민자위군(1948년 1월 이후 동북공산당군으로 개칭)과 대치하게 된다.

1947년 5월 공산당군은 첫 번째 대규모 공격을 가하고, 이어서 10월에 다시금 공격해온다. 도시 주변을 장악한 공산당군은 도시로의 곡물 유입

을 차단하고, 수력발전시설을 장악하고는 전기를 차단한다. 본격적인 포위작전이 시작되기도 전에 이미 창춘에서는 전등의 불빛이 사라지고, 공장의 기계 소리가 멎고, 건물의 벽시계까지 멈춘다. 곡물의 유입이 끊기면서 곡가가 앙등한다. 창춘의 시민들은 수수와 콩으로 근근이 연명한다. 아직 느슨한 공산당군의 포위망을 뚫고 많은 시민들이 곡물을 밀수하고 물자를 조달한다. 그러자 공산당군은 모든 도로를 차단한다. 도시 진입로에는 검문소를 설치하고, 도시 주변의 농촌 마을들에 대한 감시의 고삐를 조인다.

국민당군의 거센 반격으로 수차례 전투에서 많은 사상자가 발생한다. 린뱌오는 1948년 5월 30일 마침내 20만 병력을 동원하여 도시를 포위한 후, 전면적인 봉쇄를 명령한다. 창춘은 일제가 "정원 도시"라며 칭송했던 이국풍의 신도시였다. 당시 그곳에는 피난민까지 합쳐 50만 명의 민간인이 있었으며, 10만의 국민당군이 주둔하고 있었다. 린뱌오의 포위작전은 바로 그 창춘을 "죽음의 도시"로 만드는 잔혹한 전술이었다. 보급을 완전히 차단하여 10만의 국민당군과 함께 50만 민간인도 함께 말려 죽이는 홀로코스트였다. 전국시대 『손자병법(孫子兵法)』의 저자 손무(孫武, 연도 미상)가 최후의 전술이라며 경계했던 공성전(攻城戰)이 시작되었다. 동서고금을 막론하고 가장 잔인하고도 소모적인 포위전이었다.

1948년 5월에서 10월까지 5개월간 창춘은 20만의 공산당군에게 완벽하게 포위된다. 공산당군은 도시를 빙 둘러 95킬로미터의 철조망을 쳤다가 이내 65킬로미터로 포위망을 좁혀간다. 도시를 둘러싼 두 겹의 높은 철조망 주변으로는 매 50미터마다 보초를 세워놓았다. 밧줄이나 판자를 이용해서 철조망 넘기를 시도하거나 밀수를 기도하는 시민들에 대해서는 발포 명령이 떨어졌다. 공산당군에게 도시의 공항을 점령당해 공수가 불가능해지자 국민당 정부는 낙하산을 이용한 공중 투하로 간신히 식량과 물자를 보급하지만……

6월 초에 본격적인 포위작전이 시작되면서 생필품이 바닥나자 수만 명이 외부로의 도망을 시도한다. 하루 평균 200-300명이 철조망을 빠져나간다. 굶주림을 이기지 못한 사람들은 공산당군의 보급창을 습격한다. 보초 앞에서 보란 듯이 목을 매고 자살하기도 한다. 무릎을 꿇고 살려달라며 간절히 비는 사람도 있다. 상황을 예의 주시하던 린뱌오는 철조망을 더 촘촘히 감으라고 명령한다. 도주로를 완전히 차단해버린 후, 그는 더 촘촘한 간격으로 보초병을 세운다. 포위작전은 그렇게 두 달이 넘도록 물샐틈 없이 전개된다.

마침내 찬 서리가 내리고 만주의 한파가 닥친다. 사람들은 집채를 떼어내서 불을 때우고, 아스팔트 조각을 석탄 대신 태우고, 땅속에 묻힌 관을 꺼내서 불을 지핀다. 굶주린 사람들은 말, 개, 고양이, 쥐, 새를 잡아먹고도 모자라서 인간의 시체를 개에게 먹이고는 그 개를 다시 잡아먹는다. 어린 소녀들은 죽 한 사발, 빵 한 조각에 팔려가고, 노인과 불구, 고아와 환자는 도시의 외곽으로 추방되어 철망과 철망 사이에서 굶주리다가 죽어간다.

두 겹의 철조망을 사이에 두고 공산당군 병력과 국민당군 병력이 서로 대치한 상황이다. 도시를 둘러싼 그 두 개의 철조망 사이의 비좁은 공간은 시체만 쌓여가는 무인지대(無人地帶)이다. 중국어로는 차쯔(卡子)라고 불렸다. 초소나 검문소를 의미하는 바로 그 차쯔이다. 생존의 한계상황에서 차쯔에 몰려간 사람들은 철망에 갇힌 채 무참히 죽어간다. 시체 위에 시체가 쌓인다. 시체를 뜯어먹는 야생동물이 어슬렁거리고, 그 동물을 노리는 굶주린 인간이 몽둥이를 거머쥔다.

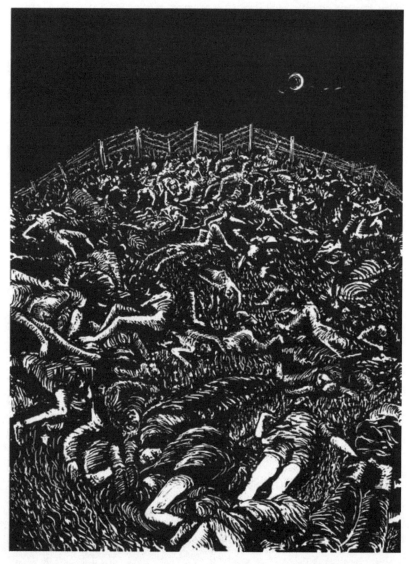

餓殍遍野 (版畫／巴丟草)

오스트레일리아에서 활약하는 상하이 출신 반체제 화가 바듀차오(巴丟草, 1986-)의
작품, "굶주려 죽은 이들이 온 들판에(餓殍遍野)." 마오쩌둥, 시진핑 등을 조롱하며
중국의 일당독재를 비판하는 만화 및 판화로 유명하다. 창춘의 "차쯔" 난민을 추모하
는 이 작품 속에는 현재 중공정부에 대한 맹렬한 비판이 담겨 있는 듯하다.

린뱌오의 포위작전은 5개월간 간단없이 지속되었다. 적어도 15만 명의 인구가 피난민으로 떠돌다가 도시를 탈출했다. 철조망에 갇혀버린 시민들은 탈출을 시도하다가 실패한 채로 고통스럽게 스러져갔다. 공산당군 지도부 역시 대규모의 아사자가 속출하는 것을 목도하면서 흔들리기 시작하는데……

제4장

1948년 창춘 홀로코스트 Ⅱ

혁명의 성전, 최후의 전술

1948년 5월 23일에서 10월 19일까지 5개월간 지속된 창춘 포위전에서 스러져간 난민은 최소 12만에서 최대 33만 사이라고 추정된다. 현재 타이완과 홍콩에서 주목받고 있는 대륙의 비판적 지식인 두빈(杜斌, 1972-)의 『창춘아표전(長春餓殍戰)』(2017)에 따르면, 1948년 그 현장에서 37만 명이 아사했다고 한다. 정확한 희생자의 수는 확정할 수 없지만, 최근까지도 창춘의 공사 현장에서는 대량의 유골이 발굴되고 있다. 대체 왜, 무엇 때문에 이런 참사가 빚어졌을까?

1947년 말 영하 35도의 혹한과 설빙을 헤치고 쑹화 강을 건넌 40만 병력의 공산당군은 12월까지 만주의 주요 도시들을 대부분 포위하고 주요 철도 및 적의 보급로를 끊었다. 계속 포위망을 좁혀간 공산당군은 1948년 5월 23일 대대적인 공격을 감행하여 10만의 국민당군을 모두 창춘 시내에 몰아넣었다. 지원 병력을 저지하고 보급을 차단하여 창춘의 국민당군을 완벽하게 고립시키려는 전술이었다.

랴오허 강을 건너는 공산당군의 모습, 1948년 6월 창춘 포위전이 시작되기 직전.
(두빈, 『창춘아표전』, p.18)

문제는 창춘의 시민들과 타지에서 몰려든 피난민들이었다. 포위전을 시작하면 50만 명의 무고한 양민들이 죽음에 내몰릴 수밖에 없었다. 포위전은 동서양을 막론하고 자고로 가장 잔인한 살상전쟁이다. 중공지도부에게 무고한 희생자를 줄이고자 하는 의지가 조금이라도 있었다면, 촘촘한 이중 가시철조망으로 인구 50만의 도시를 봉쇄하는 작전을 펼 수는 없었으리라.

중공지도부의 입장에서는 내전에서의 승리만이 이른바 "반제, 반봉건 혁명"의 유일한 방법이었다. 패배는 곧 혁명의 실패를 의미했다. 중공지도부는 "인민 해방의 성전(聖戰)"을 승리로 이끌기 위해서 "인민"의 희생을 마다하지 않았다. 혁명의 이상이 숭고할수록 수단의 잔악성은 더 쉽게 용인된다.

마오쩌둥은 1927년 3월에 발표된 그의 출세작 "후난 성 농민 운동 고찰 보고"에서 다음의 유명한 말을 남겼다.

혁명은 만찬도, 글쓰기도, 그림 그리기도, 수놓기도 아니다. 혁명이란 봉기이다. 한 계급이 다른 계급을 무력으로 무너뜨리는 폭력 행위이다![1]

중국공산당 창당 후 불과 6년이 지난 시점이었다. 혁명 초기부터 마오쩌둥은 혁명이 군사작전임을 잘 알고 있었다. 반년간의 북벌이 성공적으로 진행되어 장제스가 난징을 함락하던 시점이었다. 바로 그 다음 달 장제스는 상하이에서 공산당 숙청에 나선다. 그 절체절명의 순간, 마오쩌둥은 동물적 감각으로 국민당과의 무장투쟁이 임박했음을 감지했던 듯하다.

마오쩌둥의 영도 아래 20년간 게릴라 부대를 지휘해온 야전군 사령관 린뱌오는 야심차고 저돌적인 마흔두 살의 무장이었다. 린뱌오는 이후 문화혁명 당시 마오쩌둥 우상화를 주도할 국가권력 제2인자의 지위에 오른다. 그러나 그는 1971년 9월 13일 역모죄를 쓰고 소련으로 도주하다가 비행기 추락사고로 사망하고 만다. 그 배후가 마오쩌둥이라는 것이 중론이지만, 확실한 증거는 없다.

만주에 투입된 국민당군이 전열을 갖추면서 광활한 동북의 전장에서는 이미 2년에 걸친 대규모 전면전이 진행 중이었다. 린뱌오는 두 달 전 지린성의 요충지 쓰핑에서 국민당군에 대패하여 4만-5만의 병력을 잃은 상태였다. 이른바 쓰핑 공수전(1946. 3. 15-1948. 3. 13)이다. 군사 천재 혹은 상승장군(常勝將軍)이라는 별칭으로 불려왔던 린뱌오에게 쓰핑에서의 패배는 씻지 못할 모욕감을 주었다.

공산당군에게는 전력 회복을 위해서 하얼빈을 포기하고 중장기적 유격전과 기동전을 고려할 만큼 난감한 상황이었다. 만주에서 공산당군의 궤멸을 노렸던 장제스는 이미 만주 지역에 50만의 최정예 부대를 투입해놓았다. 공산당군은 과연 어떤 작전을 써야만 중과부적의 전세를 역전시킬 수 있을까? 린뱌오는 급히 20만 병력을 동원해서 선양과 창춘 사이를 지나는 국민당군의 보급로를 차단한다. 이어서 창춘에 고립된 10만의 국민당군을 포위하기 시작한다. 고대의 전투에서도 흔히 볼 수 있는 공성전의 포위 전술이었다. 창춘만 삼킬 수 있다면 기세를 몰아서 선양의 20만 국민당군을 압박할 수 있었다. 객관적인 전세로 보건대, 공산당군으로서도 충분히 해볼 만한 싸움이었다. 수세에 몰려 있던 린뱌오로서는 한판 뒤집기의 묘수였다. 바로 그 위곤(圍困)의 묘책을 처음 떠올린 순간 그는 밤잠을 설치며 전율했을 듯하다.

만리장성 이남의 북중국 농촌 지역은 1년 전(1947년 봄) 공산당군에게 점령당한 상태였다. 농촌을 다 빼앗긴 장제스는 네 개의 보급로를 통해서 중국의 만주, 산시, 네이멍구 등지에 주둔해 있는 국민당군에게 가까스로 물자지원을 이어가고 있었다. 공산당군은 농민들을 조직해서 게릴라 습격을 일삼았다. 장제스가 만주에 집착할수록 국민당의 전력 자원은 소진되고 있었다. 그는 북중국보다는 남쪽의 수비를 강화해야 한다는 미군의 조언을 듣지 않았다. 공산당군 입장에서는 만주만 장악하면 내전의 승리까지 내다볼 수 있는 상황이었다. 허베이, 산시, 네이멍구, 산둥까지 이미 공산당군이 거의 장악하고 있었다. 그 때문에 더더욱 장제스는 만주를 포기할 수 없었다.

물론 창춘 포위전은 마오쩌둥의 승인 아래 실시되었다. 창춘 포위전이 시작되고 보름쯤 지난 1948년 6월 7일, 중국공산당 중앙위원회 주석이자 중앙군사위원회 주석 마오쩌둥은 린뱌오에게 전문(電文)을 보낸다.

지상에서 적의 식량을 그 근원까지 반드시 다 끊어야 한다. 이 점만 확실히 하면, 완전한 승리이다.[2]

이 짧은 전문은 창춘 홀로코스트가 마오쩌둥의 적극적인 후원 아래 치밀하게 기획되고 진행되었음을 보여준다. 마오쩌둥에게 최종 책임이 있음을 밝히는 스모킹 건이다.

"인민해방군"에 갇혀버린 인민들

1947년 10월부터 공산당군이 창춘의 교외를 점령하고 포위망을 바싹 조여왔다. 이미 창춘의 시민들은 단전, 단수 및 물자 부족으로 극심한 생활고에 시달리고 있었다. 1948년 5월 23일부터 본격적으로 시작된 "창춘 위곤전쟁(長春圍困戰爭)"은 단 두 마디의 원칙으로 정리된다.

식량은 못 들어가고, 사람은 못 나온다(糧不入, 人不出).

한 달을 넘기지 못하고 사람들은 죽음의 문턱까지 몰려간다. 두 달이 못 되어 식량이 고갈되면서 아사자가 속출한다. 먹을 것을 찾아서 거리로 몰려나와 헤매던 사람들은 체력의 사점(死點)에서 힘없이 쓰러진다. 도심의 대로에는 시신 썩는 냄새가 진동한다. 인육을 사고판다는 흉흉한 소문이 나돈다. 나무껍질과 풀뿌리로 연명하던 사람들은 철조망을 뚫고 기어나오기 시작한다. 초소에 총기를 거치한 공산당군 병사들은 철조망 앞까지 몰려나온 인민들을 그냥 죽게 방치하고 돌아선다.

국민당군이 창춘의 시민들을 인질로 잡고 있었다고 생각할 수도 있지만, 식량 부족에 시달리던 국민당군으로서는 출성(出城)하는 난민을 붙잡을 이유가 없었다. 오히려 그들은 되돌아오는 사람들을 막아야 할 판이었다. 반면 공산당군은 난민의 유입을 철통처럼 막아야만 했다. 난민들을 받아주면 그만큼 봉쇄의 압박이 느슨해질 우려가 있었기 때문이다.

공산당군은 그해 8월까지 무자비를 원칙으로 삼았다.

난민들은 국민당의 철조망을 넘어서 공산당군 초병들에게 문을 열어달라며 울부짖었다. 두 개의 가시철조망 사이에 끼인 진공지대 '차쯔'에는 굶주린 사람들이 겹겹으로 벌레 떼처럼 몰려들었다. 그곳은 생존의 마지막 순간에 몰린 피폐한 사람들의 무법지대였다. 이미 수만 구의 시체가 쌓여가고 있었다. 뼈만 남은 부모가 철망 밖의 초병 앞에 어린 자식을 놓고 도망가기도 했다. 굶주린 불량배들이 난민의 품속에서 몇 톨의 수수까지 빼앗아갔다. 수많은 사람들이 온종일 철조망 앞에 무릎을 꿇고 앉아서 살려달라고 빌고 또 빌었다.

국민당군과 공산당군 모두 정기적으로 사복 정찰병을 투입하여 상황을 파악하고 있었다. "형언불가의 극심한 굶주림과 죽음의 상황"을 목도하면서 공산당 간부들은 위기 의식을 느꼈다. 성난 인민은 마귀 들린 듯 격한 분노에 치를 떨며 공산당을 저주했다. 인민의 고통을 직시하던 공산당군의 자부심은 형편없이 훼손되고 사기는 급락했다. 이때 공산당군이 난민을 받았다면 모두 살릴 수 있었다. 린뱌오는 그러나 단호하게 문을 막았다.

봉쇄가 석 달 보름 동안 진행된 1948년 9월 9일, 마오쩌둥에게 올린 "창춘 포위전에 관한 보고서"에서 린뱌오는 이렇게 적고 있다.

> 우리의 주요 대책은 통행의 금지입니다. 제1선상에 매 50미터 간격으로 초병을 세우고, 철조망과 도랑을 철두철미하게 봉합해서 틈을 완전히 없애는 것입니다. 난민을 절대 나오지 못하게 하고, 빠져나온 난민은 막아서 돌려보내지만……. 적과 아군의 중간지대에 (난민이) 군집하게 되면 대규모 아사자가 발생할 것입니다.[3]

공산당군 병사들의 가슴도 찢어졌다. 그들은 일부 난민들에게 문을 열어주기도 했다. 그러나 오히려 피난민들을 밧줄로 묶고 빈사 상태의 인민에게 욕설을 퍼붓는 군인들도 있었고, 심지어 인민을 향해서 발포하는 군인들도 있었다. 이것은 요행히 남겨진 병사들의 서신에 고스란히 기록되어 있다. 참담한 죄악상을 직접 목격한 국, 공 양측의 병사들은 모두 오슬오슬 공포에 떨며 죄의식에 사로잡혀 있었다. 중공지도부 역시 이 상황을 그대로 방치할 수는 없는 노릇이었다.

결국 공산당군은 전술을 약간 수정해서 제한적으로 난민을 받아주기로 한다. 난민을 일시에 많이 수용하면 봉쇄의 강도가 느슨해질 우려가 있었다. 그리하여 현장의 지도부는 난민에게 선별적인 잣대를 들이대기 시작했다. 현장에서 작전을 지도하던 동북야전군 정치위원 뤄룽환(羅榮桓, 1902-1963)의 기록에 따르면, 8월에만 2만 명 정도의 난민이 해방지역으로 넘어왔지만, 비좁은 "진공지대"에는 다시금 수만 명의 난민이 더 들어찼다. 결국 뤄룽환은 난민 제한의 원칙을 제시했다. 1) 아사 직전인 사람들만 제한적으로, 2) 특정 장소에서만 선별적으로, 3) 정찰대를 들여보내 난민의 실태를 파악한 후, 4) 학생과 기술자를 우선적으로 수용하라는 명령이었다.

난징의 미 대사관으로 보낸 선양 영사관 직원의 보고서에 의하면, 공산당군 초병들은 난민들에게 탈출 관세를 부가했다고 한다.[4] 보통 소총 혹은 권총 한 자루에 난민 5명을 받아주었고, 쌍안경 혹은 100발의 탄환에 난민 1명을 받아주었다. 포위된 시내의 국민당군을 탈영시키거나 군수 물자의 탈취를 유도하는 전술이었다.

창춘 포위전이 막바지에 이르자 국민당군 병사들 사이에 내분이 발생한다. 윈난 성 출신들로 구성된 제60군이 무기를 들고 공산당군에 투항한 것이다. 공산당군의 전술이 제대로 먹힌 셈이었다. 군사전략과 관련된 내용은 다음 장에 이어가기로 하고, 우선 한 기막힌 생존자의 증언에 귀 기울여보자.

생존자 엔도 호마레의 증언

지린 성 창춘 시 차오양 구(朝陽区) 홍치 가(紅旗街 : 붉은 깃발 길)는 1948년 포위작전 당시 가장 많은 사람들이 목숨을 잃은 장소이다. 만주국의 수도 신징(新京)이었을 때는 홍시 가(洪熙街 : 큰 기쁨의 길)라고 불렸는데, 1948년 공산당군이 점령한 직후 안민 가(安民街 : 인민을 편하게 하는 길)로 개칭되었다가 1960년 이후부터는 줄곧 홍치 가라고 불리고 있다. 창춘 입성 직후 중공지도부는 왜 "홍시 가"를 구태여 "안민 가"라고 바꿨을까? 혹시 수많은 아귀들의 원혼을 달래려는 의도였을까? 최근 이 거리에는 상가가 들어섰는데, 다른 지역에 비해서 시세가 현저히 낮다고 한다. 70년 전에 수많은 사람들이 숨진 곳이기 때문에 사람들이 지금도 꺼리는 탓이다.

쓰쿠바 대학의 명예교수이자 현재 도쿄 대학 아시아, 아프리카 연구소의 연구원인 엔도 호마레(遠藤譽)는 바로 창춘 홍시 가의 무인지대 차쯔에서 만 7세 9개월의 나이로 요행히 목숨을 건진 일본인 생존자이다. 최근까지도 중국 정치에 관해서 왕성한 저술 활동을 하고 있는 그녀는 1984년 창춘 포위전의 참상을 고발한 논픽션『차쯔 : 출구 없는 땅, 1948년 만주의 밤과 이슬(卡子 : 出口なき大地, 1948年滿州の夜と霧)』을 발표했다. 2012년에는 다시 증보판『차쯔 : 중국 건국의 잔화(卡子 : 中國建國の殘火)』를 발표했다. 엔도는 중국인들에게 1948년 창춘의 참상을 알려야

한다는 사명감으로 1990년대 초에 몇 번이나 중국의 출판사들과 접촉했지만, 중공정부의 검열 때문에 결국 대륙에서는 중국어판을 출판할 수 없었다. 대신 타이완에서 중국어판이 나왔고, 2016년에 영역본『창춘 포위전의 일본 소녀(*Japanese Girl at the Siege of Changchun*)』가 미국에서 출판되었다.

엔도의 부친은 만주국 창춘에서 기프톨(giftol)이라는 약물중독 치료제를 출시했던 제약기술자였다. 기프톨은 1939년에 국민당 정부의 승인을 얻어 상업 판매된 이후 동남 아시아로 급속하게 팔려나갔다. 전성기에는 하루 평균 200만 정을 생산해도 부족할 정도였다. 일본 패망 이후 미군 감사하의 "100만 송환" 작전으로 모두 귀국한 일본인들과는 달리 엔도의 부친은 제약기술자라는 이유로 창춘에 억류되어 국공내전을 맞았다. 1947년 10월부터 엔도의 가족은 모두 단전단수와 식량 부족에 시달렸다. 그나마 다행스러운 것은 부친의 공장에 기프톨 재고가 쌓여 있다는 점이었다. 부친은 기프톨 외에도 고량주에 삼나무 껍질을 담가 만든 일본 사케와 비슷한 술을 만들어 팔았다. 그러나 그렇게 부지런히 식구들을 먹일 곡물을 계속 조달해도 결국 도시 전체의 식량이 바닥을 치면서 온 식구들이 가혹한 굶주림을 겪어야 했다.

그 와중에 7남매 중 막내가 태어났다. 갓난아이는 몇 달도 넘기지 못하고 죽었고, 또 한 명의 아우가 목숨을 잃었다. 두 아이를 잃은 어머니는 살아 있는 다섯 아이라도 살리기 위해서 이를 악물고 마지막 순간까지 처절하게 버티고……. 창춘에 함께 있던 다섯 가구의 일본인 23명은 추위에 맞서 한 방에 모여 몸을 부비며 견디지만, 두 아이가 목숨을 잃고 곡물이 바닥나자 우두머리 격인 엔도의 부친은 탈출을 결심한다. 그의 결정에 따라서 창춘에 억류되었던 일본인 다섯 가구는 안간힘으로 죽음의 차쯔를 향해서 걸어간다.

영양실조와 수면 부족으로 어린 호마레의 다리에는 부종이 생긴다. 두 피에는 고름이 흐른다. 가려움을 이기고 못하고 머리를 긁으면 머리털이 고름과 함께 손톱 끝에 끼어 떨어진다. 면역력이 고갈된 어린 몸은 흐물흐물 무너져 내린다. 행여나 아빠를 놓칠까 온 힘을 다해서 발길을 옮길 뿐이다. 한마디 불평도 없이 버티던 어린 호마레는 사경을 오가며 버티고 또 버틴다. 어둠이 깔리자 비로소 꾹꾹 참았던 소변을 처음으로 보게 되는데……. 공포에 질려서 식은땀을 흘리며 볼일을 마치려는데, 바닥에서 불쑥 손이 올라온다. 어린 호마레는 공포에 질려 가까스로 발을 내딛는데, 바닥 가득히 시신들이 쌓여 있다. 달빛 아래 켜켜이 쌓여 단말마의 비명도 지르지 못하고 쓰러져간 사람들 위의 사람들! 겹겹이 쌓여 있는 사람들 위의 사람들……. 더 무엇을 말할 것인가. 역사의 실상은 바로 그 어린 소녀의 눈동자에 맺혀 볼을 타고 주르르 흘러내리는 눈물방울 속에 담겨 있거늘.

어린 호마레는 잔혹한 가시철조망에 갇혀 분투하다가 숨죽이며 스러져가는 사람들을 모두 지켜보았다. 촉수가 마비되어 당시에 제대로 느끼지 못했던 고통은 날카로운 창끝이 되어 30년이 넘게 가슴을 찔렀다. 그 어린 호마레는 이후 차쯔의 현장을 생생히 기억하는 역사의 증인이 되었다. 진공지대, 무인지대, 무법지대, 죽음의 땅이라고 불리던 바로 그 차쯔! 두 개의 가시철조망 사이에 끼어 오도 가도 못한 채 굶주려 죽는 수많은 난민들. 엔도는 진정 그 수많은 원혼들의 대곡자(代哭者)를 자처했다.

엔도는 2012년 증보판을 내면서 책의 부제를 왜 하필 "중국 건국의 잔화(殘火)"라고 붙인 것일까. 잔화란 타고 남은 불, 아직 남은 불, 등걸불을 의미한다. 2012년 방송을 통해서 건국 63주년 기념행사를 보던 엔도는 창

1948년 당시 엔도 호마레. 어린 호마레는 바로 이 옷을 입고 차쯔로 들어갔다. (The Japan Times, https://www.japantimes.co.jp/)

춘 홀로코스트를 떠올리며 울분에 사로잡혀 부들부들 전율했다고 한다. 카메라 앞에서 마냥 행복하다며 구김살 없이 말하는 사람들을 볼 때에 엔도는 행복하지 못하다고 느꼈다. 그 순간, 자신이 겪고 있는 불행의 근원에 창춘의 어두운 기억이 있음을 알게 되었다. 바로 그때 엔도는 "건국의 잔화"라는 부제를 떠올렸으리라. 그녀는 그러나 피해의식에 빠져 파멸하지 않았다. 대신 칼보다 강한 펜촉으로 "건국의 아버지" 마오쩌둥의 심장을 조준했다.

2015년에 엔도는 『마오쩌둥: 일본군과 공모한 남자(毛沢東: 日本軍と共謀した男)』라는 제목의 역작을 발표했다. 그녀의 세밀한 논증에 따르면, 중일전쟁 시기 마오쩌둥은 일본 외무성 지부에 판한민(潘漢民, 1906-

1977) 등의 중공 스파이를 심어서 장제스 및 국민당과 관련된 고급 정보를 일제에 넘기고 거액의 뒷돈을 챙겼으며, 일본과 밀약을 체결해서 중국공산당의 세력 확장을 꾀했다. 한 논평에 의하면 이 책은 "중국 연구의 제1인자가 철저히 조사한 자료로 들려주는 중국공산당의 불편한 진실"이다.

천하의 마오쩌둥이 항일전쟁 시기에 "일제와 공모를 했다니?" 엔도의 논증은 그야말로 빅브라더의 목을 겨눈 날카로운 비수가 아닐 수 없다. 창춘에서 아사한 수십만 난민들 틈에서 가까스로 목숨을 건진 한 가녀린 소녀가 70년이 지나서 마오쩌둥의 죄악상을 고발하는 역사의 응보이다.

1990년대에 들어서 엔도는 40년이 넘도록 자신의 영혼을 괴롭히던 악몽의 현장을 다시 찾았다. 그녀는 바로 그 홍시 가를 답사하다가 이미 말라버린 우물 하나와 마주쳤다. 1948년 차쯔에서 수많은 사람들을 연명하도록 했던 우물이었다. 어쩌면 그 우물 덕분에 어린 호마레는 죽지 않고 살아남아 "마오쩌둥 신화"를 해체하는 현대사의 증인 "엔도 센세(先生)"로 거듭날 수 있었는지도 모른다.

제5장

해방, 인민을 삼켜버린

"창춘 홀로코스트" 최후의 작전

1948년 2월 23일 자 미국 『타임(*Time*)』지의 기사에 따르면, 만주 지역은
이미 99퍼센트가 공산당군에 점령된 상태이다. 국민당군은 육로 보급이
전부 끊긴 채로 창춘, 선양, 지린, 쓰핑 등의 도시에 갇혀 있다. 붉은 공산
당군의 바다에 푸르스름한 국민당군의 섬 몇 조각이 둥둥 떠 있는 형국이
다. 『타임』지 특파원의 표현을 빌리면, 공산당군에게는 이제 마지막 소탕
(mop-up) 작전만이 남아 있다.

본격적으로 창춘 포위전이 개시된 후 한 달도 못 되어 포위당한 10만의
국민당군은 3개월 후인 1948년 5월 말이 되자 극심한 물자 부족에 시달린
다. 총사령관 장제스는 공중으로 식량과 군수 물자를 조달하지만, 활주로
를 모두 빼앗긴 후에는 낙하산을 통한 공중 투하밖에는 다른 방도가 없다.

포위된 창춘은 동북보위사령부 부사령관 정둥궈(鄭洞國, 1903-1991)가
통치하는 곳이다. 1930-1940년대 항일전쟁 당시 윈난 성과 버마 및 인도
의 전장에서 맹위를 떨친 정둥궈는 장제스가 총애하는 백전의 노련한 장

수이다. 야전 생활에 단련된 쩍 벌어진 그의 두 어깨 위에는 10만 병력의 지휘와 치안유지의 중책이 놓여 있다. 그는 우선 모든 식량의 중앙집권적인 관리를 위해서 전시식량관리위원회를 결성한다. 군량미 배급을 조건으로 창춘의 소요 세력을 징집해 군사 조직으로 편성하지만, 근본적인 식량 부족을 극복할 수는 없다.

8월 말부터 공산당군은 무법지대 차쯔에 억류된 난민들을 제한적으로 수용한다. 무엇보다 총기나 군수품을 가진 난민에게 우선권을 줌으로써 국민당군의 탈영자를 유인한다. 포위 4개월째인 9월 중순이 되자, 국민당군 중에서 1만3,700명의 장교 및 사병들이 철조망을 넘어 적진으로 투항한다. 투항자 중에서 반쯤은 하부의 잡군들이지만, 나머지 절반은 신7군 (3,700명)과 제60군(3,800명)의 정규 병력이다.

특히 제60군은 윈난 성 출신들로, 이역만리 타향으로 끌려와 차별에 시달리고 있다. 엔도의 회고록에 따르면, 일곱 살 어린 일본인 소녀의 눈에도 제60군 병사들은 신7군 병사들에 비해 초라하고 피폐한 몰골이었다. 포위가 장기화되면서 제60군과 신7군 사이에서는 점점 내분이 일어나기 시작하고, 결국 기관총까지 동원된 큰 싸움이 일어난다. 이런 상황을 꿰뚫어보던 공산당군은 투항한 제60군의 병사들로 하여금 윈난어로 동료의 투항을 독려하도록 하는 심리전을 전개한다. 굶주리다가 야생초를 뜯어먹고 살던 제60군 병사들은 9월 말쯤 본격적으로 반란 모의를 시작하는데……

10월 초, 베이핑의 국민당군 본부에서 장제스는 만주의 전장 지도를 유심히 관찰하고 있다. 창춘과 선양이 포위된 상태에서 선양으로부터 200킬로미터 남쪽에 위치한 전략적 요충지 랴오닝 성의 진저우가 공산당군에 점령되기 직전이다. 진저우가 함락된 후에 창춘까지 무너지면, 더는 승산이 없어 보인다. 창춘의 병력이 포위를 뚫고 선양 쪽으로 옮겨와야만 실낱

전시 작전회의 중의 장제스.

같은 재기의 가능성이라도 읽힌다. 고심 끝에 장제스는 창춘의 국민당군에게 포위 돌파 명령을 내린다. 10월 3일 정둥궈는 장제스의 명령을 받들어 공산당군 병력과 수차례 교전을 벌이지만, 객관적인 전력에서 열세를 면치 못한다. 국민당군 지도부는 사기를 잃고 물러선다.

10월 10일 점심 무렵 청명한 창춘 상공으로 비행기 몇 대가 날아오더니 공문 상자를 투하하고 사라진다. 상자 속에는 장제스 총통의 친필 명령서가 담겨 있다. "공산당군이 진저우를 집중 공격하고 있는데 더는 물자를 공수할 수 없으니 한시바삐 적의 포위를 뚫고 쓰핑 가를 지나 선양 방면으로 행군해오면 비행기 엄호를 해주겠다."1)

결국 10월 15일 3만4,000명의 사상자를 내고서야 진저우는 공산당군에 함락된다. 장제스는 부리나케 비행기를 타고 선양으로 날아가지만, 선양 역시 붕괴 직전까지 내몰려 있다. 장제스는 창춘의 병력을 선양으로 집결

정둥궈, 1948년 10월, 공산당에 투항한 후 하얼빈에서. (『정둥궈 회고록』)

시켜 최후의 일전을 준비하고자 한다. 그는 다시금 비행기로 적의 포위망을 뚫는 돌격전을 독촉하는 친필 명령서를 투하한다. 정둥궈는 총통의 명을 받들어 10월 17일 새벽 돌격작전의 초읽기에 들어가지만, 이미 공산당군과 내통한 제60군은 반란 준비를 마친 상태였다.

10월 17일 국민당군을 향해서 총을 겨누고 있던 제60군은 공산당군 병력이 철조망을 뜯고 시내로 진입하자 그 뒤로 물러선다. 정둥궈는 창춘중앙은행 건물에서 고독하게 버티기에 들어가고……. 공산당군은 집요하게 항일전쟁의 영웅 정둥궈를 회유한다. "창춘 홀로코스트"의 모든 책임을 장제스에게 떠넘기려는 계략이다. 황푸 군관학교 강사 출신인 저우언라이(周恩來, 1898-1976)가 직접 황푸 제1기 정둥궈를 설득하기 시작한다.

꼬박 사흘을 버틴 정둥궈는 10월 20일 장제스에게 마지막 전보를 친 후 자결을 결심하지만, 부하들이 이미 그의 권총에서 탄약을 빼놓은 상태였다. 그는 꼼짝없이 공산당군에 생포된다. 그의 회고록에 의하면 포로 신세가 된 그는 공산당군 지도부의 따뜻한 마음에 감동을 받아서 투항을 결심한다. 결국 창춘은 함락되고, 정둥궈 직속의 8만 국민당군은 모두 공산당군으로 편입된다. 이로써 창춘 포위전은 막을 내리지만……

공산당군의 만주 정복과 베이핑 접수

진저우와 창춘이 넘어가자 만주 전역의 "해방"이 눈앞의 현실이 된다. 중공지도부는 흥분을 감출 수 없다. 이들은 여세를 몰아서 당장 국민당군의 마지막 보루인 선양으로 몰려간다. 국공내전 만주 지역의 최후 결전, 이른바 랴오선(遼沈) 전투가 시작된다.

당시 선양에는 중국 최대의 화약고가 있었다. 이미 10개월 전, 린뱌오는 기민하게 베이징-선양 철도를 끊고 도시 주변을 포위했다. 인구 120만의 도시 선양에는 순식간에 280만 명의 피난민들이 몰려와서 무려 400만 명이 북적댔다. 장제스는 공수지원을 이어가지만 20만 병력을 장시간 주둔시키기란 거의 불가능했다.

진저우를 함락시킨 공산당군은 8만8,000명의 국민당군 포로들을 압송해간다. 장제스는 9만 명의 국민당군을 진지 밖으로 급파해 구조작전을 벌이는데, 이는 린뱌오의 함정에 걸려든 셈이었다. 그로부터 불과 일주일 후에 매복해 있던 린뱌오의 군대가 장제스의 9만 병력을 제압한 것이다. 공산당군은 여세를 몰아서 국민당이 주둔한 시내로 진입한다. 죽고 죽이는 백병전 끝에 선양의 국민당군은 공산당군에 항복한다. 진저우는 10월 15일, 창춘은 10월 23일, 선양은 11월 1일, 이렇게 세 도시는 공산당군에 의해서 "해방되었다." 중국공산당이 비로소 만주를 정복한 셈이다. 50만의

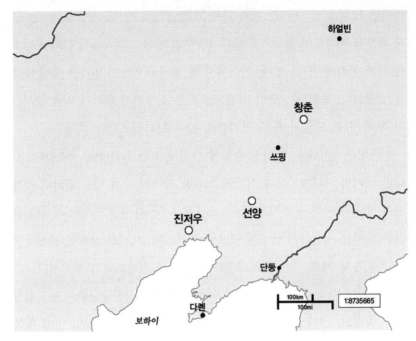

만주 지역 3대 격전지인 창춘, 선양, 진저우.

최정예 병력을 투입했던 장제스는 이제 회복불능의 타격을 입게 되었다.

선양을 접수한 75만 명의 공산당군 병력은 이제 장갑차와 중화기로 무장하고 있다. 파죽지세로 만주평원을 지나 만리장성 너머로 남하한 공산당군은 곧이어 국민당군에게 베이핑과 톈진을 요구한다. 창춘 포위전에서 이미 위곤작전의 노하우를 축적한 공산당군은 1948년 11월 톈진을 포위한 후 철도와 도로망을 끊어버린다. 이어서 국민당군을 압박해 베이핑에 몰아넣더니 곧바로 전기와 수도를 끊고 포위전에 돌입한다.

베이핑과 톈진 지역의 국민당군 사령관은 항일전쟁 당시 전공을 세웠던 푸쭤이(傅作義, 1895-1974) 장군이다. 베이핑의 시민들은 푸쭤이의 평화적 항복을 기대했으나, 그는 결사항전을 맹세하고 전쟁 준비에 돌입한다.

1948년 12월 27일 『타임』지의 기사 "일방통행로"에 따르면, 푸쭤이는 군대 본부를 베이핑의 중심으로 옮긴 후, 수천 명의 노역자를 동원해서 참호를 파고 바리케이드를 친다. 이어서 수백 명의 군인들이 민가를 돌며 숙소를 징발한다. 또한 공산당이 비행장을 모두 점령하자 과거에 외국 공사관이 모여 있던 도심의 폴로 경기장을 활주로로 급조한다.

반대편의 린뱌오는 베이핑 주변에 다시 견고한 포위망을 구축한다. 고립된 베이핑 시내에서는 순식간에 식료품 가격이 두세 배로 뛰더니 시장에서 채소가 아예 사라지고 만다. 소문으로 "창춘 홀로코스트"의 참상을 들은 베이핑 시민들은 극심한 공포에 휩싸인다. 도시를 포위한 공산당군의 지휘자가 바로 창춘 홀로코스트의 주동자 린뱌오이기 때문이다.

푸쭤이는 결국 공산당원인 친딸을 중간에 두고 공산당군과의 비밀협상을 시작하고, 1949년 1월 22일 공산당군에 포위당한 지 40일 만에 항복문서에 서명한다. 감히 그 누구도 옛 고읍 베이핑까지 죽음의 도시로 만들 수는 없었기 때문이다. 전 세계가 지켜보는 베이핑에서 "창춘 홀로코스트"를 재현할 수는 없었으리라. 중공지도부는 베이핑과 톈진을 접수한 후 대대적으로 "평화로운 해방"이라고 선전했지만, 사실 그 평화는 창춘 홀로코스트에서 죽어간 수십만의 희생자와 맞바꾼 셈이었다.

전쟁의 파도는 인간을 삼키고

제2차 세계대전 당시 마닐라 전선에서 미 육군 장교로 복무했던 시모어 토핑(Seymour Topping, 1921-)은 1946년에 전역한 후 곧바로 중국으로 건너가 중국어를 공부하며 비상임 특파원으로 활약한다. 1946년 11월 스물다섯 살의 토핑은 미국 국무장관 조지 마셜이 이끄는 국, 공 중재요원들의 틈에 끼어 산시 성(陝西省)의 옌안을 방문한다. 그는 옌안에서 중국공산당 지도자들을 직접 취재한다. 1948년에는 「뉴욕 타임스(*The New York Times*)」 특파원 신분으로 선양을 찾아간다. 1972년 닉슨(Richard Nixon, 1913-1994)의 중국 방문 직후 출판된 그의 회고록에는 랴오선 전투의 참상을 고발하는 진귀한 기록이 담겨 있다.

1948년 1월 린뱌오의 공산당군은 20만의 국민당군을 포위해서 선양에 고립시킨다. 미국 군사고문단은 선양을 버리고 200킬로미터 남쪽에 위치한 진저우 병력과 결합하라고 종용했으나 장제스는 선양을 포기하지 않는다. 시간을 번 린뱌오는 성공적으로 지름 100킬로미터 정도의 큰 원을 그리며 도시 둘레에 견고한 포위망을 친다. 이때 주민과 난민을 합쳐 400만 명의 인구가 갇혔는데, 주변 농지에서 생산되는 식량은 고작 120만 명 정도밖에 먹일 수가 없다.

선양에 도착해서 보니 고통의 도시였다. 토치카가 들어선 거리에는 사람 그림자 하나 보이지 않았고, 양옆으로는 문 닫힌 상점들이 즐비했다. 황량하게 버려진 붉은 벽돌 공장에서는 아무 소리도 들리지 않았다. 미국인 군사자문관 클레어 셔놀트 장군의 민항 수송기가 군수 물자와 일용품을 공급했지만 태부족이다. 선양에서는 이미 30만 명 정도의 굶주린 시민들이 나무 껍질을 벗겨먹고, 풀잎을 뜯어먹고, 짐승의 여물을 씹고 분뇨 더미를 뒤져가며 연명하고 있다. 굶주린 난민 수천 명이 비타민 부족으로 눈이 멀고 만다. 수많은 아이들의 얼굴이 괴저(壞疽)로 허물어진다. 초췌한 사람들은 영양실조와 괴혈병으로 거리에서 픽픽 쓰러진다. 길옆의 시궁창에는 굶주려 죽은 깡마른 시체들이 쌓여 있는데, 어린 거지아이들과 여인네들이 행인들을 따라오며 도와달라고 울부짖는다.[2]

공산당군을 피해서 도망친 난민들과 농민들은 모두 맨발로 군용도로를 따라서 도시를 벗어나지만, 곧 비적들에게 약탈당하고 만다. 날마다 비행기로 1,500명의 사람들을 대피시키지만, 수십 돈의 금(金)을 내밀어도 비행기를 탈 수는 없다. 공항에 몰려온 인파는 비행기를 앞에 두고 몸싸움에 휘말리고, 떠나지 못하는 사람은 쫄쫄 굶는다. 그런 상황에서도 국민당군의 머스탱 전투기 P-51과 수송기는 무익하게도 국민당군 장교들의 소지품과 귀금속을 실어 후방으로 나르고 있을 뿐이다.

창춘은 1948년 5월 말부터 10월 말까지 다섯 달에 걸쳐 봉쇄되었다. 선양은 같은 해 1월부터 11월 초까지 열 달 동안 봉쇄되었다. 선양은 더 큰 도시로서 농지를 확보하고 있었고 더 많은 외부 지원이 이어졌기 때문에 창춘만큼 참혹한 피해는 없었던 듯하지만, 30만 난민이 허기 속에서 스러져간 선양의 상황 역시 생지옥이기는 마찬가지였다.

창춘 홀로코스트의 생존자들

창춘 홀로코스트에서 가까스로 탈출한 수십만의 사람들은 그후 어떻게 되었을까? 1948년 7월 28일 『타임』지의 기사에 따르면, 매달 14만 명의 피난민이 창춘과 선양을 탈출해서 베이핑 및 톈진 방향으로 1,300킬로미터에 달하는 먼 길에 올랐다.

중국 동북 지방에서는 그렇게 3,000만의 "굶주리고 병들고 절망에 빠진(starving, diseased, despairing)" 난민들이 전쟁을 피해서 대책도 없이 남쪽으로 향하고 있었다. 『타임』지 특파원 프레더릭 그루인(Frederick Gruin)의 분석에 의하면, 난민들은 거의 대부분 공산당을 피해서 국민당 쪽으로 넘어간 사람들이었다. 공산당이 휘두르는 개혁의 망치질이 농촌 마을을 허물고 가족을 붕괴시켰기 때문이다.

농촌은 전시 식량, 자원 및 인력의 주요 공급지였다. 공산당군은 농촌을 장악한 후 토지개혁을 진행했다. 본래 "몸을 돌리다"라는 의미의 "번신(翻身)"이 미신 타파, 문맹 퇴치, 성차별 폐지 등 구시대의 악습을 물리치고 신세계를 건설하자는 농민의식 개혁 캠페인의 핵심구호가 되었다. 공산당에 의한 농촌의 급격한 변화는 당연히 수많은 피난민을 양산했다.

목숨을 걸고 철조망 너머 "해방구"로 탈출한 난민들 앞에는 여전히 험로가 펼쳐졌다. 창춘에서 선양으로 이어지는 최단거리 300킬로미터의 거리에는 이미 집을 잃고 떠도는 난민들이 인해를 이루고 있지만, 동서남북 어디에도 그들이 갈 곳은 없었다. 창춘의 경계를 벗어나면 곧 공산당, 국민당, 지방정부 그 누구도 관여하지 않는 "삼불관(三不關)"의 지대였다.

이 지대에서는 총칼로 무장한 마적 떼가 난민들을 급습해 강탈했다. 난민들은 몸속 깊숙이 귀걸이나 목걸이를 숨겼지만, 만약 몸을 수색당하다가 걸리기라도 하면 마적들은 금품을 빼앗고 사람들을 죽여버렸다. 마적들은 난민들의 옷가지도 다 빼앗았기 때문에 사람들은 좋은 옷을 더러운 헝겊더미 밑이나 오줌에 절은 아기 옷들 사이에 숨기기도 했다.

"삼불관"을 지나면 다시 공산당 지구로 들어서는데, 이곳에서는 흙색 군복을 입은 10대의 공산당원들이 붉은 술이 달린 창을 들고 난민들을 검문했다. 그들은 스스로 인민의 해방군을 자처하며 공산당군의 군가를 불러댔다. 공산당 지구를 지난 난민은 5-6일을 걸어가 선양 외곽의 국민당 지대로 들어서게 되었다. 난민들은 다시 수색을 당하고 등록된 후, 완행열차에 실려 톄링(鐵嶺)에서 선양을 거쳐 신민(新民)까지 120킬로미터의 거리를 이틀에 거쳐서 갔다.

신민에서는 국민당 지구가 끝이 나는데, 거기서부터는 다시 최악의 "삼불관", 악명 높은 류허거우(柳河溝)가 펼쳐졌다. 이곳에서는 검은 바지에 황색 윗도리를 입은 도적들이 버드나무 길 구렁 아래에 숨어 있다가 권총을 빼들고 달려들어 금품을 빼앗았다.

다시 공산당 지구가 끝나는 다링 강까지 가면 마지막 관문이 놓였다. 강 반대편의 국민당군이 위장한 공산당군의 수공(水攻)을 막기 위해서 헤엄치는 사람들에게 총격을 가하는 곳이었다. 그렇기 때문에 사람들은 폭격당한 철로 다리를 건너야만 했다. 그들은 끊긴 다리 위에서 목숨을 걸고 800미터를 아슬아슬 걸어갔다. 몇 푼 꿍쳐둔 사람들은 짐꾼의 등에 실려 다리를 건넜다. 짐꾼들은 새끼줄로 업힌 사람의 등을 치면서 "눈 꼭 뜨고 아래를 보라"고 소리쳤다. 업힌 사람이 긴장을 늦추지 않고 바싹 등에 붙어야만 안전했기 때문이다. 가까스로 반대편 강둑에 도달한 사람들은 주저앉아 울음을 터뜨렸다.

창춘 시내에 거주하던 난민들은 뿔뿔이 흩어졌다. 무인지대에 갇혀 굶어 죽은 희생자의 수는 영영 알 수 없을 것이다. 마침내 진저우까지 도착한 난민들은 국민당군에 의해서 피난 열차에 실려 산하이관(山海關)의 난민수용소로 보내졌다. 창춘을 떠난 후 꼬박 3주일에 걸친 긴 여로의 끝이다. 거기까지 도달한 일부 난민들만이 가까스로 목숨을 이어간 것이다.

그루인은 헐벗고 굶주린 피난민의 몰골을 형언할 길이 없어 당나라(617-907)의 시성(詩聖) 두보(杜甫, 712-770)의 시를 인용하여 그 고통을 전한다.

끝도 없이 온 식구가 맨발로 걸어가네!
길에서 마주치는 사람들은 모두가
누더기 차림에 흙빛 얼굴을 하고……

82

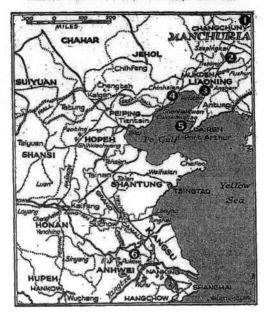

NATIONALISTS' QUIT MANCHURIAN CENTER

1948년 10월 7일 자 「뉴욕 타임스」에 게재된 선양 주재 특파원의 기사 "중국, 창춘을 붉은 무리에게 빼앗기다"에 따르면, 선양까지 도망쳐온 피난민들은 길바닥에 나뒹굴며 썩고 있는 시신들의 모습을 그려가며 창춘의 참상을 고발한다. 약 500그램의 좁쌀이 50달러에 거래되는데 사람들은 초근목피로 연명하다가 결국 스러지고 만다. 피난민들의 증언에 따르면, 창춘의 50만 인구는 이미 절반 이하로 줄어들었다. 또 이 기사에는 당시의 국민당군과 공산당군의 대결 양상을 일목요연하게 보여주는 지도와 함께 상세한 전세 설명이 붙어 있다.

국민당군은 창춘❶에서 퇴각한 후, 공산당군 점령지를 가로질러 안전지대로 가고자 했다고 전해진다. 일부 부대는 선양으로 가기 위해서 이미 쓰핑

❷을 지났다고 한다. 뤼순 항과 다롄❺에서 이룩한 소련의 비행기들이 탈출자들을 태운 미국 민간인 비행기들을 따라오며 성가시게 방해했다고 한다. 국민당군의 최대 순양함이 후루다오 항(葫蘆島港)❹을 둘러싸고 벌어진 전투에 투입되었다. 국민당 정부는 유명한 만주 철강산업의 중심 안산(鞍山)을 재탈환했다고 주장하면서, 또한 난징❻ 북쪽 112.5킬로미터 지점에서 사흘간의 전투 끝에 1만 명의 공산당군을 물리쳤다고 보고했다.

제6장
"인민해방군"과 인해전술

국공내전의 클라이막스, 화이하이 전투!

진저우 함락 나흘 전인 1948년 10월 11일, 만주에서의 승리를 확신한 마오쩌둥은 난징으로부터 북쪽으로 162킬로미터 떨어진 화이허 강 일대에 50만 대군의 투입을 결정했다. 중부 평원을 타고 양쯔 강으로 진격해 난징과 상하이를 넘보는 작전이었다. 만주에서 파견된 공산당군은 베이핑 지역의 일부 세력과 합류하여 놀라운 속력으로 중부 평원으로 몰려갔다. 불과 한 달이 지나지 않아 공산당군은 장쑤 성(江蘇省), 안후이 성(安徽省), 허난 성(河南省)에 걸치는 200킬로미터의 전선에서 국민당군과 맞붙게 되었다. 제5장에서 베이핑 함락을 다루었지만, 실은 공산당군이 화이허 지역으로 남하해 승기를 잡고 나서야 마오쩌둥은 베이핑 포위를 감행했다.

이른바 화이하이 전투는 1948년 11월 6일부터 1949년 1월 10일까지 65일간 양 진영을 합쳐 110만의 정규군이 투입된 제2차 세계대전 이후 최대의 전면전이었다. 동원된 민간인 지원자나 사상자의 수에서도 단연 국공내전의 그 어떤 전투보다 큰 규모였다.

화이하이 전투라는 명칭은 난징으로부터 북쪽으로 161킬로미터 지점에서 서에서 동으로 흐르는 큰 강 화이허 강과 장쑤 성의 하이저우(海州)의 첫 자를 딴 것에서 비롯된다. 국민당군 야전사령관들은 안전하게 난징 북부 161킬로미터 지점의 화이허를 끼고 넓은 방어선을 구축하자고 했으나 장제스는 독단으로 그보다 112.6킬로미터 위의 장쑤 성 쉬저우(徐州)에 병력을 집결시켰다. 당시 인구 30만의 쉬저우는 톈진-난징선과 룽하이(隴海) 철도가 만나는 교통의 요충지였다. 장제스는 베이핑을 포함한 북중국의 수비를 위해서 난징의 관문인 쉬저우 방위에 전력을 투입했는데, 다수 전쟁사 연구자들의 분석에 의하면, 바로 그 결정이 국공내전의 승패를 뒤바꾸는 전략적 패착이었다.

장제스는 탱크, 트럭, 포병대 및 제공권을 확보하고 있었다. 장제스의 공군 부대는 C-47, C-46 등의 수송기, B-24와 B-25 등의 폭격기, P-51 머스탱 전투기 등을 갖추고 있었다. 공산당군은 국민당군에 견줄 수 있는 대규모의 병력을 투입했지만, 포병대로는 1 대 2, 탱크 수로는 1 대 10의 열세였다. 무엇보다 공산당군은 공군력이 거의 전무했다. 장기로 치면 차포를 떼고 장기를 두어야 하는 불리한 상황인데, 놀랍게도 공산당군은 65일간 국민당군을 몰아붙여 결국 1월 10일 쉬저우에서 위장하고 도주하던 국민당군 사령관 두위밍(杜聿明, 1904-1981)을 생포했다.

공산당군이 어떤 전술을 썼기에 군사적 열세를 극복하고 화이하이 전투에서 완벽하게 승리했을까? 두위밍의 회고록에 의하면, 국민당군의 패배는 만주 전장에서와 마찬가지로 현장의 상황을 오판한 장제스의 독단에서 기인했다. 이길 수 있었는데 장제스의 간섭 때문에 지고 말았다는 패장의 항변이다. 2004년도에 발표된 미국 국무성 산하 연구소의 논문에 의하면, 군사력의 열세에도 불구하고 공산당군은 화이허 유역 퇴적층 평원에서 병력을 이동시키는 기동전에서는 오히려 유리한 상황이었다. 특히 이 지역은 많은 인구가 밀집한 작은 농촌 마을들로 이루어져 있었다. 전쟁이 발발하자 공산당군은 마을과 읍내에 산재한 토성과 해자(도랑)를 이용해서 요새를 만들었고, 무엇보다 놀라운 대민 동원력을 발휘해서 인민을 전투에 투입했다.

중국공산당의 공식 기록에 따르면, 화이하이 전투에 동원된 민간인의 숫자는 543만 명에 달한다. 공산당군은 도로와 철도를 우선적으로 파괴했다. 포장로와 공항을 잃은 국민당군은 군 장비를 사용할 수 없는 반면, 공산당군이 동원한 민간인 노역자들은 등짐이나 외바퀴 수레에 식량과 탄환을 싣고 좁고 굽이지고 외진 길로 이동할 수 있기 때문이었다.

1934년 마오쩌둥은 이른바 "군중노선(群衆路線, 대중노선)"의 원칙을 천명했다. 지속되는 장제스의 토벌 작전으로 궁지에 몰려 있던 시절이었다. 군중노선은 "혁명전쟁은 군중의 전쟁이므로 군중을 위해서 군중에 의지해서 군중 속으로 들어가야" 한다는 중국공산당의 기본 노선이다. 이는 오늘날에도 실사구시(實事求是), 독립자주(獨立自主)와 더불어 마오쩌둥 사상의 3대 기본 방침이라고 일컬어진다.

중국의 역사학자들은 흔히 중국공산당이 승리한 원인을 농민의 적극적인 지지에서 찾는다. 중국공산당이 점령지에 소비에트 정부를 세우고 토지개혁을 통해서 농민층의 적극적인 지지를 얻었다는 설명이다. 공산당군이 인민의 자발적인 지원을 받아서 이길 수 없는 전쟁에서 승리했다는 "인민에 의한" 인민 해방의 신화이다! 역사적인 사실 여부를 떠나서 오늘날의 중국에서는 이미 정설이 되어버린 이야기이다.

화이하이 전투에서 공산당군을 적극적으로 도왔던 농민들도 꽤 있었으리라. 그러나 맨손으로 농사를 짓는 수백만의 농민이 과연 전쟁에 자발적

화이하이 전투에 동원된 민공들. 보통 외바퀴 수레를 밀고 끌며 식량과 탄환을 날랐다고 알려져 있다.

으로 참여할 수 있었을까? 당시 농민동원령의 총지휘자는 바로 1978년 이후 "개혁개방"을 구현한 덩샤오핑(鄧小平, 1904-1997)이었다. 그는 각 마을마다 징발 인원수를 할당하고 명령 불복종을 엄격하게 처벌했다고 알려져 있다. 농촌의 현실을 고려할 때, 강제성 없는 자발적 동원이란 공산당의 선전에 불과하다.

중공의 공식적인 기록대로 60만 병력의 지원에 543만 명이 동원되었다면, 1명의 군인당 9명의 민간인이 따라 붙었다는 이야기이다. 과연 543만 명의 농민들이 쌀쌀한 겨울에 자발적으로 장제스 타도의 깃발 아래 모여서 공산당군의 최전방 부대를 지원할 수 있었을까? 543만 명의 "지전민공(支前民工 : 전방 지원 민간인)" 신화는 이후 정치적인 목적으로 부풀려지고 윤색된 영웅담일 뿐이다. 그렇다면 공산당군은 어떻게 수백만 규모의 인민을 일사분란하게 군사작전에 동원할 수 있었을까?

행존자의 고백

만주 랴오닝 성의 선양이 공산당군에 함락된 지 불과 나흘 후인 1948년 11월 6일, 장쑤 성 쉬저우에서 국공내전 최대 규모의 전쟁이 발발했다. 화북 지역에서는 표표히 눈발이 날리는 계절이었다. 장쑤 성 북부는 혹독한 추위는 아니라고 해도 아침저녁으로 기온이 빙점 이하로 떨어질 때가 적지 않았다.

전투가 벌어지자 쉬저우는 곧바로 포화에 휩싸였다. 양쪽 진영에서 쏘아대는 포탄으로 시가지의 지면이 온통 울퉁불퉁 파여 있었다. 제대로 폭탄을 맞은 도로 면에는 지프 차 한 대가 쏙 빠질 만한 큰 구멍도 뚫렸다. 시골 마을 사이의 흙길에도 말이 끄는 수레, 소가 끄는 수레, 사람이 끄는 외바퀴 수레가 끝도 없이 오가며 깊은 홈을 파놓았다. 여기저기 푹 튀어나온 진흙 더미가 꽁꽁 얼어붙으면 면도날처럼 예리하게 날이 서서 오가는 군인들의 군화를 뚫거나 다리 살을 찢어놓았다. 국민당군과 공산당군은 서로 포탄을 주고받다가 총검을 빼들고 맨몸으로 엉켜 붙은 채 죽고 죽이며 싸웠다.

현대 중국어에 행존자(幸存者)라는 단어가 있다. 천운으로 죽임을 모면한 행운의 생존자라는 뜻이다. 린징우(林精武, 1925?-) 노인은 쉬저우 최전선의 전투에서 허벅지에 총탄을 맞고도 용케 살아남은 행존자이다. 푸젠 성(福建省) 후이안(惠安) 출신인 린 노인은 18세에 자발적으로 군에 입대하여 항일전쟁에 참여했다. 반년 후 일본이 항복을 선언한 이후에도 그는 그대로 군에 남아서 국공내전에 출정했다.

중화민국의 문화국 장관을 역임했던 작가 룽잉타이(龍應臺, 1952-)는 2009년에 타이베이(臺北)의 원저우 가(溫州街)에 살고 있는 린 노인을 만

나서 화이하이 진투 체험에 대해서 인터뷰했다. 2009년 당시 83세인 린 노인은 집 밖의 재래시장에 과일을 사러 갈 때에도 정장을 차려입는 반듯하고 꼿꼿한 신사였다. 60년 전 전쟁의 기억을 고스란히 가지고 살아가는 그 깐깐한 신사에게 룽잉타이는 조심스럽게 "가장 인상에 남는 사건이 무엇이냐?"고 물었다. 린 노인은 휑한 눈으로 냉소적으로 대답했다.

뭐가 제일 인상적이냐? 모든 게 다 인상적이지. 지원군이 곧 온다며 진지를 사수하라는 명령이 떨어졌는데, 부대원이 다 몰살당해도 지원군은 오지 않았어. 인상적이지 않아? 동쪽으로 가면 전군이 포위되어 섬멸되는 함정인 걸 뻔히 알고 있는데 최고 지휘관이 동쪽으로 가라는 명령을 내리지. 인상적이지 않아? 양식이 다 떨어지고 탄약도 모두 바닥났는데 보급은 끊어져서 말을 잡아 뼈까지 다 빨아 먹은 다음에야 공군이 물자를 투하하지. 볏짚에 총탄을 싸서 투하하는데, 한 포에 1,000발씩 들어 있는 총탄을 공중에서 투하하면 매일 10명씩 아군이 맞아 죽었어. 인상적이지 않아? 부상당한 병사들은 엄폐물 하나 없이 눈 바닥 위에서 나뒹굴고, 기관총이 난데없는 폭우처럼 팍팍 쏟아져서 눈을 뜰 수도 없지. 인상적이지 않아?

잠시 쉬었다가 린 노인은 말을 이었다.

하지만 60년간 악몽처럼 매일 같이 떠오르는 걸 하나 꼽으라면 바로 그날 못 먹었던 돼지고기지. 여러 낮밤을 잠도 못 자고 쉬지도 못한 채 전투를 하고 나서는 입가가 온통 진흙투성이고 안구가 시뻘겋게 돼. 전우들과 함께 눈 바닥을 헤치고 불을 지펴 어렵사리 돼지고기를 한 솥 삶았는데, 막 먹으려는 참에 포탄이 날아와서 솥 위에서 터졌어. 귀가 잠시 멀어버렸지. 정신을 차리고 눈을 떠보니 동료들의 머리와 팔다리가 다 조각나서 고깃덩이가 되어서는 돼지 삶은 솥 속에 빠져 있더군.

린 노인에게는 그러나 그 모든 기억을 압도하는 또 하나의 악몽이 남아 있었다. 일렬로 쭉 늘어선 병사들이 힘껏 적진으로 수류탄을 내던지자 움푹 파인 땅덩이가 들끓는 기름 솥처럼 폭발했다. 참호 속에 있던 그는 다음 순간 겹겹으로 몰려와서 화염을 내뿜는 포구(砲口) 앞에 정면으로 몸을 던지는 수많은 사람들을 총구를 통해서 보았다. 공산당군의 맨 앞에 서서 몰려오는 사람들은 무고한 민공들이었다. 그들은 힘없이 전쟁에 불려나온 민간인들이었다. 바로 오늘날 중공정부가 전승의 최대 공로자라고 칭송하는 "지전(支前)"의 영웅이다.

국민당군은 바로 그 불쌍한 민공들을 향해서 손에 힘이 빠지도록 기관총을 난사했다. 군인들도 가슴이 찢어질 듯이 아파서 눈을 꼭 감고 고개를 숙인 채 방아쇠를 당겼다. 총질을 멈추면 곧 죽을 판이어서 계속 사격을 할 수밖에 없었다. 사격을 멈추면 그 자신이 곧 목숨을 잃기 때문이었다. 린 노인의 증언이 진실이라면, 공산당군은 수많은 민간인을 열 세워 총알받이로 희생시킨 셈이다.

한편 쉬저우에서 공산당군의 포로가 된 국민당군 병사들 중에는 공산당군 부대에서 일반 병사와 민공이 완전히 뒤섞여 아무 차별 없이 함께 생활하는 광경을 목격하고 경악한 사람들도 있었다. 총알받이로 쓰인 민공들이 실제로는 민간인으로 위장한 일반 병사들이었다는 이야기이다. 물론 상세한 내막은 아직 밝혀지지 않았다.[1]

인해전술의 진실

화이하이 전투에 실제로 543만 명의 민공이 동원되었을까? 중국학자 류퉁(劉統)은 당시 화이하이 전투에 동원된 민공의 수를 543만 명으로 집계하고 있다. 직접 전쟁을 지휘했던 제3야전군 후근(後勤 : 병참 지원) 사령관 류루이룽(劉瑞龍, 1910-1988)은 자신의 회고록에서 민공의 수가 230만 명이었다고 추산한다. 중국학자 황다오쉬안(黃道炫)은 화이하이 전투에 230만 명이, 이후 도강(渡江) 전투에는 320만 명이 동원되었다고 적고 있는데, 이 두 인원을 합치면 550만 명 정도가 된다. 서구의 역사학자들은 100만 명에서 200만 명 정도가 동원되었다고 주장하고 있다. 그만큼 동원된 민공의 실제 인원은 여전히 논란거리이다.

룽잉타이의 기록에 따르면, 당시 쉬저우의 전투에 동원되어 "총알받이"로 죽은 민공들은 대부분 산둥 지방 출신이었다고 한다. 그들은 산둥 방언을 썼으며, 공산당군에게 식사를 제공할 때에는 쌀밥 대신 산둥식 만두를 올렸다고 한다. 1920년대 군벌이 발호하던 시절, 타지의 군인들이 원거리 전쟁에 투입되어 "개죽음" 당하거나 혹은 노략질, 강간, 살해 등의 끔찍한 전쟁범죄를 저지르는 경우가 흔히 있었다. 최근 공개된 주중 영국대사 앨런 도널드(Alan Donald, 1931-2018)의 보고에 따르면, 1989년 "톈안먼 대도살" 당시에도 중공정부는 멀리 산시 성(山西省)의 부대를 동원해서 학살을 감행했다. 현지의 인민을 "총알받이"로 전투에 투입할 경우 당연히 지역 주민들의 즉각적인 반발과 저항이 따를 수밖에 없다. 그 때문에 공산당군은 멀리서 끌고 온 산둥의 민공들을 최전선에 밀어넣고 등을 떠밀었을 터이다. 이역만리 타향의 격전지에서 그들을 감싸주고 지켜줄 "이웃"은 없기 때문이다. 역으로 타향으로 파견된 무장병력은 놀라운 잔혹성을 드러내기도 한다.

쉬저우의 전투에 동원된 민공들은 포탄이 터지는 전장의 맨 앞에서 맨몸으로 식량과 탄약을 등에 지거나 옮기거나 외바퀴 수레에 실어 날랐다. 또 부상당한 병사들을 들것으로 나르고, 총탄을 맞아가며 전선(電線)을 까는 노역에도 시달렸다. 체험자의 증언만으로 역사적 사실을 확정할 수는 없지만, "543만 민공"의 일부는 화이하이 전투의 최전선에서 "인해전술"의 병기로 소모되었던 듯하다. 공산당군이 인해전술을 구사했음은 국민당군의 기록에서 흔히 발견된다. 항일전쟁 시기 버마에서 소령으로 복역했던 재미 중국학자 레이 황(Ray Huang, 1918-2000)은 회고록 『황하청산(黃河靑山)』(2001)에서 린뱌오가 만주에서 "인해전술"을 구사했다고 적고 있다. 물론 오늘날 중국에서는 거론 자체가 금기시되므로 역사의 진실을 밝히기는 지난하다.

2017년 12월 13일 쉬저우의 화이하이 전투 박물관을 방문한 국가주석 시진핑은 화이하이 전투는 "외바퀴 수레로 이끌어낸 승리"라며 "우리는 인민에 잘 보답해야" 한다고 소감을 말한 바 있다. 실제로 일반 중국인들에게 물어보면 화이하이 전투는 "지전민공"의 승리라고 자랑스럽게 대답한다. 중국인들의 마음에서 화이하이 전투의 영웅은 바로 전방 부대를 지원한 용감한 민간인 노역자들이다.

결국 "인민해방군"의 승리는 수많은 인민의 희생 위에서 이루어졌다. 장제스의 국민당군 역시 공비(共匪)를 토벌하는 과정에서 수많은 민간인을 학살했다. 전면전의 상황에서 어느 한 쪽을 일방적으로 (비)도덕적이라고 단정할 수는 없다. 전쟁이란 결국 인간이 서로를 죽고 죽이는 보복의 악순환이다. 미국의 학자 러멜(R. J. Rummel)의 통계에 따르면, 국민당 통치 시절에는 27만2,400명이, 항일전쟁 시기에는 1,021만6,000명이, 일본

점령지구에서는 394만9,000명이, 국공내전 시기에는 496만8,000명이 희생되었다.[2]

중국인들과 중국의 문제에 대해서 대화하다 보면 늘 결론은 다음의 한 마디로 요약되고는 한다. "왜냐하면 중국에는 사람들이 너무 많아서(因爲在中國人太多)!" 아마도 20세기 동안 중국 대륙에서는 너무나, 너무나 많은 사람들이 전쟁과 혁명의 험난한 파도에 휩쓸려 외마디 비명도 지르지 못하고 스러져갔기 때문이리라.

1940년대 제국의 전장에 학병으로 끌려갔다가 살아서 돌아온 작가 이병주(李炳注, 1921-1992)는 말한 바 있다. 전쟁에는 본래 승전국도 패전국도 없다. 오직 승자와 패자만이 있을 뿐이다. 국적과 상관없이 살아남은 모든 사람은 승자이고, 죽어버린 모든 사람은 패자이다.

중국에 갈 때마다 나는 공원 벤치에 앉아서 먼 곳을 응시하는 백발 성성한 노인들을 하염없이 바라보고는 한다. 그들의 신비롭고 아름다운 얼굴을 보면서 속으로 혼자 읊조린다.

살아남으신 분들이여, 여러분들이 바로 역사의 승자들이십니다.

제7장

토지개혁 잔혹사

국공내전이 한창일 때에 공산당이 점령한 "신(新)해방지"에서는 급속하게 공산혁명이 진행되고 있었다. 그 핵심은 토지개혁이었다. 중공지도부는 당시 중국 전역의 농촌에서 대략 10퍼센트의 농민이 지주 혹은 부농이라고 단정했다. 토지개혁은 바로 그 지주와 부농이 소유한 토지를 압류해서 중농과 빈농에게 재분배하는 과정이었다. 중공정부의 선전에 의하면, 토지개혁은 지주, 한간(漢奸 : 친일매국노), 국민당 부역자, 토호(土豪) 등 소수의 적인을 제거하고 다수의 인민을 해방시킨 "위대한 혁명"이다. 그러나 과연 중공 지도하에 진행된 토지개혁이 그렇게 순조롭고 아름다운 과정이었을까?

최신 연구에 따르면, 당시의 토지개혁은 무려 300만~500만의 인명(대부분 중, 소지주)을 앗아간 대규모 학살극을 수반했다. 그런 과정을 겪었음에도 대다수 농민의 실생활은 개선되기는커녕 악화되었을 뿐이다. 재산을 모으면 곧 지주나 부농으로 몰렸기 때문에 농민들에게는 정성을 들여서 농사를 지을 까닭이 없었다. 그 때문에 토지의 생산력은 오히려 전반적으로 저하되었다. 이웃으로 공생하던 촌민들은 인민 재판을 거치면서 서로에게 씻을 수 없는 상처를 입혔다. 땅을 받은 농민들은 전시 총동원의 소용돌이에 휘말려 희생되었다. 몇 가지 구체적 사례를 짚어보자.

만주 벌판의 농민들

1948년 여름 창춘 포위전이 전개될 당시 주요 도시를 제외한 만주 지역의 대부분은 공산당군에게 장악되었다. 공산당군은 마을을 접수하면 가장 먼저 토지개혁을 실시했다. 지주와 부농 소유의 토지를 압류해서 빈농들에게 나눠주는 "무상몰수 무상분배"의 방식이었다. 인민의 계급 의식을 고취하기 위해서 공산당은 온 마을 사람들을 불러놓고 지주, 부농, 한간 등 이른바 "인민의 적"에 대한 "공개 재판"을 열었다. 공산당 간부들은 으레 봉건 지주제의 철폐를 부르짖었지만, 농민들은 계급투쟁이나 토지분배 따위에는 큰 관심이 없었다. 대부분의 농민들은 장제스의 국민당을 합법정부라고 여기고 있었고, 전통적인 생활방식을 고수하고 싶어했다. 그런 상황에서도 공산당 간부들은 중앙의 지시를 따라서 무리하게 토지개혁을 감행했는데…….

지주와 부농을 추려보아야 일반 농민과 담벼락을 맞댄 이웃들에 불과했다. 그들 소유의 토지 역시 일반 농민이 가진 땅의 두 배도 되지 못하는 정도였다. 중국 및 서구 학계의 연구에 따르면, 당시 중국의 많은 지역에는 마르크스 이론에 부합하는 지주계급 자체가 없었다. "해방" 이전 중국의 농촌에서 지주가 점유한 토지는 총 토지 면적의 40퍼센트에 불과했다. 그 토지의 25퍼센트는 학교, 사묘(祠廟), 종족전(宗族田) 등의 공전(公田)으로, 개인 소유지도 아니었다. 농촌의 빈농들도 2-3무(畝, 1무 : 667제곱미터) 정도의 토지는 가지고 있었고, 토지가 전무한 농민은 기껏해야 1-2

공산당 간부가 농민들에게 "토지개혁안"을 설명하는 장면.

퍼센트 정도였다. 그럭저럭 땅을 부쳐 먹고 사는 가난한 농민들이 올망졸
망 모여서 향촌 공동체를 이루어 살고 있었다. 그런 농촌에서 "지주"를
찾아내 죄다 척결하고자 한다면, 과연 어떤 사태가 벌어질까? 더군다나
중공지도부가 이미 인구의 10퍼센트를 "인민의 적"이라고 예단해놓은 상
황에서…….

　네이멍구 성 츠펑 시(赤峰市)에는 "첸춘(乾村 : 하늘마을)"이라고 불리
는 자그마한 부락이 있다. 이 하늘마을에는 산둥 지방 이주민 42가호(家
戶)가 1,300무(대략 87만 제곱미터)의 토지를 일구며 살고 있었다. 1945년
에 중일전쟁이 종결된 후, 만주 지역의 각 마을로 침투한 중공 세력은 날
마다 마을 사람들을 모아놓고 "착취", "계급투쟁" 등 농민들에게는 생경한
혁명 이론을 설파했다. "봉건 지주제"의 피해자인 농민들을 일깨워 계급혁
명의 주체로 거듭나게 하려는 의도였다. 그 과정은 결코 순조롭지 않았다.

농민들은 소작료 자체를 착취라고 생각하지도 않았다. 토지개혁의 필요성 자체를 크게 느끼지 못했다. 하늘마을에서 토지개혁이 진행될 당시 가장 먼저 공산당에 가입했던 다이위탕(戴玉堂, 연도 미상)은 이렇게 말한다.

> 그 당시에 지주와는 투쟁할 필요도 없었어. 보통 재산이 3대를 못 가서 다시 가난해졌으니까. 지주가 어떻게 부자가 되었는지 알아? 8, 9할은 열심히 일해서 스스로 번 재산이야. 우리 마을의 지주나 부농은 다 그렇게 된 사람들이야. 하루아침에 요행으로 돈을 번 게 아니라고. 우리 다이 씨 집안을 보면, 4형제가 남의 땅 부치면서 뼈 빠지게 일을 했어. 그렇게 사 모은 땅 때문에 토지개혁 때에는 지주나 부농으로 분류되었던 거지.

농민들 사이의 계급투쟁이 조장되면서 결국 하늘마을의 42가호 중에서 40퍼센트가 넘는 18가호가 "투쟁호(鬪爭戶)"로 분류되었다. 투쟁호란 인민에 적대적인 가호를 의미하는데, 지주가 4가호, 부농이 6가호, 중농 및 빈농이 8가호였다. 하늘마을의 지주는 모두 타인을 고용하는 방법으로 농지를 경영했다. 타인에게 직접 토지를 임대한 경우는 아예 없었다. 실제로 네이멍구를 포함한 동북 지방의 광활한 대지에서 많은 농민이 땅을 가졌다는 이유만으로 지주나 부농으로 분류되었다. 지주나 부농은 곧 청산의 대상이 되었다. 불과 1~2무의 땅을 가진 사람이 지주로 분류되기도 했는데, 단 1무의 땅이라도 소작을 주면 지주로 간주되었기 때문이다.

생존자 다이위쿤(戴玉坤, 연도 미상)의 증언에 따르면, 마을에서 지주 색출은 실로 집요하고도 잔인하게 진행되었다. 재산이 없는 사람도 주변으로부터 원한을 산 적이 있으면 지주로 몰려서 숙청되기도 했다. 군중집회에서 누군가 한 사람을 지주 혹은 한간이라고 지목하기만 해도 처형되

반(反)지주계급 투쟁의 한 장면.

기 십상이었다. 다른 마을의 "적극분자"가 원정을 와서 폭력을 휘두르는 경우도 빈번했다. 투쟁집회에서는 폭력이 난무했다. 매달고, 얼리고, 불로 지지기도 했다. 바닥에 질질 끌고 다니기도 했다. 집회에서는 늘 그렇게 사람들을 잡아와서 잔인한 폭력을 휘두르고, 지주와 부농을 그 앞에 무릎 꿇려서 직접 그 장면을 목격하게 했다.

　다이위쿤이 집회를 피해서 도망간 후, 그의 부인은 짐승이 끄는 수레에 묶인 채 흙길에서 질질 끌려다녀야 했다. 그밖에도 여자들을 달군 쇠로 지지거나 속옷까지 다 벗기고 때리는 경우도 있었다. 읍내 소학교의 교사들이 지주로 몰려서 학살당한 사건도 있었다. 마을 사람들 모두가 존경하고 떠받드는 인격자까지 지주의 오명을 쓰고 숙청되기도 했다. 당시 촌민들 사이에서는 "공산당군이 온 후에는 만주국 시절보다 더 많은 사람을 죽이네!"라는 이야기가 돌 정도였다.[1]

　중국혁명기 농촌의 변화를 세심하게 기록한 『번신(Fanshen)』(1966)의 저자 윌리엄 힌턴(William Hinton, 1919-2004)은 "투쟁을 심화시키려면 타격의 범위를 넓혀야만 한다!"라는 말을 적고 있다. 당시의 토지개혁은 국공내전과 맞물려서 전개된 전시 혁명이었다. 공산당군에게 토지개혁은 공산당의 지배력을 강화하고, 동시에 대민 동원력을 제고하는 절호의 기회였다. 토지를 받은 농민들은 어쩔 수 없이 지전민공으로 전장에 투입되었다. 토지분배의 수혜자에게 요구되는 강제노동의 의무였다.

앞에서 살펴본 대로 1948년 11월부터 이듬해 1월까지 65일간 화이하이 전투에는 "543만 민공"이 동원되었다고 한다. 그 민공은 대부분 중원 지방의 시골에서 땅을 부쳐 먹고 살던 농민들이었다. 그 농민들이 대체 왜, 무엇을 바라고 전쟁에 나갔을까? 중공은 어떻게 그 수많은 사람들을 동원했을까? 잠자는 인민의 계급 의식을 고취해서? 총구를 들이대고 윽박질러서? 토지분배의 반대급부로?

중원의 계급투쟁

1947년 8월, 만주에서 국, 공 간의 각축전이 피 말리게 전개될 때, 류보청(劉伯承, 1892-1986)과 덩샤오핑이 이끄는 중원야전군은 화이허 남쪽의 다볘 산 지구로 진출했다. 이때부터 화이하이 전투가 발발하는 1948년 11월까지 1년 3개월에 걸쳐서 류보청과 덩샤오핑은 물산이 풍부한 그 지역에서 보급망을 구축하고 대민 동원을 시작한다. 당시 중원야전사령부의 정치위원이었던 덩샤오핑은 "식량과 물자의 보급은 군중이 일어난 후에야 해결될 수 있다"고 생각했다. 그는 특히 엄격한 감시 및 혹독한 징벌로 대규모의 농민들을 조직해 전장에 직접 투입했던 인물로 유명하다.

류보청과 덩샤오핑은 다볘 산의 험준한 산세를 이용하며 국민당과의 게릴라 전투를 지속적으로 전개한다. 중원야전군은 보급의 부족으로 큰 곤

국공내전 당시 덩샤오핑의 모습.

란에 직면하는데, "봉건 지주의 지배를 받는 보통 농민들"은 공산당과 격
리되어 있다. 덩샤오핑은 "군중을 발동(發動)시켜 토호 세력을 타격하는"
이른바 "보급 투쟁"을 시행한다. 쉽게 말해서 게릴라 전투로 점령지를 넓
히고 지역 주민을 복속시켜 군수 물자와 식량을 지속적으로 확보하는 전
략이다. 야전군은 가는 곳마다 토호를 처단하고 철저한 재산 몰수와 분배
를 이어간다.

　지금부터 당시 현장에서 대민 동원의 총책을 맡았던 그의 증언에 직접
귀 기울여보자. 덩샤오핑은 토호 세력을 물리치고 재산을 분배하는 과정
에서 발생한 "좌(左)의 오류"를 분석한다. "우리는 왜 오류를 범했는가?

1948년 토지개혁 선전 포스터. (chineseposters.net)

객관적인 상황을 무시한 채 주관적인 희망에서 출발했기 때문이다. 우리는 반년 내에 중원의 토지 문제를 해결할 수 있다고 생각했다. 반년 안에 토지개혁을 완성하기 위해서 총구로 중원의 문제를 해결할 수 있다고 생각했지만……. 우리는 군중의 의견을 제대로 헤아리지 못하고 일을 그르친 경우가 많았다."그는 다음 세 가지의 사례를 들어서 계급투쟁의 극단적 양상을 지적한다.

좌의 오류 #1

공산당군은 한 지방에서 토비(土匪)의 우두머리를 생포했다. 이에 중원 야전군은 군중집회를 통한 공개 재판을 계획했다. 계급투쟁을 통해서 군중을 발동시키는 절차였다. 그러나 군중은 보복을 당할까 두려워서 정부가 직접 판결을 내리고 총살할 것을 요구했다. 군은 군중의 의견을 무시하고 어렵사리 20명의 피해자를 모아서 군중집회를 개최했다. 집회에서 한 노인이 토비에게 "넌 내 소를 끌고 갔다"고 소리쳤고, 한 노파가 "넌 내 아들을 죽였어!" 하고 부르르 떨며 외쳤다. 그 밖의 다른 사람들은 좀처럼 나서지 않았기 때문에 결국 공산당군은 토비를 현장에서 즉결로 총살시켰다. 그런데 그날 밤 노파의 가족이 토비들에게 몰살당하고 말았다.

좌의 오류 #2

한 마을에서 토지분배를 하는데, 한 부유한 중농 집안을 부농으로 분류했다. 이 집안의 착취 정도는 매우 미약한 편이었고, 뜨내기 일꾼을 이따금 고용했을 뿐이다. 게다가 이 집안은 사람들 사이에서 덕망이 높았다. 원한을 품은 사람도 없을뿐더러 모두가 그 집안을 좋게 보았다. 군중은 그 집안을 보호하고자 했지만, 군인들은 강제로 그 집안의 재산을 몰수하려고 했다. 결국 마을 사람들은 군인들에 반감을 가지게 되었다. 이 사례는 공산당군이 중농의 이익을 침해하여 군중으로부터 신망을 잃은 안타까운 이야기이다.

좌의 오류 #3

안후이 성 서부의 한 고장에서 군중이 몇 명의 지주들을 죽여달라고 요구했다. 공산당군은 군중의 의견에 따라서 그들을 죽였다. 그러자 군중은 보복이 두려워서 또 하나의 명단을 내밀며 모두 죽여달라고 했다. 공산당군은 그 또한 군중의 의견이라고 여기고 모두 잡아서 죽여버렸다. 명단 속의 인물들을 다 죽이고 나자 후환을 두려워한 군중은 더 많은 사람들의 명단을 가지고 왔다. 공산당군은 다시 군중의 의견을 따라 그들을 모두 잡아 죽였다. 이렇게 죽이다 보니 원한을 품는 사람들이 갈수록 늘어날 수밖에 없었다. 그러자 군중은 공포심에 사로잡혀서 모두 먼 곳으로 도망을 가버렸다. 결과적으로 200여 명의 사람들을 도륙한 꼴이 되었다. 덩샤오핑은 탄식했다. "열두 마을에서 우리가 쌓아올린 노력이 다 물거품이 되어버렸다."

이상의 세 가지 사례는 공산당군 점령지에서 벌어지는 폭력과 보복의 악순환을 보여주는 극단적인 이야기이다. "좌의 오류"에 관한 덩샤오핑의 자술(自述)이라는 점에서 공산당군 점령지의 대민 조직 및 대민 관리의 실상을 보여주는 중요한 사료이다. 1927년 8월 7일 마오쩌둥은 당시 공산당의 온건노선을 우경(右傾)이라고 비판하는 일군의 사람들에게 말했다.

군사를 각별히 주의해라! 권력이 총구에서 나옴을 알아야 할 터!

마오쩌둥의 명언을 뒤집어서 덩샤오핑은 말했다. "총이 권력을 가져다 준다는 생각만으로 우리는 중원의 문제를 해결하려고 했다"고. 바로 거기서 인민을 죽음에 몰아넣는 "좌의 오류"가 발생했다는 뒤늦은 자각이었다.

"인민"과 "인민의 적"

오늘날 중국의 고등학교 정치 교과서에 따르면, 인간(人間)이 다 인민(人民)은 아니다. 인간은 인민과 적인(敵人)으로 구분된다. 인민이란 역사의 정도(正道)를 걷는 다수대중을 의미한다. 반면 적인이란 역사의 정도에서 이탈한 적대 세력이다. 공산혁명의 성공을 위해서는 "절대다수 인민"이

"극소수의 적대 세력"을 억압하고 제거해야만 한다. 인간 사회에 암세포처럼 반드시 제거해야 하는 "적대 세력"이 따로 있다는 발상이다.

마오쩌둥은 1925년 "중국의 사회 각 계급 분석"이라는 시론에서 혁명의 성공을 위해서는 "적과 친구"를 명확히 분별해야 한다고 주장한다. 혁명운동의 성공을 위해서는 진정한 적인을 정확하게 색출해서 외과 수술하듯이 그들만을 싹 제거해야 한다는 논리이다. 국공내전 당시 토지개혁 과정에서 300만-500만 명에 달하는 사람들이 지주, 한간, 토호, 부농 등 "인민의 적"으로 분류되어 학살당했다.

지금껏 살펴본 바대로 국공내전 당시 공산당의 집권과정이 아름답지만은 않았다. "중화인민공화국"은 수많은 사람들의 희생 위에서 세워진 나라이다. 차쯔에 갇혀 아사한 인민들, 집을 잃고 떠돌았던 수천만의 유민들, 전투에 투입되었던 수백만의 지전농민들이 "건국"의 비극을 웅변한다. 아울러 토지개혁의 명분 아래 300만-500만 명의 사람들이 항변의 기회를 얻지 못하고 인민 재판을 통해서 도륙되었다. 오늘날 중국에서 이 문제를 정면으로 건드린 소수의 반체제 인사들은 억압당하고 있다.

마오쩌둥이 중국에서 피의 숙청을 수반한 잔인한 토지개혁을 진행할 때, 장제스는 타이완에서, 이승만(李承晚, 1875-1965)은 한국에서 피 한 방울 흘리지 않고 "유상몰수 유상분배"의 원칙에 따라서 농지개혁을 완성했다. 특히 대한민국 건국헌법 제86조는 "농지는 농민에게 분배하며 그 분배의 방법, 소유의 한도, 소유권 내용과 한계는 법률로써" 정한다고 명기하고 있다. 그에 따라서 1949년 6월에 농지를 재분배하는 농지개혁법이 국회를 통과했고, 그 결과 농민은 경작지의 소출량에서 연 30퍼센트씩 5년 동안만 지주에게 지불하면 그 토지의 소유권을 확보하게 되었다. 매해 생산량의 50퍼센트 이상을 지주에 바치던 농부는 30퍼센트씩 5년만 상납

함으로써 지대(地代)에서 해방된 셈이다.

　한국의 많은 지식인들은 여전히 "대한민국의 현대사"에 대해서, 특히 이승만 정권에 대해서 극도의 혐오감을 드러낸다. 반면 중국의 공산혁명은 흠모하고 미화하기 일쑤이다. 중국공산당 치하 토지개혁의 폭력과 광기를 직시한다면, 과연 그런 인지부조화가 생겨날 수 있을까? 이념의 미망은 역사적 무지에서 비롯된다. 중국 공산화의 생생한 역사가 일깨우는 진실이다.

제8장

인민 + 민주 = 독재

공산당의 집권과정은 결코 아름답지만은 않았다. 공산당군은 창춘에서 5개월간의 잔혹한 포위전으로 수십만 명의 인민을 사실상 학살했고, 수천만 명의 유민을 낳았으며, 중원 지방에서는 수백만 농민들을 징발하여 전투에 투입했다. 국공내전의 감추어진 역사를 파헤칠수록 중국공산당 집권과정의 합법성과 도덕성을 의심할 수밖에 없다. 이제 1949년 10월 1일 건국 이후에 중국공산당이 중화인민공화국을 만들어가는 과정을 구체적으로 살펴본다. 참혹한 전쟁 끝에 수많은 희생을 딛고 건설된 새로운 나라는 과연 어떤 국가였을까?

"민주집중제"와 "인민민주독재"

1949년 4월 20일 공산당군은 양쯔 강을 건너 비옥한 동남부 지역으로 진격한다. 내전 막바지에서 중공의 승리가 실현되고 있는 상황이다. 1949년 6월 15일, 마오쩌둥은 베이핑에서 공산당 지도 아래 신정치협상 주비위원회(籌備委員會)를 결성한다. 이 주비위원회에는 중국공산당, 국민당 혁명위원회, 민주동맹, 민주건국회, 무당파 민주 인사, 민주촉진회, 중국 농공민주당, 중국 인민구국회, 중화 전국학생연합회, 국내의 소수민족, 해외의 화교 민주 인사 등 23개 단체의 134명 대표들이 모여서 처음으로 새로운 나라의 청사진을 그려가기 시작한다.

3개월 후, 마오쩌둥은 제1차 "중국인민 정치협상회의(政治協商會議, 줄여서 인민정협 혹은 정협)"를 개최한다. 46개 단체 662명의 대표가 참가하여 새로 건립할 나라의 얼개를 짜는 절차였다. 이 회의를 통해서 새 나라의 이름은 "중화인민공화국"으로, 국기는 오성홍기(五星紅旗)로, 수도는 베이징(개칭)으로 정해진다. 중국은 노동자, 농민, 소자산계급(petite bourgeoisie)과 민족자산계급(national bourgeoisie)의 연대를 통해서 구성된 나라이다.

1949년 9월 27일, 정협은 "공동강령"을 채택하고, 중앙 인민정부 조직법을 반포한다. 이 조직법에 의하면, 중화인민공화국은 "민주집중제"와 "인민민주독재"를 기본 원칙으로 한다. 개혁개방 이후 자본주의 생산방식을 경제의 기본 원리로 채택한 중국공산당은 정치적으로는 여전히 이 두 원칙을 국가경영의 기본 이념으로 채택하고 있다. 1940년 1월 마오쩌둥은 서구식 대의제 민주주의를 "구(舊)민주주의"라고 비판하면서 중국 인민의 계급연대에 기초한 중국 특유의 "신(新)민주주의"를 제창했다. 중국의 국기 "오성홍기" 속의 작은 별 네 개는 바로 노동자, 농민, 소자산가 및 민족자본가의 계급연대를 상징한다. 중화인민공화국 성립 이후 신민주주의는 곧바로 "민주집중제"에 입각한 "인민민주독재"로 귀결되었다.

민주집중제란, 소련 볼셰비키 혁명의 지도자 레닌(Vladimir I'ich Lenin, 1870-1924)이 제창한 민주적 의사결정과 중앙집권적 정책 집행의 원리이다. 레닌은 공산당원 모두가 "자유롭게 토론하되(토론의 자유)" 일단 당론

1949년 6월 30일, 중국공산당 기관지 「인민일보」의 제1면에 게재된 마오쩌둥의 논설 "인민민주독재를 논한다." 1954년 "인민민주독재"는 중국 헌법 전문과 총강 제1조에 포함된다. 마오쩌둥은 인민민주독재를 "반동파의 발언권을 박탈하고 인민에게만 발언권을 주는 것"이라고 정의한다.

이 결정되면 모두 "일사분란하게 행동해야(행동의 통일성)" 한다는 이른바 민주집중제를 천명했다. 이 원칙은 이후 스탈린 치하에서 "공산당 무오류론"이라는 전체주의의 독재의 논리로 전락하고 말았지만, 고스란히 중국 공산당의 지도이념으로 채택되었다.

　중국 헌법의 "인민민주독재"란 마르크스-레닌주의의 "프롤레타리아 독재"와 대동소이하다. 프롤레타리아가 인민으로 대체되고 "민주"라는 수식어를 삽입했을 뿐이다. 중국의 헌법 이론에 의하면, 인민민주독재는 "전국

인구의 절대다수를 점하는 인민에게는 민주를 실시하고, 극소수의 적대분자들에게는 독재를 실시하는" 통치의 방법이다. 공산혁명에 반대하거나 저애(沮礙)가 되는 소수의 사람들은 "인민"이 아니라 "인민의 적"이다. 이 논리에 따르면, 도처에 숨어 있는 인민의 적을 제거해야만 공산혁명을 이룰 수가 있다.

"인민의 적"을 색출하라!

1950-1953년 중국은 전방위적인 정치 캠페인을 진행한다. 앞에서 살펴본 대로 국공내전 당시부터 지주 및 부농을 겨냥한 "토지개혁"을 추진했다면, 이 무렵부터는 국민당 잔당 및 소요 세력을 척결하는 "진압반혁명(鎭壓反革命, 줄여서 진반)" 운동을 일으켜서 전국적으로 대규모 학살을 자행한다. 이어서 부패한 관료집단에 대한 삼반 운동(三反運動)과 자본가 및 사적 기업가에 대한 오반 운동(五反運動)을, 교육계와 지식계를 겨냥해서는 사상 개조 운동을 전개한다. 마오쩌둥의 지도 아래에 펼쳐진 1950년대 초반의 대숙청은 피해자의 규모나 방법의 잔혹함에 있어서 스탈린의 대숙청(1936-1938)을 방불케 한다.

UN군은 1950년 10월 1일 한반도에서 인민군을 38선 이북으로 몰아낸다. 1950년 10월 18일 북한 국경에 잠입한 20만의 공산당군은 UN군에 기습공격을 감행한다. 그 사이인 1950년 10월 10일, 마오쩌둥은 "혁명의 도정에 저항하는 국민당 잔류 세력, 비밀요원들, 비적들, 반혁명 세력들을 모두 탄압하라"는 지령을 내린다. 이는 한반도의 전쟁을 기회로 삼아서 중국 내부의 위험 세력을 전격적으로 제거하려는 의도로 보인다. 1951년 5월 7일-23일 개최된 제1차 전국선전공작회의에서 중앙정부 부주석 류사

1950년대 초 진반 운동의 포스터. "우리는 반혁명분자를 모두 색출해야 한다!"

오치(劉少奇, 1898-1969)는 한국전쟁 파병의 장점을 열거하면서 "만약 항미원조(抗美援朝)의 징소리와 북소리가 요란히 울려퍼지지 않았다면", 토지개혁과 진반 운동이 그토록 효율적으로 진행될 수는 없었을 것이라고 단언한다.[1] 중공정부가 한국전쟁을 기회로 삼아서 내부의 반대 세력을 계획적으로 숙청했다는 자백이다.

1949년 중화인민공화국 성립 이후에도 중국의 후베이 성(湖北省), 쓰촨 성(四川省), 구이저우 성(貴州省) 등지에서는 국민당 잔병 세력의 무장반란과 일부 민중의 저항이 이어졌다. 특히 1950년 여름에 베트남과 국경을 맞댄 중국 최남단의 광시 성(廣西省)에서는 매복한 반군 세력이 일어나 1,400명의 공산당 간부들과 700여 명의 공산당군 병력을 제거했다. 1949년 해방 직후 공산당군은 바로 그 지역에서 수개월간 17만의 반군 세력을

"반혁명 세력을 진압하라!"(1951)

도륙하지만, 광시 성 위린 현(鬱林縣)에서만 200개의 마을이 반란에 가담해 게릴라 전을 이어갔다. 남서부 지역의 중국공산당 보고서에 따르면, 쓰촨 성 서부에서는 6만 명에 달하는 반군 세력이 준동하고 있었다.

마오쩌둥은 국공내전 시기 동북야전군 정치부에서 맹활약하여 탱크라는 별명을 얻었던 타오주(陶鑄, 1908-1969)를 광시 지역에 파견한다. 타오주는 1951년 3월까지 15만 명을 처형하고 10만 명을 투옥한다. 그중 많은 사람이 옥중에서 아사하거나 병사한다. 1951년 여름, 마오쩌둥에게 발송한 전신에서 타오주는 "45만 명의 토비를 평정하고 4만 명을 처형했는데, 3분의 1 정도는 처형할 수도 있고 처형하지 않을 수도 있다"고 보고한다. 이에 마오쩌둥은 "광시라면 마땅히 다 죽여야 한다!"고 회신한다. (이후 타오주는 1966년에 문화혁명이 시작되면서 공산당 서열 4위까지 오르지만, 이듬해 가택연금 상태에서 최후를 맞이하고 만다.)

광시에 이어서 후베이에서도 1951년에만 성 인구의 1.75퍼센트에 달하

1950년대 초 반혁명분자를 처단하는 장면.

는 4만5,000명 이상이 도륙된다. 1951년 1월까지만 해도 후베이에서는 불과 220명의 반혁명 세력만이 제거된 상황이었다. 저조한 성과에 실망한 마오쩌둥은 1930년대 옌안 시절부터 비밀정찰 업무를 담당했던 공안부 장관 뤄루이칭(羅瑞卿, 1906-1978)을 통해서 후베이 성의 리셴녠(李先念, 1909-1992)을 압박한다. 그해 2월에 7,000명이, 이른 봄에는 7,000명의 반혁명 세력이 처형을 당하더니, 머지않아 3만7,000명이 공산당 간부들에 의해서 무차별 총살당한다. (20년간 마오쩌둥의 총애를 받은 뤄루이칭은 그러나 문화혁명 초기에 버림받고 권력에서 밀려나고 만다.)

베이징 자금성 근처 본부에서 마오쩌둥이 직접 살상의 할당량(대략 1,000명당 1명)을 정하면, 관료집단은 뤄루이칭의 지휘 아래 각 지방의 학살 현황을 파악해서 상부에 보고했다. 1950년 마오쩌둥은 "반혁명분자를 진압할 때에는 일관되고 정확하고 맹렬(잔인)해야" 한다는 온(穩), 준(准), 한(狠)의 3대 방침을 제정하는데, 그중 세 번째 한(狠)의 원칙이 가장 강조되었다.

　지방정부의 행동대원들은 보통 상부에서 떨어지는 할당량을 살짝 웃도는 숫자를 달성하려고 했다. 예를 들면 1951년 5월 광시 성의 경우, 1,000명당 1.63명꼴로 진반 처형이 이루어지는데도 부족하다는 지시가 내려왔다. 구이저우 성에서는 1,000명당 3명꼴로, 일부 지역에서는 1,000명당 5명꼴로 학살되었다고 한다. 1951년 3월 허난 성에서 1만2,000명의 반혁명 세력을 처형한 후 마오쩌둥으로부터 칭찬을 받은 허난 성의 간부들은 2만명을 추가로 학살해서 3만2,000명을 달성했다.

희생자들의 울부짖음

1980-1990년대 이후 중국에서는 1950년대 초 진반 운동의 실상을 보여주는 공산당 내부 자료가 꽤 많이 공개되었다. 중공정부가 진반 운동 자체를 성공적인 공산혁명의 과정이라고 평가하기 때문이다. 특히 지방정부의 당안에는 반혁명분자 색출 작전에서 스러져간 희생자의 비명이 고스란히 담겨 있다. 2013년 『해방의 비극: 중국혁명의 역사 1945-1957(*The Tragedy of Liberation: A History of the Chinese Revolution 1945-1957*)』에서 홍콩대학의 프랑크 디쾨터(Frank Dikötter) 교수는 직접 지방정부의 당안을 파헤쳐 먼지 더미에 묻혀 있던 사실을 발굴했다.

　그가 발굴한 당안 자료를 보면, 놀랍게도 아동학대의 사례가 흔히 발견된다. 1951년 4월 윈난 성 옌싱 현(鹽興縣)에서는 익명의 음해에 의해서 100명이 넘는 학생들이 지방정부에 불려가서 고문을 받았다. 그중 열 살짜리 아이는 들보에 매달린 채 구타를 당했고, 여덟 살짜리 아이는 무릎꿇림을 당한 채로 묶여서 다리뼈가 으스러지도록 주리를 틀리는 고문을 당

"반혁명 세력 진압하여 멋진 광경 지켜내자!"(1951) (chineseposters.net)

했다. 심지어는 여섯 살짜리 아이가 간첩 부대의 우두머리라는 모함까지
썼다. 쓰촨 성에서도 학생들 사이에서 반혁명분자 색출이 전개되어 그중
3명이 고문당해 죽고, 5명이 자살하는 사건도 발생했다. 광둥 성 뤄딩 현
(羅定縣)에서는 한 학생의 도난 혐의 때문에 13세에서 25세 사이 10-20대
가 무려 340명이나 체포되어 조사받는 일도 벌어졌다.

　무고한 양민학살도 빈발했다. 굴뚝 연기 때문에 적을 은닉한다고 의심
받은 장시 성의 한 마을에서는 41명이 무차별 난사로 학살을 당했는데,
피해자의 대부분이 아녀자와 어린이들이었다. 구이저우 성에서는 1명의

인민의 적을 색출하는 장면. "인민을 위하는 자는 결코 법망을 피할 수 없다!"
(chineseposters.net)

지주를 취조해서 48명의 무고한 빈농이 반혁명 세력이라는 거짓 증언을
받아내고, 그중 8명을 잡아서 가혹하게 고문하여 6명을 자살로 몰아간 일
도 발생했다. 심지어는 1929년 한 살 갓난아기 때에 무려 8명을 살해했다
는 황당무계한 혐의를 쓰고 자살한 사람도 있다.

　반혁명 세력 숙청의 압박 속에서 음해, 모략, 중상이 끊이지 않았다. 윈
난 성 감옥에서 한 간수는 죄수의 표정만 보고 150명의 토비 간첩을 적발
하기도 한다. 쓰촨 성의 한 현에서는 지난 세월 국민당원과 얽혔다는 이유

로 무려 4,000명의 공무원이 구속되기도 한다. 이런 사건은 대개 상부의 눈치를 살피던 하급 관리들이 행정상의 성과를 내기 위해서 저지른 국가 범죄인데, 개인적 원한에 얽힌 음흉한 범죄도 숱하게 일어났다. 쓰촨 성의 한 지방에서는 공식적으로 10명만 처형했다고 보고해놓고는 슬그머니 170명을 학살하는 사건도 있었다.

1951년 5월 쓰촨 성 푸링(涪陵) 지역에서는 상부의 마감 기일을 맞추기 위해서 2,676명의 혐의자들을 열흘에 걸쳐 즉결 처형하고는 이틀에 걸쳐 500명을 추가로 처형하는 일도 발생했다. 그 지역에서는 두 달 만에 모두 8,500명이 학살되었다. 127명의 죄수 중에서 무작위로 57명을 골라서 사흘 만에 처형하는 참극도 벌어졌다. 쓰촨 성 서부에서는 하루에 1,000명씩 조직적으로 학살한 사례도 있다. 모두 상부에서 정한 반혁명 세력의 색출 및 처형의 할당량을 채우기 위한 발악이었다.

1954년 류사오치(당시 전국인민대표대회 상무위원회 위원장)의 보고서에 따르면, 1950년 10월부터 1951년 11월까지 71만 명 정도가 처형되었다. 1956년 마오쩌둥은 정부 고위급 비밀회의에서 당시의 대공황을 회상하며 대략 70만 명 정도가 처형되었다고 말한다. 그러나 70만은 실제 희생자의 수에 훨씬 못 미치는 듯하다. 국가발전 및 개혁위원회 위원장 보이보(薄一波, 1908-2007)의 주장에 따르면, 1950년부터 1952년 말까지 대략 200만 명의 반혁명 세력이 처형되었다.

"인민민주독재"의 어둠

이 모든 사건들은 "해방"과 "혁명"의 이름으로 자행된 씻을 수 없는 전체주의 국가범죄의 참상이다. 다수의 인민이 소수의 "인민의 적"에 가한 "인민독재"의 실상이다. 과연 인민민주독재를 민주주의라고 부를 수 있을까? 소수에 대한 다수의 독재란, 실은 다수지배(majoritarian rule)일 뿐이다. 플라톤(Platōn, 기원전 427?-기원전 347?)이 『소크라테스의 변명(*Apologia Sōkratēs*)』에서 항변하듯이, 고대 그리스의 소규모 도시국가에서도 민주정은 최악의 중우정치(mob rule)로 전락하고 말았다.

다수결의 원칙만을 통해서 국가의 기본 정책을 정하려고 하면 최악의 민주주의를 피할 수 없다. 인민의 일부가 다수를 점하면 곧바로 인민독재의 정당성이 확보된다. 이런 원칙에 따르면, 다수가 진정 원한다면 소수를 잡아서 고문하고, 격리하고, 도륙해도 죄가 될 리 없다. 소수는 인민의 자격을 상실한 "인민의 적"일 뿐이다. 적은 더는 인간이 아니다.

북한의 헌법 역시 바로 이 논리를 그대로 차용하고 있다. 인민을 "사람"으로, 인민의 적을 "사람의 적"으로 쓰고 있을 뿐이다. 공산혁명에 저항하거나 김일성(金日成, 1912-1994) 주체사상을 부정하는 인간은 더는 "사람"이 아니라 "사람의 적"일 뿐이다. "사람이 모든 것의 주인이며 모든 것을 결정한다!"는 주체철학의 제1명제는 인간 일반에 대한 보편명제가 아니다. 사람은 "사람의 적"이 송두리째 제외된 특정 계급의 별칭일 뿐이다.

그 일부가 다수의 지위를 선점하고 "사람"의 이름을 사칭하면, 곧 "사람 중심"의 인민독재가 정당화된다. 북한에서는 김일성 유일사상에 반대하면 "사람의 적"으로 간주되어 학살되고 만다. "사람"이라는 말의 뜻 자체가 근본적으로 변질되었기 때문이다. 사람은 더 이상 모든 사람을 지칭하는 보통명사가 아니라 특정 계급 혹은 특정 세력을 칭하는 고유명사가 되어버린 셈이다. 김일성의 "사람 중심" 철학이 인류사 최악의 전체주의 세습 독재 왕정이 되어버린 이유가 바로 여기에 있다.

20세기 역사에서 민주주의의 이름으로 자행된 폭력의 실상을 깊이 탐구한 마이클 만(Michael Mann) 교수는 『민주주의의 어둠(*The Dark Side of Democracy*)』(2004)이라는 책을 통해서 중요한 테제를 정립했다. 그에 따르면 인종 청소는 한 사회 구성원의 특정 계급 내지는 종족이 인민 혹은 국민의 이름을 참칭할 때에 발생하는 범죄이다. 다수가 인민이 되는 순간, 소수는 인간의 자격을 박탈당하고 만다. "인간"의 자격을 박탈당한 "인간"은 너무나 쉽게 인종 청소의 대상이 된다는 설명이다.

전체로서의 "인민"이 강조되는 사회에서는 "개인"으로서의 인간이 억압당한다. 다수주의의 무지몽매한 폭력에서 "개인"을 보호하는 유일한 보루가 자유주의 헌법의 기본권 조항이다. 신체의 자유, 언론의 자유, 집회 및 결사의 자유, 거주와 이전의 자유, 양심의 자유, 사상의 자유 등 연약한 개인은 바로 자유를 통해서만 집단의 광기와 폭력에 맞서서 스스로를 지킬 수 있다. 자유 없는 민주주의는 최악의 전체주의 폭력으로 귀결되고 만다. 현대 중국의 슬픈 역사가 일깨우는 준엄한 교훈이다.

제9장

마오의 도박, 미국과의 전쟁

1949년 10월 중화인민공화국의 성립은 대다수 중국의 인민들에게 최소한 40년간 지속된 전쟁의 끝을 의미했다. 막 지나간 국공내전(1946-1949)의 인명 피해는 거의 500만 명에 달했다. 많은 인민들은 극심한 인플레이션, 환경 파괴, 생필품 부족, 치안 불안 및 전쟁 공포 속에서 허덕이고 있었다. 국민당 정부의 부패와 무능, 독단과 전략 부재는 민심의 이반을 불러왔고, 장제스는 결국 대륙을 잃고 섬으로 축출되었다. 중국의 민심은 일단 공산당이라는 배를 띄웠다. 민심은 그러나 바람에 눕는 풀잎처럼 쉽게 변하기 마련이다. 이제 중공정부는 경제를 살리고, 민생을 챙기고, 질서를 세워야만 했다. 반혁명 세력을 공격하는 네거티브 전략만으로는 국가 건설을 할 수 없는 까닭이었다.

그런 상황에서도 중공정부는 1950년 10월 말 압록강 너머 한반도 전선에 대규모의 지원병을 투입하게 된다. 순식간에 수많은 공산당군이 인해의 총알받이로 스러져갔다. 공산당군 사상자는 최대 131만(사망 60만 명, 부상 71만6,000명)에 달한다.[1) 오늘날 상당수의 학자들은 한국전쟁에 개입한 것 자체가 중공지도부의 "오인, 오산, 혼돈"은 물론 "오판 및 그릇된

| 표 3 | 중국 역사 시기별 인명 피해

시기	인명 피해
군벌시대(1916-1928)	63만2,000명
국민당 통치시대(1928-1937)	272만4,000명
중일전쟁(1937-1945)	1,021만6,000명
일본군에 의한 학살	394만9,000명
국공내전(1946-1949)	496만8,000명

20세기 "양민 학살(democide)"을 집중적으로 연구한 미국의 학자 러멜이 제시하는 이 수치는 기본적으로 영어권 학술출판물에 근거한다. 이 수치는 중국에서 발표되는 희생자 수와는 상당한 차이를 보인다. 예를 들면 1990년대 중공정부가 발표한 중일전쟁 희생자는 사망 2,100만, 부상 1,400만 명에 육박한다.2)

목적"에 이끌린 "최악의 무모한 전쟁"이었다며 공산당군의 파병을 폄하하고 있다.3)

반면 중국공산당의 입장에서 그 상황을 돌아보면, 파병 결정의 전략적 합리성을 찾기가 어렵지만은 않다. 한반도에서 미국과의 대규모 전쟁을 수행함으로써 중국은 우선 ① "순망치한"의 이치에 맞게 완충지대로서의 북한을 지킬 수 있었다. ② 미, 중의 관계 개선을 의심하는 스탈린의 의심을 불식함으로써 ③ 더 큰 규모의 소비에트 군사지원과 경제 원조를 얻어 낼 수도 있었고, ④ 그 과정에서 공산당군의 현대화도 추진할 수 있었다. 중공지도부는 또한 ⑤ 중국에 대한 미국의 "침략 야욕"을 영구히 분쇄시킴으로써 ⑥ 중국의 국제적 지위를 인정받아 UN에 가입할 수도 있다고 내다보았다. 나아가 ⑦ 미국과 한반도의 일부와 타이완을 맞바꿀 가능성도 타진하고 있었다.4) 또한 마오쩌둥은 ⑧ 미국과의 전쟁이 불가피하다면 중국의 영토보다는 이국의 영토가 전장으로서 더 낫다고 판단했다.

그러나 과연 이상의 8가지 목적만으로 마오쩌둥의 파병 결정이 온전히 설명될 수 있을까? 아무리 냉철해 보이는 프로 정치가들의 의사결정일지라도 그 밑바탕에는 파괴욕, 정복 야심, 증오심과 시기심 등 불합리한 정열이 꿈틀대고 있을 수 있다. 하물며 공산혁명에 인생을 걸고 목숨 바쳐 싸웠던 게릴라 전사들임에랴. 당시 중공지도부의 이념과 공유 가치, 사고방식과 의식구조를 탐구하지 않고서는, 그들의 참전 결정을 쉽게 이해할 수 없을 듯하다.

한국전쟁의 기원과 중국의 선택

한국전쟁의 발발과 공산당군의 개입 이유와 관련해서는 지금껏 몇 가지 상충되는 이론들이 맞부딪혀왔다. 전통주의적 해석에 따르면, 김일성이 일으킨 한국전쟁은 중, 소의 공모에 따른 공산 진영의 팽창주의 무력도발이었다. 반면 베트남 전쟁 당시 미국의 세계전략을 비판적으로 조명했던 일군의 수정주의 분석가들은 한국전쟁의 원인을 한국 사회의 계급 갈등과 미국의 대외정책에서 찾았다.[5] 전통주의적 해석에 따르면, 공산당군의 개입은 사전계획에 따른 공산권의 대응이었다. 반면 수정주의 해석에 의하면, 인천 상륙 작전 이후 38선 이북으로 진격한 UN군의 군사력에 안보 위협을 느낀 중공지도부의 정당방어라고 할 수도 있다.[6]

미국의 수정주의자 브루스 커밍스(Bruce Cumings)는 인천 상륙 작전 이후 38선 이북으로 진격한 UN군의 이른바 롤백(roll-back, 밀어붙임) 작전을 북한에 대한 미국의 침략이라고 비판한다.[7] 요컨대 UN군의 롤백 작전이 계급 갈등에서 시작된 한반도의 지역 분쟁을 대규모의 국제 전쟁으로 확장시켰다는 주장이다.

중국의 학자들은 대부분 역시 중공지도부가 실제로 느꼈던 안보 불안이 공산당군 개입의 직접적인 원인이었다고 설명한다. 이들은 공통적으로 국가 재건의 막중한 책무와 대내적 군사작전의 필요 때문에 중국이 한국전쟁에 개입할 동기가 전혀 없었다는 논지를 편다. 실제로 건국 후에도 중국의 대내 군사작전은 멈추지 않았다. 그런 이유에서 수정주의자들과 중국의 학자들은 UN군의 반격이 38선 이남에서 멈췄다면 확전을 피할 수 있었다는 논지를 펼친다. 미국의 공세가 전쟁을 원하지 않는 중국을 전장으로 끌어냈다는 주장이다.

그러나 수정주의는 힘없이 고개 숙이고 만다. 1990년대 구소련의 문서 공개가 결정적인 계기였다. 1993년에 공개된 브레즈네프(Leonid Brezhnev, 1906-1982) 시기 소련의 외무성에서 작성한 한국전쟁 관련 심층보고서(1966)와 러시아 연방 초대 대통령 보리스 옐친(Boris Yeltsin, 1931-2007)이 1994년 한국 측에 직접 공개한 크렘린 기록보관소의 비밀문서가 대표적이다. 소련 측의 비밀문서는 한국전쟁이 스탈린의 마스터 플랜 아래 소련의 군사지원을 받은 위성국가 북한의 수령 김일성이 공산 통일의 명분으로 저지른 대남 침략 전쟁임을 명료하게 보여준다. 스탈린은 영국 스파이의 첩보를 통해서 미국이 한반도의 문제에 개입할 의사가 없음을 확인한 후 김일성의 군사도발을 재가했다. 미국 국무장관 딘 애치슨(Dean Acheson, 1893-1971)이 1950년 1월 12일에 발표한, 한국과 타이완을 포기한다는 성명보다 이른 시점이었다. 미국의 대외전략에 대한 스탈린의 결정적 오판이 김일성의 침략 계획에 청신호를 준 셈인데…….

트루먼 행정부의 대외정책은 한국전쟁 발발을 불과 두 달 앞둔 1950년 4월 7일 미국 국가안보위원회의 66쪽짜리 보고서 NSC 68을 채택하면서 극적으로 변화한다. NSC 68은 1950년부터 1990년대 초 소련의 붕괴에

이르기까지 냉전 시기 미국의 기본 군사전략을 담고 있는 중요한 보고서
이다. 국방비 증액, 수소폭탄 개발 및 동맹국 군사지원의 확대를 골자로
하는 NSC 68은 세계 공산주의 정권의 체제변혁까지 도모하는 공세적인
로드맵이었다. 트루먼 행정부가 김일성의 전쟁 도발 이전에 NSC 68을 채
택한 상태였음은 역사의 우연일까? 반미주의자들은 바로 그런 이유로 한
국전쟁이 트루먼의 음모였다는 주장을 펼치지만, 미국의 공세적인 정책
변화는 중국의 공산화와 소련의 핵무장으로 오히려 쉽게 설명된다.8)

한편 소련의 비밀문서에 따르면, 마오쩌둥이 스탈린과 함께 한국전쟁을
구체적으로 기획한 적은 없었다. 오히려 마오쩌둥은 스탈린이 최초의 계
획에서 중국을 배제했다는 사실을 알고 분개했다. 심지어 파병을 눈앞에
두고 스탈린에게 파병 계획을 철회한다고 통지했다. 마오쩌둥의 철회 선
언에 놀란 스탈린은 김일성에게 한반도를 버리고 만주 지역으로 퇴각하라
고 명령했다. 얼마 후 마오쩌둥이 공산당군의 투입을 결정하면서 스탈린
의 명령은 다시 바뀐다. 요컨대 스탈린은 미국과의 전쟁을 꺼리고 있었고,
마오쩌둥은 파병 직전까지도 소련과 예민하게 신경전을 벌이고 있었다.9)

마오쩌둥의 반미 의식

1950년 2월 14일 중국과 소련은 류사오치와 스탈린의 협상 끝에 중소우호
동맹 상호협조조약을 체결한다. 당시 중국은 군사기술, 경제정책, 사회 건
설 등의 모든 면에서 사회주의 종주국 소련에 철저히 의존하고 있었다.
객관적인 정황상 마오쩌둥은 세계 사회주의권의 대원수 스탈린의 요구를
거부할 수 없었다. 그러나 중국이 소련의 압박 때문에 억지로 파병을 결정
한 것은 아니었다. 또한 UN군이 38선을 넘은 다음에야 사후적으로 파병

을 결정하지도 않았다. 마오쩌둥과 중공지도부는 인천 상륙 작전이 실행되기 전인 1950년 8월쯤에 이미 파병 쪽으로 기울어 있었으며, 그보다 한 달 전부터 전쟁 준비에 돌입해 있었다.10) 결국 중국의 파병은 오래 전부터 미국과의 결전이 불가피하다고 여긴 중공지도부의 판단이었다.

공산당군 파병의 가장 직접적인 이유로는 국공내전 내내 미국이 장제스를 지지하며 국민당 정부에 20억 달러 규모의 보조금 및 차관을 제공했다는 사실을 꼽을 수 있다. 물론 1949년 중순에 이르면 중공지도부는 미국이 이미 국민당을 포기했음을 간파하고 있었다. 1949년 4월 20일부터 6월 2일에 걸쳐서 공산당군이 양쯔 강을 건넌 도강 전투 당시에 미국은 전혀 개입하지 않았다. 게다가 1949년 8월 5일 미국의 국무장관 딘 애치슨은 국민당의 패배 원인을 부패, 무능, 사기 저하, 민심 이탈이라고 짚으면서 국민당 정부에 대해서 포기를 선언했다. 이때 그는 "신념을 상실한 정권, 사기를 잃은 군대는 전투의 시련에서 생존할 수 없다!"라는 유명한 말을 남겼다.11)

국공내전 내내 중국공산당은 소련의 군사지원을 받고 있었다. 결국 국공내전 역시 막 냉전에 돌입한 미, 소 양국의 대리전이었다고 할 수도 있다. 미국이 국민당 정권에 대한 지원을 중단한다고 해도 중공지도부는 기본적으로 반제국주의, 반미주의의 노선에 입각해 있었다. 아무리 미국이 공개적으로 국민당을 포기한다고 해도, 중공정부로서는 대미전략을 수정할 수 없었다. 다시금 문제는 그 당시 마오쩌둥과 중공지도부의 의식을 지배하는 뿌리 깊은 반제국주의, 반미주의 이데올로기로 귀결된다.

제1차 세계대전 이후 중국 공산주의자들 사이에서는 레닌의 제국주의론이 각광을 받았다. 마오쩌둥의 반미 의식의 밑바탕에는 결국 레닌주의 국제인식이 깔려 있었다. 항일전쟁 당시 마오쩌둥은 항일 운동의 공동 이익을 강조하면서 미국과의 관계 개선을 시도하지만, 미국은 공산당의 시도를 무시했다. 이후 1944년 11월 미국은 이른바 딕시 미션(Dixie Mission)을 통해서 중공지도부를 설득해서 국, 공 협상을 중재했지만, 이 계획은 장제스의 반발로 수포로 돌아갔다. 이때만 해도 중공지도부는 미국과의 관계 개선을 적극적으로 시도했다. 미국은 그러나 소련의 개입을 막기 위해서 중국공산당의 러브콜을 거절하고, 대신 국민당과 소련의 우호관계를 유지시키려고 노력했다. 이러한 과정을 거친 중공지도부는 결국 미국과의 관계 개선 시도가 무모하다는 생각을 굳히게 되었다. 여기서 더 나아가 1945년 12월 트루먼은 국, 공의 평화 공존을 지지하는 성명을 발표하고, 곧이어 제2차 세계대전의 영웅 조지 마셜 장군이 이끌었던 6개월에 걸친 마셜 미션(Marshall Mission) 역시 실패로 돌아가자 중공지도부의 반미 의식이 강화되었다. 1946년 6월 말, 마오쩌둥은 벌써부터 트루먼 행정부를 "반동, 자본주의 분파"라고 비난하기 시작한다.[12]

중국의 한국전쟁 참전 결정은 마오쩌둥과 중공지도부의 뿌리 깊은 반미 의식을 배제하고서는 설명할 수 없다. 마오쩌둥은 반미의 프리즘을 통해서 국제정세를 이해했기 때문이다. 국가 지도자의 신념체계, 사고방식 및 고정관념은 국가의 정책 결정에 큰 영향을 미친다. 마오쩌둥은 과연 당시의 국제정세를 어떻게 파악하고 있었는가?

중간지대의 중국

1946년 8월 미국 출신의 공산주의자이자 저널리스트 애나 스트롱(Anna Strong, 1885-1970)과의 인터뷰에서 마오쩌둥은 당시의 국제정세에 관한 스스로의 견해를 다음과 같이 피력한다.

미국과 소련은 유럽, 아시아, 아프리카의 수많은 자본주의, 식민지, 반식민지 국가들을 사이에 두고 둘로 나뉘어 있다. 미국의 반동분자들은 이 나라들을 모두 복속시키기 전에는 절대로 소련을 공격할 수가 없다. 오늘날 미국은 태평양에서 과거 대영제국 이상의 지역을 지배하고 있다. 미국은 일본, 국민당 지배하의 중국, 한반도의 절반, 남태평양을 지배하고 있으며, 오랜 시간 라틴 아메리카를 지배해왔다. 또한 미국은 대영제국 전체와 서유럽을 지배하려고 한다. 미국은 여러 핑계를 대면서 많은 나라들에 대규모 군사시설을 설치하고 군사기지를 건설하고 있다. 미국의 반동세력은 전 세계에 이미 건설했거나 건설 준비 중인 미국의 군사기지가 소련을 겨냥하고 있다고 말한다. 맞다! 미국의 군부대는 소련을 겨냥하고 있다. 그러나 현재로서는 소련이 아니라 미군 부대가 설치된 나라들이 침략의 고통을 먼저 느끼고 있다. 머지않아 이 나라들은 소련과 미국 중에서 어느 나라가 진정으로 그들을 억압하는지 알게 될 터이다. 미국의 반동 세력이 전 세계 인민들의 반대에 부딪힐 날이 곧 도래하리라고 나는 믿는다.

이어서 마오쩌둥은 미국은 그저 종이호랑이일 뿐이라고 조롱하면서 "전쟁은 핵폭탄 한두 개로 결판나는 것이 아니라 인민에 의해서 결정된다"는 묘한 여운의 발언을 남긴다. 중국이 전 세계의 인민과 연대한다면 핵무장한 미국에 맞서서 충분히 싸울 수 있다는 발언이다.

1946년 마오쩌둥은 이미 냉전의 시대가 열렸음을 감지하고 있었다. 그는 중국이 비록 중간지대에 속한 국가 중의 하나이지만, 중간지대에 놓인 유럽, 아시아 및 아프리카의 모든 나라들에 앞서서 사회주의 혁명을 이끌어가야 할 중심 국가라고 생각했다.

3년 후인 1949년 7월 1일, 마오쩌둥은 중국공산당 창당 28주년 행사에

중소우호동맹 상호협조조약을 기념하는 우표(1950).

서 긴박한 국제정세에서 중립노선은 없다면서 중국은 "일변도(一邊倒)", 곧 "한 쪽으로 기울어져야 한다!"는 발언을 한다. "일변도" 발언을 통해서 마오쩌둥은 분명하게 중국이 소련을 영수로 하는 공산 진영에 서야 함을 천명했다. 마오쩌둥의 이런 발언은 한 자연인의 생각이 아니라 중공지도부의 정책기조이자 외교노선이 되었다. 중소 양국이 우호동맹과 상호협조조약을 추진하던 시점이었다. 실질적으로 마오쩌둥이 부르짖은 "일변도"란 중국의 혁명이라는 맥락에서는 결국 반제국주의, 반미, 반서구, 반자본주의를 의미했다. 다시 말해, 중국 인민은 분명하게 소련 편에 서서 미국과 싸워야 한다는 주장이었다.

　마오쩌둥의 "중간지대" 이론과 "일변도"의 주장은 중국이 한반도에 대규모 병력을 보내서 미국과 맞붙게 되었던 이념적 배경이었다.

타이완, 인도차이나, 북한

만약 미국과의 결전을 피할 수 없다면, 중국으로서는 미국이 중국의 영토를 직접 공격하는 사태를 막는 것이 최선이었다. 대륙이 아니라면 어디에서 미국과의 결전을 치를 수 있을까? 당시 국제정세에서는 타이완, 인도차이나, 한반도로 선택지가 좁혀질 수밖에 없었다.

우선 타이완의 상황을 보자. 1949년 5월 말 상하이를 빼앗기고 병력의 대부분을 타이완으로 옮긴 장제스는 그 즉시 공산당군이 점령한 연해의 해상을 봉쇄하고 공습을 시작한다. 마오쩌둥은 장제스의 대담한 저항 뒤에는 미국이 있다고 판단했다. 마오쩌둥은 당장 반격해서 타이완을 점령하고 싶었지만, 공군력과 해군력이 크게 부족한 상황이었다. 바싹 약이 오른 마오쩌둥은 건국 직후인 1949년 10월 말 타이완 점령을 시도했다. 어선에 병력을 실어 나르는 성급하고도 어설픈 상륙 작전은 1만 명이 사살되거나 생포되는 수치스러운 패배로 막을 내렸다. 11월 초, 공산당군 61개 사 병력을 저장 성(浙江省) 저우산 군도(舟山群島)에 딸린 덩부 도(登步島)를 점령했다가 국민당의 공습으로 급하게 퇴각하는 수모를 겪는다.[13]

그해 12월 초 모스크바에 간 마오쩌둥은 저장 성, 푸젠 성, 광둥 성 등 연해에서 지속되는 국민당과의 군사충돌로 신경이 곤두서 있었다. 그는 스탈린에게 소련의 해군력과 공군력을 지원해달라고 간청했다. 1950년 1월 12일 한반도와 타이완을 배제하는 이른바 애치슨 라인(Acheson Line)이 공표된다. 마오쩌둥으로서는 희소식임에 분명했다. 미국과 맞붙지 않고도 타이완을 복속할 수 있는 가능성이 열렸기 때문인데…… 김일성이 전쟁을 도발하자 트루먼 행정부는 바로 다음날 타이완에 제7함대를 급파하고는 정찰기를 띄우는 군사시위를 이어간다. 미국과 충돌하지 않고서는 타이완 복속 자체가 불가능해진 셈이다.

타이완이 위험하다면, 인도차이나가 미국과의 격전지로 선택될 수 있었다. 건국 직후부터 마오쩌둥은 중국혁명이 중간지대 공산혁명의 모델이라고 자평했다. 그는 이제 중국을 넘어서 아시아로, 아시아를 넘어서 전 세계로 중국혁명의 요령을 전파하고 싶어했다. 그는 베트남 공산당 세력과의 유대를 강화하면서 인도차이나 지역의 공산혁명을 지원하기 시작했다. 1950년 1월 말, 17일간 걸어서 중국으로 잠입한 호찌민(胡志明, 1890-1969)은 중국공산당의 도움을 얻어서 2월 초 마오쩌둥이 체류하고 있는 모스크바로 간다. 스탈린은 호찌민에게 큰 관심을 보이지 않았지만, 마오쩌둥은 그를 지원하기로 결정한다. 스탈린 역시 마오쩌둥에게 동아시아 혁명 운동의 지휘를 맡겼다. 마오쩌둥은 군사고문단을 보내고 무기를 제공하는 등 베트남 공산주의 운동에 대한 군사적 지원을 시작한다. 물론 베트남에 대한 중국의 지원은 프랑스를 자극하고 미국과의 대결을 부추겼지만, 중국혁명의 해외 수출이라는 점에서 중공지도부는 집요한 관심을 보였다.14)

마지막으로 마오쩌둥은 북한의 전략적 중요성을 잘 알고 있었다. 1949년에 대한민국과 일본에는 미군이 직접 주둔하고 있었다. 만약 김일성의 침략에 미국이 적극적으로 대응한다면, 한반도에서 양 진영의 충돌은 불가피했다.

항일전쟁과 국공내전 당시 대략 10만 정도의 한인(韓人) 병사들이 공산당군에 배치되어 있었다고 한다. 특히 국공내전이 막바지로 치닫던 1940년대 후반, 공산당군 제4군의 156, 164, 166사단은 대부분 한인 병사들이었다. 당시 공산당군은 북한을 자유롭게 활용할 수 있었다. 공산당군은 북한의 지원으로 건설한 두 개의 육로를 통해서 남만주와 북만주의 병력을 연결할 수 있었다. 또 북한의 나진항과 남포항을 통해서 다롄의 소련 해군기지와 해상으로 연결되었다. 1948년 북한을 통해서 조달된 물자의 총량이 30만 톤을 넘었다. 북한은 또한 일제가 남기고 간 많은 양의 전쟁 물자를 중국 공산당군에 전달하는 역할도 했다. 중공정부는 1949년 말에서 1950년 초까지 공산당군에 배속되어 있던 5만-7만 정도의 한인 병력을 무장시켜 북한으로 보냈다. 적어도 국공내전 당시부터 중국공산당은 북한 노동당과 긴밀한 공조체제를 갖추고 있었다.15)

전쟁 쓰레기

앞에서 언급한 대로 1950년 4월 7일 트루먼 행정부는 소련의 군사적 위협에 공세적으로 맞서는 NSC 68이라는 국가안보전략을 채택했다. 한국전쟁의 발발을 계기로 트루먼 행정부는 NSC 68을 최초로 발동시켰다. 그 결과 UN군은 38선 이남의 수복에 그치지 않고 한반도 전역을 점령하는 적극적 공세로 전환했다.

당시 중공지도부에서는 이미 미국과의 한판 결전이 초읽기에 들어가고 있었다. 미국 제7함대의 배치로 타이완 점령은 더욱 어려워졌다. 인도차이나의 혁명 또한 요원하기만 했다. 반면 한반도는 이미 불길에 휩싸여 있는 데다가 김일성은 한반도를 잃고 만주 지역으로 패주한 상황이었다. 그런 상황에서 공산당군이 개입했다는 사실은 그다지 놀랍지 않다.

이 장의 서두에서 이미 마오쩌둥이 참전을 결정한 여덟 가지 목적을 열거했다. 이에 덧붙여서 네 가지 중요한 이유를 더 꼽을 수 있을 듯하다. 국제정치의 관점에서 신생국가인 중화인민공화국은 ⑨ 세계 최강의 "제국주의" "반동 세력" 미국과의 전쟁을 통해서 전 세계 사회주의 혁명의 중심

국가로 우뚝 설 수 있는 절호의 기회를 얻었다. ⑩ 미국과의 전쟁은 중국 내부의 "반혁명분자", "부르주아 잔당", "제국주의 부역자들"을 제거하는 중요한 기회를 제공했다. 또한 ⑪ 중공정부는 "미 제국주의"라는 반혁명의 악마를 인민의 뇌리에 각인시킴으로써 내적 결속을 도모하고 정치적, 이념적 통제를 강화할 수도 있었다. 마지막으로 ⑫ 대규모 군사원정은 비대해진 지상군 병력을 혁명의 명분을 내걸고 일시에 감축하는 절호의 기회이기도 했다.

1949년 말 지상군 병력은 570만 명에 달했다. 이제 막 출범한 중공정부로서는 군비 지출을 줄이고 군의 현대화를 도모하기 위해서 대규모 병력의 해산이 필요했다. 570만 지상 병력에는 다수의 국민당 포로들과 투항부대가 뒤섞여 있었다. 중공정부 측에서 보면, 충성심을 의심할 수밖에 없는 국민당의 잔존 세력과도 같았다. 1950년 봄 중공정부는 540만 군대를 400만으로 줄이는 과감한 병력 감축을 시작한다. 병력 감축으로 군비지출을 줄이고, 대신 타이완 정복에 필요한 공군력과 해군력을 보강하기 위함이었다. 한국전쟁의 발발은 중공정부에 지상 병력을 재활용할 절호의 기회가 되었다. 1950년 가을 중공정부는 무려 200만 이상의 병력을 한반도에 투입했다고 한다.16)

공산당군 200만 투입은 결코 과장이 아닐 듯하다. 1950년 10월 9일 "항미원조전쟁"의 총사령관 펑더화이(彭德懷, 1898-1974)는 압록강 접경의 안둥(安東)으로 가서 UN군 지휘 아래 최소 40만의 병력이 집결되어 있음을 확인하고는 곧바로 마오쩌둥에게 증원을 요청한다. 그보다 일주일쯤 전인 10월 2일 마오쩌둥은 실제로 스탈린에게 보낸 장문의 전보에서 미국이 1개 군단을 배치하면 중국은 4개 군단을 동원해서 적을 섬멸할 계획이라고 밝힌 바 있다.17)

"중국인민지원군"은 모두 "인민해방군" 소속의 병력에서 전출되었다. 이들을 "지원군"이라고 명명한 이유는 중공정부와 UN군 사이의 공식 전쟁이라는 국제법적 규정을 피하려는 속임수일 뿐이었다. 그렇지 않아도 병력 감축의 필요가 절실한 시점에서 한국전쟁은 "지원병"의 혁명성을 시험할 수 있는 좋은 기회이기도 했다. 지원병 중 다수는 적어도 공산혁명에 대해서는 적극적인 지지자가 아니었다고 사료된다. 예를 들면 1953년과 1954년 포로수용소에 수감되어 있던 "지원군" 포로들 2만1,000명 중에서 3분의 2는 중국으로 돌아가는 대신 타이완 행을 선택했다.18) 중공정부가 귀에 못이 박히도록 선전한 "항미원조"란 그들에게 어떤 의미였을까?

재미 중국인 작가 하진의 『전쟁 쓰레기(*War Trash*)』(2005)는 UN군에 생포된 한 "지원군" 병사의 회고록 형식의 소설이다. 이 소설에서 장제스가 교장을 지냈던 황푸 군관학교의 사관생도인 위위안은 국민당이 패퇴하자 "인민해방군"에 배속되고, 결국 한국전쟁에 끌려간다. 얼마 후, 위위안은 UN군의 포로가 되어 거제도에 수감되는데……. 수용소의 포로들은 국민당 요원들의 끈질긴 설득과 친중공 집단의 압박 사이에서 분열되어 격렬하게 갈등한다. 위위안이 황푸 군관학교 생도였음을 알게 된 국민당 요원들은 그를 타이완으로 송환하고자 하지만, 위위안은 오직 고향에 두고 온 어머니와 약혼녀만을 생각하면서 중국공산당 편에 선다. 격분한 국민당 요원들은 그를 납치해 수면제를 먹인 후, 그의 배에 "FUCK COMMU-NISM"이라는 문신을 새긴다. 위위안은 의무병에게 간청하여 배 위의 문신을 지우려고 하지만, 시간이 부족했던 의무병은 문신을 다 지울 수 없어 중간의 일곱 글자만 긁어내 "FUCK…U…S…"로 바꿔버린다. 위위안은 고향으로 돌아가지만, 어머니는 얼마 전 사망했고 약혼녀는 다른 사람과 결혼을 한 후였다. 고향에 와서야 위위안은 자신이 이국의 전장에 내버려진

"전쟁 쓰레기"였음을 깨닫게 된다.

1950년 7월 초, 마오쩌둥은 동북 국경방위군을 창설해서 참전을 준비한다. 7월 중순부터는 중국 전역에서 항미원조 운동이 시작된다. 인천 상륙작전이 실행되기 전인 1950년 8월부터 9월까지 중공지도부는 참전 계획을 구체화한다. 10월 초에 이미 마오쩌둥과 중공지도부는 참전 결정을 내리는데, 확전을 꺼려한 스탈린이 공군 지원을 거부한다. 스탈린의 배신에도 불구하고 마오쩌둥은 결국 참전을 감행한다. 한국전쟁 발발 초기부터 마오쩌둥과 중공지도부는 기민하게 미국과의 전쟁을 준비했음이 분명하다. 수정주의자들은 줄곧 마오쩌둥이 UN군의 진격에 위협을 느껴서 마지못해 참전을 결정했다고 말해왔지만, 더는 설득력을 가지지 못한다.

희생된 개개인의 입장에서 전쟁은 광기의 표출이며 야만의 폭력일 뿐이다. 전쟁은 그러나 한 사회를 총체적으로 전변시키는 혁명적 기회를 제공한다. 한국전쟁 참전은 중공정부에 막대한 피해를 입혔다. 수십만 명의 사상자가 발생했으며, 경제복구는 지연되었다. 대(對)소련 의존성은 강화되고, 타이완 문제는 영구미제로 남게 되었다. 미국과 적국이 된 결과 국제사회에서의 고립은 심화되었고, 중국의 UN 가입은 1970년대 초까지 미루어졌다.19)

반면 미국과의 전쟁은 건국 초기인 중국에 '국가 건설(state-making)'의 결정적인 기회를 제공했다. 세계 최강의 "미 제국주의"와 싸워서 지지 않았다는 사실은 중국의 국제적 위상을 한껏 제고했다. 중국공산당은 불법적으로 중국을 점령한 군벌 세력이 아니라 UN군과 당당히 휴전협정을 체결한 정통의 정부임을 자임할 수 있었다. 대내적으로는 더 큰 이득을 챙겼다. 항미원조 운동과 더불어 반혁명분자들을 척결하는 진반 운동(1950년대 초), 지주를 숙청하는 토지개혁, 부패 척결 및 사회 정화를 내건 삼반,

쉬링(徐靈, 연도 미상)의 작품(대략 1950년). "항미원조 운동"의 선전물. "중국 인민은 결단코 외국의 침략을 용인할 수 없으며, 제국주의자들이 이웃들을 무참히 짓밟는 것을 허용할 수도 방관할 수도 없다."(chineseposters.net)

오반 운동(1951-1952)이 동시에 진행되었다. 1951년 5월까지 무려 250만의 반동분자들을 전격적으로 체포했고, 그중 71만을 순식간에 처형했다.[20] 중공정부는 전 인민을 샅샅이 조사하고, 감시하고, 규율하고, 동원할 수 있게 되었다. 사회주의 혁명의 기반을 닦는 미증유의 사회 침투였다.

물론 마오쩌둥에게도 미국과의 전쟁은 전부를 건 도박이었다. 그는 한국전쟁이 한반도에 국한되며, 미국은 중국 영토를 직접 공격하지 않는다는 예측에 베팅했다. 참전을 앞두고 마오쩌둥은 미국이 절대로 중국에 원폭을 가할 수 없다고 주장했다. 핵무기란 대규모 폭약 덩어리에 불과하며, 교전 중에는 사용할 수 없는 데다가 중국과 같은 거대한 대륙에서는 큰 효력이 없다는 것이 그의 논거였다.

밑돈 많은 도박사는 과감하게 베팅한다. 희대의 정치 도박에 나선 마오쩌둥의 밑돈이라면 핵폭탄도 두려워하지 않는 남다른 배포, 불굴의 혁명 의지, 카리스마적 리더십, 강력한 대민 동원력, 그리고 당장 처분 가능한 수백만의 "전쟁 쓰레기" 등이 있었다. 마오쩌둥의 도박은 대성공이었다. 미국과의 전쟁으로 갓 태동한 중화인민공화국은 국가의 기틀을 세웠으며, 중국공산당의 권력은 더욱 공고해졌다. 아울러 최고영도자로서의 마오쩌둥의 권위는 하늘로 치솟았다.

제10장
목사가 된 공산당군

2004년 여름, 나는 중국 지방사 연구팀에 합류하여 중국 저장성 진화(金華) 지방에서 한 달쯤의 지방 탐사 기회를 얻었다. 진화는 남송(1127-1279) 말엽 이래 성리학을 숭상하여 "소추로(小鄒魯)"라고 불리는 고장이었다. 주원장을 도와서 명 왕조의 기초를 닦았던 송렴(宋濂, 1310-1381), 왕의(王禕, 1323-1374), 방효유(方孝孺, 1357-1402) 등이 모두 진화 출신이다. 2004년 당시 인구가 400만 명 정도였던 진화에는 예부터 예닐곱 개의 현(縣)이 속해 있는데, 현마다 방언이 다르기 때문에 표준어를 모르는 지방민들과 대화하기 위해서는 현지에서 통역을 구해야 할 정도였다.

진화의 란시 현(蘭溪縣)에는 제갈량(諸葛亮, 181-234)을 조상으로 섬기는 제갈 씨족의 집성마을 제갈촌이 있다. 나지막한 산자락 아래 무성한 활엽수림에 폭 안긴 안온한 부락이다. 이 마을의 구조는 중앙에 커다란 원형의 저수지를 두고, 팔방으로 균일하게 여덟 갈래 큰길을 닦아서 만든 방사형이다. 자세히 보니 저수지와 여덟 갈래 길은 곧 태극과 팔괘의 배치임을 알 수 있었다. 저수지 초록빛 수면 위로 촘촘히 들어서 쭉쭉 뻗은 남방 연꽃들의 연보라색 큰 꽃잎이 흐드러졌고, 동네 어귀 나무 아래에 모여 앉아서 장기를 두는 이 빠진 노인들 주변으로 반 벌거숭이 아이들이 빙빙 돌며 공놀이에 빠져 있었다. 역사의 무대 속에 정지된 느낌을 주는 '오래된 마을', 잘 만들어진 사극의 세트장이나 사찰 벽의 불화(佛畵)를 연상시키는…….

비지땀을 흘리며 마을 곳곳을 배회하다가 하얀 회벽에 그려진 붉은 십자가에 흥미를 느껴서 빼곡히 틈을 벌린 목재 대문을 톡톡 두드려보았다. 인기척이 없어서 돌아설까 하는데 살며시 문이 열리면서 백발이 성성한 키 작은 노인이 흐릿한 눈빛으로 나를 올려다보고 있었다. 입가에 부드러운 미소를 머금고 선 노인의 악어가죽 같은 만면에는 나이테처럼 깊은 주름살이 조화롭게 교차하고 있었다. 어떤 이유에서인지 나는 그 얼굴에서 긴 세월 누군가를 기다려온 사람의 인상을 받았다. 동행했던 란시 출신 인류학자 쑨(孫) 박사의 통역으로 우리의 대화는 순조롭게 진행되었다. 쑨 박사가 나를 한국 사람이라고 소개하자 노인의 얼굴에서는 일순간 묘한 웃음이 피어올랐다. 다음 순간, 노인은 장난스럽게 눈웃음치며 뜻밖의 두 음절을 내뱉었다.

"앉아!"

한국어였다! 얼떨결에 낯선 곳에서 듣게 된 외마디 모국어에 놀라 멀뚱히 두 눈을 깜빡이는 이국의 청년에게 노인은 더 큰 목소리로 외쳤다.

"안자아아아!"

길게 늘어뜨린 뒷소리의 억양이 리얼(real)했다. 흉내낸 외국어가 아니라 고향 사투리처럼 들렸다. 당황하는 내 모습이 재미있었는지 노인은 내 팔을 잡아끌며 집안으로 안내했다. 'ㅁ'자 구조의 전통가옥 중간의 빈 공간은 놀랍게도 예배당이었다. 노인은 내 손을 잡고 씩씩하게 앞으로 걸어가서 자랑스럽게 왼쪽 벽에 걸린 액자 두 개를 보여주었다. 액자 안에 적힌 내용을 읽어보니 그곳은 진화의 지방정부가 인증한 제갈촌 유일의 합법 교회였다. 공인받은 정통 교회임을 알리고 싶은 모양이었다. 그는 웃으면서 말했다.

"이 교회 말고 다른 교회는 전부 미신이야."

고개를 끄덕이며 내가 인증서를 끝까지 읽자 노인은 내 손을 잡고 십자가 아래에 놓인 강대상(講臺床) 쪽으로 걸어갔다. 강대상 옆에는 낡은 풍금이 한 대 놓여 있었다. 노인은 능숙하게 그 풍금을 치면서 한국 민요 "도라지"를 부르기 시작했다. 놀라서 입을 쩍 벌리고 서 있는 내게 노인은 눈빛으로 함께 부르자고 했다. "도라지, 도라지, 백도라지, 심심산천에 백도라지-" 내가 따라 부르자 그는 풍풍 신나게 풍금을 때려댔다.

노인의 이름은 웡즈성(翁志升, 1926?-?). 2004년을 기준으로 만 78세로, 제갈촌 근방의 작은 마을에서 나고 자랐다. 1951년에 26세의 나이로 입대하여 한국전쟁에 투입되었다. 생사를 오가는 수많은 전투에서 가까스로 생명을 부지하고 1953년에 휴전될 때까지 2년이 넘는 기간 동안 개성 부근에서 주둔했다고 한다. 전후에 곧바로 전역했지만, 마오쩌둥의 고향 후난 성 샹탄(湘潭)에 배치되어 군부대 건설 현장에서 막노동을 하면서 지냈다. 2년 후에 진화 지방으로 돌아와서는 탄광촌에서 일하며 결혼까지 했지만, 열악한 작업 환경으로 진폐증을 심하게 앓았다. 12년간 탄광 노동자로 생활한 후에야 그는 오매불망하던 귀향의 꿈을 이룰 수 있었다. 이후로 오랜 세월 그는 제갈촌 근처의 고향 땅에서 농민으로 살았다.

1984년 그는 부인과 함께 기독교에 입문했다. 두 사람은 절실한 기도를 통해서 관절염, 기관지염, 천식, 불면증 등 만성의 질병을 극복할 수 있었다고 했다. 한 해 동안 속성으로 란시 현 정통 교회의 후(胡) 목사에게 기독교의 근본 가르침을 전수받은 후, 부인과 함께 제갈촌 예배당을 만들어

2004년 당시 제갈촌의 웡 목사의 모습. 그는 한국전쟁 당시 "지원병"으로 참전해서 2년 넘게 개성 부근에 주둔했었다고 한다.

갔다. 그렇게 만들어진 제갈촌의 예배당은 몇 년 후에 후 목사를 통해서 교단의 인증을 받게 되었다. 정식으로 신학을 공부한 적이 없어서 스스로를 '전도사'라며 겸칭했지만, 제갈촌 유일의 예배당을 도맡아 운영해온 담임 목사와 다를 바가 없었다. 교인들에게 직접 찬송가를 가르치고 성경 말씀을 나름대로 해석하여 설교를 하는 등 목사의 역할을 충실히 수행했기 때문이다. 1985년부터 제갈촌의 예배당을 맡아왔으니 무려 20년간 실질적인 목사였던 셈이다. 교인의 수는 대략 30명에서 50명 정도를 오간다고 했다. 제갈량을 조상으로 섬기는 제갈 씨족 사이에 섞이지 못한 탓일까. 웡 목사를 위시해서 제갈촌의 기독교 신도들은 대부분 제갈 씨가 아니라고 했다.

바쁜 일정 때문에 그 정도에서 아쉽게 짧은 인터뷰를 마치고 일어서려고 할 때, 그는 다시 내 손을 잡고 의자에 앉힌 후 낡은 양은 컵을 하나 보여주었다. 군데군데 칠이 벗겨진 낡은 컵에는 또렷하게 여덟 글자의 표

윙 목사가 공산당군 시절에 직접 사용했던 양은 컵. 윙 목사가 직접 컵을 잡고 자신의 성경 위에 올려놓은 상태이다.

어가 인쇄되어 있었다.

抗美援朝 (미제를 물리치고 조선을 돕자!)
保家衛國 (가족을 보호하고 나라를 호위하자!)

한국전쟁 당시 인해전술로 밀려와 총알받이로 숨졌던 수많은 공산당군들이 주술처럼 외고 외던 바로 그 전쟁의 구호였다. 중국의 노인들이 술에 취하면 기립해서 주먹을 불끈 쥐고 씩씩하게 부르던 그 당시의 군가. "압록강 넘어 야심 찬 이리 떼 미제를 타도하자!"라는 섬뜩한 가사가 떠올랐다. 그 시절 전쟁터에서 사용하던 바로 그 컵을 내 눈앞에 증거로 내밀면서 윙 목사는 통역하는 쑨 박사에게 전쟁 당시에 겪었던 고난을 란시어로 줄줄이 이야기하기 시작했다. 폭격으로 절반의 부대원이 전사했던 장면을 묘사할 때에는 두 손으로 머리를 잡고 눈살을 찌푸리며 고개를 절레절레

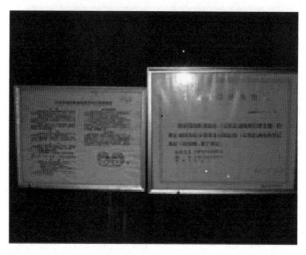

지방정부에서 인증한 웡 목사의 목사 자격증.

흔들었지만, 전후 남한에서 태어난 내게 어색한 적의를 표출하거나 항의하려는 의도는 전혀 없었다. 이야기 중간에 이따금 나를 힐끔 보면서 유쾌하게 웃을 뿐이었다.

단 한마디도 알아들을 수 없는 란시어로 쏜 박사에게 쏟아붓는 웡 목사의 증언이 내 가슴에 묘한 울림을 만들었다. 베이징어와는 달리 경음과 탁음이 많이 섞인 란시어는 흡사 일본어처럼 경쾌하게 톡톡 끊어지는 아름다운 소리의 언어였다. 방언에 실린 웡 목사의 컬컬한 목소리가 때로는 공산당군의 군가처럼, 때로는 지방 민요처럼 내 귓전을 때리고 부서졌다.

웡 목사의 란시어 증언이 이어지는 동안, 내 머리에는 실질적인 고민이 하나 떠올랐다. 젊은 시절 한반도에서 목숨을 걸고 싸웠던 이 노인에게 어떻게 위로의 말씀을 전할 수 있나. 미국에 살면서 여러 차례 한국전쟁 참전용사들을 마주칠 기회가 있었다. 그때마다 나는 흔쾌히 "땡큐! 땡큐!" 하고 이역만리 타국에서 목숨을 걸고 전쟁을 감당했던 그 역전의 용사들에게 진심 어린 감사의 뜻을 전하고는 했다.

그 전에도 공산당군 지원병 참전용사를 마주친 적은 있었지만, 바로 그날 윙 목사와의 조우처럼 극적인 만남은 아니었다. 공산당군 참전용사에게 한국인으로서 나는 대체 무슨 말을 해야 할까. 연합군이 지킨 대한민국에서 나고 자란 나로서는 공산당군 지원병에게 "감사하다!"는 말을 할 수는 없다. 만약 내가 "감사하다"고 말한다면, 외교적 수사로서도 부적절할 뿐더러 그 또한 쉽게 납득할 수 없을 터였다. 대체 무슨 말을 하나? 장엄한 종교 음악이 피날레로 치닫는 듯 그의 증언이 막바지에 이르렀을 때, 불현듯 뇌리에 단 한마디가 경건한 기도문처럼 떠올랐다. 그것은 초급 중국어 교본의 도입부에 등장하는 가장 기본적인 예의의 인사였다.

"죄송합니다, 죄송합니다."

내가 그렇게 말하자 그는 빙긋이 웃으며 내 손을 잡고 그 지방의 억양이 강한 표준어로 되받았다.

"미안해 하지마라. 네 잘못이 아냐. 모두 미국 책임이니까."

그 말에 나는 큰 웃음을 터뜨렸고, 그는 일어나서 두 팔로 나를 감싸 안았다. 그리고 이어서 한마디 더 속삭였다.

"내일이 일요일이니 예배에 와라! 오후 1시니까."

다음날, 단체 일정 때문에 시간을 내기가 힘들었지만 어렵사리 틈을 내서 다시 쑨 박사와 함께 예배당으로 갔다. 벌써 예배를 시작한 교인들은 윙 목사의 풍금 반주에 맞추어 찬송가를 부르고 있었다. 우리가 회당에 들어서자 윙 목사는 급히 찬송가를 끝내고는 나를 앞으로 불러내서 "도라지"를 부르게 했다. 얼떨결에 교인들 앞에 선 나는 풍금 반주에 맞추어 노래를 불렀다. 이어서 윙 목사는 나를 한국 사람이라고 소개한 후, 교인들에게 한국전쟁 당시의 경험을 이야기하기 시작했다.

나는 교인들 틈에 끼어서 한마디도 알아들을 수 없는 웡 목사의 란시어 설교를 듣고 있었다. 그렇게 30분 정도 시간이 지났을 때, 우리는 정해진 일정 때문에 자리를 뜰 수밖에 없었다. 몸을 낮추어 슬그머니 회당을 빠져나올 때 웡 목사와 눈이 마주치고 말았다. 잘 알 수는 없었지만, 그의 눈빛에는 중간에 자리를 뜨는 우리에 대한 섭섭함이 분명히 묻어났다.

한 시간쯤 후에 단체 일정이 끝나고 다시 예배당 쪽으로 가고 있는데, 예배를 보던 아주머니 교인들이 떼로 몰려와서 나와 동행했던 쑨 박사에게 웡 목사에 대한 불만을 죄다 털어놓기 시작했다. 설교 때마다 웡 목사는 제갈촌 전체가 제갈량을 숭배하는 사교 집단으로 모두 지옥에 가서 유황불에 탈 것이라며 저주를 한다고 했다. 처음에는 덕담과 축복만 하며 마을 사람들 모두와 조화롭게 지냈는데, 나이가 들수록 미신 타파를 외치며 제갈촌 전반에 대한 적개심을 드러냈단다. 그날 우리가 예배 중간에 슬쩍 빠져나간 후에는 이내 격분해서 미신에 빠진 어리석은 이교도라며 우리에게 저주를 퍼부었다는 이야기도 했다. 교인들은 비록 다른 성씨였지만, 제갈 씨 모두를 싸잡아 비난하고 제갈촌을 미신의 촌락이라고 모독하는 웡 목사를 더는 두고만 볼 수는 없다고 했다. 진작부터 그를 떠나고 싶었지만, 바로 그곳이 지방정부의 인증을 받은 공식 기독교회인 데다가 멀리 다른 교회를 찾기가 쉽지 않아서 어쩔 수 없이 그 예배당에 출석한다고 했다. 교인들은 우리에게 이 사실을 다른 교회에 널리 알려달라는 당부도 잊지 않았다.

쑨 박사의 통역으로 그 이야기를 전해 듣는 순간 두 다리에 힘이 쭉 빠지는 느낌이었다. 뇌리에 떠오른 웡 목사의 흐릿한 동공이 내 눈을 향해서 광선을 쏘는 듯했다. 혹시나 바로 전날 내 앞에서 전쟁 당시의 아픈 기억을 회상했기 때문은 아닐까. 그날 웡 목사가 격분해서 이교도들에 대한 적의를 표출했다는 이야기가 날카로운 가시처럼 내 가슴을 찔렀다. 몇 번을 망설였지만, 결국 나는 그날 웡 목사를 다시 찾아가지 않기로 했다. 대신 며칠 후 함께 찍은 사진을 현상하여 그에게 부쳤다. 사진과 동봉한 작은 카드에 이번에는 큰 글씨로 다음과 같이 정서했다.

한국에서의 경험을 이야기해주셔서 감사합니다.
축복해주셔서 감사합니다.

제11장

나는 황제로소이다

마오쩌둥 사상의 부활

2018년 중국공산당은 1982년 개정헌법에 명기된 5년 중임의 임기조항을 파기하고 시진핑 주석에게 종신 집권의 길을 터주었다. 덩샤오핑의 지도 아래 채택된 5년 중임 임기조항은 사실상 마오쩌둥식 일인지배를 막기 위한 헌법상의 안전장치였다. 덩샤오핑 지배 이후 거의 30년 동안 유지된 중국 특유의 집단지도체제가 이제 안전장치를 상실한 채 바야흐로 일인지배체제로 전환되고 있다. 「홍콩 자유 언론(*Hong Kong Free Press*)」은 공산당의 그 결정을 "대약진(Great Leap Forward)"에 빗대어 "대역진(The Great Leap Backward)"이라며 조롱한다. 마오쩌둥의 대약진 운동은 인류사 최대 규모의 대기근을 초래했다. 시진핑이 이끄는 "대역진 운동"은 과연 중국의 미래에 어떤 사태를 초래할까?

마오쩌둥의 이념과 노선을 따르는 사람들을 흔히 마오주의자(Maoist)라고 부른다. 현재 중국의 마오주의자들은 크게 두 계열로 나뉜다. 자본주의적 생산방식 자체를 부정하고 사회주의 재건 운동을 추진하는 좌파 계열과 중국식 자본주의를 인정하되 서구식 자유민주주의를 반대하는 우파 계열이다. 시진핑은 권력을 잡기 무섭게 사회주의 혁명 재건을 내걸고 마오쩌둥 사상의 부활을 주도하던 충칭의 맹주 보시라이(薄熙來, 1949-)를 부패 혐의로 종신형에 처했다.

당시 보시라이의 충칭 모델은 사회주의 정책의 복원을 염원하는 사람들에게는 새로운 희망이었다. 그는 범죄와의 전쟁을 개시했고, 복지 재원을 확충했으며, 두 자릿수의 경제성장률을 유지하면서 동시에 문화혁명기의 홍위병 문화를 부활시키고자 했다. 그런 그가 부패 혐의로 종신형에 처해지자 중국의 몇 안 되는 자유주의 지식인들은 새 정부가 좌파 마오주의에 맞서는 자유주의 개혁의 시발점이라고 희망했다. 시진핑은 그러나 서구식 자유주의를 정면으로 비판하면서 중국몽의 기치를 높이 내걸고는 일당독재의 전체주의 통치를 강화했다. 언론과 출판의 검열, 대민 감시, 사상 통제 면에서 그는 현재 마오쩌둥 이래 가장 강력한 권력을 휘두르고 있다.

출범 초기로 거슬러 올라가보자. 2012년 11월에 시진핑은 정무국 상임위원 9명의 선택을 받고 중공 총서기의 지위에 올랐다. 이듬해 3월 그는 전국인민대표대회에서 약 3,000명 대표단의 투표를 거쳐 국가주석으로 선출되었다(반대 1명, 기권 4명, 그 외의 전원 찬성). 2013년 1월 5일, 그는 중국 현대사에 관해서 묘한 한마디 선언을 남긴다.

개혁개방(1978-) 이후의 역사를 근거로 들어 개혁개방 이전의 역사 시기를 부정할 수 없으며, 개혁개방 이전의 역사를 근거로 들어 개혁개방 이후의 역사를 부정할 수 없다.

마오쩌둥 집권기(1949-1976)와 덩샤오핑 집권 이후(1978-)의 역사를 동시에 긍정하는 절충사관쯤으로 보이지만, 실은 문화혁명에 관한 덩샤오 핑 집권기의 공식 입장을 뒤집는 중요한 발언이다. 1981년 제6기 전국대 회 제11차 중앙위원회의에서는 "건국 이후 우리 당의 역사에 관한 몇 가지 문제들에 관한 결의"를 채택한다. 이 결의에서 덩샤오핑은 문화혁명의 궁 극적 책임을 마오쩌둥에게 묻고 있다.

> "문화혁명(1966.5-1976.10)은 건국 이래 당과 국가, 인민 모두가 겪은 가 장 극심한 후퇴와 심대한 상실을 초래했다. 문화혁명은 마오쩌둥 동지가 시작하고 지휘했다."1)

"개혁개방 이후의 역사를 근거로 들어 그 이전의 역사를 부정할 수 없 다"는 시진핑의 입장은 마오쩌둥의 복원을 알리는 신호탄이었다. 덩샤오 핑의 개혁개방 이래 먼지 쌓인 책장 속에 유폐되었던 "마오쩌둥 사상"은 현재 화려하게 부활하고 있는 듯하다. 국내외의 반발과 조소를 무릅쓰고 종신 집권을 부활시킨 시진핑이 바로 "마오주의자"인 셈이다. 중국공산당 은 왜 하필 지금 이때에 마오쩌둥의 망령을 불러내야만 할까? 답은 1954 년에 제정된 중화인민공화국 최초의 헌법에 놓여 있는 듯하다.

중공정부의 스탈린화 과정

1949년 7월과 1952년 10월, 스탈린은 마오쩌둥에게 신(新)중국에 어울리 는 사회주의 헌법을 제정하라고 권한다. 스탈린의 거듭되는 강요에도 마 오쩌둥은 헌법 제정에 큰 열의를 보이지는 않았다. 당시 스탈린은 동독과 폴란드를 제외한 동유럽권 사회주의 국가들에 소련식 일당독재 헌정 질서

스탈린의 저작을 읽고 있는 마오쩌둥(1930년대 옌안 시절).

를 확립하고 있었다. 먼저 1949년 유고슬라비아의 요시프 티토(Josip Tito, 1892-1980)가 스탈린식 사회주의 헌법을 채택했고, 3년 후인 1952년 7월 폴란드에서도 스탈린식 헌정 질서가 확립되었다. 그러자 경쟁 의식을 느낀 마오쩌둥은 더욱 적극적으로 제헌(制憲)을 추진했다.

마오쩌둥의 발의에 따라서 1954년 9월 15일 베이징에서는 전국인민대표대회 제1차 회의가 개최되었다. 스탈린 사후 1년 6개월이 지난 후의 일이었다. 당시 전국인민대표대회에는 그해 지방선거에서 선출된 1,211명의 대표단이 참여했다. 민주주의의 외양을 갖추었지만, 대표로 입후보한 대다수는 이미 공산당원들이었기 때문에 공산당 전당대회나 다를 바가 없었다. 이 회의를 통해서 1954년 9월 20일 중화인민공화국 최초의 헌법이 제정되었다.

중국 헌법의 모태가 1936년 12월 5일에 제정된 소비에트 헌법임에는 의심의 여지가 없다. 스탈린의 지휘 아래 31명의 특별위원들이 제정한 소비에트 헌법은 흔히 스탈린 헌법이라고도 불린다. 명목상 헌법은 인류 역사 최초로 보편적 참정권을 보장하고, 노동권, 휴식권, 여가생활권 등의 광범위한 권리조항은 물론, 의료 보험, 노후 보장, 주택, 교육, 문화 생활의 혜택 등 사회주의적 이상을 법제화한 파격적인 헌법이었다. 정부 조직의 모든 구성원을 직선제로 선출하는 규정도 담고 있었다.

이 헌법이 공표되자 사회주의적 이상에 도취해 있던 유럽과 아메리카의 지지자들은 최고의 민주적 헌법이라며 칭송했다. 그러나 스탈린 헌법에 보장된 민주적인 절차와 다양한 권리는 실질적으로는 공산당 일당독재에 기여하는 스탈린 전체주의 독재의 시녀일 뿐이었다. 스탈린 헌법의 제정 직후 소련에서는 60만 명의 생명을 앗아간 스탈린 대숙청(1936-1938)의 피바람이 몰아쳤다. 당연히 소련 헌법에 보장된 시민의 권리, 개인의 자유, 민주적 절차는 무시되었으며, 스탈린 사후에도 장시간 사문화되었다.

스탈린 헌법은 연방제를 표방하고 각 연방의 탈퇴권까지 보장하고 있지만, 1954년 중국 헌법은 다민족국가를 표방하고 지역적 이탈을 금지하고 있다는 점에서 중대한 차이가 있다. 반면 중국 헌법이 레닌주의 민주집중제 및 인민민주독재 등의 핵심가치를 따르는 것은 스탈린 헌법의 정신을 그대로 계승한 것이었다. 1954년 헌법의 제정으로 중국에서도 스탈린식 공산체제가 확립된 셈이었다. 크게 보면 1948년에 시작된 중국의 "정치적 스탈린화(Political Stalinization)"가 1954년의 헌법 제정을 통해서 완성되었다고 할 수 있다.

시진핑 장기 집권 프로젝트는 덩샤오핑의 실용주의 노선을 채택한 1982년 개정헌법을 재개정해서 1954년에 제정된 마오쩌둥 헌법으로 돌아가려는 움직임으로도 읽힌다. 5년 중임제의 임기조항을 삭제한 이상 시진핑은 마오쩌둥에 필적하는 절대 권력을 누리게 될 듯하다. 2013년 중국의 지식계를 잠시 뜨겁게 달구었던 헌정(憲政) 논쟁을 살펴보면 시진핑 정부의 이념 지향을 읽을 수 있다.

2013년 중국의 "헌정" 논쟁

2012년 12월, 국가주석으로 선출되기도 전에 시진핑은 곧바로 비판 언론을 향한 사상 탄압의 포문을 열었다. 2013년 1월에 광둥 성 정부는 개혁 성향 주간지인 『남방주말(南方周末)』의 신년 사설 "중국몽 : 헌정의 꿈"을 알아볼 수 없을 정도로 첨삭해버렸다. 헌정이라는 단어 18개를 삭제하고 허위 사실을 덧붙여 편집자에게 보이지도 않고 출판해버렸다. 이에 반발한 『남방주간』의 편집진은 며칠 동안 항의시위를 벌였고, 중국 전역에서 표현의 자유를 요구하는 항의가 수개월간 이어졌다. 결국 편집진은 교체되었고, 전국의 기자들과 편집자들에 대해서는 마르크스 언론관에 관한 사상 교육의 의무가 부과되기까지 했다. 이 사건은 2013년의 "헌정" 논쟁을 촉발하는 직접적인 계기로 작용했다.

2013년 5월 나는 중국 저장 성 항저우 사범대학에 방문학자로 체류 중이었다. 쓰촨 출신의 중문학자 마(馬) 박사와 함께 담장 밖의 인도를 지나는데 벽에 푸른색으로 크게 적힌 "창정(創政)"이라는 글귀가 눈에 늘어왔다. "창정이란 새로운 정치제도의 창건을 의미하냐?"고 묻자 마 박사는 잠시 머뭇거리다가 눈동자를 반짝이며 "아마도 최근 일어나는 헌정 논쟁을 의미하는 듯하다"고 대답했다.

당시 중국 지식인들 사이에서도 "헌정" 논쟁이 뜨거웠다. 일군의 자유주의 입헌주의자들이 "궁스왕(共識網)", "아이쓰샹(愛思想)" 등의 인터넷 공간을 통해서 영미권의 입헌주의를 중국의 새로운 대안으로 검토하면서 지식계에 꽤나 큰 파장을 일으킨 상황이었다. 이에 대항하여 『춘추공양전(春秋公羊傳)』등 유가 경전을 새롭게 해석하여 중국 현실에 맞는 헌정 원리를 찾아내고자 노력하는 전통주의 유가 헌정론자들도 맹활약하고 있었다. 그들 사이에서 사회주의의 기본 이념을 되살리려는 신좌파 학자들도 목소리를 높이고 있었다.

시진핑 정권 출범 1년 후인 당시 상황에서는, 자유주의 입헌주의자들의 담론이 가장 큰 충격파를 던진 듯했다. 공산당 일당독재 국가인 중국에서 권력 분립, 인권 신장, 권리 확대, 법치질서의 확립, 언론 및 표현의 자유 보장, 다당제의 도입 등 이른바 "보편가치"를 골자로 한 서구식 자유민주주의를 대안으로 논하는 것 자체가 가히 혁명적 발상이었다.

현실적인 위협을 인지한 중국공산당의 기관지들은 그해 여름 "헌정"을 주장하는 바로 그 지식분자들에 대해서 이념의 포문을 열고 십자 포화를 가하기 시작했다. 우선 중국공산당 기관지들은 서구식 입헌주의가 자산계급의 이데올로기일 뿐이라고 비판했다. 1940년대 마오쩌둥은 여러 계급의 연대에 의한 인민민주독재를 "신민주주의 헌정"이라고 정의한 바 있다. 이 정의에 입각해서 중국공산당은 서구식 "헌정"을 부르짖는 것 자체가 사회주의 노선을 저버리는 "반혁명"의 일탈이라고 비판했다.

또한 중국공산당은 "중화민족주의"의 시각에서 "헌정"을 외치는 지식분자들을 서구 추종자들이라며 공격했다. 역사, 전통, 문화의 상이성을 고려하지 않은 채 무조건 서양의 가치를 수용하려는 태도를 5-4 운동(1919)의 거장 루쉰(魯迅, 1881-1936)의 용어를 차용하여 "가져와 주의(拿來主義)"라고 비판했다. 그런 시각에서 자유, 인권, 법치, 권력 분립 등의 가치는 중국을 파괴하는 서구적 음모로 인식되었다. 중국의 특수성이 보편가치에 우선한다는 자문화 중심주의였다. 중국공산당이 늘 부르짖는 중국식 민족주의의 발현이었다.

아울러 중국공산당은 입헌주의 지식인들을 "자유주의자들"이라고 비판했다. 중국공산당 정권하에서 자유주의란 사리사욕에 매몰되어서 공리를 해치는 음험한 이기주의로 인식된다. 사회주의 헌법에 따르면 국가란 전체의 이익을 위해 최선책을 찾아서 집행하는 인민민주독재의 집행부이다. 중국공산당은 사회주의 혁명을 위해서 개인의 자유를 제한할 수 있다. 사회주의 헌법 아래에서 개개인의 자유와 인권은 사회주의적 공공선보다 하위 가치일 뿐이다.

중국 인터넷에 "헌정" 논쟁이 뜨겁게 달아오를 때, 중국공산당은 사상 통제의 고삐를 조이고 있었다. 2013년 4월 22일 중공의 중앙판공청은 비공개 내부 문건 "현재 이데올로기 영역 상황에 관한 통보"(이른바 "9호 문건")를 공산당 산하기관에 일제히 발송했다. 이 문건에는 논의 자체가 금지된 "칠불강(七不講)" 일곱 가지가 열거되어 있었다.

첫째, 중국 특색 사회주의를 부정하는 서구식 헌정민주의 선양(宣揚),
둘째, 공산당의 동요를 기도하는 보편가치의 선양,
셋째, 공산당 집정의 사회 기초를 와해시키는 공민(시민) 사회의 선양,
넷째, 중국의 기본 경제제도를 변화시키는 신자유주의 선양,
다섯째, 공산당 언론출판 관리제도에 도전하는 서구식 언론관의 선양,
여섯째, 중국공산당의 역사 및 신중국의 역사를 부정하는 역사 허무주의의
　　　　선양,
일곱째, 중국 특색 사회주의 및 개혁개방에 관한 의문 제기

본래 비밀에 부쳐졌던 "칠불강"의 내용은 2013년 8월 「뉴욕 타임스」를 통해서 외부에 알려지게 되었다. 중공정부는 이후 사상 통제를 더욱 강화하기 시작했다. 20년에 걸친 장쩌민(江澤民, 1926- , 재임 1989-2002)과 후진타오(胡錦濤, 1942- , 재임 2002-2012) 집권기에 비하면 현재의 중국은 사상적으로 더욱 위축되고 표현의 자유가 막힌 사회로 변하고 있다. 실제로 보편가치, 헌정주의, 시민사회 등의 "민감한" 단어들은 1990년대와 2000년대에는 널리 사용되었으나, 오늘날에는 이런 단어들 대신 "마오쩌둥 사상"이라는 단어가 다시 살아난 실정이다.

　　시진핑은 노골적으로 언론인들에게 정부 비판을 멈추라고 요구하고 있다. 2013년 8월 19일 그는 "신문은 정치인이 만든다!"고까지 말한 바 있다. 전통적인 매체뿐 아니라 인터넷과 SNS의 파괴력을 잘 아는 중공정부는 중국의 온라인 세계를 거의 완벽하게 감시하고 있다. 200만 이상의 인터넷 부대를 고용해서 온라인 콘텐츠를 감시하고, 친정부 내러티브를 강화한다. 인터넷 감시와 검열뿐만 아니라 댓글부대를 고용해서 친정부 댓글을 달고 있다. 이 댓글부대는 댓글 하나당 5전을 받는다고 해서 오모당(五毛黨)이라고 불린다. 그외에도 표현과 사상의 자유를 억압하는 사례는 헤아릴 수 없이 빈발하고 있다. 대체 중국은 어디로 가고 있는 것일까?

"나는 황제로소이다"

1935년 1월 구이저우 성 북부에서 개최된 쭌이 회의(遵義會議)에서 마오쩌둥은 당권을 거머쥔 후 전군(全軍)을 장악하여 명실공히 중공의 영도자 지위에 오른다. 대장정을 거쳐 산시 성 옌안에 도착한 이듬해인 1936년 2월, 해발 1,000미터의 고원에 오른 마오쩌둥은 눈 덮인 지형을 살피다가

"북국의 풍광"으로 시작하는 시를 한 수 짓게 된다. 이후 "심원춘, 설(沁園春, 雪)"이라는 제목으로 발표된 이 시에는 중국사의 걸출한 황제들을 논하는 대목이 펼쳐지는데……. 오늘날 대부분의 중국인은 어려서부터 이시를 배우고 읊조린다.

안타깝도다!
진시황과 한무제는 문재(文才)가 부족했고, (惜秦皇漢武, 略輪文采)
당태종과 송태조는 풍류가 모자랐네. (唐宗宋祖, 稍遜風騷)
일대의 영웅 칭기즈 칸은 (一代天驕驕, 成吉思汗)
그저 활시위를 당겨 독수리를 쏠 줄만 알았네. (只識彎弓射大雕)
모두가 그저 지난 세월일지니 (俱往矣)
풍류를 아는 인물을 꼽으려면 (數風流人物)
오늘날을 돌아보아야 하리. (還看今朝)

『이십오사(二十五史)』를 즐겨 읽었다는 마오쩌둥은 이미 1930년대부터 진시황, 한무제, 당태종, 송태조, 칭기즈 칸을 넘어서는 웅대한 "황제몽"을 꾸고 있었던 듯하다. 1954년에 제정된 중국식 스탈린 헌법은 마오쩌둥으로 하여금 "황제몽"을 실현하는 종신 집권을 허락했다. 마찬가지로 2018년 5년 중임제를 폐기하여 종신 집권의 길을 연 시진핑은 아마도 전 세계를 향해 부르짖는 듯하다.

"나는 황제로소이다!"

제12장

반외세 고립주의의 어리석음

백년국치

나에게는 1995년 여름 하얼빈 공업대학의 교정에서 우연히 알게 되어 20년이 넘도록 우정을 쌓아온 산둥 출신의 오랜 친구가 한 명 있다. 고교 시절 공산당에 입당했다는 그는 현재 선전(深圳)의 공업 단지에서 풍력발전 사업으로 꽤나 성공한 벤처 사업가로 활약하고 있다. 몇 년 전에 홍콩의 학회 참석차 선전에 들러서 오랜만에 회포를 풀 때, 그는 내게 직접 써서 블로그에 올린 오언절구 한 수를 보여주었다.

이 몸은 티끌처럼 작지만 (我身本塵微)

큰 뜻으로 곤륜산을 쌓으리! (大義筑崑崙)

단번에 100년의 치욕을 설복해 (一雪百年恥)

중화 혼을 다시 빚으리! (再鑄中華魂)

개혁개방의 메카와도 같은 선전에서 자본주의 첨병이라고 할 수 있는

아편을 피우는 두 남자, 1870년대경.

벤처 사업가가 100년의 치욕을 설복하고 중화의 얼을 다시 빛내기 위해서
한 몸 바쳐 "곤륜산"을 쌓겠다는 포부를 직설적으로 표현한 시였다. 전설
의 이상향 "곤륜산"은 공산주의 사회의 은유인 듯했다. 이 짧은 시는 중국
식 "자본주의"의 첨병인 벤처 사업가 역시 "100년의 치욕"을 되새기며 위
대한 중국의 재건을 꿈꾸고 있는 애국자임을 잘 보여준다.

백년국치(百年國恥)란, 제1차 아편전쟁(1839–1842) 이후 반(半)식민지
로 전락한 중국의 모든 인민이 1949년 중국공산당에 의해서 해방되기 전
까지 겪어야만 했던 수치스러운 "굴욕의 역사"를 의미한다. 중국인들은 어
려서부터 귀에 못이 박히도록 백년국치의 역사를 듣고 자란다. 중국의 8학
년 중국 역사 교과서의 구성을 보면, 크게 ① "침략과 저항", ② "근대화의
탐색", ③ "신민주주의 혁명의 홍기", ④ "중화민족의 항일전쟁", ⑤ "인민
해방전쟁의 승리"로 짜여 있다. 이 교과서의 구성에서 잘 드러나듯, 중국
인들의 현대사는 1840년대의 아편전쟁에서 시작해서 1940년대 중국공산

1898년 프랑스의 정치 풍자만화. "중국-왕들과 황제들의 케이크."
왼쪽부터 영국의 빅토리아 여왕(1819-1901), 독일의 빌헬름 2세(1859-1941), 러시아의 니콜라이 2세(1868-1918), 프랑스의 상징 마리안, 마지막으로 일본의 상징 사무라이.

당의 승리로 나아가는 반제국주의, 반봉건주의, 반관료 자본주의 투쟁의 과정이다. 중국공산당은 그 100년의 역사를 제국주의의 도전에 대한 중화민족의 응전이라는 도식으로 간단히 설명한다. 바로 이 역사관이 오늘날 대다수 중국인의 의식을 지배하는 거대서사이다.

이 거대서사에 따르면, 작은 섬나라 영국은 무력으로 청나라를 무릎 꿇리고 "아편"이라는 향(向)정신성 마약을 퍼뜨려서 중국인의 영혼을 병들게 했다. 그 결과 중국인은 누구나 치욕의 세월을 살아야만 했다. 제국주의의 침탈로 국토는 멜론처럼 싹둑싹둑 잘려나갔고, 모르핀에 중독된 중국인들은 "아시아의 병자(病者)"로 전락하고 말았다. 중국공산당은 불굴의 인민들을 규합하여 "제국주의의 종복" 장제스 국민당 정부를 물리치고 중국의 인민을 제국주의의 압제와 봉건제도의 속박에서 해방시켰고, 그 결과 마오쩌둥의 선언대로 "중국 인민들은 일어났다." 중국은 21세기 현실에서도 여전히 외부의 위협에 직면하고 있다. 서구 제국주의자들은 최근까지 인권, 자유, 민주주의 등 이른바 "보편가치"를 들고 나와서 중국식 사회주의를 비판하며, 혼란과 분열을 획책한다. 때문에 모든 중국 인민은 중국공산당의 지도 아래 제국주의 침략에 맞서 싸워야 한다.

중화민족주의의 밑바탕에는 이런 반제국주의, 반외세 자주독립의 열망이 깔려 있다. 반제국주의는 1949년 이후 중공정부의 고립주의를 낳은 심리적 배경이다. 그 결과 1949년부터 1978년에 덩샤오핑의 "개혁개방"이 시작되기 전까지 중국은 외부와 단절된 "거대한 섬"의 되고 말았다. 개혁개방 이전까지 28년의 과정에서 마오쩌둥의 반제국주의 자주노선은 필연적으로 반외세 고립주의를 초래했다.

1950년, 마오쩌둥 암살 미수 사건

1950년 10월 1일 건국 1주년 행사를 맞아서 베이징에서는 최고지도자 마오쩌둥에 대한 암살 시도가 있었다. 한반도에서는 맥아더(Douglas Mac-Arthur, 1880-1964) 장군의 지휘 아래 UN군이 극적인 인천 상륙 작전으로

서울을 수복하고 북한인민군을 추격해 38선 이북으로 북상하던 시점이었다. 한국전쟁 발발 이후 중국 내부에서는 날마다 반혁명분자 색출 작업이 진행 중이었다. 바로 그 상황에서 감히 "최고 존엄" 마오쩌둥 동지의 목숨을 노린 암살 미수 사건이 일어났다. 심상치 않은 조짐이었다.

정보망을 가동시켜 사태를 미연에 눈치챈 중국 공안부는 닷새 전인 9월 26일, 이탈리아 상인 안토니오 리바(Antonio Riva, 1896-1951)와 일본인 야마구치 류이치(山口隆一, 1904-1951)를 전격적으로 체포했다. 리바의 집에서는 박격포 포탄이 발견되었고, 야마구치의 방에서는 톈안먼 부근의 지형지물이 그려진 지도가 나왔다. 공안부는 두 사람이 톈안먼 성루 연단에 박격포 포탄을 설치할 음모를 꾸몄다고 발표했다. 이후 1년간 사건의 전말을 밝혀온 베이징 군사위원회는 1951년 8월 범인들에게 형량을 선고했다. 리바와 야마구치에게는 사형이, 이 사건에 연루된 나머지 5명에게는 최소 5년, 최대 30년 징역형이 떨어졌다. 놀랍게도 단 1명을 제외한 6명의 범인은 모두 당시 베이징에 거주하고 있던 외국인들이었다.

안토니오 리바는 제1차 세계대전 당시 최소 7회의 공중전에서 적기를 격추시킨 1등 공군 조종사였다. 1920년 이탈리아의 공군 조종사로 중국으로 파견되어 그 이듬해에 전역했지만, 이후 국민당 조종사들을 훈련하는 외국인 교관으로 활약하면서 줄곧 중국에 머물렀다. 공산당이 승리하자 중국을 떠날까 생각도 했지만, 어떤 정권 치하에서나 사업을 할 수 있다고 주변에 떠벌렸다고 한다. 증거로 채택된 박격포 포탄에 대해서 리바는 1930년대 고철 더미에서 주운 유탄(流彈)일 뿐이라고 항변했으나 받아들여지지 않았다. 야마구치는 그 지도가 자신이 소방 장비를 납품하던 베이징 소방서의 의뢰에 따라서 제작된 것이라고 해명했지만 묵살되었다.

리바의 옆집에 살던 로마 가톨릭 사제 타르치시오 마르티나(Tarcisio

Martina, 1887-1961)는 종신형을 선고받았다. 아울러 30년간 베이징에서 외국어 서점을 운영해온 헨리 베치(Henri Vetch, 1898-1978)는 징역 10년, 중국 해역의 세관 직원이었던 이탈리아인 구에리노 게를리오(Guerino Gerlio)는 징역 6년, 독일인 사업가 발터 겐트너(Walter Genthner)는 징역 5년, 중국인 마신칭은 징역 9년, 공민권 상실 15년을 선고받았다. 모두 불과 한 시간의 즉결 재판 끝에 형을 언도받았다.

재판 직후, 리바와 야마구치는 조속히 총살당한 후에 베이징 교외의 한 농장 부근에 매장되었다. 리바의 부인은 수소문 끝에 공안부를 통해서 남편의 시신을 찾아내서는 명나라의 만력제(萬曆帝, 재위 1572-1620)가 마테오 리치(Matteo Ricci, 1552-1610)를 안치시킨 예수회 묘역에 정식으로 이장했다. 이후 반제 투쟁의 광풍으로 예수회 선교사들까지 부정되면서 그 묘역은 훼손되었고, 결국 1954년 그 자리에는 베이징의 공산당 학교가 들어섰다고 한다.

놀랍게도 베이징 군사위원회는 리바와 야마구치의 배후로 당시 타이완에 거주하던 미군 대령 데이비드 배럿(David Barrett, 1892-1977)을 지목했다. 1년 전 타이완으로 떠난 배럿이 리바와 야마구치의 이웃집에 살았다는 것이 그 이유였다. 배럿은 1924년 처음 베이징에 도착해서 중국어를 익혔고, 이후 톈진에 배치되어 1937년 7월 중일전쟁의 시발점이 된 루거우차오 사건을 직접 목격한 인물이다. 무엇보다 그는 1944년 미군 측 대표로 중국공산당의 본부가 있던 옌안으로 직접 가서 중공지도부와 접촉했던 이른바 딕시 미션의 지휘관으로 유명하다. 1944년 7월에 옌안에 도착하여 4개월 가까이 머물면서 배럿은 마오쩌둥에 대해서 꽤나 긍정적인 평가를 내렸고, 그 때문에 미국에서 매카시즘 바람이 몰아칠 때에 장군으로 진급하는 기회를 박탈당했다고 알려져 있다.

옌안의 딕시 미션 당시, 공산당군 총사령관 주더와 배럿, 마오쩌둥.

옌안에서 4개월을 체류했으므로 배럿은 마오쩌둥과 저우언라이를 위시한 중공지도부와 꽤나 두터운 친분을 쌓을 수 있었다. 배럿은 1944년 12월 마오쩌둥과 장제스의 협상을 중재했던 인물로도 유명하다. 오늘날 중국에서도 딕시 미션을 수행했던 미군 측 인사들을 높이 평가하고 있다. 배럿을 비롯한 당시 미군 측 인사들이 용공 혐의를 무릅쓰고 마오쩌둥에 대한 긍정적인 평가를 내렸기 때문이다. 그런 배럿이 1951년 마오쩌둥 암살 미수 사건의 배후로 지목되었다면 황당무계한 누명이 아닐 수 없다. 배럿은 재판이 진행 중일 때에 타이완에서 전혀 사실무근이라며 항의했지만 소용없었다.

20년 후 저우언라이는 옌안 시절 만났던 배럿에게 정식으로 사과한 후 그를 다시 중국으로 초대했다. 중공정부가 비로소 이 사건은 외국인 추방을 위한 조작극이었음을 간접적으로 시인한 셈이다. 왜 중국은 이토록 폭력적인 방법으로 외국인 처단에 몰두해야만 했을까? 반제국주의란 "외국인혐오증(xenophobia)"에 불과했던 것일까?

"외국인을 몰아내라!"

오늘날 중국인들에게 청나라의 몰락과 공산당 집권 사이 38년의 세월은 분열, 전쟁, 학살, 부패로 점철된 혼란기로 인식된다. 그런 통념에 도전하면서 디쾨터 교수는 마오가 집권하기 이전인 1900년부터 1949년까지의 중국을 "개방의 시대"라고 명명했다. 실제로 그 시기에 중국은 세계와 연결되어 있었다. 수많은 중국인들이 해외로 이주했고, 30만 명이 넘는 외국인들이 중국에 들어와서 살고 있었다. 장제스의 국민당 정부는 서구의 선진 국가들을 모델로 삼아서 원초적인 근대 국가의 토대를 닦았다. 정치면에서는 법치가 도입되고 국민의 기본권이 확장되었다. 중국은 세계로, 세계는 중국으로 연결된 해양 문명의 시대였다. 지식인들은 인문학과 사회과학에서 다양한 사상을 탐구하고 실험하는 지적 자유를 꽤나 누렸다. 아울러 근대 자본주의 시장경제의 기초가 닦이면서 경제는 지속적인 성장을 이어갔다.[1]

1949년 중국공산당의 집권과 더불어 개방의 시대는 막을 내렸다. 중국 대륙은 불신과 경계로 가득 찬 고립주의 노선을 걷기 시작했다. 국공내전에서 중국공산당의 승리가 가시화될 무렵 중국에 거주하던 많은 외국인들은 불안한 마음으로 상황을 예의 주시하고 있었다. 중국공산당은 외국인의 생명 및 재산 보장을 약속했으나 해방 지역에서 본격적으로 토지개혁 등의 혁명이 진행되자 외국인들은 공포에 휩싸였다.

아편전쟁 이후 상하이, 톈진, 광저우 등의 외국 조차지는 급속하게 변화한 서구식 근대 도시로 탈바꿈했다. 1930-1940년대쯤이 되면 중국에는 이미 수많은 외국인들이 체류하고 있었다. 외국인들은 부동산을 매입할 수 있었고, 청일전쟁 이후에는 사업체를 운영할 수도 있었다. 특히 근대적 하수도, 항만시설 및 통신망을 갖춘 상하이에는 병원, 은행, 학교 등 다양한 기관이 들어서면서 외국인 인구가 급증했다. 외국인의 유입으로 상하이는 물론 베이징, 톈진, 다롄, 광저우 등의 연해 지역과 남방의 대도시들은 점점 국제 도시의 면모를 갖추어갔다.2)

외국인 인구의 급증을 흔히 일방적인 제국주의적 수탈의 과정이라고 생각하기 쉽지만, 19세기 중엽 이후 중국 각 지역의 상인들은 외국인 기업가들을 통해서 톡톡한 재미를 보고 있었다. 자유 무역이 중국 상인들에게도 부를 쌓을 기회를 제공했다. 중국인들 역시 외국 자본의 유입을 통해서 새로운 경제성장의 동력을 개발했다. 외국으로 수출하는 품목의 70퍼센트 이상을 중국인 지역의 상인들이 담당했다는 연구도 있다.3) 위안스카이(袁世凱, 1859-1916)와 장제스는 본격적으로 근대화를 추진하기 위해서 외국인 전문가들을 적극적으로 유치하고, 그들의 자문을 경청했다고 알려져 있다. 외국인 전문가들은 중국의 초기 근대화를 이끄는 중요한 인적 자원이 되었다.

1920년대 초에 대략 35만 명의 외국인이 중국에 거주했는데, 그 수는 지속적으로 증가했다. 1940년대의 중국에는 외교관, 수행 행정관, 선교사, 교사, 학생, 기업가, 사업가, 군사고문, 기술자, 상인 등 수많은 외국인들이 다양한 직종에 종사하며 이미 곳곳에서 가족과 함께 살고 있었다. 소련에서 도망온 8만 명의 백러시아 피난민과 2만 명의 유대인들도 상하이 지역으로 이주해서 살고 있었다. 1919년 당시 1,704개의 현(縣) 중 거의 대부분에 선교사들이 파견되어 있었다. 선교사들은 수백 개의 중, 고등학교를 세우고, 홍콩, 샤먼(夏門), 푸저우(福州), 톈진 등지에 잉화 대학, 베이징의 옌징 대학, 난징의 진링 대학을 비롯한 많은 대학을 설립했다.4)

1948년경부터 중국공산당은 외국인의 생명과 재산의 보장을 약속했다. 그러나 중국공산당의 승리가 가시화되자 대부분의 외국인들은 본국으로 귀환하거나 철수를 준비해야만 했다. 미국, 필리핀 등의 국가에서는 직접 선박을 보내 자국민을 귀환시켰지만, 영국처럼 결정을 미룬 채 중국의 공산화 과정을 관망한 나라도 있었다. 일례로 1950년 2월 8일 자「뉴욕 타임스」에 게재된 홍콩발 기사에 따르면, 1949년 12월에 상하이 주재 영국 총영사는 마오쩌둥의 외국인 보호 약속을 신뢰한다며 중영 관계의 미래를 낙관하고 있었다.5)

1948-1949년 공산당군은 외국인을, 특히 미국인들을 주요 타깃으로 삼아서 공격했다. 미국 영사관의 기록에 따르면, 1948년 선양(瀋陽)을 점령한 공산당군은 영사관의 직원들에게 총질을 하더니, 곧이어 영사관 건물 주변에 철조망을 치고는 영사를 감금했다. 1949년 11월에는 모반 혐의로 미국 영사관의 행정관들을 구속하고 재판했다. 미국의 항의로 추방으로 감형되었지만, 이들은 혹독한 겨울 바닷바람에 노출된 채 40시간에 걸친 생사를 오가는 항해 끝에야 톈진에 도착할 수 있었다.

1949년 중국공산당의 승리가 확실해지자 외국인들은 앞다투어 중국을 떠나기 시작했다. 이미 1948년에 이스라엘은 수 척의 대형 선박을 보내서 상하이의 유대인들을 데리고 갔다. 난징 함락 6개월 전인 1948년 11월 13일, 주중 대사의 요청으로 미국 해군은 수천 명의 자국민을 소개(疏開)했다. 1949년 9월 상하이에서는 대형 여객선이 들어와서 44개국 1,220명의 외국인을 태우고 갔다. 필리핀은 자국민뿐만 아니라 6,000명의 백러시아 사람들도 데리고 갔다.

그러나 오랜 기간 동안 중국에 살면서 재산을 일구어온 많은 외국인들은 상황을 관망하고만 있었다. 중국에 잔류하던 모든 외국인들은 지방정부에 새로 등록하고, 까다로운 면접을 거친 후 가택 방문조사까지 받아야 했다. 1950년부터 중국공산당은 살인적인 세율로 외국인의 재산을 강탈하기 시작했다. 외국인이 운영해온 문화시설, 복지재단은 물론, 병원, 학교, 교회가 세금 폭탄을 맞고 문을 닫아야 했다. 외국인 기업 역시 가혹한 세금과 극심한 노조의 압박을 견디지 못하고 결국 폐쇄를 결정해야 했다.

1950년 이후 한국전쟁이 진행되면서 중국 내의 외국인들은 더욱 극심한 차별에 시달려야 했다. 1950년 12월 16일, 미국이 중국인들에 대한 자산동결 법안을 통과시키자 중국은 중국 내의 모든 미국인들의 자산을 동결했다. 1951년 3월에는 수십 명의 미국인들이 간첩 혐의로 구속되었다. 그들의 학교, 병원, 교회, 복지재단은 모두 자산이 동결되었다. 모든 미국 기업은 결국 중공정부에 의해서 국영화되었다. 과도한 세금을 부과하여 결국 외국인의 재산을 통째로 헌납받는 일이 수도 없이 벌어졌다. 그래야만 비로소 출국 비자를 발급해주는 경우가 허다했다.

1951년 7월 25일, 신부, 수녀, 학생, 교수, 상인, 의사 등 수많은 외국인들이 구속되었다. 1951년 8월 2일, 베이징은 마침내 감옥에 있는 경우를 제외한 모든 외국인의 추방을 명했다. 1951년 말이 되자 상하이와 베이징에서 외국인이 모두 떠나고 말았다. 1953년 2만5,000명의 일본인들과 1만2,000명의 백러시아인들이 각각 일본과 소련으로 송환되었다. 중공정부는 그렇게 수많은 외국인들을 중국에서 몰아냈다.6)

앞에서 다루었던 "화이하이 전투"를 현장에서 직접 취재한 「뉴욕 타임스」특파원 시모어 토핑은 안후이 성 벙부(蚌埠)의 천주교 성당에 묵으면서 1936년 바티칸에서 파견된 이래 16년간 중국에서 사역해온 이탈리아 출신의 주교 치프리아노 카시니(Cipriano Cassini, 1894-1951)를 알게 되었다. 이 성당에는 800명의 아동들이 다니던 소학교와 1,000명의 소년들이 다니던 중학교가 딸려 있었다. 이밖에도 주교는 주변 마을에 6개의 학교를 더 개설해서 모두 1만 명의 아이들을 가르치고 있었다. 성당에 부속된 병원에서는 12명의 의료진이 150명의 입원 환자를 돌보면서도 날마다 800명의 환자를 외진하고 있었다. 성당 옆의 수녀원에서는 고아원과 함께 여학생들을 위한 중학교도 운영하고 있었다. 수녀들은 버려진 수백 명의 여자 아이들을 받아들여 씻기고 입히고 먹이고 공부시켰다.[7]

공산당군은 1950년 1월부터 노골적으로 이 성당을 침탈하기 시작했다. 성당의 시설을 무단으로 점령하고 임의로 사용했음은 물론, 성당 내의 모든 활동을 시시콜콜 캐묻고 감시했다. 결국 중국인 사제를 재워주었다는 이유로 주교를 구금하고는, 지방 신문에 주교의 자비로 광고를 내서 스스로의 잘못을 고백하고 3일만 구류를 살게 한 중국공산당의 관용을 칭송하라고 요구했다. 계속되는 강탈을 겪다가 주교는 결국 앉은 채로 묵주를 돌리며 1951년 6월 13일에 임종했다. 중국공산당은 주교가 아편을 남용하여 자살했다고 우겼다. 주교가 죽고 나서 중국공산당은 갖은 폭력과 협박을 총동원 하여 성당을 폐쇄했다. 중국인 수녀의 부친을 잡아 총부리를 겨누고서 거짓 자백을 강요하는 야비한 수법도 꺼리지 않았다. 결국 중국공산당은 국민당 잔당을 색출했다는 명분으로 강제로 성당을 접수하고, 성당을 지키던 마지막 사제를 중국에서 내쫓았다. 떠나지 않으면 5명의 중국인을 처벌하겠다는 협박에 못 이겨 출국 희망서에 서명을 했더니, 중국공산당은 그 5명을 곧 감옥에 처넣었다고 한다.

왜, 대체 왜 중공지도부는 그토록 잔인한 방법으로 외국인들을 몰아내려고 했을까? 그 수많은 외국인 인력을 활용하는 지혜를 발휘할 수 없었을까? 백년국치를 종식하려는 반제혁명의 당위 때문이었을까? 반외세 고립주의의 어리석음 때문이었을까? 다음 에피소드가 일말의 실마리를 제공한다.

문화침략의 대리인?

1949년 4월 공산당군은 양쯔 강을 건너서 난징을 점령한다. 곧이어 군인들은 병상에 홀로 누워 있던 미국 대사 존 스튜어트(John Leighton Stuart, 1876-1962)의 침실에 난입한다. 1876년 항저우의 개신교 선교사 집안에서 태어난 존 스튜어트는 20세기 전반기 중미 관계의 상징적인 인물이었다. 중국에서 나고 자라 중국어가 모국어였던 스튜어트는 1919년에 옌징대학의 초대 총장을 역임했고, 1946년 7월 11일에는 주중 미국 대사로 임명되었다.

스튜어트는 많은 중국인들의 존경을 받았다. 중국인 역사학자 린멍시 (林孟熹)는 그에 대해서 "중국의 정치, 문화, 교육 다방면에 종횡무진으로 참여하면서 거대한 영향력을 발휘했던 20세기 유일무이한 미국인"이라고 평가한다.8)

스튜어트는 국민당은 물론 공산당의 주요 인물들과도 친분이 두터웠다. 바로 그런 인간적 친분을 믿고 그는 중국공산당과 대화를 통해서 중미 관계의 미래를 모색하고자 했다. 바로 그 때문에 대사관의 모두가 피난을 떠난 후에도 그는 홀로 고집스럽게 난징에 남았다. 한평생 중국을 위해 헌신해온 사람이었기 때문에 그런 용기를 낼 수 있었다.

그러나 스튜어트에게 대화의 기회는 주어지지 않았다. 1949년 8월 18일, 마오쩌둥은 "안녕, 스튜어트!"라는 냉소적인 칼럼에서 "중국과 미국을 동시에 사랑했다는 스튜어트"를 조롱하면서 미국을 향한 독설을 유감없이 내뿜었다. 마오쩌둥은 이 글의 주석 1번에서 스튜어트는 언제나 중국에서 미국 문화침략의 충직한 대행인"이었다고 비판했다. 그는 스튜어트가 세운 옌징 대학을 폐쇄한 후, 여러 대학에 찢어서 병합시켰다. 마오쩌둥은 왜 그토록 스튜어트에게 반감을 품게 되었을까? 그의 미국관에 해답이 있다.

그래, 미국에는 과학도 있고, 기술도 있지만, 안타깝게도 모두 자본가들이 독차지할 뿐 인민의 수중에는 없다. 그들은 과학과 기술을 이용해서 국내의 인민들을 착취하고 억압하며, 다른 나라들을 침략하고 외국 인민들을 학살한다. 미국에는 "민주 정치"가 있지만, 안타깝게도 미국의 민주 정치는 부르주아 독재의 다른 이름일 뿐이다. 미국에는 많은 자본이 있지만, 안타깝게도 미국은 그 많은 돈을 극단적으로 부패한 장제스 반동 도당에게만 제공한다. (중략)

고난을 겪는다고 해도 무슨 상관이리요. 봉쇄하라! 8년, 10년 봉쇄하면, 중국의 모든 문제는 이미 다 해결되었으리라. 죽음도 두려워하지 않는 우리 중국인들이 고난을 두려워할 텐가? 노자가 말했다. "사람들은 죽음을 두려워하지 않는데 어찌 죽음으로써 그들을 위협할 수 있겠는가(民不畏死, 奈何以死懼之)?"

미 제국주의와 그 충견인 장제스 반동파들이 우리를 "죽음으로써" 위협만 하지 않고 실제로도 많은 사람들을 죽였다. 그들은 실제로 미 제국주의의 칼빈 소총, 기관총, 박격포, 바주카 포, 고사포, 탱크, 비행기(폭탄 투하)로 수백만의 중국 인민들을 학살했다. 이제 상황은 종료되었다. 그들은 패배했다. 이제 공격은 그들이 아니라 우리가 한다. 그들은 이제 모두 끝날 것이다. 그래, 여전히 우리에게는 문제가 남아 있다. 봉쇄, 실업, 기근, 인플레이션 등의 어려움이 놓여 있다. 그러나 우리는 이미 지난 3년에 비하면 한숨 돌리지 않았는가? 우리는 지난 3년의 고난을 이기며 승리했다. 어째서 우리가 오늘날의 고난을 극복할 수 없겠는가? 어찌 미국 없이 살아갈 수 없겠는가?

공산당군이 양쯔 강을 건널 때에 난징의 미국 식민 정부는 허둥지둥 달아났다. 늙은 스튜어트 대사만 홀로 앉아서 큰 눈을 뜨고 두리번거리며 새 가게를 차려서 이윤을 취하려고 하고 있었다. 그는 무엇을 보았는가? 공산당군의 대오가 끝도 없이 행진하고, 노동자, 농민, 학생들이 일어나 반기는 모습 말고도 그는 다른 것을 또 보았다. 바로 중국의 자유주의자들, 혹은 민주적 개인들이 힘차게 뛰어나와서 노동자, 농민, 학생과 함께 구호를 외치며 혁명을 논하는 모습을 보았다. 결국 아무도 그를 상관하지 않으니 홀로 외롭게 버려진 채 제 그림자와 서로 위로하고 있구나! 더는 아무것도 할 일이 없으니 이제 가방을 들고 길을 떠나라!9)

— 마오쩌둥, "떠나라, 스튜어트!", 1949년 8월 18일

"닫힌 대륙"과 "열린 섬"

"떠나라, 스튜어트!"라는 글에서 잘 드러나듯이 마오쩌둥은 서구 자본주의 국가, 특히 미국에 대한 증오심에 사로잡혀 있었다. 미국을 보는 시각도 편향적이지만, 미국 문명에 대한 그의 지식은 단편적이고도 얄팍해 보인다. 물론 미국은 국공내전 당시 장제스 국민당 정부에 20억 달러 규모의 원조를 제공했던 적국이었다. 1948년 8월이면 국민당 정부가 타이완으로 퇴각한 지 막 석 달쯤 되는 시점이었다. 장제스와 사투를 벌인 마오쩌둥의 입장에서 미국을 향한 그의 적개심을 어렵지 않게 이해할 수 있다. 그러나

백년국치(1840-1949)의 역사를 단적으로 표현한 정치 만평.

스튜어트는 한평생 중국을 위해서 헌신한 인물이었다. 그런 사람을 "문화 침략의 충실한 대리인"이라며 조롱할 필요까지 있었을까? "미제"에 대한 적개심을 미국인 모두에게 확장시키는 마오쩌둥의 심리는 중요한 탐구 대상이다. 마오쩌둥의 증오심은 신문, 라디오 및 확성기를 타고 순식간에 전 중국인의 마음으로 전이되었고, 외국인 혐오로 표출되었기 때문이다.

1948년 이래 중국공산당의 반제국주의 투쟁은 외국인을 몰아내는 야만적 폭력을 수반했다. 당시 중국 인민을 움직이는 동기는 백년국치의 수치심과 반제국주의 민족자주의 열정이었다. 그러나 중국의 현대사는 제국주의 수탈의 관점에서만 해석될 수 없다. 19세기 중엽 이래 중국은 서구의 과학기술과 정치 사상을 흡수하면서 근대문명의 수혜자로 거듭났다. 무술변법(1898)의 입헌주의, 신해혁명의 공화주의, 5-4 운동의 자유주의 및 민주주의는 모두 서구에서 수입된 정치 사상이었다. 근현대 중국의 지식인들은 유럽과 미국의 선진 문명의 신사상을 학습해서 "계몽된 근대인(enlightened moderns)"으로 거듭났다. 단적으로 마르크스주의와 레닌주의 역시 19세기 서구에서 만들어진 이념이었다. 서양의 근대문명 없이는 오늘날 사회주의 중국 또한 없다.

나는 20년 전 컬럼비아 대학교의 석학 드 바리(Wm. Theodore de Bary, 1919-2017) 교수를 직접 만나서 인터뷰를 한 경험이 있다. 드 바리 교수는 1989년 톈안먼 사태 이후 중국에 가서 리더십의 중요성에 대해서 강조했다면서 다음과 같이 말했다.

마오쩌둥은 서양 문명에 대해서는 지극히 피상적인 이해밖에 없었는데, 전통의 지혜는 철저히 부정했다. 그런 마오쩌둥이 중국을 지배했기 때문에 대기근과 문화혁명의 폐해가 발생했다. 인문학의 핵심은 리더십이다! 리더십이 한 사회의 운명을 결정한다! 리더가 어떤 생각을 하고 어떤 가치관을 가지고 있느냐에 따라서 그 사회의 큰 틀이 결정되기 때문이다.10)

마오쩌둥의 반외세 고립주의 노선으로 중국은 "닫힌 대륙"이 되었다. 반면 대륙으로 가는 육로가 막힌 대한민국의 현대사는 바다를 타고 전 세계로 뻗어나가는 "열린 섬"의 역사이다. 거시적 관점에서 "열린 섬"의 역사는 지속적 성장, 진취적 개방, 거대한 성취, 눈부신 번영의 과정이었다. 반면 앞으로 우리가 계속 살펴볼 "닫힌 대륙"의 역사는 결단코 순탄하지 않았다.

제13장

빼앗긴 민국의 꿈

사회주의 군주제? 철학의 빈곤

2018년 3월 11일 중국에서는 전국인민대표대회의 2,980명 중에서 2,964명이 표결에 참여했다. 그중에서 찬성 2,958표, 반대 2표, 기권 3표, 무효 1표라는 거의 만장일치(99.8퍼센트) 찬성이라는 결과로 개헌안이 통과되었다. 모두 21개의 수정조항 중에서 11개는 반부패 운동을 주도할 국가감찰위원회를 정부 내의 막강한 독립 조직으로 정립하는 절차였다. 나머지 10개 조항은 시진핑 개인의 권위를 절대화하는 규정이었다. 마오쩌둥 사후에 집단지도체제로 전환했던 중국의 통치 제도가 다시 오리무중에 빠졌다. 도대체 중국의 정체(政體)는 무엇인가? 사회주의 군주제인가?

이제 중화인민공화국 헌법의 전문에는 마르크스(Karl Marx, 1818-1883), 레닌, 마오쩌둥, 덩샤오핑의 이름들과 나란히 시진핑의 이름이 삽입된다. 국가주석의 임기조항이 삭제되었기 때문에 시진핑의 종신 집권까지 가능해진다. 인민 대표 99.8퍼센트의 "찬성"이라는 법적 형식이 타당하다면, 중국인들은 자발적으로 이 다섯 철인의 지배 아래 들어간 셈이다.

인류의 20퍼센트가 이 개정헌법의 구속을 받게 되었다.

도대체 왜 중국의 헌법 전문에는 마르크스와 레닌, 마오쩌둥과 덩샤오 핑, 그리고 시진핑이라는 특정 개인들의 이름이 버젓이 등장해야만 하는 것일까? 헌법 전문에 특정 개인의 사상을 삽입한다는 발상은 과연 어디에서 기인한 것일까? 일부 학자들이 늘 주장하는 것처럼 유교의 전통 때문일까? 유교의 경전들 중에서도 이상적인 국가행정 조직도를 담고 있어서 흔히 고대의 헌법이라고 인식되는 『주례(周禮)』의 첫 문장은 "왕이 나라를 세운다(惟王建國)"라는 문장이다. 그러나 여기에서 말하는 왕이란 개성적인 인격체가 아니라 최고통치자의 지위를 의미할 뿐이다. 특정 개인의 사상을 국가이념으로 삼는 오늘날의 중국 헌법과는 커다란 차이가 있다.

물론 중국 왕조의 역사를 돌아보면, 창건 군주는 흔히 조훈(祖訓) 혹은 가훈(家訓)을 반포하여 한 조대(朝代)의 창건 목적과 운영 원칙을 밝히고는 했다. 그러나 이것은 국가를 특정 집단의 소유물로 여기던 가산국가(家産國家)의 전통이다. 만약 그러한 왕조시대의 유습이 오늘날의 중국 헌법에 영향을 미치고 있다면, 반봉건의 기치 아래에서 "낡은 생각, 낡은 이념, 낡은 전통, 낡은 습관"이라는 사구(四舊)의 척결을 부르짖던 지난 세월과 혁명 운동은 다 무엇이었는가? 겉으로는 사회주의를 내걸어놓고 속으로는 황제지배체제를 이어가고 있는가? 진정 그렇다면 중국공산당은 100여 년 전 "민국혁명(民國革命)"의 꿈을 저버린 퇴행의 조직, 역주행의 집단이라고 할 수 있다. 14억 인구의 거대한 "문명국가"가 오늘날 심각한 이념적 위기에 처해 있다. 마르크스가 쓴 저서의 제목처럼 "철학의 빈곤"이 아닐 수 없다.

위안스카이에 대한 오마주?

2018년 3월 중국의 인터넷에서는 "위안스카이" 및 그의 제호인 "홍헌(洪憲)" 등의 단어가 금칙어가 되었다고 한다. 중국의 많은 네티즌들이 이번 개헌을 비판하면서 시진핑을 위안스카이에 비교하며 조롱했기 때문이다. 실제로 중국의 최대 포털인 "바이두(baidu.com)"에 들어가서 "위안스카이"와 "시진핑"을 동시에 검색하면 많은 기사가 이미 잘려나갔음을 쉽게 알 수 있다. 중공정부는 왜 하필 "위안스카이"를 금칙어로 삼아야 했을까?

1911년 신해혁명은 "국민에 의한, 국민을 위한, 국민의 국가"를 건설하는 공화주의 민국혁명이었다. 중국에서 진시황(秦始皇, 기원전 259-기원전 210) 이래 2,000년이 넘게 지속된 황제지배체제는 마침내 종식되었다. 이제 국가는 한 사람의 전유물이 아니라 모든 인민의 공공물(res publica)이 되었다. "국민주권"이 바로 공화주의의 핵심이다. 공화주의는 모름지기 일인지배를 거부하는 반군주제(anti-monarchism)를 생명으로 한다.

청나라의 입장에서 보면, 1911년 10월 10일의 우창(武昌) 봉기는 일종의 군사반란이었다. 각 지역의 반란 세력은 곧바로 중앙의 임시 정부를 결성하고 청조에 대항한 본격적인 혁명을 일으킨다. 청조는 10월 14일 위안스카이를 후광(湖廣)의 총독으로 기용해서 혁명군을 진압하려고 하지만, 위안스카이는 오히려 혁명지도부와 화의를 시도한다. 청조에 반기를 들고 혁명에 가담한 남방의 17개 성 단위 정부들은 12월 29일에 쑨원을 민국의 임시 대표로 선출하고, 쑨원은 중화민국 제1대 임시 대총통으로서 1912년 1월 1일에 난징에서 민국의 성립을 선포하지만……

황제로부터 혁명군 진압의 전권(專權)을 위임받은 위안스카이는 북양군(北洋軍)을 내려 보내서 우한(武漢)의 진지까지 탈환하는 군사작전을

위안스카이. (http://alphahistory.com/chineserevolution/yuan-shikai-first-warlord/)

감행한다. 혁명의 완수를 위해서 대규모 "남북전쟁"을 감당할 수 없었던 쑨원은 위안스카이에게 임시 대총통 직위를 양도하는 파격적인 조치로 민국혁명의 불씨를 살려가고자 한다. 쑨원의 제안을 받아들인 위안스카이는 1월 25일 "공화(共和)"를 지지하는 선언을 하고, 이어서 2월 12일에 황실의 안전을 보장하는 조건으로 "중화민국을 조직하고 건립하라"는 황제의 조칙을 받아낸다. 이로써 2,000년 넘게 지속된 황제지배체제는 종결되었는데……

위안스카이에게 권력을 이양하기 직전 쑨원은 내각제 개헌을 통해서 총통의 권력을 제약했다. 곧 이은 국회선거에서 국민당은 최다의석을 차지하지만, 내각총리에 임명된 쑹자오런(宋敎仁, 1882-1913)이 상하이 기차역에서 두 발의 흉탄을 맞고 숨을 거둔다. 격분한 쑨원은 중화혁명당을 결성하고 8만 병력을 규합하여 위안스카이를 몰아내는 제2차 혁명을 시도하지만, 결국 실패하고 일본으로 망명한다. 위안스카이는 1913년 10월 6일 국회선거를 통해서 제1대 대총통에 오른 후, 그 다음 달 국민당을 해산하고 의원증서까지 모두 몰수한다. 그는 또 임의로 중화민국약법을 수정하여 책임내각제를 총통제로 바꾸고, 1914년 12월 29일에는 대총통의 임기 제한 규정을 없애기 위해서 선거법을 개정한다.

총통제에 만족할 수 없었던 위안스카이는 1915년 12월에 국회 및 여러 국민 단체의 추대를 받는 형식을 빌려 중화제국(中華帝國)의 창건을 선포하고 황제의 지위에 오른다. 제호는 홍헌이었다. "헌법을 널리 선양한다"는 뜻이다. 그의 제호에는 입헌군주제를 향한 그의 집념이 담겨 있었다. 중화제국의 헌법은 실제로 황권을 제약하고 황실의 정치 참여를 금지하는 근대적 입헌주의의 기본 원칙을 상당히 반영하고 있었다. 위안스카이를 단순히 황제병에 걸린 돈키호테적 몽상가로 볼 수는 없다. 다만 그는 스스로 황제가 되어 새 시대의 열망이 담긴 "공화(민국)"의 이념을 짓밟았다는 점에서 역사의 반동으로 평가될 수 있다.

1913년부터 중국에 체류하며 위안스카이의 헌법 자문관으로 활약했던 미국인 법학자 프랭크 굿나우(Frank J. Goodnow, 1859-1939)는 중국 전통의 황제지배체제와 전통문화의 특성 및 정치 상황을 종합적으로 고려해서 강력한 총통제를 헌법적 대안으로 제시했다. 중국 사회에 팽배한 유가적 가족 윤리, 종법제도, 정치적 분열상과 정치 조직의 부재, 인민 자치정부의 경험 부족 등의 이유를 들어서 그는 서구식 대의제(代議制)가 당시의 중국에서 실현될 수 없다고 판단했다. 중국의 지도자로서 위안스카이를 신임했던 굿나우는 강력한 중앙집권식 정부의 확립을 권유했고, 다수의 중국 내 학자들 역시 일본, 독일 모델의 입헌군주제를 통한 근대화의 달성을 희구했다.

그러나 위안스카이의 중화제국은 거센 저항에 부딪혔다. 윈난 성에서 시작된 "호국(護國) 전쟁"은 구이저우와 광시 지역으로 확산되었다. 위안스카이는 북양군의 무력을 재규합해서 남방의 반란에 맞서려고 하지만, 이미 반란에 가담한 각 성에서 군사행동이 지속되자 위안스카이는 3개월 후에 결국 황제지배체제의 폐기를 선포할 수밖에 없었다. 스트레스로 병상에 누운 위안스카이는 1916년 6월 요독증으로 사망하고 만다. 민국혁명을 뒤집어 입헌군주제를 실현하고자 했던 위안스카이의 꿈은 그렇게 산산이 조각나고 말았다. 위안스카이의 죽음이 바로 민국혁명은 이미 불가역의 역사적 대세였음을 증명하는 셈이다.

중국은 곧이어 10년이 넘는 세월 동안 참혹한 군벌시대로 돌입하게 되는데, 한 역사학자의 통계에 따르면 1912년부터 1928년까지 16년 동안 무려 1,300여 명의 군벌이 140회 이상 대규모 전투를 일으켰다고 한다. 반(反)군벌 통일전선으로 국민당과 공산당은 제1차 국공합작을 이루게 되었다. 민국혁명의 염원을 실현하기 위해서 국민당과 공산당이 힘을 합친 셈이다. 바로 그 이유 때문에 중화민국은 타이완과 대륙에서 공히 중국 근대 혁명의 시발점으로 인식되고 있다. 이후의 중국 역사는 민국혁명을 완수하는 과정이었다고 말할 수 있으리라.

1949년 마오쩌둥은 스스로 쑨원의 공화혁명을 발전적으로 계승해서 민국의 이념을 실현했다고 굳게 믿고 있었다. 때문에 신중국의 국명은 당시

지도부의 치열한 고민 끝에 1949년 9월 27일 인민정치협상회의를 거쳐 "중화인민공화국"이라고 정해졌다. 이후 중화인민공화국은 그러나 명실상부한 공화국이 되었는가? 황제가 등장한 공화국은 더는 공화국일 수 없다. 위안스카이가 스스로 황제를 칭한 순간, 공화국의 이상은 붕괴된 이치와도 같았다.

2018년 3월 13일 국가주석의 임기조항을 폐기한 전국인민대표대회의 결정은 혹시 1911년 이래 100년 넘게 중국인이 늘 꾸어왔던 민국몽(民國夢)의 찬탈은 아닐까. 그렇기 때문에 수많은 중국의 네티즌들이 즉각적으로 칭제건원(稱帝健元)한 위안스카이를 떠올렸으리라. 이에 깜짝 놀란 중공정부는 SNS에 쇄도하는 헌법, 헌법 개정 등의 민감한 단어들과 함께 "위안스카이"라는 키워드를 마구 삭제하고 있다. 대체 왜 이런 촌극이 벌어져야만 하나?

헌법과 개인숭배

다시금 2018년 3월 13일 전국인민대표대회의 개헌을 돌아보자. 중국의 헌법 전문에는 이제 마르크스, 레닌, 마오쩌둥, 덩샤오핑, 시진핑 이렇게 다섯 명의 이름이 나란히 열거된다. 아직 임기를 마치지도 않은 현직의 국가주석이 자신의 "사상"을 헌법 전문에 명시해서 국가의 기본 이념으로 천명한 셈이다.

사상의 다양성, 가치의 다원성, 표현의 자유, 국가권력의 제한을 근간으로 삼는 자유주의 헌법 사상에 비추어본다면, 실로 위헌적인 결정이 아닐 수 없다. 전통시대 중국의 황제들조차도 언필칭(言必稱) "요순우탕 문무주공(堯舜禹湯 文武周公)" 등 고대의 성왕을 칭송했을 뿐, 자신의 이름과 생각을 국가의 모법(母法)으로 삼지는 않았다. 황제는 "인의예지"의 이념을 설파한 공자를 숭배함으로써 당대의 보편이념을 선양하는 겸양의 미덕을 발휘했다. 비근한 예로 청나라의 절대 군주 건륭제(乾隆帝, 재위 1736-1796)는 공자의 묘를 찾아가 공자 상 앞에서 여덟 차례 땅바닥에 머리를 찧는 고두의 예를 갖추었다. 스스로 절대 권위자가 되기보다는 당대의 보편가치를 수호하고 선양함으로써 "절대 권력"을 유지했던 이전 절대 군주의 통치술이다.

헌법의 전문에 넣을 만큼 한 개인의 사상이 과연 무오류의 절대적인 권위를, 초시간적인 가치를 가질 수 있을까? 아마도 한때 마오쩌둥은 그럴수 없으리라고 생각했던 듯하다. 1956년 베이징 인민대회당에서는 11년만에 중국공산당 제8차 전국대표대회가 열렸다. 중화인민공화국 출범 이후로는 첫 번째로 열리는 기념비적 전국대표대회였다. 놀랍게도 이 대회에서는 중국공산당의 당장(黨章)에 명시된 "마오쩌둥 사상"을 삭제하기로 결정했다.

아직 항일전쟁이 채 끝나지 않은 1945년 4월 23일 옌안에서 중국공산당 제7차 전국대표대회가 개최되었다. 당시 중공 내부에서 마오쩌둥은 절대적인 권위를 누리고 있었다. 대회당에는 거대한 마오쩌둥의 초상화가 있었고, 그 아래에는 "마오쩌둥의 기치 아래 승리 전진"이라는 표어가 붙어 있었다. 당시 채택된 중국공산당의 당장에는 다음과 같이 명기되어 있다. "중국공산당은 마르크스-레닌주의 이론과 중국혁명의 실천적 통일사상인 마오쩌둥 사상을 행동 지침으로 삼는다." 1954년 헌법의 전문에서도 중국공산당의 당장에 적힌 그대로 마르크스-레닌주의와 마오쩌둥 사상이 3대국가이념으로 채택되었다. 그러나 제8차 전국대표대회의 당장에서는 마오쩌둥 사상이 삭제되고 "중국공산당은 마르크스-레닌주의를 행동지침으로 삼는다"는 구절로 바뀌었다. 이밖에도 류사오치의 "정치 보고", 덩샤오핑의 "당장 개정 보고(修改黨章報告)" 및 8대 결의에서 모두 마오쩌둥 사상은 언급조차 없었다. 심지어 대회 대표들이 발언을 할 때에도 마오쩌둥 사상은 거론되지 않았다.

왜 중공지도부는 중국공산당 당장에서 마오쩌둥 사상을 삭제하고자 했을까. 중국 밖의 많은 학자들은 당시 소련에서 불기 시작한 스탈린 격하 운동(de-Stalinization)에 부응하여 중공지도부 내에서도 개인숭배에 대한 거부감이 형성되었기 때문이라는 분석을 내놓고 있다. 당시 류사오치, 덩샤오핑, 펑더화이 등으로 권력이 이동하면서 마오쩌둥의 권위가 상대적으로 약화되었고, 그 결과 마오쩌둥 사상이 당장에서 삭제되고 대신 집단영도의 중요성이 강조되었다는 해석이다.

이와 달리 중국의 학자들은 흔히 중국공산당 제8차 전국대표대회에서 마오쩌둥 사상이 삭제된 이유는 바로 마오쩌둥 본인의 결정이라고 주장한다. 1948년 이후 마오쩌둥은 이미 보고서를 검열할 때에 "마오쩌둥 사상"을 삭제하라고 명령했으며, 이후 사료를 살펴보면 그 점이 더욱 분명하다고 한다. 그 누구도 문제 삼지 않았지만, 바로 마오쩌둥 본인이 먼저 나서서 "마오쩌둥 사상"의 언급을 경계했다는 주장이다.

만약 중국 학자들의 분석이 정확하다면, 1950년대까지만 해도 마오쩌둥은 자신에 대한 개인숭배에 주저했던 듯하다. 물론 1960년대 문화혁명 당시 마오쩌둥 개인숭배는 유례를 찾기 힘들 만큼 극심한 양상으로 전개되었다. 권력에 중독된 마오쩌둥은 개인숭배의 필요성을 적극적으로 옹호하기도 했다. 1965년 1월 마오쩌둥은 에드거 스노(Edgar Snow, 1905-1972)와의 인터뷰에서 중국에서도 인격숭배가 필요하다고 언급한 적이 있다.[1] 1970년 12월 18일 마오쩌둥은 다시 스노와의 인터뷰에서 당시 중국에서도 인격숭배가 필요하다고 말했던 것은 "민중을 자극하여 당내의 반마오 쩌둥 관료 집단을 분쇄하기 위함"이었다고 해명했다. 이어서 그는 "물론 인격숭배가 지나치게 행해졌다"라면서도 중국인들이 3,000년간 황제숭배의 전통 속에서 살아온 습관을 극복하기란 쉽지 않다"고 말한다.[2] 그의 말대로라면 중국인들은 2018년 오늘날까지 황제숭배의 습관을 극복하지 못한 것일까? 인민대표단의 99.8퍼센트 찬성률은 바로 그런 황제지배체제의 관성을 의미할까?

헌법 전문, 무엇을 담을 것인가?

중국의 헌법 전문은 국가의 기본 이념 외에도 아편전쟁 이래 중국 현대사에 관한 국가 공식의 역사 서술이 담겨 있다. 세계 최장(最長)의 이란의 헌법 전문은 "이슬람 혁명"의 주요 사건을 서술하며, 『코란』을 직접 인용해서 이슬람 율법의 절대 권위를 강조한다. 반면 미국의 헌법 전문은 자유와 평화의 일반 규정을 담은 소략한 52개의 단어(200자 원고지 반장 분량)로 구성되어 있으며, 독일 기본법 전문은 불과 48개의 단어로 구성되어 있다.

일반적으로 헌법 전문에는 헌법 형성의 연혁과 국가의 이념적 기초가 서술된다. 미국 헌법처럼 역사가 오랜 헌법일수록 간략하고, 신생국가의 헌법일수록 긴 경향을 보인다. 자유주의 헌법일수록 높은 추상 수준의 기초 원리만을 기술한다. 반면 비자유주의 헌법일수록 이데올로기적, 종교적 내용이 다수 포함된다. 헌법 제정 및 개정의 연혁을 간명하게 적는 헌법이 있는가 하면 특정 역사인식을 정통사관으로 강요하는 고압적인 헌법도 있다.

정치철학자 마이클 왈저(Michael Walzer)의 표현을 빌리면, 자유주의 헌법 전문은 얇고(thin), 비자유주의 헌법 전문은 두껍다(thick). 자유주의 헌법은 최대한 많은 구성원, 최대한 다양한 집단을 포용하기 때문에 전문이 얇아질 수밖에 없다. 반면 비자유주의 헌법은 특정 역사관, 종교관, 사상까지 강요하기 때문에 전문이 두꺼워질 수밖에 없다. 얇은 헌법은 그만큼 다양한 집단, 다양한 사상에 대하여 개방적이다. 구성원에게 더 많은 요구조건을 내거는 두터운 헌법은 역으로 한정적이고 폐쇄적이다.

자유주의 국가에서 정부는 결코 역사에 대한 유권해석을 내릴 수 없다. 국가가 물러선 공간에 자유로운 사상의 시장이 형성된다. 시민들은 그 사상의 시장에서 자유롭게 정치적 의사를 표현하고 경쟁한다. 새로운 사료가 발굴되고 산 증인의 증언이 쌓여갈수록 역사 해석은 극적으로 뒤바뀌고 달라진다. 다양한 역사 해석이 길항하는 사상의 시장에서 국가의 역할은 반칙 행위만 적발하고 처벌하는 데에 머물러야 한다.

예를 들면 미국의 경우, "독립선언서"에 나오는 "만민평등"의 이념은 남북전쟁에서 북부가 승리함으로써 "재건 수정헌법 제13, 14, 15조"를 통해서 비로소 실현되었지만, 미국의 헌법에는 남북전쟁이라는 구체적인 사건 자체가 거론되지 않는다. "재건 수정헌법 제13, 14, 15조"는 남북전쟁의 결과이지만, 남북전쟁에 관해서 국가가 구체적인 역사 해석을 내릴 권리는 없다. 국가가 개인에게 특정 종교를 믿으라고 강요할 수 없는 것과 마찬가지이다. 병균을 제거하듯 특정 역사 해석을 "소독하고(sanitize)", 특정 역사 해석을 국가의 공식적인 입장으로 채택하여 모든 구성원에게 강요하는 헌법은 자유주의의 기본 원칙에 반한다. 요컨대 자유주의 사회에서 역사에 대한 국가의 유권해석이란 있을 수 없다.

부득이 헌법 전문에 역사 서술을 넣으려면, 헌법 형성의 연혁에 관한 객관적 서술에 그쳐야 할 것이다. 건국 이후에 전개되는 복잡한 역사적 사건에 관한 국가의 공식 입장을 헌법 전문에 독점적으로 넣으려는 발상은 전체주의적인 월권이다. 건국에 버금가는 체제전환 사태를 겪은 국가의 헌법에서는 전형적으로 과거사 반성이 나타나지만(남아프리카 공화국, 일본, 독일, 동유럽권), 그 경우에도 특정 사건을 거론하지는 않는다.

민국의 꿈을 저버리는 중국의 현재 상황을 관망하면서 최근 "개헌"을 둘러싸고 이념 전쟁에 휩싸인 대한민국에 꼭 전하고 싶은 말이 있다. 앞으로 채택될 개정헌법의 전문을 200자 원고지 반장 분량으로 축약하는 안은 어떠한가?

제14장

중국의 인텔리들은 왜 자유를 잃었나?

중공정부가 외치는 자유와 민주란?

오늘날에는 중국 전역의 모든 곳에 "사회주의 핵심가치관" 12가지가 붙어 있다. 공공 게시판, 건물 벽, 관공서, 대학 교정, 호텔 로비, 택시 계수기, 화장실 벽, 농촌 마을의 흙벽에도 어김없이 사회주의 핵심가치관이 적혀 있다. 국가의 목표로서 "부강, 민주, 문명, 화해", 사회적 지향으로서 "자유, 평등, 공정, 법치", 공민의 덕목으로서 "애국, 경업(敬業), 성신(誠信), 우선(友善)"이다.

부강은 부국강병(富國强兵)의 줄임말이다. 아편전쟁 이후 "자강"의 기치 아래 중국인들은 풍요롭고 부강한 국가를 건설하기 위해서 100년의 국치를 곱씹으며 달려왔다. 1960년대에 들어서 중국은 핵폭탄과 수소폭탄의 개발 및 시험에 성공해서 마침내 강병의 꿈을 이루었다고 할 수 있다. 부국의 꿈은 그러나 아득히 멀기만 하다.

현재 중국은 미국에 이어 세계 2위의 경제규모를 자랑하고 있지만, 그 실상을 들여다보면 지난한 문제가 산적해 있다. 3억2,500만 인구의 미국

GDP는 19조4,000억 달러인데, 인구 14억의 중국의 GDP는 11조9,000억 달러이다. 경제규모로 중국은 미국의 61퍼센트 정도이지만, 2017년 현재 중국의 1인당 GDP(8,000달러)는 아직도 미국 1인당 GDP(5만7,000달러)의 14퍼센트에 불과하다. 중국은 여전히 심각한 빈부격차, 지역격차의 심화 및 사회안전망 부재에 직면해 있다. 여전히 심각한 "빈곤"의 문제를 떠안고 있다.

그런 이유 때문일까? 중국공산당은 여전히 "부강"을 최고의 국가목표로 강조하고 있다. "부강"이 그러나 "사회주의"의 핵심가치관이 될 수 있을까? 마르크스와 엥겔스는 인간해방과 만민평등의 가치를 실현하기 위해서 유물론적 변증법, 역사적 유물론, 잉여가치설을 주장하지 않았나? 1980년대 이래 중공정부는 "중국 특색 사회주의"를 추구한다는 한마디로 이런 근본적 질문들을 일축해왔다. 중국식 사회주의는 마르크스-레닌주의를 중국의 현실에서 창의적으로 재해석하고 변조해온 중국식 토착 사회주의라는 논리이다. 중국식 사회주의는 정중앙에 부강의 큰 깃발이 펄럭이고 있고, 그 아래 민주, 문명, 화해, 자유, 평등, 공정, 법치라는 색색의 작은 깃발들이 두루두루 꽂혀 있는 모습이다.

아울러 중국공산당은 공민 개개인이 "애국하며, 경업하고, 성실하고 신뢰를 지키며, 이웃과 잘 지내는" 훌륭한 공산주의적 인간으로 거듭나야 함을 강조하고 있다. 국가가 개개인의 도덕 함양 및 윤리 실천의 방법까지 가르치고 일깨우는 온정적 간섭주의(paternalism)의 전형이다. 국가권력에 대항해서 개인의 사적 영역을 확대해온 자유주의 정치철학과는 전혀 다른 맥락이다.

중국공산당의 입장에서 이 12가지 가치 중에서 가장 불편한 단어는 단연 "자유"와 "민주"임에 틀림없다. 1989년 "자유의 여신상"을 들고 민주의 확대를 외쳤던 톈안먼의 시위대를 중국공산당은 무력으로 진압했다. 그런 중국공산당이 사회주의적 핵심가치로 공공연히 자유와 민주를 당당히 선양하고 있다!

놀랍게도 자유와 민주는 중국의 헌법에 명기된 가치이다. 중국의 헌법은 공민의 기본권으로서 언론, 출판, 집회, 결사, 여행, 시위, 종교, 신앙의 자유까지 보장하고 있다. 다만 "국가는 '정상적인' 종교 행위를 보장한다!" 라는 조항이 잘 보여주듯이 중공정부는 국익 등의 이유에 따라서 꽤나 편의적으로 자유를 제한하고 있다. 그런 맥락에서 볼 때, 중공정부가 선양하는 자유란 기껏 제국주의 침탈과 봉건 지배를 벗어난 정치적 "해방"을 의미하는 듯하다. 중공정부가 지향하는 민주 역시 "중앙의 통일영도"에 따른 "민주집중제"로 공산당 일당독재의 다른 이름일 뿐이다.

문제는 자유와 민주의 가치가 가지는 창조적인 파괴력이다. 다른 "핵심가치관"과 달리 자유와 민주는 개인의 기본권과 정치 참여의 확장을 그 생명으로 삼는다. 인류사에서 18세기 말 미국의 독립혁명과 프랑스 대혁명 이래 대부분의 정치혁명의 밑바탕에는 자유와 민주의 정신이 깔려 있었다. 대한민국의 역사 역시 1948년 제헌헌법에 명시된 "자유"와 "민주"의 가치가 경제의 성장과 시민의 참여를 통해서 지속적으로 실현되어온 과정이었다. 요컨대, 독재정권 아래에서 자유와 민주의 가치는 시민의 심장에서 분초를 읽는 시한폭탄과도 같다.

중공정부 역시 자유와 민주의 파괴력을 너무나 잘 알고 있다. 바로 그 때문에 이 둘을 다른 10개의 "핵심가치관" 속에 섞어서 상쇄의 효과를 노린 듯하다. 민주를 외치는 집단에는 "부강"과 "화해"를 제시하고, 자유를 부르짖는 개인에게는 "법치"와 "애국"을 요구할 수 있다. 자유와 민주의 가치를 쉽게 얻으려는 중공정부의 시도는 과연 성공할 수 있을까.

1940년대 옌안의 정풍 운동

과연 중국의 지식인들은 언제, 왜, 어떤 과정을 통해서 자유를 잃었나? 그 연원을 추적해보려면 우선 1940년대 항일전쟁 시기에 옌안에서 일어났던 중공정부의 정풍 운동까지 거슬러가야 한다.

당시 중공지도부는 항일전쟁을 수행하면서 국민당과의 투쟁을 성공적으로 이끌기 위해서는 무엇보다 당원 전체의 생각과 행동을 근본적으로 바꾸는 이른바 "사상 개조" 혁명이 요구된다고 믿었다. 모든 행동의 오류는 결국 생각의 오류에서 기인하므로 생각의 변화가 더 근원적이라는 판단이었다. 1940년대 옌안에서의 정풍 운동은 이후 중국공산당 특유의 사상 검증, 사상 통제, 사상청소, 사상 개조의 원형이 되었다. 앞으로 살펴보겠지만, "백화제방 운동(百花齊放運動, 1956-1957)"과 곧바로 이어진 "반(反)우파 운동(1957-1959)" 역시 옌안 시절의 정풍 운동으로 소급된다.

1942년 당시 일본군은 만주에서 연해 지역을 타고 양쯔 강 이남 지역을 점령한 상태였다. 장제스는 충칭을 임시 수도로 삼아 양쯔 강 이남 내륙에서 일본군과 힘겹고 소모적인 장기전을 치러야 했다. 덕분에 대장정 이후 북서쪽 산간지대를 점령한 중공정부는 운 좋게도 일본군의 공격에서 비껴나 당 조직을 정비하며 신정부의 기틀을 마련할 수 있었다. 소련 유학파 출신 정적들을 제압한 후 모스크바의 지도에서 벗어난 마오쩌둥은 과감히 독자노선을 걷기 시작하고, 1945년에는 급기야 그의 사상이 중국공산당 당장에 삽입되기에 이르는데…….

1942년 2월 1일에 마오쩌둥은 "주관주의, 분파주의 및 형식주의"를 비판하면서 모든 학생들이 직접 나서서 당내의 이런 문제점을 찾아내고 교정하는 학습 모임을 개최하라고 요구한다. 여기서 주관주의란 중공지도부의 지시를 거스르거나 집단주의적 통일성을 해치는 개인주의적, 자유주의적 성향을 의미한다.

옌안 중앙연구소의 학생을 보면, 82퍼센트는 도시에 거주하는 인텔리들이며, 74퍼센트는 1937년 이후에 입당했고, 79퍼센트가 20대였다. 68퍼센트는 옌안에 오기 전에 생산직에 종사한 경험이 없었다. 이들은 대부분 항일전쟁기에 형성된 강한 애국심과 민족 의식을 가지고 있었지만, 중공 지도부의 입장에서는 공산당 혁명투사가 되기에는 여전히 사상 개조가 필요한 "프티 부르주아"일 뿐이었다.

아니나 다를까 마오쩌둥의 연설 이후에도 학생들의 반응은 미온적이었다. 이들은 모두 자신들의 잘못을 반성하지 않았고, 타인에 대한 비판도 철저하게 수행하지 못했다. 학생들은 대부분 도시 출신 인텔리들로서 자유주의적, 자유방임적 태도를 견지했다. 공동체적 의식이 박약한 개인주의적 성향이 짙었다. 부르주아의 민주주의에 매몰되기도 했고, 일체의 권위를 부정하는 무정부주의 성향도 드러냈다. 그런 상황을 주시하던 중공 지도부는 사상 개조를 위한 일격의 충격파가 필수적이라고 여겼다.

학생들이 자발적으로 정풍 운동에 나서지 못하자 중공지도부는 강압적으로 비판투쟁의 불씨를 당긴다. 그 작업은 당내 치안 및 정찰의 임무를 충실히 수행하던 캉성(康生, 1898-1975)이 직접 맡았다. 1942년 2월 12일 그는 팔로군 강당에 모인 2,500명의 당 간부들 앞에서 주관주의와 분파주의를 비판하라는 마오쩌둥의 연설문 취지를 설명한 후, 마오쩌둥의 연설문과 논설문을 합친 교재를 제시하며 본격적인 사상 개조 학습을 실시하라고 요구한다.

중국공산당 초기의 주요 지도자 왕밍(王明, 1904-1974)의 측근으로 정치 경력을 쌓은 캉성은 서른 살의 나이로 1934년 정치국 위원이 된 당내의

옌안 시절의 마오쩌둥과 캉성.

기린아였다. 1930년대에 4년간 모스크바에서 활약한 캉성은 1936년 반혁
명분자와 트로츠키주의자를 제거하는 이른바 '진반숙탁(鎭反肅托)' 운동
을 주도한다. 그는 소련 내무인민위원회의 비밀경찰(NKVD)의 협조를 얻
어서 모스크바의 중국인 유학생 수백 명을 숙청했던 경력으로 이름을 떨
쳤다. 바로 그런 비밀정찰의 경험과 간지(奸智)를 통해서 그는 옌안 시절

마오쩌둥으로부터 총애를 받고, 정풍 운동의 지휘를 맡게 된다. 이후 그는 1960년대 문화혁명 과정에서도 간특하고 음험한 방법으로 마오쩌둥의 정적들을 숙청하는 비밀정찰 활동을 이어간 인물이다. 이처럼 문화혁명기에 캉성은 최고의 권력을 누리지만, 이후에는 마오쩌둥 사후 사인방에 비견되는 정치적 오명을 쓰고 역사의 쓰레받기 속으로 쓸려갔다. 1980년 중국 공산당은 당론으로 그의 당적을 파기하고, 혁명 묘역에 묻혔던 그의 골회(骨灰)를 파버렸다. 결과적으로 중국 현대사의 악인으로 기록되었지만, 캉성은 마오쩌둥의 정치투쟁을 직접 도운 마오쩌둥 만들기의 일등공신이 아닐 수 없다.

자신의 요구 후에도 학생 및 간부들의 정풍 운동이 제대로 개시되지 못하자, 캉성은 1942년 3월 18일에 다시 대규모의 동원집회를 열고 본격적인 비판투쟁을 시작했다. 1942년 4월부터는 마오쩌둥이 직접 정풍 운동을 이끌었다. 공산당 각 부서의 단체장과 학교장들이 이끄는 소(小)독서회의 구성원들은 모두 강도 높은 사상 개조를 강요받았다. 외견상으로는 마오쩌둥의 연설과 논설을 강독하며, 중국 현대사, 당사, 정당정책, 조직정책, 군사 문제 등을 공부하는 체계적인 커리큘럼의 사상 교육 과정이었다.

당원들은 돌아가며 교과과정을 발제하고 주요 논쟁거리를 짚어가며 토론을 했는데, 이중에서 자기반성이 가장 힘든 과정이었다. 개개인 모두 학습 태도, 사고방식뿐만 아니라 인생사 전반에 관해서 공개적으로 자기반성을 하고, 또 타인에 대해 철저한 비판을 해야 했다. 아울러 당내의 모든 문제들에 대해서 지적하고 비판하라는 요구가 이어졌다.

처음에는 머뭇거리며 비판의 요령조차 터득하지 못했던 학생들은 지속적으로 비판의 요구를 받자 슬금슬금 입을 열었다. 비판의 수위가 점점 고조되면서 지식인들은 마침내 공산당 최고 지도부를 겨냥한 날카로운 비판을 쏟아내기 시작했다. 그런 "자유로운" 비판의 시기는 약 3주일 정도 지속되었다. 학생들이 붙인 벽보에는 당 지도부를 향한 통렬한 비난과 조롱이 이어졌다. 학생들의 비판에 합세한 옌안의 인텔리들도 「해방일보(解放日報)」의 지면을 통해서 일제히 비판의 포문을 열고 당의 지도부를 쪼아대기 시작했다.

왕스웨이의 저항

상황을 예의 주시하던 캉성은 품에 숨기고 있던 정풍의 비수를 꺼내들었다. 그는 그 칼끝을 유난히 강경하고도 현란한 논설로 예술의 독립성과 지식인의 자유를 부르짖는 한 명의 문인의 목에 겨누었다. "닭 한 마리를 잡아서 원숭이 떼를 쫓는" 노련한 사상 통제방법이었다. 한 명만 정조준해서 제대로 때리면 나머지는 숨거나 엎어져 벌벌 떨며 살려달라고 빌기 마련이다. 거의 10년 전 모스크바에서 반혁명분자를 색출하고 트로츠키주의자들을 숙청하면서 터득한 비밀정찰의 노하우였다.

바로 왕스웨이(王实味, 1907-1947)였다. 그는 허난 성 카이펑 출신으로 1925년에 베이징 대학 인문학부에 입학한 인물이었다. 문학연구회 동인으로 여러 편의 소설을 발표하지만 필명을 자주 바꾼 탓에 큰 문명(文名)을 떨치지는 못했다. 그는 1926년 중국공산당에 입당한 후, 상하이를 배경으로 트로츠키주의 활동을 전개했다. 트로츠키(Leon Trotsky, 1879-1940)의 자서전을 번역해서 소개하기도 했고, 상하이의 트로츠키주의자들이 편찬하는 문예지에 단편소설을 발표하기도 했다. 1930년에 그는 『휴식(休息)』이라는 제목의 소설을 발표하는데, 한 평론가는 이 소설에서 "히스테리에 가까운 열정"이 느껴진다고 평하기도 했다. 이후 왕스웨이의 행방은 묘연해졌는데……

1936년 옌안에 불쑥 나타난 왕스웨이는 직접 중공정부를 찾아갔다. 이후 그는 200만 단어 분량의 마르크스-레닌 전집 번역 작업에 참여하고 정풍 운동이 시작된 문제의 중앙연구소에서 공산주의 이론을 가르치기도 했다. 그는 옌안의 엘리트 그룹에 속하기를 열망했지만, 고작 연구원 신분에 머물렀다. 그런 이유 때문에 그가 중공지도부에 불만을 품고 있었다는 해석도 있다.

정풍 운동이 불붙기 1년 전, 왕스웨이는 마오쩌둥의 정치비서 천보다(陳伯達, 1904-1989)와 사회주의 혁명에 부합하는 문학의 형식을 놓고 이른바 문체 논쟁을 벌였다. 왕스웨이는『아Q정전(阿Q正傳)』(1923)의 작가 루쉰을 흠모했다. 루쉰을 위시한 다수의 "5-4 운동" 세대는 다양한 양식을 실험하고 새로운 형식을 창조했던 근대적 인텔리들이었다. 그들은 사상과 표현의 자유를 옹호했으며, 사해동포의 이상과 개방적 세계주의(cosmopolitanism)를 지향했다. 왕스웨이는 5-4 운동에서 이어진 "개인주의"와 "세계주의"의 이상을 마음에 품고 중공지도부를 향해서 "대중에게 문화를 넘겨주고, 대중에게 자유를 주라!"고 주장했다.

왕스웨이의 주장은 마오쩌둥의 정치비서 천보다의 입장에서는 절대로 용인할 수 없는 위험한 발상이었다. 마오쩌둥의 문예 이론에 따르면, 문학이란 중앙당의 명령에 따르는 혁명 운동의 일환이었다. 군사대결의 전장에서 총으로 싸우는 군인들처럼 문인과 예술가들은 이념투쟁의 전장에서 "붓으로 싸우는" 전사가 되어야만 했다. 1942년 5월 옌안 포럼에서 제시된 마오쩌둥의 예술 이론에 따르면, 문학은 필연적으로 정치에 종속된다.

왕스웨이는 "들에 핀 백합화"라는 제목의 사설에서 마오쩌둥의 여성 편력과 옌안 중공지도부의 도덕적 해이를 신랄하게 비판했다. 심지어는 당

정풍 운동의 문제를 놓고 중공지도부의 간부들과 담화를 나누고 있는 마오쩌둥.

의 핵심간부들이 대중을 약탈하고 억압한다고 분개했다. "정치인과 예술인"이라는 평론에서는 본격적으로 공산당의 지도이념에 반기를 들었다. 그는 정치인은 정책 입안을 맡고, 인간의 정신개조는 예술가가 맡아야 한다고 주장했다. 정치와 예술의 분리를 요구하는 도발적인 발언이었다.

자유로운 표현의 시기는 3주일밖에 지속되지 않았다. 꽤나 광폭한 표현의 자유를 누리던 옌안의 인텔리들은 결국 중공지도부의 덫에 걸려들고 말았다. 마오쩌둥의 의지대로 정풍 운동을 전개하던 캉성과 천보다는 수많은 비판적 지식분자 중에서 왕스웨이를 선택했다. 표현의 과격성 외에도 마오쩌둥 사상에 반하는 명백한 이념적 오류가 발견되었기 때문이다.

1942년 5월 27일 중앙연구소의 간부들은 왕스웨이를 표적으로 삼아서 비판을 시작한다. 왕스웨이는 그러나 한 치도 물러서지 않는다. 오히려 뻣뻣한 자세로 맞서며 용감하게 자기변론을 이어간다. 주변 학생들은 그런 그를 감싸고 돌며 오히려 그의 사상에 동조하기도 한다. 사태가 그 지경에 이르자 중공지도부는 폭압적인 방법으로 "사상 탄압"을 개시한다. 왕스웨이를 추종하는 학생들을 공개적으로 모욕하고, 왕스웨이의 주장에 동조하는 작가들은 겁박하여 침묵하게 한다. 권력으로 논리를 제압하고, 집단의 가치를 내세워 개인의 자유를 말살한 경우이다.

왕스웨이는 트로츠키주의자로 몰린다. 트로츠키는 스탈린의 "일국(一國) 사회주의론"에 맞서 영구혁명론을 제창했던 프롤레타리아 국제주의자였다. 당시 유행했던 "한간탁패(漢奸托牌)"라는 말은 바로 친일부역자와 트로츠키주의자를 동일시하는 성어(成語)이다. 왕스웨이가 트로츠키주의자라는 낙인을 받는 순간, 그는 친일부역자, 자유주의자, 개인주의자, 세계주의자로 전락하고 만다.

왕스웨이는 뜻을 굽히지 않는다. 그는 "개인과 당의 이해충돌을 피할 수 없다"면서 당당히 공산당의 억압을 고발한다. 또 그는 스스로 선택한 길을 가겠노라며 그 어떤 협박에도 굴하지 않겠다고 선언한다. 그는 트로츠키주의자라는 혐의를 전면 부정하면서 오히려 중공지도부가 트로츠키의 수법을 쓰고 있다고 조롱하고, 천보다야말로 기회주의자이며 분파주의자라고 비판한다. 왕스웨이의 격정적인 자기 변호는 그러나 허망한 절규로 끝나고 만다.

1942년 6월 8일부터 11일까지 나흘에 걸쳐서 왕스웨이는 1,000명 이상의 대중 앞에서 공개적으로 조롱당하고 모욕당하고 비난받는다. 마오쩌둥의 정치비서 천보다는 왕스웨이가 사상적으로 인민을 배반하고, 국가를 저버리고, 마르크스주의와 혁명을 모독한 트로츠키주의자이며, 부르주아 계급과 일본 제국주의와 국제 파시즘의 주구(走狗)라며 공개적으로 모욕한다. 왕스웨이는 곧바로 당적을 빼앗긴 후 구속되어 "노동교양형"을 받고 외부와 단절된다. 1947년 장제스의 군대가 옌안에 몰려올 때에도 여전히 수감 중이던 왕스웨이는 결국 형장의 이슬로 사라진다. 당시 홍콩 언론은 이 사건이 사회부의 수장으로서 안보 문제를 담당했던 캉성의 소행이라고 단정했다. 1962년에 마오쩌둥은 왕스웨이의 처형이 하급부서의 잘못이라고 말했지만, 정풍 운동 때 이루어진 왕스웨이 비판 그 자체는 결코 잘못이 아니라고 굳게 믿었다.

1944년에 몇몇 언론인들이 왕스웨이를 접견할 기회가 있었다. 그는 기자들에게 자신이 범한 트로츠키주의의 오류를 시인하며, 문학이나 번역 작업에는 관심을 끊고 오로지 "정치"에만 매진할 뜻을 비쳤다고 한다. 과거의 오류를 모두 교정하고 중국 공산주의 혁명에 헌신하겠다는 선언이었을까? 목숨을 부지하기 위해서 권력 앞에 항복했음일까? 아니면 중공지도부의 의도대로 그의 "사상"은 "개조되었을까?" 그가 정풍 운동 중에 뇌손상을 입었다는 보도도 있었으며, 또 그가 심각한 정신착란에 시달린다는 보도도 이어졌다.

조지 오웰(George Orwell, 1903-1950)의 『1984』(1949)에서 윈스턴 스미스는 치밀한 "사상 개조"의 고문을 받으면서 결국에는 빅브라더를 구세주처럼 영접하게 된다. 옌안의 소비에트 정부에서 거침없이 자신만의 독특한 사상과 견해를 목소리 높여 외치던 자유로운 영혼의 작가 왕스웨이는 정풍 운동을 겪고, 또 가혹한 노동교양의 과정을 거치면서 『1984』의 윈스턴처럼 진심으로 "마오쩌둥"을 숭배하게 되었는지도 모른다. 자유를 잃은 지식인은 헐벗고 굶주린 노예만큼이나 나약하고 비굴해질 수밖에 없을까?

왕스웨이가 겪었던 "사상 개조"의 비극은 앞으로 펼쳐질 중공정부의 사상 통제를 예시하는 작은 에피소드에 불과했다. 1950년대 내내 더욱 거세게 몰아친 사상 개조의 돌풍은 1960년대가 되면 급기야 "문화혁명"의 쓰나미로 몰아닥친다.

제15장
"마오쩌둥 신화" 비판

신성 마오쩌둥

오늘날 중국은 마오쩌둥의 나라이다. 자금성 톈안먼 앞에는 1949년 10월 이래 줄곧 마오쩌둥의 초상화가 걸려 있다. 옛날 중화문이 있던 톈안먼 광장의 중앙에는 마오쩌둥의 시신이 안치된 거대한 마오쩌둥 기념관이 들어서 있다. 중국 전역의 어느 대학을 가도 교정 중앙에는 그의 동상이 우뚝 서 있다. 전국의 소학교 교실에도 그가 직접 쓴 문구가 걸려 있다.

잘 배우고 익혀서 날마다 향상하자!

산간벽지 퇴락한 고택(古宅)의 회벽에도 그의 명언이 흔히 보인다. 농민들은 그의 사진 앞에 향을 지피며 구복을 기도한다. 그는 중국 인민의 눈동자에 날마다 강림하는 불멸의 신성(神聖)이다.

1978년 개혁개방 이후 한풀 꺾였던 마오쩌둥 신화는 2000년대에 들어서 다시 강화되는 듯하다. 1990년대 중국의 지폐에는 노동자, 농민, 소수민족이 등장했으며, 100위안 지폐에는 마오쩌둥을 포함한 4명의 혁명지도자들이 나란히 인쇄되어 있었다. 그런데 무슨 이유 때문인지 2000년대에 들어서자 중공정부는 1위안짜리 지폐에 그려진 그림까지 전부 마오쩌둥의 초상화로 통일했다. 세월이 갈수록 마오쩌둥 정권의 인권유린, 정치범죄, 행정착오 및 정책실패는 더욱 크게 드러나고 있다. 그럼에도 중공정부는 마오쩌둥 신화를 포기할 생각이 없다. 아니, 마오쩌둥의 권위는 날이 갈수록 더욱 강화되는 추세이다.

왜 중공정부는 마오쩌둥의 권위에 의존해야 할까? 도대체 어떻게 거대한 대륙의 14억 인구가 일개의 인간을 그토록 열성으로 떠받들고 섬길 수 있을까? 진정 그가 남긴 위대한 업적 때문일까? 구소련의 스탈린식 인격숭배의 변형일까? 중국식 황제지배체제의 유습일까? 공산전체주의 일당독재정권의 사상 통제와 세뇌 교육 때문일까?

시진핑 정부는 최근 마오쩌둥의 망령을 되살려내 새롭게 그의 신화를 윤색하고 있다. 마오쩌둥은 중국공산당을 만든 영웅이며, 중화인민공화국을 창건한 국부(國父)이다. 그의 권위가 살아 있는 한 중국공산당의 권위는 유지될 수 있다. 마오쩌둥의 우상이 파괴되는 순간, 중국공산당 역시 존립 자체가 흔들릴 수밖에 없다.

중국몽의 실현을 위해서 시진핑 정부는 "중화민족"을 통합하는 구심(求心)의 상징으로 마오쩌둥의 권위를 재활용하고 있지만, 중요한 딜레마를 피할 수가 없다. 그 딜레마란 바로 마오쩌둥의 기본 노선이 현재 중공정부의 기본 정책과 충돌하고 있다는 사실이다. 오늘날 중국에서 마오쩌둥 비판은 곧 중국공산당 비판으로 인식된다. 반면 마오쩌둥 사상의 부활은 1978년 이래 중공정부의 실용적인 개혁개방노선 자체를 근원적으로 부정하는 신좌파의 극단주의로 귀결되고 만다. 중공정부는 마오쩌둥을 비판하는 "자유주의자들"은 "체제비판 세력"이라며 탄압하고, 마오쩌둥 노선의 회복을 꿈꾸는 신좌파 세력은 중공정부의 "정책비판 세력"이라며 억압한다. 마오쩌둥 비판도 문제이지만, 마오쩌둥 노선으로의 복귀 역시 큰 문제를 야기하고 만다. 마오쩌둥 사상은 사회 불평등의 근원적 해소를 위한 반자본주의 계급투쟁을 기본 노선으로 삼기 때문이다. 결국 중공정부는 마오쩌둥 신화를 유지하는 한편, 마오쩌둥 사상 자체의 절대화는 용인하지 않는 어중간한 절충안으로 마오쩌둥 신화를 유지하고 있을 뿐이다.

겉으로는 견고해 보이는 마오쩌둥 신화도 다방면에서 균열의 조짐을 보이는 듯하다. 풍차로 돌격하는 돈키호테처럼 그의 권위를 조롱하고 비판하는 이단아들이 끊임없이 이어지고 있기 때문이다.

마오쩌둥의 초상화를 공격하는 사람들

1989년 5월 20일, 계엄령이 발동된 이후 군대가 도심으로 몰려오자 톈안먼 광장에서는 운집한 학생과 노동자들이 바리케이드를 치고 호송차의 진입을 막는다. 중공정부는 발포 명령을 일단 유예한 채 시위대의 동향을 주시하지만, 유혈진압은 이미 초읽기에 들어간 상황이다.

5월 23일 오후 2시, 후난 성 류양(瀏陽)에서 올라온 3명의 젊은이들이 톈안먼 통로에 길이 1.2미터 높이 80센티미터의 종이를 내건다. 종이에는 "5,000년 독재 종식!", "개인숭배는 이제 그만!"이라는 구호가 붓글씨로 적혀 있다. 구호를 내건 3명은 톈안먼 앞으로 달려 나와서 페인트를 채운 20개의 달걀을 마오쩌둥의 초상화를 향해서 투척한다. 쉽게 초상화를 훼손할 수 있으리라고 믿었건만 달걀은 초상화에 미치지도 못한 채 길바닥에 떨어지고 만다. 20개를 다 던졌건만 나머지는 과녁을 멀리 빗나가고 오로지 3개만 초상화에 맞았다. 그림 속 마오쩌둥의 두툼한 아래턱을 명중한 달걀이 깨지면서 순간적으로 얼룩을 만들며 찌익 흘러내렸다. 그들의 극적인 국가원수 모독 시위는 불과 5분 만에 막을 내린다.

3명은 모두 현장에서 시위를 주동하던 베이징 대학생들의 "고교자치연합회"에게 즉시 체포된다. 학생대표들은 이들을 면담한 결과 정부의 프락치일 가능성을 배제할 수 없어 곧바로 경찰에 넘기기로 한다. 그날 오후 5시 방송국 카메라 앞에서 선 이들은 자신들의 행위가 톈안먼 광장의 시위와 무관하다고 주장하고, 같은 날 저녁 뉴스는 광장의 시위대가 마오쩌둥의 초상화를 훼손한 세 사람의 비행을 규탄하는 모습을 내보낸다.

한 편의 정치 콩트는 그렇게 막을 내린다. 교사 출신인 위즈지안(余志堅, 당시 26세)은 종신형을, 버스 운전사였던 루더청(魯德成, 당시 25세)은 징역 16년을, 언론사 사진 기자였던 위둥웨(喻東岳, 당시 22세)는 징역 20년을 선고받는다. 이들의 죄명은 반혁명 파괴 행위 및 선전 고무였다. 각각 20년, 9년, 17년을 복역하고 보석으로 풀려난 세 사람은 모두 미주로 망명한다.

2005년 후난 성 창사(長沙)에서 이루어진 위즈지안의 인터뷰에 의하면, 이들은 밤낮으로 문학을 논하던 지방의 문인들이었다. 톈안먼 시위가 확산되면서 3명의 문인은 곧바로 상경해 시위대에 섞였지만, 좀처럼 자신들의 의사를 표현할 길이 없어서 상의 끝에 마오쩌둥의 초상화를 공격 대상으로 삼았다. 반부패 및 당내 개혁을 요구했던 학생들과는 달리 그들은 공산당의 전복과 민주 정부의 수립을 꿈꾸었던 낭만적인 행동가였다. 무엇보다 그들은 자유를 갈구하는 문인이었다. 위즈지안은 말한다.

마오쩌둥의 유령이 중국을 배회하고 덩샤오핑의 철통 주먹이 우리의 목덜

1989년 5월 23일 텐안먼 광장의 대학생 자치단원들에게 붙잡혀 끌려가는 마오쩌둥 초상화 훼손 주범인 위즈지안과 위둥웨.

미를 짓누르는 한, 중공이 권력을 유지하는 한, 처음부터 저항의 결과는 학살로 정해져 있었다. 우리는 그저 작은 일화를 썼을 뿐…….

이후에도 몇 차례 마오쩌둥의 초상화는 표적이 되었다. 2007년 5월에는 우루무치 출신의 35세 실업자가 마오쩌둥의 초상화를 향해서 화염병을 던졌다. 2010년 4월 5일에는 동북 지방 출신의 한 사내가, 2014년 3월에는 일군의 시위대가 개인의 자유와 인권을 부르짖으며 마오쩌둥의 초상화를 향해 잉크 병을 던졌다. 신성을 모독함으로써 인간의 권리를 되찾으려는 의도일까? 처절한 몸부림이 아닐 수 없다.

마오쩌둥을 인간으로 환원하라!

마오쩌둥의 초상화를 훼손하는 소수의 반체제 시위자들만이 전부는 아니다. 묵묵히 저술에 몰두하는 일군의 비판적 지식인들도 날카로운 글쓰기로 마오쩌둥 신화를 해체하는 전사들이다. 그중에서 올해 89세의 고령으로 여전히 날카로운 필봉을 휘두르는 자유주의 경제학자 마오위스(茅于軾)의 활약이 단연 눈에 띈다.

마오위스는 현재 중국에서 가장 영향력이 큰 자유 사상가로 꼽힌다. 그는 1978년 이래 개인의 권리와 자유시장의 중요성을 설파하면서 중공정부의 사상 탄압과 정치 억압에 맞서 싸운 "자유주의" 전사이다. 현재 그는 열린 경제와 투명한 정치를 외치며, 시민사회와 개인주의까지 옹호하고 있다. 무엇보다 마오쩌둥 치하 27년의 정책실패와 정치적 오류를 구체적으로 지적하면서 "마오쩌둥이 히틀러나 스탈린보다 더 많은 사람을 살상했음"을 고발한다. 바로 그런 공로 때문에 2012년 미국 워싱턴 D.C.에 위치한 케이토 연구소(CATO Institute)는 마오위스를 밀턴 프리드먼 자유증진상의 수상자로 선정했다.

그의 이력을 살피다 보면 1950년대 중후반 대륙을 휩쓸었던 파란만장한 반우파 투쟁이 파노라마처럼 펼쳐진다. 1956년 2월 소련 공산당 제1서기 니키타 흐루쇼프(Nikita Khrushchyov, 1894–1971)는 유명한 "여섯 시간 비밀연설"을 통해서 스탈린 시대의 범죄를 낱낱이 고발하고 비판했다. 그는 스탈린 인격숭배의 광기와 어리석음을 비판하면서 레닌주의 정당지배로의 복귀를 선언했다. "스탈린 격하 운동"은 당시 공산권 전역에 큰 지각변동을 몰고 왔다. 그해 6월에 폴란드에서 봉기가 일어났다. 10월 말 헝가리에서는 거의 3주일에 걸쳐서 소련 지배에 항거하는 격렬한 민중봉기가 이어졌다.

　중국에서는 그러나 큰 동요가 일어나지 않았다. 스탈린 격하 운동에 긴장을 느낀 마오쩌둥이 선제적으로 "반우파 투쟁"을 통해서 최소 50만 명에 달하는 지식인들을 모조리 잡아다가 흔히 "노개(勞改, 노동 개조)"라고 불리는 강제노동 수용소에 감금했기 때문이다. 이때 우파 낙인을 받고 노개의 강제노동에 동원된 지식인들은 길게는 20년이 넘도록 수인의 삶을 살아야 했다. 반우파 투쟁의 폐해는 많게는 4,500만 명을 아사시킨 대기근의 참사로 직결되었다. 반우파 투쟁이 정부의 실정을 공개적으로 비판할 수 없는 공포정치의 폐해를 낳았기 때문이다. 그 폐해는 오늘날 중국의 정치문화로 면면히 이어지고 있다.

　1958년 공산당 일당의 명령경제에 비판적인 견해를 표명했다는 이유로 우파로 몰린 마오위스는 거의 20년의 세월 동안 강제노동과 유배, 기근에 시달려야 했다. 특히 문화혁명 당시 그는 집안의 모든 재산을 빼앗기고 비판투쟁에 끌려나가 홍위병의 야만적 만행을 감내해야 했다.

　고난의 체험은 그에게 자유의 소중함을 일깨워주었다. 그는 1970년대 후반부터 독학으로 경제학을 공부하여 1985년에 『최적분배원칙 : 경제학의 수리적 기초(擇優分配原理―經濟學和它的數理基礎)』라는 책을 출판하고, 중국사회과학원의 연구원이 되어 1993년 퇴임할 때까지 미국 경제 및 중국 경제 연구에 매진했다. 1993년에는 시장 중심 정책개혁을 추진하는 천칙 경제연구소(天則經濟硏究所)를 창설했고, 현재 명예회장의 자리에 있다.

　마오위스는 중공정부의 역사 해석을 비판해서 큰 반향을 불러일으켰다. 2011년 4월 20일, 미디어 언론 「재신(Caixin)」은 "마오쩌둥을 인간으로 환원하라!"라는 그의 칼럼을 게재한다. 마오쩌둥을 인간으로 환원해야만 그의 오류와 실책이 규명될 수 있다는 논리이다. 마오쩌둥 집권 시기에 희생당한 수천만 인민을 대변하여 마오쩌둥을 역사의 법정에 세우자는 강력한 주장이다. 이 칼럼이 발표되자 마오위스는 곧바로 좌파 세력의 공격에 노출되었다. 5만 명의 신마오주의 좌파 세력이 그를 반역죄로 구속하라는 청원서를 올렸다. 물론 마오위스의 칼럼은 중국 내의 사이트에서 지워지고 말았다. 신좌파 세력은 그를 배신자로 낙인찍고, 체제전복 및 명예훼손을 노리는 서구의 노예라며 비난했다.

신성 마오쩌둥의 권위를 명쾌한 논리로 해체하는 거장(巨匠) 마오위스의 육성을 듣고 있노라면 저절로 고개가 숙여진다. 그는 소아적인 권력의지를 가린 이념의 허위를 꿰뚫어보고 당위와 도덕으로 분칠한 추한 권력자의 민낯을 직시한다. 마오쩌둥의 초상화를 향해서 달걀을 던지는 대신, 직설적인 언어로 "마오쩌둥을 인간으로 환원하라!"고 요구한다.

마오쩌둥의 옹호자들은 국가를 우선시한다. 그들은 중화인민공화국을 건립했기 때문에 마오쩌둥은 위대하다고 한다. 우리는 인민을 우선시한다. 마오쩌둥은 인민에게 혜택을 주지 못했다. 마오쩌둥 집권기에 원자폭탄과 핵잠수함이 개발되었음은 역사적 사실이지만, 텔레비전조차 자체적으로 생산할 수 없어 수입해야 했음도 사실이다. 우리는 수천 년간 국가 우선의 교육을 받아왔기 때문에 그런 정신 상태를 벗어나기 힘들다. 이제 갈수록 모든 면에서 인민 우선이 되어간다. 국가는 오로지 공공 서비스를 제공하기 위해서 존재한다.

—2012년 12월 15일, 현재는 폐쇄된 마오위스의 블로그

마오쩌둥 시대에 무수한 사람들이 숙청되었다. 당내 최고영도자인 류사오

치부터 수십만의 우파로 몰린 지식분자들과 소위 "지, 부, 반, 괴, 우(지주, 부농, 반혁명, 파괴분자, 우파)"로 몰렸던 절대다수 계급의 적인들은 무고했다. 인간 개조는 마오쩌둥 호전 사상의 산물이다. "싸우지 않아도 괜찮아?"는 그의 호전적 기질을 보여주는 전형이다. 그는 각급의 간부를 동원해서 계급의 적인들을 색출했다. 또한 거짓 증거로 좋은 사람들에게 누명을 씌우는 것도 꺼리지 않았다. 결국 타인을 숙청한 사람들 역시 타인에게 숙청당하고 말았다. 국가는 이러한 독재자의 착오 때문에 혹독한 대가를 지불해야 했다. 수많은 사람들이 패가망신했다. 1억 명 이상이 정상적인 생활을 침해당했다. 국내의 투쟁은 전 사회의 고통의 총량이 극대화되는 결과를 낳았다. 마오쩌둥은 전문적으로 타인에게 고통을 주는 독재자인데, 그 자신은 그 와중에 쾌락을 누렸다.

—2015년 5월 28일, 마오위스의 칼럼
"마오쩌둥은 1억 명의 생활을 파괴하고 숙청을 기쁨으로 삼았다" 중에서

마오위스는 한걸음 더 나아가 오늘날 중국인 대다수가 혐오하는 중일전쟁 시기의 대표적인 한간 왕징웨이(汪精衛, 1883-1944)를 위한 변론까지 자임하고 나섰다. 국민당의 난징 정부 초대 총통이었던 왕징웨이는 1938년 12월 중일전쟁 당시 일본과의 평화협정을 체결하는 대가로 난징에 일본 제국의 괴뢰 정부를 세워 이른바 "평화 운동"을 전개했던 문제의 인물이다.

마오위스는 "인민의 이익, 국가의 이익, 정치가의 이익"이라는 장문의 시론을 통해서 때로는 점령지의 적군에게 항복하는 지도자가 국토수호의 명목 아래 인민을 억압하는 지도자보다 더 윤리적일 수 있다는 논리를 전개한다.

1976년 9월 9일, 마오쩌둥 사후 3일째에 찍힌 모습.

인민의 관점에서 본 역적은 국가의 관점에서 본 역적과는 전혀 다를 수 있다. 물론, 사익을 위해서 매국하는 역적은 인간이라고 부를 수도 없다. 그러나 일신의 영달이 아니라 인민의 고통을 완화하기 위해서 일제 침략자와 중국 인민 사이에 스스로를 던져 완충의 역할을 수행했던 역적이 있을 수도 있으리라. 그런 역적이라면 흠잡을 데 없는 진정한 영웅이다. 그런 역적은 지옥 끝까지 가서 인민의 고통을 덜어주려고 할 것이다. 반면 수십만 인민의 목숨이 달렸는데 끝내 항복하지 않고 황제에게만 충성하는 영웅도 있다. 인민의 이익을 감안한다면, 그런 영웅은 본받을 수 없다. 이런 관점에서 수천 년 역사는 새롭게 기록되어야 한다. 국가의 이익과 인민의 이익을 구분하는 것은 그만큼 중요하다.[1]

마오쩌둥의 망령이 되살아나 지식인의 자유를 억누르는 2010년대의 현실에서 마오위스의 고군분투는 유토피아의 혁명 운동이 빚어낸 계급과 민족의 주술을 벗어나 인민의 이익에 복무하기 위해서 인간의 존엄을 되찾으려는 필사적인 투쟁이다.

마오위스가 쓴 칼럼 제목처럼 "마오쩌둥이 인간으로 환원되어야만" 인민은 진정한 해방을 맞을 수 있으리라. 인간 마오쩌둥을 살리기 위해서 이제 마오쩌둥 신화는 해체되어야 한다.

제16장

문자옥 I

낙인찍고 재갈 물리고

혁명과 반혁명

마오위스는 무엇 때문에 홀로 노구를 이끌고 마오쩌둥을 비판하며 중공정부에 항거하고 있을까? 아니, 왜 오늘날 중국에서는 더 많은 사람들이 정부의 억압에 결연히 맞서서 투쟁하지 못하는 것일까? 중국 내의 관변 이데올로그나 친중 성향의 학자들이 주장하듯이 중공정부의 능력주의와 협치 덕분일까? 아니면, 중국에 비판적인 외국의 학자들이나 중국 내 소수의 반체제 지식인들이 주장하듯이 레닌주의 중공정부의 권위주의적인 억압 때문일까?

극좌 전체주의와 극우 전체주의 정권은 모두 대항 엘리트(counter-elite)의 성장을 용납하지 않는다. 스탈린 정권하에서는 대숙청으로 최소 60만 명의 정부 관료 및 당 간부들이 반혁명분자로 몰려서 학살당했다. 히틀러 정권 역시 준군사 조직을 동원해서 반대 세력에 백색 테러를 가하고 비판적 지식인들의 입에 재갈을 물렸다. 마오쩌둥 정권 역시 예외가 아니었다.

중화인민공화국의 건국과 더불어 중공정부는 사회주의 혁명의 깃발 아래 "비판지식인들"을 색출한 후에 "반혁명분자"로 몰아서 숙청하기 시작했다. 문인, 예술가, 인문학자, 사회과학자는 물론 과학자들까지도 철저한 감시와 처벌의 대상이었다.

중공정부는 왜 건국 초기부터 그토록 지식인을 경계하고, 혐오하고, 탄압했을까? 만민평등의 공산주의적 이상사회의 건설을 위해서는 마땅히 반혁명 세력을 제거해야만 한다고 생각했기 때문이다. 혁명의 성공은 인민의 복종을 요구한다. 인민의 복종은 이념의 통일에서 나온다. 이념의 통일을 위해서는 반대 의견의 제거가 요구된다. 반대 의견의 제거를 위해서는 반혁명 세력의 척결이 필수적이다. 반혁명 세력을 발본색원하기 위해서는 무엇보다 비판적 지식인의 숙청이 급선무이다. 모든 "반체제, 반정부, 반혁명"의 "불순한" 발상은 지식인의 머리에서 나오기 때문이다. 바로 이런 혁명의 논리로 중공정부는 비판적인 지식인들을 색출하여 그들의 입에 재갈을 물리고자 했다. 공공연히 "굴속에 몸을 숨긴 구렁이를 잡아 빼는" 이른바 인사출동(引蛇出洞)의 작전이었다.

대기근(1958-1962)의 참상과 문화혁명(1966-1976)의 광기는 바로 반우파 투쟁(1957-1959)의 결과였다. 반우파 투쟁 당시 최소 50만 명의 지식인들이 반혁명의 오명을 쓰고 구속되었고, 사상 개조를 강요당했으며, 강제노동에 시달려야 했다. 중공정부는 반대 여론이 자랄 수 있는 정치적 토양 자체를 오염시켜버렸다. 그 결과 20세기 초반 중국에 뿌려진 자유와 민주의 씨앗은 지금까지도 제대로 착근(着根)조차 하지 못한 상태이다.

1956년 중국의 문단에서 이른바 "후펑 반혁명 집단 사건"이 일어났다. 당의 기본 노선에서 약간 벗어나 예술의 고유성을 조심스럽게 주장했다는 이유만으로 수많은 문학인들이 무기력하게 짓밟히고 파멸의 길에 내몰리는 현대판 문자옥(文字獄)이었다. 반혁명의 낙인을 받으면 인간의 자격을 상실하고 마는 혁명의 시대였다. 반혁명분자는 과연 어떤 과정을 통해서 만들어졌나?

언어와 혁명

펜은 과연 칼보다 강한가? 물론 그렇다. 권력은 예나 지금이나 언어에서 나온다. 주먹으로 상대방을 제압해도 말싸움에서 지면 그는 기껏 깡패가 되고 만다. 무력 앞에서 인간은 끝끝내 승복하지 않지만, 아름다운 논리를 만나면 영혼을 빼앗기고 만다. 인간은 명분의 동물이며, 혁명은 도덕적 정당성을 요구한다. 때문에 혁명가는 무엇보다 훌륭한 문필가여야 한다. 멋진 말에 속아서 목숨을 던지는 어리석음이야말로 그토록 영리하다는 호모 사피엔스 사피엔스의 고유한 특징이기 때문이다.

1920-1930년대에 마오쩌둥은 중후한 간결체의 명쾌한 논리로 젊은 영혼들을 사로잡아 중국공산당의 최고지도자로 부상했다. 매번 성패(成敗)의 고비를 넘을 때마다 그는 사분오열된 당의 중심을 잡는 중요한 문건을 발표했다.

명분과 논리를 빼앗긴 지도자는 신뢰를 잃고, 신뢰를 잃은 자는 결국 권력을 빼앗기고 만다. 그 점을 간파했던 마오쩌둥은 일찍부터 언어의 마력에 매혹되었고, 부단히 작문을 연습해서 수사(修辭)의 달인이 되었다. 그는 명분과 논리가 중요하다는 것을 잘 알고 있었다. 링에 오르는 복서처럼 그는 강렬하고도 예리한 문장으로 말의 전쟁에서 승리해서 권력의 기반을 닦았다.

1927년 8월 7일 우한에서 개최된 긴급 회의에서 마오쩌둥은 "정치 권력은 총구에서 나온다!"는 유명한 말을 했다. 군벌의 손에서 난징을 탈환한 장제스가 실질적인 최고지도자의 지위에 올라 왕징웨이가 이끄는 우한의 국민당 정부와 갈라선 때였다. 그해 4월 12일 상하이에서 장제스는 대대적인 공산당 토벌에 나섰다. 곧이어 광저우와 창사에서도 공산당 토벌이 이어졌다. 같은 해 7월 15일, 우한의 국민당 정부 역시 "청당(淸黨 : 당의 쇄신)"과 "분공(分共 : 공산당과의 분리)"의 깃발을 내걸고 공산당원을 모두 출당시켰다. 햇수로 4년에 걸친 제1차 국공합작은 이로써 막을 내리고, 공산당원들은 이제 공비가 되어 쫓기는 신세가 되었다.

창당 6주년을 맞는 중국공산당에 찾아온 일대의 위기였다. 혁명의 퇴조기일 뿐만 아니라 존폐의 기로와 같은 상황이었다. 그런 상황에서도 중공지도부는 노동자 및 농민 동원을 위한 선전 투쟁에만 몰두하고 있었다. 그때 마오쩌둥이 "정치 권력은 총구에서 나온다!"는 한마디로 혁명의 국면을 전환했다. 혁명은 낭만적인 이념 논쟁이 아니라 군사적 차원의 투쟁임을 일깨운 것이다.

1938년 11월 6일 항일 운동 과정에서 마오쩌둥은 "우경(右傾) 기회주의"의 오류를 범하는 당내의 혁명동지들을 향해서 다시금 "정치 권력은 총구에서 나온다!"는 말을 한다. 이번에는 중국공산당과 공산당군의 관계를 규정하는 중요한 한마디를 덧붙인다.

모든 공산당원은 필시 다음 진리를 깨달아야 한다. 정치 권력은 총구에서 나온다. 당이 총을 지휘한다. 그것이 바로 우리의 원칙이다. 총은 결코 당을 지휘할 수 없다. (중략) 우리는 전쟁의 종식을 옹호하며 전쟁을 원하지 않지만 전쟁은 오로지 전쟁을 통해서만 종식될 수 있다. 총을 없애기 위해서는 반드시 총을 들어야만 한다.1)

"당이 총을 지휘한다!"는 이 한마디! 이 구절은 마오쩌둥 생전에는 물론 오늘날에 이르기까지 중국공산당과 공산당군의 관계를 규정하는 가장 중요한 경구로 인용되곤 한다.

다급하게 뒤바뀌는 정치 국면에서 순발력 있게 새로운 의제를 설정하는 능력이야말로 리더십의 핵심이다. 의제 설정의 리더십은 물론 정확한 현실인식과 적확한 상황판단에서 나오지만, 대중의 가슴을 치는 언어감각 없이는 절대로 실현될 수 없다. 정치란 본질적으로 언어로 아군을 단결시키고 적군을 제압하는 "말의 전쟁(war of words)"이기 때문이다.

문학과 예술 방면에서도 마오쩌둥의 역할은 절대적이었다. 1942년 5월 2일, 마오쩌둥은 공산당 혁명기지의 옌안 포럼에서 유명한 "문학과 예술에 관한 강연"을 한다. 이 강연에서 그가 밝힌 문예와 혁명의 관계는 1950년대 이후 중국 문예 이론의 기초가 되었다.

혁명과 문학

"혁명"에서 문인, 예술가, 지식인들은 과연 어떤 역할을 할까? 왜 그들의 존재가 문제가 될까? 문인이나 예술가들은 남달리 세상에 할 말이 많은 사람들이다. 보통 사람들이야 그냥 술자리에서 투덜거리고 넘어갈 이야기를 문인과 예술가들은 미주알고주알 글로 엮거나 그림을 그려서 세상에 내놓고야 만다. 인간은 누구나 표현의 욕구가 있는데, 문인과 예술가들은 그중에서도 표현의 욕구가 가장 강한 사람들이다. 바로 그 때문에 중공정부는 예외 없이 강력한 문예 이론으로 무장했다. 문예 이론은 공민의 표현 욕구를 감시하고 경계하고 제한하고 억압하는 기본 원칙이기 때문이다.

혁명의 시대에는 인간의 모든 행위가 혁명에 기여한 정도에 따라서 가치를 인정받는다. 농민은 땡볕 아래의 논밭에서 식량을 생산해서, 노동자는 온몸에 기름때를 묻혀가며 공산품을 생산해서, 군인은 총칼을 손에 들고 국토를 방위해서, 과학자와 기술자는 과학기술을 개발함으로써 사회주의 혁명에 기여한다. 그렇다면 문인은 과연 어떻게, 무엇을 생산해서 혁명에 기여할까? 문학, 예술인의 창작물은 치열한 선전, 선동을 통해서 인민대중의 계급 의식을 일깨우고 혁명 정신을 고취해야만 한다. 혁명을 벗어난 어떤 창작 행위도 의미를 인정받을 수 없다. 퇴폐, 관능, 유미, 탐미, 자학, 냉소, 희화, 파괴, 분열, 사생활, 개인주의의 모든 표현은 퇴락한 부르주아 문화의 산물로 여겨져 철저히 배격된다.

마오쩌둥의 문예 이론은 곧 1950년대 이후 중국 사회의 사고방식을 결정짓는 지도이념이 되었다. 마오쩌둥에 따르면, 문학과 예술은 혁명이라는 기계의 부속물이자 강력한 무기이다. 이 무기를 잘 사용하면, 문예는 인민을 한마음 한뜻으로 묶는 큰 힘을 발휘할 수 있다. 군인들이 전장에서 싸우듯이 문학, 예술인들은 문화의 전선에서 부르주아 문학, 예술에 맞서 투쟁해야 한다. 문학과 예술은 혁명에 종속된다.

중공정부의 지도 아래에서는 혁명 의식을 둔화시키고 계급 의식을 희석시키는 그 어떤 표현도 허용되지 않았다. 혁명이 절대선(絕對善)이 되면, 반대로 혁명에 걸림돌이 되는 모든 세력, 모든 생각, 모든 행위는 반혁명의 절대악(絕對惡)이 된다. 수많은 문인과 예술가들이 중공정부의 요구에 따라서 마르크스-레닌주의로 무장하고 인민대중의 영혼에 혁명의 주술을 걸기 위해서 혁명 창작에 집체적으로 참여했다. 물론 모든 문인이 사상 통일의 강압성과 이념의 획일성을 자연스럽게 받아들일 수는 없었다.

후펑의 문예 이론

1930-1940년대를 거치면서 중국의 많은 문학, 예술인들은 공산당과 국민당 사이에서 양자택일의 실존적 선택을 요구받았다. 5-4 운동 시기의 자유주의 사상가 후스(胡適, 1891-1962)나 재미 문필가 린위탕(林語堂, 1895-1976) 등의 지식인들은 국민당 편에 섰고, 1930년대 좌익작가연맹을 이끌었던 『아Q정전』의 루쉰을 위시하여 시인이자 역사학자인 궈모뤄(郭沫若, 1892-1978), 소설가 마오둔(茅盾, 1896-1981), 평론가 후펑(胡風, 1902-1985), 소설가 라오서(老舍, 1899-1966), 페미니즘 작가 딩링(丁玲, 1904-1986), 평론가 저우양(周揚, 1908-1989) 등은 공산당 운동에 참여했다. 물론 왼쪽에 줄을 선 문인들이라고 모두 같은 생각을 하지는 않았다. 그들 중에는 남달리 도식적이고 독단적인 이들도 있었고, 은밀히 사적인 표현 욕구를 억누를 수 없는 이들도 있었다. 그런 차이는 1950년대 현실에서 문예 논쟁으로 표출될 수밖에 없었다. 그 이면을 들여다보면, 당의 각 조직과 대학 교수의 자리를 놓고 다른 분파들끼리 부딪히고 싸웠다고 볼 수도 있다.

저우양은 1930년 좌익작가연맹이 결성될 때부터 적극적으로 활약했던 좌파 문인이자 마르크스주의 사상가였다. 그는 1950년대 학계와 문화계의 요직에 자기 사람들을 박아놓고 견고한 진지를 구축했던 문예계의 관변 지도자였다. "문예 차르(Czar)"라는 별명으로 불릴 정도로 문예계에서 그의 권력은 막강했다. 1950년대 초에 중공정부 주도로 사상 개조 운동이 전개되었을 때, 저우양 일파는 정부 요직을 점하고 거세게 운동을 주도했다. 반면 후펑은 상하이를 배경으로 저우양의 반대파를 형성하고 있었다. 그는 마오쩌둥의 문예 이론에서 벗어나서 예술의 고유성을 나름대로 강조했는데, 그 때문에 주관주의의 낙인을 받게 되었다. 저우양과 후펑 모두 표면적으로 마오쩌둥 사상을 신봉하던 좌익 문인들이었다. 구태여 두 사람을 구분하자면 저우양은 좌파 평론가, 후펑은 우파 평론가라고 할 수 있을 듯하다.

후펑은 왜 적당히 타협하지 않고 감히 마오쩌둥의 문예 이론에 이의를 제기했을까? 후베이 성 동부 치춘(蘄春) 출신인 후펑은 1929년에 일본 유학을 시작했고, 공산주의 운동에 가담했다는 혐의로 1933년에 본국으로 송환되었다. 상하이에서 좌익작가연맹에 가담한 후펑은 특히 루쉰과 긴밀한 교우관계를 맺었다. 항일전쟁 시기에는 저우언라이의 교시에 따라 홍콩과 충칭으로 옮겨가며 문화 운동을 전개해서 내전 시기에 중국 문예계에서 상당한 이름을 얻었다.

후펑 집단(후펑과 그의 추종자들)은 중국공산당의 승리와 신중국의 도래를 환영하지만 정권 초기부터 중공정부의 문예정책에 대해서는 비판적인 입장을 견지했다. 때문에 1951년 사상 개조 운동 때부터 후펑 집단은 관변문인들로부터 집중적으로 공격당했다. 1951년 말 문학 재개조 운동이 일어나자 더더욱 격심한 비판에 시달렸고, 그런 과정을 거쳐서 후펑 집단은 비주류로 밀려나고 말았다.

후펑은 반체제인사는 아니었다. 그는 "마오쩌둥의 계몽적 영도"를 칭송하며 마르크스-레닌주의를 지도이념으로 수용했다. 중공정부의 기본 이념을 따라서 그는 봉건주의, 제국주의, 관료 자본주의를 비판했고, 소련과의 연대를 강조했다. 문학적으로도 그는 중공정부의 기본 노선에 대체로 동의했다. 일부 평론에서 그는 참된 작가라면 마르크스-레닌주의와 마오쩌둥 사상을 견지해야 한다고 주장하기도 했다. 그런 일반론에 동의하면서도 후펑은 스스로의 문예 이론을 포기할 수는 없었다.

후펑과 중화인민공화국 공안부의 체포장.

후펑의 지론에 따르면, 작가란 현실에서 인간의 체험을 있는 그대로 탐구하고 기록하는 예술가이다. 마르크스-레닌주의가 아무리 위대한 사상이라고 해도, 작가는 그런 외적인 이념을 따라서 작품을 구성하기보다는 인간의 현실을 묘사하는 리얼리스트가 되어야 한다. 그는 인민대중의 삶을 탐구하고 관찰하고 기록하면, 자연스럽게 마르크스-레닌주의에 부합하는 위대한 작품이 창작될 수 있다고 보았다. 그는 요컨대 창작의 영역에서는 마르크스-레닌주의의 절대적 중요성을 부인했다. 또 그는 노동자, 농민, 군인만이 아닌 지주, 부농, 반혁명분자를 포함하는 모든 인간이 문학적 형상화의 대상이라고 주장했다. 그러한 자유로운 문예 이론 위에서 그는 전통적인 표현양식을 넘어서는 문학적 실험의 중요성을 강조했다. 1930년대 이래 그의 일관된 주장이었다. 일견 말장난 같아 보이지만, 후펑의 입장에는 예술과 정치를 분리하려는 파격적인 의도가 숨겨져 있었다.

후펑은 공산당의 기본 노선에 동조하지만, 예술가로서 1930년대 이래 스스로 쌓아올린 모든 생각을 포기할 수는 없었다. 무엇보다 그는 모든 인민에게 똑같은 생각을 강요하는 당시 중공정부의 사상 개조 운동에 반발했다. 문학과 예술에 관한 마오쩌둥의 옌안 연설(1942년 5월)에 대해서 후펑은 "모두가 마오쩌둥의 연설만을 숭상하는 것은 오늘날의 심각한 문제"라고 지적했다. 물론 그는 마오쩌둥에 직접 맞서기보다는, 마오쩌둥을 이용해서 권력을 휘두르는 관변문인 집단을 공격한 것이다. 그는 저우양을 위시한 관변문인들이 마오쩌둥의 연설문을 악용해서 사익을 추구한다고 비판했다. 그들이 문학적 리얼리즘을 죽인 결과, 중국의 문화가 쇠퇴하고 만다고 생각했다.

적의 뱃속으로 들어가는 원숭이

후펑은 여러 문인들과 사적으로 많은 편지들을 주고받았다. 이 편지들은 1955년 후펑 집단을 단죄하는 증거물로 채택되었다. 편지에서 제자들은 후펑보다 더 격렬하게 마오쩌둥의 추종 세력뿐만 아니라 마오쩌둥의 문예 이론 자체를 비판했다. 마오쩌둥은 작가에게 무산계급과 혁명적 영웅들을 칭송하라고 요구했다. 후펑의 문하생들은 그런 마오쩌둥의 요구야말로 형식적이고 기계적이라고 비판했다. 상상력을 차단하는 마오쩌둥의 일방적인 문예 이론은 1940년대 옌안 시절에는 절실했지만, 신중국의 현실에서는 생명을 다했다고 주장했다. 후펑과 마찬가지로 그의 제자들은 인민의 생활을 세밀하게 관찰하고, 새로운 양식을 모색하고, 새로운 테마를 상상해야 한다고 믿었다.

한 제자는 격앙된 어조로 관변문인들의 형식주의를 비판했다. "결국 모두가 똑같은 생각을 하라는 말이 아닙니까? 이런 식의 방법이야말로 히틀러의 방식 아닙니까? 앙드레 지드의 말이 옳다고 봅니다." 소련 방문 후에 스탈린 정권을 통렬하게 비판한 프랑스의 문인 앙드레 지드(Andre Gide, 1869-1951)까지 동원해서 중공정부의 문예정책을 비판한 것이다. 인민 대학의 한 강사는 후펑에게 보낸 편지에서 격렬히 당에 항의했다. "본래 교사는 스스로 머리를 써서 사고해야 하지만, 이제 당은 교사에게 머리도 쓰지 않기를 요구한다!"는 이유였다.

그런 문인들과의 대화를 통해서 후펑은 창의성 말살을 더는 방치할 수 없다고 판단했다. "우리는 이념의 모든 영역에서 행동해야만 한다. 기계주의가 판을 치면, 아무리 훌륭한 작품이 나온다고 해도 사람들은 아무것도 느끼지 못할 터." 이어서 그는 의미심장한 한마디를 남겼다. "이제 나는 공격을 위해서 칼을 갈고 있다. 반격의 기회가 반드시 올 것이다. 표적을 노려보고 있으니 이제 스스로의 목을 잘라 저 더러운 철제 장벽을 향해서 던지려고 한다."

안이하게도 후펑은 중공정부가, 아니 "영민한 마오쩌둥 동지"가 예술의 고유성과 작가의 창의성을 강조하는 자신의 문예 이론을 공식적으로 승인할 수 있다고 굳게 믿었다. 그렇게만 된다면 권력의 나팔수가 되어 문화예술계를 장악한 관변문인들을 제거하고 중국의 문화를 찬란히 꽃피울 수 있으리라고 희망했다. 후펑은 치밀한 계획 아래 반대 세력이 장악한 문단 내에서 진지를 구축하기 위해서 움직이기 시작했다. 『서유기(西遊記)』의 한 장면 그대로 "벌레로 변해 적의 뱃속으로 들어가는" 손오공의 전술이었다. 섣불리 자신들의 입장을 공개하기보다는, 권력 집단과 타협하여 정부 내의 요직에 아군을 잠입시켜야만 "문학전쟁"을 도모할 수 있었다. 무엇보

1955년 후펑 집단이 숙청될 당시의 포스터. "혁명을 다잡고 생산을 촉진하라!", "상하이 시 위원회의 자산계급 반동노선의 새로운 반격을 철저히 분쇄하라." (chineseposters.net)

다 후펑 집단은 자신들의 작품을 발표할 수 있는 출판의 공간을 확보해야만 했다.

와신상담의 노력으로 후펑은 2년에 걸쳐서 권력과 타협하여 문단 내에서 입지를 굳히고 요직에 자기 사람들을 앉혔다. 상하이가 근거지였던 후펑 집단은 지방의 작가연맹, 선전 부서 및 출판사 등에서 주요한 자리를 점하기 시작했다. 1953년 후펑은 『인민문학(人民文學)』의 편집위원으로 발탁되고, 중국작가동맹의 지휘부에 올라선다. 그렇게 새롭게 자리를 굳힌 후펑은 1954년 7월 드디어 마오쩌둥을 향해 비장의 보고서를 작성해서 중앙정부에 올리는데……

그는 다섯 개의 칼이 작가를 위협하고 있다고 쓴다. 그에 따르면 작가의 뉴원(牛文, 1922-2009)의 1955년 12월 작품. "위험한 길: 후펑 반혁명 집단과 잠복한 모든 반혁명분자를 견결히 숙청하라!"(chineseposters.net)

목을 겨눈 첫 번째 칼은 작가가 완벽한 세계관을 갖추어야 한다는 당의 요구이다. 두 번째 칼은 작가는 오로지 노동자, 농민, 군인만을 소재로 작품을 만들어야 한다는 숨 막히는 압박이다. 세 번째 칼은 사상 개조 이후에만 창작 활동을 할 수 있다는 정부의 주장이다. 네 번째 칼은 전통적 양식만이 민족 양식으로 허용된다는 낡은 발상이다. 다섯 번째 칼은 특정 주제가 다른 주제보다 더 중요하다는 문예 관료의 독단이다.

그는 마오쩌둥에게 저우양을 위시한 관변문인들이 다섯 개의 칼날을 휘두르면서 작가 정신을 말살한다고 고발한다. 아울러 그는 후평 집단의 새로운 문예 이론을 대안으로 제시한다. 마오쩌둥을 설득시킬 수 있으리라고 믿었건만, 후평이 야기한 문학전쟁은 얼마 후 정치 심판으로 비화되고 만다. 그 과정에서 전국적으로 2,100명이 불려가 조사를 받고, 이중에서 92명이 체포되고, 62명이 격리되고, 73명이 정직당하는 현대판 문자옥이 발생한다.

1956년에는 78명이 후평 분자로 낙인찍히고, 그중에서 23명은 골수분자로 분류된다. 후평은 1955년부터 1979년까지 무려 24년을 감옥에서 보낸다. 덩샤오핑이 권력을 잡은 후인 1980년에야 중공정부는 "후평 반혁명 집단 사건"의 판결은 근거 없는 정치 탄압이라고 재평가했다. 중공정부는 10년간의 대참사를 야기한 문화혁명과 마찬가지로 "후평 사건" 또한 부당한 인권유린이었음을 뒤늦게 인정한 셈이다.

최고 권력자 마오쩌둥은 대체 왜 일개 문인 집단을 향해서 이토록 격심한 현대판 문자옥을 일으켜야만 했을까?

제17장

문자옥 II
그물 치고 떡밥 뿌리고

"문화침략"이란?

몇 년 전에 상하이의 한 국제학회에서 목격한 장면이다. 네덜란드 외교관 출신의 토론자가 중국의 인권 문제를 언급하자, 한 방청객이 매섭게 질문했다. "서방의 시각으로 중국의 인권 문제를 거론한다면, 그 자체가 문화침략 아닙니까?" 송곳처럼 날선 질문에 토론자는 조심스럽게 대답했다. "인권이란 모든 인간에게 적용되는 보편적 개념입니다."

방청객은 따져 물었다.

"각 나라마다 역사와 문화가 다르고 인민의 체험이 다른데, 일방적으로 서방의 가치를 보편적이라며 강요하는 행위가 바로 문화침략 아닙니까?"

잠시 생각에 잠긴 패널리스트는 낮은 목소리로 대답했다.

"저는 네덜란드인이기 이전에 한 명의 인간입니다. 여러분들도 중국인이기 이전에 인간입니다. 국적은 바꿀 수 있지만, 우리는 인간이기를 거부할 수는 없습니다."

중국어에서 문화침략은 한 국가나 민족이 자문화를 퍼뜨려서 타국가나 타민족을 정신적으로 지배하고 정복하는 행위를 의미한다. 오늘날 중국의 많은 지식인들은 누군가가 보편가치를 거론하면 중국에 대한 서구의 문화 침략이라고 비판한다. 중공정부의 인권유린을 지적해도 문화침략이라며 반발한다. 각 나라마다 고유한 정치 시스템과 역사, 문화적 환경이 있기 때문에 이른바 "보편가치"는 중국의 현실에 맞지 않는 서구적 가치일 뿐이라는 주장이다. 오늘날 중국에서 "보편가치"는 중국공산당의 감시하에 금칙어가 되어 있다.

토론이 종료된 후에 옆에 있던 한 중국인 교수에게 내가 물었다.

"마르크스주의 역시 19세기 서유럽에서 생겨난 사상인데, 혹시 문화침략에 해당되나요?"

이미 예상했던 질문을 받은 듯이 그는 씩 웃으며 대답했다.

"마르크스주의는 역사의 합법칙성을 규명한 과학적 세계관이요. 뉴턴이 중력을 발견했듯, 마르크스는 역사 발전의 객관적인 법칙을 발견했을 뿐이죠. 과학적 세계관의 전파는 문화침략이 아니라 진리의 확산이자 사상적 진보입니다."

"글쎄요, 21세기 현실에서 과연 마르크스주의가 역사의 진리를 설파했다고 확신할 수 있나요?" 하고 되묻자 그는 미소를 지으며 "물론 중국공산당의 기본적인 입장이 그렇다는 이야기"라며 서둘러 자리를 떴다.

지식인의 몰락

현재 서울의 모 대학에서 중국학을 가르치고 있는 한 교수는 2000년대 초반 베이징 대학 유학 시절에 내게 이렇게 말했다.

중국의 지식인들은 거의 대부분 애국자들이다. 애국자들이라서 그들은 정부를 비판하는 것 자체를 나쁘다고 생각한다. 5·4 운동을 이끌었던 바로 그 대학에서 교수와 학생들이 어떻게 그토록 체제순응적일 수 있나?

1919년 5·4 운동 당시 베이징 대학은 좌우 진영의 사상가들이 운집해 중국 지식계의 신사조를 이끌던 자유 사상의 요람이었다. 중국공산당의 창건자인 천두슈(陳獨秀, 1879-1942)와 리다자오(李大釗, 1888-1927), 근대 문학의 태두 루쉰, 컬럼비아 대학교 유학파이자 실용주의 철학자 후스 등 기라성 같은 인물들이 머리를 맞대고 중국의 전통사상과 서구의 사상을 섭렵하며 이른바 "신문화 운동(新文化運動)"을 전개하고 있었다. 그 틈에서 도서관 열람실에서 근무하던 후난 성 출신의 젊은 마오쩌둥은 도서관장 리다자오의 영향으로 공산주의에 입문했고, 그 인연으로 1921년 상하이에서 발족한 중국공산당 제1차 전국대표대회에 참석하게 되었다.

그 당시에 베이징 대학에서 민주와 자유, 과학을 논하던 숱한 자유 사상가들은 모두 어디로 갔나? 1949년 중공정부가 집권했을 때, 많은 지식인들이 국민당 정부를 버리고 대륙에 남아서 신중국을 건설한다는 희망에 부풀어 있었건만……. 새로 등장한 프롤레타리아 독재 국가에서 베이징 대학의 인텔리들은 대부분 "자산계급 지식분자"로 분류되었다. 그들은 잠재적 반혁명 세력의 굴레를 써야 했다. 1950-1960년대를 거치면서 지식인들은 대중의 집단 테러와 국가폭력 앞에서 함구하거나 투옥되거나 죽임을 당했다.

마오쩌둥은 집권 이후에 단 한번도 베이징 대학에 발을 들이지 않았다고 한다. 마오쩌둥은 한평생 인텔리들을 의심하고, 경계하고 또 경멸했다. 이에 대해서는 도서관 직원으로서 교만을 떠는 엘리트 학생들에게 받은 마음의 상처 때문이라는 해석도 있고, 1930년대에 당권 투쟁을 하는 중에 생긴 왕밍을 비롯한 모스크바 유학파 이론가들과의 대립 때문이라는 견해도 있다. 학교 공부를 불신했던 마오쩌둥은 문화혁명의 절정기에 홍위병이 되어 밤낮으로 "혁명 놀이"에 빠져 있는 젊은이들을 산간벽지로 하방(下放)시키고는 고단한 노동을 통해서 직접 혁명을 체험하라고 요구했다. 바로 이런 반지성의 광기가 오늘날 중국 지성계의 암흑기를 불러왔다.

중화인민공화국의 대학은 체제에 순응하는 친정부 성향 지식인들을 길러내는 이념 교육의 중추기관이다. 오늘날에도 대학생들은 졸업을 하기 위해서 필수적으로 "마르크스주의 개론"을 이수해야 하며 대부분 대학에는 마르크스 학교가 부설되어 있다. 최근에는 유수 대학에 "시진핑 사상 학원"이 생기고 있다. 중국을 대표하는 지식인들은 대부분 공산당원이다.

중국공산당이 "마르크스주의와 마오쩌둥 사상"이라는 "역사의 진리"를 독점하고 있기 때문에 지식인들은 공산당이 독점한 진리를 대중에게 알리는 역할만 제대로 수행하면 된다. 자발적으로 공산당의 공식 이념을 수용하는 순간, 지식인은 진실 추구의 의무에서 해방된다. 중국은 그렇게 닫힌 이념의 사회가 되어버렸다. 중공정부는 인텔리들에게 "계급철폐와 인민해방"의 이상을 제시한 후, 사상적 자유를 빼앗고 혁명투쟁의 임무를 부과했다. 지식인들은 왜 그토록 무력하기만 했을까?

후펑의 최후의 변론

1949년 이후 중국의 문학, 예술계는 마오쩌둥의 총애를 받던 저우양과 그의 추종자들이 장악하고 있었다. 1950년대 초에 후펑과 그의 추종자들은 문단의 비주류로 밀려나서 꽤나 신산스러운 야인의 세월을 보내야 했다.

앞에서 설명한 대로 문학의 고유성을 강조하고 작가의 창의성을 신뢰했던 후펑은 저우양으로 대표되는 "문예 관료들"이야말로 문학과 예술의 공적이라고 생각했다. 그들은 단순한 도식으로 문학적 상상력을 억압하고, 섣부른 이론을 앞세워 작가의 창의성을 죽였다. 그렇게 문학을 정치의 시녀로 전락시킨 후, 문단의 요직을 독점했다. 후펑의 눈에 비친 문예 관료들은 권력의 부나방들에 지나지 않았다.

1954년 3월부터 7월까지 후펑은 골방에 칩거한 채 200자 원고지 1,300매 분량의 "해방 이후 문예실천 상황에 관한 보고서"를 작성한다. 27만 자가 넘는 방대한 두께이기 때문에 흔히 "삼십만언(三十萬言)"이라고 불리는 문제의 문건이다. 후펑은 이 보고서에서 당시 문학, 예술 분야를 억압하던 도식적이고 일양적인 "사회주의 리얼리즘"을 통렬하게 비판한다. 저우양 집단의 핵심인물들이 제시한 도식적인 이론을 논파하기 위함이었다. 그들은 "작가 정신" 대신 "노동자 계급성"을, 독자적 사유 대신 "공산주의 세계관"을 강조했다.

후펑은 작가라면 모름지기 현실의 인간을 있는 그대로 탐구하고 묘사하고 기록해야 한다고 믿었다. 물론 그는 문학의 계급성과 혁명성을 부정하지는 않았다. 다만 작가 스스로 핍진하게 현실을 탐구하고 묘사하고 비판하면, 그러한 작가의 작품은 궁극적으로 프롤레타리아 혁명 정신에 부합한다는 낙관론을 견지했다. 18세기 프랑스의 대표적인 리얼리즘 작가 발자크(Honoré de Balzac, 1799-1850)처럼 다채로운 복합적 인물을 있는 그대로 탐구하고 묘사해야 진정한 리얼리즘 문학이 성립된다는 논리였다. 당시 중국의 문단 권력은 작가들에게 특정 계급의 전형적 인물만을 소재로 삼아서 밝고 건강한 사회주의 인간형을 창조하라고 강요하고 있었다. 혁명적 문예 이론의 획일성에 대항하여 후펑은 더 심오하고, 더 다채롭고,

더 사실적인 작가주의 창작 이론을 옹호했다. 집단보다는 개인을, 도식보다는 파격을, 혁명성보다는 창의성을 강조했다고도 할 수 있다. 1950년대 중국의 현실에 비추어보면 꽤나 과격하고도 도발적인 주장이었다.

1954년부터 중국공산당은 본격적으로 문인들에 대한 탄압의 고삐를 조이기 시작한다. 그해 10월 31일부터 12월 8일까지 문단에서는 위핑보(俞平伯, 1900-1990)와 펑쉐펑(馮雪峰, 1903-1976)에 대한 일련의 비판대회가 개최되었다. 두 사람은 청나라 건륭제 때의 소설『홍루몽(紅樓夢)』(1791) 연구로 이름이 높았다. 그렇기 때문에 마오쩌둥이 위핑보의『홍루몽』연구를 직접 비판하자 두 사람은 문단의 표적이 되어버렸다.

마오쩌둥은 작가의 계급성을 강조했다. 그러나 희한하게도 그는 귀족 계급의 사랑을 그린『홍루몽』을 탐독했다.『홍루몽』은 비극적 사랑의 이야기이다. 대강의 줄거리를 요약해보면, 명문가 출신의 기린아 가보옥은 병약한 사촌 임대옥을 깊이 사랑했지만, 병약한 임대옥을 꺼려했던 그의 부모가 짜놓은 계략에 넘어가 더 부유한 집안의 건강하고 활발한 설보채와 혼인을 한다. 상심한 임대옥은 쓸쓸히 고독한 죽음을 맞이하고, 가보옥은 이후 과거에 급제했음에도 젊은 아내를 뒤로 한 채 구도의 길을 떠나게 된다.

마오쩌둥의 계급적 문예 이론과『홍루몽』에 대한 그의 흠모는 크게 모순되는 듯하다. 사랑의 상처를 안고 젊은 아내를 뒤로 한 채 세속을 저버리는 가보옥의 행적이 과연 프롤레타리아 혁명 정신을 고취할 수 있을까? 오히려 쓸쓸한 염세주의의 귀족 문학이 아닌가?『홍루몽』을 탐독했던 마오쩌둥과 그의 문예 이론 사이의 괴리를 해소하려는 의도였을까? 1954년 저우양 집단의 두 젊은 문인들이『홍루몽』이 계급투쟁의 산물이라는 쉽게 납득할 수 없는 문예 비평을 내놓았고, 덕분에 이 슬픈 사랑의 이야기가

"계급투쟁"의 혁명 문학으로 칭송되었다. 기존의『홍루몽』연구는 비판의 도마에 오르게 되었다. 문단의 창끝은 위펑보와 펑쉐펑을 향했다.

뜻밖에도 바로 이 비판대회에 후펑이 연사로 초빙되었다. 그가 "삼십만 언"을 공산당 중앙위원회에 제출한 후 4개월 정도 지난 시점이었다. 영문도 모르고 대회에 참석한 후펑은 잔뜩 고무되어 있었다. 오매불망 보고서에 대한 공산당 중앙위원회의 반응을 예의 주시하던 시점이었다. 풍문에 의하면 그의 보고서는 이미 당내에서 호평을 받았으며, 곧 출판될 예정이었다. 게다가 공교롭게도 그날 아침 기조연설을 시작한 역사학자 궈모뤄는 토론의 자유를 강조했다. 다른 연사들도 뒤따라 소수의견의 중요성을 역설했다. 강당의 청중 속에서 이들의 기조연설을 들으면서 후펑은 드디어 결전의 순간이 왔다고 확신했다. 그는 넉 달 전 중앙위원회에 올린 보고서가 최고영도자의 심금을 울렸음이 확실하다고 굳게 믿었다.

이윽고 연단에 선 후펑은 가슴에 꾹꾹 묻어둔 비판의 말들을 슬금슬금 풀기 시작한다. 그는 문단을 장악한 문예 관료를 향해서 독설을 내뿜는다. 특히 문단의 권력자 저우양을 향해서 거침없는 비판의 언설을 이어간다. 후펑은 저우양의 문예 이론이 단순하고 조악하며, 현실을 왜곡하는 엉터리 논리라며 비판한다. 그런 엉터리 논리로 권력을 장악한 문단의 권력자들이 창의성을 억압하고 작가 정신을 말살한다고 비판한다. 또 문단 내부의 분파주의와 폐쇄성을 고발한다. 나아가 공산당의 사상 통제까지 거론한다. 그는 중공지도부가 마르크스주의를 교조화해서 소수의 전유물로 전락시켰으며, 그 결과 중국 지성계의 창의성이 말살되었다고 부르짖는다.

후펑이 노도(怒濤) 같은 연설을 이어갈 때, 묵묵히 그의 연설을 듣고 있던 그의 논적들은 회심의 미소를 짓고 있었다. 후펑은 어리석게도 정부가 미리 쳐놓은 덫에 걸려들고 만 셈이었다. 중앙위원회에 제출되었던 후평의 "삼십만언"은 곧바로 그의 논적들이 장악하고 있던 중국작가동맹에 넘겨졌다. 이미 후펑의 논리를 숙지하고 있던 그의 논적들은 그날 그가 연설을 마치기 무섭게 비판의 칼날을 휘둘렀다.

그해 12월 10일에는 후펑의 연설문이 저우양의 비판과 함께 출판되었다. 그때서야 후펑은 스스로의 판단착오를 인지하기에 이르렀지만, 곧바로 거센 역풍이 몰아쳤다. 1955년 1월부터 후펑은 집중포화의 소용돌이에 말려들었다. 바진(巴金, 1904-2005), 라오서, 마오둔, 궈모뤄 등 중국의 유수한 문인들이 홀린 듯 집체적으로 후펑 개인을 향한 격렬한 비판과 항의를 퍼부었다. 역설적이게도 후펑을 공격한 이들 문인들 대부분은 1960년대 문화혁명 시기에 홍위병에게 반혁명분자로 몰려서 집단 린치와 모욕의 희생물이 되었다. 특히 『낙타 상자(駱駝祥子)』(1937)의 작가 라오서는 길거리 홍위병 집회에 불려나가 모욕당하고 구타당한 후, 베이징의 타이핑 호수에 몸을 던져 목숨을 끊고 말았다. 후펑을 향한 이들의 극심한 공격 뒤에는 물론 중공정부가 있었다. 마오쩌둥 바로 밑의 저우언라이가 지휘봉을 잡고 있었다는 분석도 있다.

집중포화를 이기지 못한 후펑은 1955년 1월 장문의 "자기비판서"를 쓰지만, 당은 오히려 그 문장을 역으로 이용하여 후펑을 단죄하는 증거로 삼는다. 당은 후펑과 그의 친구들이 주고받는 서신들을 압수해 후펑의 "반혁명성"을 입증하는 증거로 제시한다. 그에게는 단순한 사상적 오류를 넘어서 체제전복의 혐의가 씌워졌다. 1955년 초여름, 당은 전국에 걸쳐서 후펑 집단의 색출에 열을 올리기 시작한다. 사회주의 건설 "5개년 계획 (1953-1957)"이 저조한 성과를 보이던 시점이었다.

공산당은 후펑을 체제전복을 획책한 국민당 간첩으로 몰고 간다. 기관지 「인민일보」의 사설은 "우리의 임무는 후펑 사건을 전국에 걸친 철두철미한 교육의 계기로 삼는 것"이라고 선언한다. 후펑은 일개 반혁명, 반국가, 반공산당, 반민중, 친제국주의, 부르주아의 상징이 된다. 정부는 노동자, 농민, 군인, 소수민족, 청년 집단, 민주 조직, 여성 단체, 종교 집단까지 동원한 대중집회를 조직해서 후펑의 처벌을 요구한다. 후펑은 순식간에 전국 인민의 공적이 된다. 그해 7월 18일 후펑은 "인민의 뜻에 따라서" 체포되지만, 후펑 사건의 광기는 수그러들지 않는다.

정부는 모든 매체를 동원하여 산간벽지의 농촌 마을까지 후펑 집단 색출에 나서라고 강요한다. 1955년 여름, 공산당은 급기야 과학자들을 압박하기 시작한다. 과학자들의 정치적 무관심이 후펑 집단의 암약을 방조했다는 논리였다. 라디오 방송과 신문은 날마다 전문 영역에 매몰된 과학자의 반혁명성을 질타한다. 문단의 논쟁에서 시작된 "후펑 사건"은 결국 전국적 공포를 몰고 온 대규모의 현대판 문자옥으로 비화된다. 후펑은 왜 그토록 공산당의 미움을 샀을까?

돌이켜보면, 후펑 사건은 한 명의 악인을 만들어 전국의 인민을 구속하는 전체주의적 대중 통제의 기법이 아닐 수 없다. 후펑의 문예 이론은 반혁명의 불온사상이 되고 말았다. 실제로는 후펑의 사상은 그다지 중요하지도 않았다. 지식계의 누군가가 감히 체제전복의 음모를 꾸미고 당의 지도이념에 문제 제기를 했다는 사실만으로 공산당은 모든 인민의 의식에 붉은 등을 켜고 대중을 정치적으로 조정할 수 있다.

후펑은 1955년에 체포되어 구금되었다. 24년이 지난 1979년 덩샤오핑이 집권한 후에야 석방되고 1980년에는 복권되었지만, 정신 분열증에 시달리다가 자살을 시도하기도 했다. 오늘날 그는 마오쩌둥에 맞서 사상의 자유를 부르짖었던 유일무이한 작가로 기억되기도 한다.

살아남아

"모난 돌이 정 맞는다." 이 속담에는 처절한 생존의 지혜가 담겨 있다. 어느 사회에서나 통용되는 처세술이지만, 독재정권의 아래에서는 더더욱 절실하다. 정풍 운동 당시 왕스웨이는 "자유롭게 비판하라"는 지도부의 요구에 고무되어 속내를 다 드러낸 대가로 비참하게 목숨을 잃고 말았다. 왕스웨이의 선례를 뻔히 알고 있었음에도 이후 중국의 지식인들은 매번 똑같은 방식으로 정부가 쳐놓은 덫에 걸려들고 말았다. 후펑 역시 정부가 먼저 그물을 치고 떡밥을 뿌려놓은 연못에 가서 마음 놓고 유영을 하다가 보기 좋게 잡힌 물고기 신세가 되고 말았다. 다음 장에서 다룰 "백화제방 운동"의 희생자들 역시 똑같은 방식으로 정부의 계책에 말려들어 희생되고 말았다.

과연 그들이 어리석었기 때문일까? 아니면 정부의 모략이 너무나 교묘했기 때문일까? 세상에는 분명 불속으로 뛰어드는 부나비처럼 정 맞을 줄 뻔히 알면서도 모난 돌처럼 톡톡 튀는 사람들이 있다. 분노와 원한을 가눌 길이 없어 목숨을 걸고 가슴에 맺힌 한마디를 결국 입 밖으로 내뱉고야 마는 어리석고 곧은 사람들도 있다. 중공정부는 그런 소수의 우직한 사람들을 색출하여 철저하게 감시하고 잔악하게 처벌함으로써 다수대중의 입에 재갈을 물렸다. 가장 효과적인 대중 통제의 방법이다. 권위주의 정권 아래에서는 민중의 저항이 도도한 물줄기가 되어 흐른다. 전체주의 국가의 민중은 바람 아래 바싹 엎드린 풀처럼 쉬이 일어나지 못한다. 다만 어떻게든 꿋꿋이 "살아남아[活着]" 가혹한 삶의 형벌을 역사의 신 앞에서 증언할 뿐이다.

제18장
백화제방, 우파 사냥

못 다 핀 꽃송이들

1957년 4월 말부터 6월 초까지 중국 전역에서 이른바 "백화제방 운동"이 들불처럼 일어났다. 백화제방이란, 수많은 종류의 꽃들이 모두 활짝 피어난 상태를 의미한다. 수많은 사상가들이 경쟁하던 춘추전국시대(기원전 8세기-기원전 3세기)의 백가쟁명(百家爭鳴)과 짝을 이루는 성어이다. 1956년 소련의 흐루쇼프가 스탈린 격하 운동을 전개한다. 이어서 폴란드와 헝가리에 대규모 시위가 발생하고, 소련군은 탱크를 몰고 시위를 진압한다. 그런 국제정세를 묵묵히 지켜보던 마오쩌둥은 중국의 지식인들과 비당원 관료 집단을 향해서 정부의 오류와 당내의 모순을 마음껏 비판하라고 요구한다. 그는 사상문화계에서의 "백화제방"과 과학계에서의 "백가쟁명"을 부르짖는다. 덕분에 느닷없이 공산당 일당독재의 전체주의 국가에서 사상의 자유와 사유의 다양성이 만개하는 듯했는데……

백화제방의 단꿈은 그러나, 열흘도 못 되어 시들고 마는 검붉은 꽃잎들처럼 처참하게 부서졌다. 비판적 지식인들은 불과 5주일 만에 정부의 거센

반체제 예술가 바듀차오의 작품. "백가쟁명 백화제방"의 표어 아래 마오쩌둥을 시진핑에 빗댄 재치가 단연 돋보인다. (https://twitter.com/badiucao)

반격에 무너지고 말았다. 그 짧은 자유의 시간 동안 불만을 토로하고 정부를 비판했던 사람들은 곧이어 전개된 "반우파 투쟁"에서 덩샤오핑이 이끄는 중앙서기처의 음흉한 기획에 따라서 긴급 체포되었다. 전국적으로 최소 50만 명의 비판적 지식인들이 수갑을 차고 포승줄에 묶인 채로 영어(囹圄)의 신세로 전락했다. "괜찮다, 무엇이든지 하고 싶은 말을 하라"며 독촉하던 바로 그 정부가 "하고 싶은 말을 한" 지식인들을 모두 잡아넣다니? 너무나 표리부동하여 믿지 못할 만큼 황당무계하지만, 돌이켜보면 1940년대 정풍 운동 때부터 중국공산당은 똑같은 방법으로 지식분자를 숙청해왔다. 당의 발전을 위해서 비판을 요구하고는 비판을 하면 그 비판을 근거로 가혹한 숙청의 칼날을 휘두르는 치졸하고도 비겁한 폭력이다!

바로 그런 국가폭력을 합리화하기 위해서 마오쩌둥은 "양모(陽謀)"라는 신조어를 사용했다. 음모(陰謀)가 나쁜 목적으로 몰래 꾸민 흉악한 계략이라면, 양모란 좋은 목적으로 공공연히 꾸민 공공선의 책략이라는 의미이다. 바로 그 양모의 결과 1957년 이후 중국의 인민들은 생각하기를 멈추었다. 말하기를 포기했다. 대신 바싹 엎드려 숨죽이고 살아남는 침묵의 처세술을 익히거나 바람의 방향을 미리 감지하여 재빨리 온몸을 던지는 눈물겨운 독심술을 터득했다. 더는 누구도 정부의 시책에 반대하거나 당의 지도부를 비판할 수 없었다. 그 결과 중국 사회는 지적 암흑기를 거쳐야만 했다. 비판 세력의 침묵과 순응 세력의 가식은 대약진 운동의 광기를 낳았다. 그 광기 속에서 최대 4,500만 명의 아사자가 속출했다. 마오쩌둥의 양모는 인민을 굶겨 죽인 식인(食人)의 음모일 뿐이었다.

중국의 지식인들은 왜 그토록 무력하게 무릎을 꿇어야 했나? 그 과정을 되짚어보자.

인텔리들의 생존전략

1949년 중화인민공화국이 성립되자 외국에 체류하던 많은 지식인들이 서둘러 조국의 품으로 돌아갔다. 22년간 마오쩌둥의 주치의를 지냈던 리즈수이는 1949년 당시 오스트레일리아에서 의사로 활약하고 있었는데, 중국 공산당의 승리가 가시화되자 곧 귀국을 결정한다. 뉴욕에서 『사세동당(四世同堂)』(1951)등의 작품을 번역, 발표하여 작가로서 명성을 쌓아가던 라오서 역시 1949년 12월에 귀성길에 올랐다. 이처럼 외국을 떠돌던 많은 지식인들이 중공정부의 신중국 건설에 큰 희망을 품고 귀국했다. 대륙에 살고 있던 많은 지식인들이 장제스를 따라서 타이완으로 가는 대신 중공정부에 자발적으로 협조했다.

그렇게 새 나라에 몰려든 중국의 인텔리들은 개국 직후 극심한 사상 개조의 압박에 시달려야 했다. 노동자, 농민 등 무산계급과는 달리 인텔리들은 생각을 업으로 삼고 지식을 생산하는 사람들이다. 대부분의 인텔리들은 지주 집안의 출신들로 1930-1940년대 교육계, 법조계, 의료계, 관계 등에서 국민당 정부에 직접 고용되거나 밀접한 연관을 맺고 있었다. 바로 그런 이유 때문에 중국의 인텔리들은 중공정부가 출범할 당시부터 감시의 대상이 될 수밖에 없었다. 해외 유학을 통해서 서구의 교육을 직접 받았거나 중국 내에서 서양인에게 교육을 받은 경우에는 더더욱 특별한 감시를 받았다. 공산 독재의 억압 속에서 인텔리는 숙명적으로 봉건 유습에 찌든 반동분자로 낙인찍히거나 반민족 매판 세력으로 분류되거나 부르주아 자유주의자의 멍에를 써야만 했다. 결국 인텔리들은 어떤 방법으로든 중국 공산당에 대한 충성심을 공인받아야만 했다.

1950년부터 1951년에 걸쳐 중공정부는 수만 명의 인텔리들에게 6-8개월의 사상 개조 교육과정을 이수하라고 강요했다. 당성이 투철한 공산당 간부가 직접 인텔리들에게 마르크스-레닌주의와 마오쩌둥의 사상을 강의하는 과정이었다. 인텔리들은 작은 그룹에 배속되어 "비판과 자아비판"의 과정을 끊임없이 거쳐야 했다. 자아비판 과정에서 개개인은 자기 자신의 정치적, 사상적 과오뿐만 아니라 부모 및 형제의 오류까지 낱낱이 까발리고 비판했다. 격리되어 죄의식 속에서 공포와 불안에 떨던 인텔리들은 자신들의 오류를 낱낱이 실토하고 정부의 감시 아래에서 처절한 반성의 자서전을 지어냈다. 자서전의 마지막에는 어김없이 봉건 잔재와 부르주아의 폐습을 말끔히 씻고 거듭날 수 있도록 인도해준 중국공산당을 향한 존경과 감사의 마음을 표해야 했다.

미술가, 음악가, 작가, 연극인, 영화인, 교수, 교사, 의사, 과학자, 기술자, 언론인, 법조인, 관료, 하급 관리, 출판업자, 대학원생, 대학생까지 지식이나 재능을 팔아서 먹고사는 사람이라면 누구나 철저한 사상 통제에 시달렸다. 그렇게 "사상 개조"의 험로를 통과한 인텔리들은 사회 곳곳에

1956년 헝가리에서 일어난 시위.

배치되어 기계의 부속처럼 맡은 바 임무를 수행했지만, 공산당의 입장에서 보면 보균자와도 같았다. 병의 재발을 막기 위해서 공산당은 그들의 사상을 정기적으로 소독했다. 그런 소독에 만족할 수 없었던 마오쩌둥은 보균자 모두를 격리 수감하는 특단의 조치가 불가피하다고 생각했다.

백화제방의 배경

1956년 2월 25일 소련공산당 제1서기 흐루쇼프는 당의 비밀회의에서 "인격숭배와 그 결과"라는 문건을 들고 와서 여섯 시간에 걸쳐 스탈린 시대의 정치범죄와 정책 오류를 조목조목 비판한다. 대원수 스탈린에 대한 흐루쇼프의 비판은 공산권 전역에 큰 파문을 몰고 왔다. 우선 1956년 6월 폴란드에서 일군의 시위대가 소련에 반기를 들고 일어난다. 이들은 폴란드 공산당 군대에 의해서 신속히 진압되었지만, 시위대의 지지를 받던 브와디스와프 고무우카(Władysław Gomułka, 1905-1982)는 곧 석방되어 폴란드 공산당 지도자로 부상하게 된다.

그해 10월 22일 헝가리 수도 부다페스트에서는 수천 명의 학생들이 헝가리의 독립과 소련군의 철수를 요구하며 기의한다. 이틀 후에 소련군 탱크가 시위대에 발포하지만, 시위가 농촌으로 확산되면서 무정부 상태가 이어지고……. 소련군은 잠시 충돌을 피해서 물러나지만 곧 회군의 명령을 받고 돌아와서 시위대와 격돌한다. 2,500명의 시위대와 700명의 소련군이 사망하고, 20만 명의 헝가리 국민들이 피난을 떠난 후에야 헝가리 사태는 소강상태에 이르게 된다.

1956년 폴란드와 헝가리의 봉기는 공산권 전역을 뒤흔드는 큰 파장을 불러왔다. 멀리서 그 사태를 관망하던 중국인들에게도 적지 않은 심리적 영향을 끼쳤다고 사료된다. 1960년대 중국의 학자들은 그 당시 마오쩌둥이 직접 헝가리 소요사태를 반혁명으로 규정하고 권력 기반이 약한 흐루쇼프를 설득해서 소련군의 헝가리 진압에 적극적으로 기여했다고 주장했다. 그러나 중국 학자들의 주장과 달리, 최근 한 헝가리 학자의 연구에 따르면 마오쩌둥이 헝가리 봉기의 무력진압에 끼친 영향은 과장된 반면, 헝가리 봉기가 중국의 국내정치에 끼친 영향은 오히려 축소되었다.

마오쩌둥은 당시 소련식 경제개발 모델의 제1차 5개년 계획(1953-1957)을 성공적으로 추진하고 있었다. 산업(수공업 포함) 분야에서는 원래 계획의 121퍼센트, 제조업 분야에서는 141퍼센트, 기계 생산에서는 178퍼센트, 화학 공업 분야에서는 178퍼센트, 석탄 생산은 115퍼센트, 철강 생산은 130퍼센트 등 대부분의 분야에서 목표치를 웃도는 초과 실적을 달성한 상태였다. 그러나 사회주의 경제의 "원시적 축적(primitive accumulation)" 과정이 순탄하지만은 않았다. 많은 농민들이 곡물을 헐값에 정부에 넘기고는 생존선상에서 허덕여야만 했기 때문이다.

1956년 광시 사건이 대표적이다. 그해 광시 성의 농촌에서는 과도한 곡물 징수와 지방 관료의 거짓 보고 때문에 1,500명의 농부들이 굶어 죽고, 1만2,000명이 집을 떠나서 유랑 걸식하는 사태가 발생했다. 이런 국내 문제들이 헝가리 사태와 맞물리면서 1956년 가을과 겨울, 중국에서도 정부 시책에 불만을 품은 사람들이 크고 작은 시위와 태업을 이어갔다. 동유럽식의 사회혼란을 미연에 방지하고 전보다 효율적인 경제성장을 이루기 위해서 마오쩌둥은 다시금 정풍 운동의 필요성을 역설하기 시작한다. 1940년대 옌안 시절부터 당내 개혁을 위해서 그는 철저한 비판에 의한 시스템 개혁을 시도했었다. 이번에 마오쩌둥은 비당원과 지식분자들에게 비판의 권리를 제공하려고 했다. 그들의 비판을 수용해서 정부 각 부문과 당 조직 내부의 부패와 불합리를 제거하기 위함이었다. 중공지도부에서는 저항이 있었지만, 그는 강하게 정풍 운동을 밀어붙였다.

1956년 2월 마오쩌둥은 과학정책의 기본 원칙으로 "백가쟁명"을 채택하고, 4월 25일에는 다시금 사상문화 방면의 "백화제방"을 부르짖는다. 그 다음 달에는 지식인들에게 다양한 생각을 표출하고 직설적인 정부 비판을 요구하는 "백가쟁명"의 기본 정신을 재천명한다. 이어서 중공 선전부 장관 루딩이(陸定一, 1906-1996)가 백화제방의 기본 정신을 조목조목 설명하면서 지식인의 참여를 독촉한다. 요컨대 백화제방과 백가쟁명은 정풍 운동의 기본 정신이었다. 처음에는 사람들에게 사상의 자유와 표현의 권리를 보장한 후, 그들의 솔직한 문제 제기에 귀를 기울이겠다는 의도였다.

지식인들과 비당원 관료들은 그러나 1년이 지나도록 입을 열지 않았다. 1956년 초부터 마오쩌둥은 정풍의 바람을 일으켰지만, 1957년 4월 말에 가서야 사람들은 비로소 조심스럽게 의견을 표출하기 시작했다. 그 이유는 너무나 분명했다. 1950년대 초반 반혁명분자를 숙청하는 이른바 "진반운동"의 과정에서 최소 100만, 최대 240만 명이 처형되었기 때문이다. 정부의 살기(殺氣)를 감지했기 때문에 살아남은 자들은 살얼음 위를 걷는듯이 조심스럽게 처신할 수밖에 없었다. 1955년에 "후펑 집단"이 숙청된 후였기 때문에 중국의 인텔리들은 더더욱 몸을 낮추고 입을 닫았다. 그들은 오로지 생존을 위해서 바닥에 배를 깔고 엎드렸다.

곧고도 어리석은 영혼들

중화인민공화국은 분명 공산당 일당독재 국가이다. 모든 공민의 정치 활동은 공산당의 영도 아래에서 이루어진다. 중국에는 그러나 공산당 이외에도 1920-1930년대에 창당된 다수의 참정당(參政黨)들이 존재하고 있다. 중국청년당(1923년 창당), 중국치공당(1925년 창당), 중국농공민주당(1930년 창당), 중국민주사회당(1946년 창당) 등등. 이들 상이한 조직들은 흔히 민주당파(民主黨派)라고 통칭되는데, 민주당파는 모두 중국공산당 영도하에서 다당합작(多黨合作)과 정치협상에 참여한다. 적어도 형식상 중국은 다당제를 표방한다. 그러나 그 모든 정당이 실은 중국공산당의 하위 조직이기 때문에 중국은 여전히 일당독재 국가이다. 마오쩌둥은 바로 그 비당원 민주당파에 백화제방의 기회를 제공했다.

  정부의 강한 요구가 이어지자 반복 학습으로 정부의 탄압 수법을 다 알고 있었음에도 인텔리들은 결국 입을 열고야 말았다. 교통부 장관 장보쥔(章伯鈞, 1895-1965)이 선두에 나섰다. 당시 중국민주동맹의 부주석이며 농공민주당의 주석이었던 그는 국가 행정기구와 공산당 조직의 구분을 요구한다. 공산당 조직이 정부의 모든 부문을 장악하고 있기 때문에 비당원

1957년 반우파 투쟁의 한 장면.

관료들의 권한이 침해당한다는 논리였다. 양식부(糧食部) 장관 장나이치(章乃器, 1897-1977)는 공산당원의 위선과 분파주의를 통렬하게 비판한다. 공산당원이 권력을 독점하고서 비당원의 권한을 침해한다는 주장도 덧붙인다. 국방위원회 부주석 룽윈(龍雲, 1884-1962)도 내전 당시 소련군의 약탈 행위를 비판하면서 한국전쟁 당시 공산당군이 치른 희생의 대가를 물어야 한다고 주장한다.

비당원 관료들의 정부 비판이 쏟아지자 많은 지식인들이 목소리를 내기 시작한다. 한 문예지의 편집장은 여전히 존재하는 홍수, 가뭄, 기근, 실업, 병충해, 관료독재의 폐해를 고발하면서 "인민의 고통을 직시하라!"고 부르짖는다. 한 작가는 마오쩌둥 문예 이론의 한계를 지적하면서 일양적인 이론의 강요는 예술의 퇴보를 불러온다고 역설한다. 한 신문사의 편집장은 "최근 수년간 당과 인민의 관계가 악화되었는데, 바로 모든 세계가 당에 귀속된다는 사고방식에 그 원인이 있다"고 외친다. 그는 이어서 "국가를 이끄는 당과 국가를 소유하는 당은 다르다"며 중국공산당의 권력 독점과 책임회피를 통렬하게 비판한다.

건국 초기에 자본주의 상공인을 겨냥한 오반 운동으로 큰 피해를 입었던 한 공장장도 입을 열었다. 무조건 소련의 기술을 답습하라고 요구하는 당 간부들을 비판하면서 그는 "20년간 전기기술에 종사해왔는데, 소련의 방식이 다 좋은 것은 절대 아니라고" 선언한다. 문외한이 완장을 차고 전문가를 박해하는 모순에 대한 과감한 비판이었다. 한 대학 교수는 공산당원들이 누리는 과도한 특권을 고발하면서 "인간을 개똥보다 하찮게 여기지 말라"고 절규한다.

이후 백가쟁명은 대학가로 번져간다. 1957년 집권 8년 차에 들어서자 중공정부의 독재에 대한 청년 인텔리들의 비판이 쏟아지기 시작한다. 1957년 5월 19일 베이징 대학의 교정에는 최초로 "언론, 기회, 출판, 결사, 여행 및 시위의 자유"를 요구하는 대자보가 나붙는다. 베이징 대학의 학생들은 대자보에 거침없는 반독재의 격문을 휘갈긴다. 1957년 5월 베이징 대학 교정에 붙었던 수많은 대자보들 중에서 몇 가지 눈에 띄는 주장들을 살펴보면······.

서적 금지, 보도 금지, 신문 금지, 외국 소식 차단······. 이 모두는 중외의 역대 통치계급이 터득한 인민독재의 교묘한 계략일 뿐. 진시황의 분서갱유, 청조의 문자옥과 마찬가지이다. 일체 금서를 다 개방하라! 흐루쇼프의 비밀 보고는 신문지상에 보도되어야 한다![1]

당이 인민을 강제로 지배하고 있다. 인민들은 이미 선택의 권리를 빼앗겼다. 인민은 (공산당 외의) 여타 대안을 선택할 수 없다. (공산당은) 경쟁을

용납하지 않고, 반대자를 배척하고 있다.2)

관이 관을 선택하고, 관이 관을 파견한다. 미리 다 짜놓고 거수하게 하는 민주는 형식적인 가짜 민주이다. 양원제, 양당제, 경쟁, 상호 논쟁 등 자산계급 민주의 형식 안에 새로운 내용을 담아야만 사회주의 민주에 복무할 수 있다.3)

공산당이 정부에서 누리는 특권을 배제해야 한다. 정당한 영도의 권력은 인민대중이 스스로 영도자를 선택할 때에만 가능하다. 영도자가 스스로를 임명할 수는 없다.4)

공민에게는 신앙의 자유가 있다. 모든 인민에 대한 강제적인 신앙 주입에 반대한다! 국가는 인재를 키워야 한다. 재능을 갖춘 인재가 혼신의 힘을 다해서 인민 복무에 전념할 수 있어야 한다. 마르크스주의자일 필요는 없다. 마르크스주의만을 신봉할 필요도 없다.5)

당내 상당수의 인원은 마르크스-레닌주의를 맹신하기 때문에 객관 법칙에 부합하지 않고, 심지어는 정면으로 위배되는 정책까지 제정하고 있다. 그 결과 이미 당의 대업과 인민의 이익에는 큰 손실이 초래되었다.

당내의 마르크스-레닌주의를 비판할 수 있는 자유가 전혀 없으니 출당할 수밖에 없다!

소련에서 생산된 자료만으로 공유제가 인민의 생활에 응당 있어야 할 아름다운 결론을 산출한다고 간단하게 말할 수는 없다. 스탈린 시대는 실제로는 노예 사회였으며, 중세기 교회 통치가 부정의 부정으로 되살아났다. 인권 침탈, 사상적 이단 억압 등등.6)

당이 일체를 독점하고, 일체를 전담하고, 당이 곧 인민의 전체이고, 당이 곧 국가이고, 당이 곧 법률이다. 소위 민주가 실제로는 이미 당주(黨主)로 치환되었다. 한두 가지 예를 들자면, 헌법은 인민의 선거권을 규정하지만, 인민의 대표는 이미 당이 내정한다. 인민은 대표를 알지 못하며, 대표는 인민을 대표하지 않는다. 헌법은 인민이 가진 언론의 자유를 규정하지만, 신문, 잡지, 텔레비전, 라디오 방송 모두 당이 농단한다. 당의 기본 노선과 화해할 수 없는 기사를 발표하는 언론은 모두 반혁명 혐의로 단죄된다. 헌법은 인민의 집회, 결사의 자유를 보장하지만, 결사와 집회의 자유를 누리려면 당의 비준을 거쳐야 하고 당이 지정한 지도자를 받아들여야만 한다. 그렇지 않으면 모두 반혁명 죄를 뒤집어쓰고 만다. 헌법은 인민이 모두 신체의 자유를 가진다고 규정하지만, 각급 당 조직의 책임자들은 모두 반혁명 분자를 진압한다는 명분으로 그 어떤 정직한 공민의 자유라도 제한할 수 있다.7)

헌법에서 규정한 민주 권리, 언론, 출판, 집회, 결사 등의 자유는 충분히 실현되지 않았다……. 사회주의의 영혼은 평등, 민주, 자유이다. 이것이 없다면, 사회주의는 시들고 만다.8)

헌법은 중화인민공화국의 헌법이지 중화당원공화국의 헌법이 아니다. 누가 영도하든 인민의 선거 결과에 따라서 결정해야만 한다.9)

「인민일보」는 진실을 봉쇄하는 만리장성이다! 직접 선거가 필요하다! 법률로 공산당의 영도적 지위를 규정할 수 없다![10]

레닌 동지의 우주관과 인식론은 출발점에서부터 원칙적인 착오를 가지고 있었다. 그는 일반적으로 절대적인 자연의 법칙을 부정한다. 물리학에 변증유물주의 철학을 적용한다. 그 결과 그가 제시하는 물리학 명제는 과학적으로는 무가치한 데다가 악영향을 끼쳤다. 마오쩌둥이 발표한 "무산계급독재의 역사 경험에 대한 재론"은 적나라한 유심주의일 뿐 유물주의가 아니다……. 제왕사상의 변종으로, 일종의 고대 봉건의식일 뿐이다. 무산계급독재는 인위적으로 국가의 정권을 훔치는 일종의 새로운 명사이다. 소련의 프롤레타리아 독재 역시 인민을 기만하는 구호이다. 인민은 전혀 자유를 누릴 수 없다(어느 물리학도).[11]

이들의 주장은 헌법에 보장된 공민의 기본권을 되찾기 위한 투쟁으로 보인다. 수많은 대자보를 관통하는 키워드는 자유임이 분명하다. 대자보를 쓴 학생들은 자유를 침해하는 근본적인 원인이 공산당 일당독재라고 주장하고 있다. 나아가 이들은 공산당 일당독재를 정당화하는 마르크스-레닌주의의 이념독재를 정면으로 비판한다. 당시까지만 해도 중국의 지식인들은 공산당 집권 이전의 중국을 또렷이 기억하고 있었다. 중일전쟁과 국공내전의 혼란 속에서도 중국의 지식인들은 20세기 서구의 사상을 빨아들이며 다양한 사상 논쟁을 벌이고 있었다. 1957년에도 그들은 표현의 자유를 갈구하며, 언론, 집회, 결사의 자유를 부르짖었다. 그들은 자유의 맛을 망각하지 않았다. 1949년 공산당 집권 이후 8년간 이들은 일당독재의 사상 통제 아래에서 자유에의 갈망을 억누르고 있었을 뿐이다.

물론 이들이 서구식 부르주아 민주주의를 칭송하고 자유시장 경제를 도입하자고 주장하지는 않았다. 예를 들면 1957년 5월 23일 베이징 대학 토론회에 참석한 인민 대학의 린시링(林希翎, 1935-2009)은 진정한 사회주의의 건설을 주장한다.

> 모든 사회 현상에는 사회적, 역사적 근본 원인이 있습니다. 스탈린 문제는 스탈린 개인의 문제가 아니라 소련이라는 국가에서 발생한 국가 문제입니다. 소련이 과거 봉건적 제국주의 국가였기 때문입니다. 중국도 마찬가지로 자산계급의 민주 전통이 없었습니다. 오늘날 우리의 사회주의는 진정한 사회주의가 아닙니다. 진정한 사회주의는 진실로 민주적이지만, 우리의 사회주의는 민주적이지 않습니다. 우리가 당면한 사회는 봉건적 기초 위에 세워진 사회주의입니다. 비전형적인 사회주의입니다. 우리는 진정한 사회주의를 위해서 투쟁해야 합니다.12)

마오쩌둥의 양모

최근 연구에 따르면, 1957년 4월 말부터 6월 초까지 불과 5주일에 걸쳐서 진행된 백화제방 시기의 정풍 운동은 두 단계로 진행되었다. 처음 2주 반 동안, 마오쩌둥은 마음을 열고 비당원 관료들의 비판을 경청하려고 했다.13) 그러나 당시 상황은 달라 보인다. 장보쥔, 장나이치, 룽윈 등 비당원 관료들이 먼저 통렬한 비판을 쏟아냈을 때 마오쩌둥은 이미 분노에 휩싸인 듯하다. 이어서 베이징에서 학생들이 동요하고, 비당원 관료들의 발언에 자극을 받은 지식분자들이 목소리를 내기 시작하자 마오쩌둥은 사회 곳곳에 반혁명 세력이 잠복하고 있다는 확신에 도달하게 되었다.

1957년 5월 중순부터 그는 본격적으로 비판 세력의 숙청을 위해서 함정을 파기 시작한다. 중공지도부에서는 당장 백가쟁명을 중단하고 비판 세력을 숙청하자는 주장도 있었으나 마오쩌둥은 당장 반격하는 대신 더 시간을 가지고 대처하기로 결정한다. 그는 불만에 가득 찬 인텔리들과 비당원 관료 집단을 향해서 당과 정부를 더 혹독하게 비판하라고 격려한다. 마오쩌둥의 고무를 받고 더욱 들뜬 지식인들은 비판의 수위를 점점 더 높여간다. 마오쩌둥은 사악한 의도를 숨긴 채 회심의 미소를 지으며, 촘촘한 그물 속으로 물고기를 몰아가는 어부처럼 지식분자들을 유인한다.

1957년 7월 1일 백화제방 운동이 막을 내리고 곧바로 본격적인 우파 사냥이 개시된 직후, 마오쩌둥은 「인민일보」에 자신이 손수 작성한 사설 "「문회보(文匯報)」의 자산계급 편중은 비판되어야"를 게재한다. 이 사설에서 마오쩌둥은 5주일 넘게 지속된 백화제방 기간 내내 마음에 품고 있던 계략을 다음과 같이 설명한다.

일정 기간 동안 올바른 생각은 언급조차 하지 않았고, 틀린 생각은 비판조차 하지 않았다. 그것은 잘못인가? 5월 8일부터 6월 7일까지 본보(本報)를 포함한 모든 당보(黨報)는 중공지도부의 지시에 따라서 의도적으로 그렇게 했다. 그 목적은 모든 잡귀와 잡배들이 큰 소리를 지르며 날뛰도록 하고, 독초를 크게 키우려는 것이었다. 세상에는 원래 이런 무리들이 존재함을 인민들이 직접 보고 겁먹게 함으로써 그런 추악한 무리들을 손쉽게 섬멸할 수 있다. 말하자면 공산당은 자산계급과 무산계급의 이런 계급투쟁은 회피할 수 없음을 분명히 깨닫게 되었다……혹자는 이를 음모라고 하지만, 우리는 양모라고 한다. 왜냐하면 미리 '인민의 적'에게 다 알려주었기 때문이다. 잡신잡배들이 모두 동굴 밖으로 나와야만 우리가 그들을 섬멸할 수가 있다.

독초가 땅을 뚫고 나와야만 쉽게 베어버릴 수 있다.14)

마오쩌둥의 양모에 걸려든 수많은 인텔리들은 과연 그의 의도를 간파하지 못했을까? 마오쩌둥은 어떻게 그리도 일사분란하게 비판 세력을 모조리 끌어내 "섬멸할" 수 있었을까? 마오쩌둥의 양모는 덩샤오핑이 이끄는 중앙서기처를 통해서 치밀하게 기획되고, 또 실행되었다.

제19장
빅브라더의 정신 세계

20세기 세계사에서 만민평등을 기조로 삼았던 대부분의 공산주의 정권들은 결국 일인독재와 인격숭배의 디스토피아가 되고 말았다. 대체 무슨 이유로 수백, 수천만, 혹은 10억 명 이상의 인간 집단이 단 한 사람의 영도자를 그토록 흠모하고, 추종하고, 숭배하게 되는 것일까? 영도자의 영웅적인 카리스마 때문일까? 혹은 미디어의 선전, 선동 때문일까? 계급투쟁, 인민 해방, 민족주의 등의 이념들 때문일까? 그것도 아니라면 세뇌 교육 때문일까? 감시와 처벌 때문일까? 억압과 통제 때문일까? 도대체 그들은 어떤 사람들이기에 상상할 수도 없는 인권유린과 정치범죄를 저지르고도 권력을 그대로 유지하고 심지어는 인격신(人格神)이 될 수 있었을까? 아무리 자료를 훑어보고, 석학들의 강연을 들어보고, 현장을 답사하고, 주변 학자들과 대화를 나눠보아도 제대로 이해할 수 없다. 특히나 마오쩌둥의 신비로운 마력은 상식으로는 납득될 수 없을 듯하다. 백화제방 운동과 반우파 투쟁 당시 그가 남긴 연설문들을 분석해서 미약하게나마 마오쩌둥의 정신 세계를 잠시 엿보고자 한다. 그는 과연 어떤 사람이었을까?

신중국의 프티 부르주아

오늘날 베이징의 고궁 박물관, 곧 자금성의 서쪽 인근에는 중하이와 난하이라는 커다란 인공 호수가 놓여 있다. 멀리 금나라(1122-1234) 때부터 원, 명, 청을 거쳐 20세기 초까지 지속적으로 개발된 이 중난하이는 현재 국무원, 중앙서기처, 중앙관공청 등 주요 정부기관이 밀집해 있는 중공정부의 핵심부이다. 백화제방 운동이 본격적으로 일어나기 2개월쯤 전의 일이다. 1957년 2월 16일 최고지도자 마오쩌둥은 중난하이 내부의 주요 회의 장소인 이녠탕(頤年堂)에서 작가, 철학자, 교육자들을 불러놓고 "문화 및 이념의 문제"에 관해서 열변을 토했다.

중국의 일부 학자들은 우파를 색출하려는 마오쩌둥의 양모가 이미 이 연설에서 시작되었다고 분석한다. 이 연설이 아직 "물속에 낚싯대를 드리우거나(釣魚)", "동굴 속의 뱀을 끌어내기(引蛇出洞)" 전, 인민 속에 잠복하는 우파를 잡기 위해서 커다란 밑그림을 그리는 단계였다는 설명이다. 묘하게도 연설 도중에 마오쩌둥은 중국의 계급 구성에 관해서 다음과 같이 말했다.

> 중국이 거대한 소자산가들의 왕국임은 객관적인 현실이다. 근로계급은 2,400만밖에 되지 않는데, 그중의 절반이 산업 노동자들이며 나머지 절반은 당 간부들로서 한 축을 이룬다. 반대 축에는 3,000만의 지주, 부농, 부르주아가 있다. 이 양축 사이에 5억5,000만의 소자산가들이 존재한다. 1,200만 간부들은 아직 완전히 무산계급이 되지는 못했다. 오직 200만 정도만이 진심으로 변했다고 할 수 있다. 문화, 예술의 문제는 바로 이런 현실을 통해서 조명되어야만 한다.[1]

여기서 소자산가란 프랑스어 프티 부르주아(petite bourgeois)의 번역어이다. 1950년대 중국의 인구 통계를 보면 85-90퍼센트의 인구가 농촌에 거주하는 촌민들이었다. 3,000만의 지주, 부농, 부르주아는 1957년 당시 6억 인구를 기준으로 5퍼센트에 불과한 숫자이다. 5억5,000만이라면 6억 인구의 91.6퍼센트에 달한다. 대체 마오쩌둥의 프티 부르주아는 누구이며, 그는 어떤 통계를 기준으로 인구의 91.6퍼센트를 소자산가로 분류했을까?

고전 마르크스주의의 계급론에 따르면, 프티 부르주아 계급은 반(半)자유 상태의 농민 및 중소상인들을 의미한다. 하층 무산계급과 달리 그들은 부르주아 계급의 세계관, 가치관, 종교 및 예술관을 가지고 사는 사람들이다. 결코 윤택한 생활을 누리지는 못하지만 스스로 부르주아 축에 속한다고 생각하는 계층이다. 그런 기준에서 보면 조선시대의 빈한한 양반층은 물론, 백정, 재인, 광대, 기생 등의 명백한 천민을 제외한 대부분의 양민들 역시 프티 부르주아 계급에 속할 것이다.

프티 부르주아는 단순히 경제적 지표보다는 "계급 의식"을 기준으로 나눈 개념이라는 점에서 주체성 혹은 주관성을 강조하는 마오쩌둥 사상에 제대로 들어맞는 개념이다. 그런 프티 부르주아의 개념에 따라서 마오쩌둥은 인구의 90퍼센트 이상을 사상 개조의 대상이라고 생각했다. 쉽게 말해서 마오쩌둥이 말하는 소자산가란 사회과학적 용어라기보다는 부르주아에 속하지도 못하면서 부르주아 문화를 동경하는 소시민들에 대한 폄칭이다. 정신적으로 타락하고 부패한 프티 부르주아 계층을 교도해서 혁명 의식을 가진 무산계급으로 거듭나게 해야 한다는 발상이었다. 예컨대 마오쩌둥은 대학생들에 대해서 다음과 같이 말한다.

대학생의 80퍼센트가 지주와 부농, 자산계급의 자식들이다. 그들은 모두

일을 하지 않는 계급이다. 당연히 젊은 사람들은 더 많은 문제점들을 가지고 있다. 그들 중에서 헝가리 사태를 원하는 자는 극소수에 불과하고, 대부분 공산주의를 지지하겠지만, 과거에 불만 세력들조차 (한국전쟁 당시) '항미원조'의 투쟁을 지지했었다. 대부분은 중국에서의 헝가리 사태를 원하지 않겠지만, (그들 중에는) 헝가리 사태를 일으키려고 하는 자들도 존재할 것이다.[2]

다수 대학생들 틈에 숨어서 헝가리 사태를 일으키려는 잠재적 반혁명분자들은 누구인가? 마오쩌둥은 그들을 솎아내야만 전체 인구의 90퍼센트가 넘는 소자산가 계급을 혁명 의식 충만한 무산계급으로 거듭나게 할 수 있으리라고 믿었다. 마오쩌둥의 눈에 90퍼센트 이상의 인민들은 부르주아의 문화와 가치를 버리지 못한 소자산가, 소시민이자 프티 부르주아에 불과했다. 그들은 모두 감시, 교화, 처벌, 개조의 대상이었다. 마오쩌둥은 명실공히 당시 6억 인구의 사상, 감성과 가치관을 지배하는 인민의 빅브라더였다. "백가쟁명"은 바로 그런 빅브라더의 주문에 의해서 시작되었다.

인민과 인민의 투쟁

마오쩌둥의 관찰에 따르면 1956년 폴란드 소요와 헝가리 사태의 후폭풍으로 유럽 각국의 공산당들은 퇴조기로 접어든 상태였다. 프랑스 공산당은 기관지를 폐간했으며, 스위스 공산당의 총서기는 중국 대사관에 은신해 있었다. 네덜란드와 벨기에에서도 공산당원의 탈당이 이어졌고, 영국의 지식분자들 역시 공산당을 거부했다. 바로 그런 세계 공산혁명의 퇴조에 따라서 중국에서도 크고 작은 소요가 일어나고 있었다. 권위에 도전하는 대학생들과 노동자들의 태업도 잇따랐다. 마오쩌둥은 당시 상황에서 중화인민공화국의 인민민주독재를 새롭게 정의해야 함을 느꼈다.

폴란드와 헝가리에서 거리로 쏟아져 나와 반소(反蘇)와 반독재의 기치를 내건 수십만의 군중은 과연 정의로운 민주 투사들이었나? 마오쩌둥은 그들이 내건 "대민주(大民主)"는 올바른 민주가 아니라고 생각했다. 그의 입장에서 민주란 인민민주독재이며, 민주집중제였다. 공산주의 기본 이론에 따르면 상부구조(superstructure)는 경제적 토대(economic basis)에 복무할 뿐이다. 따라서 "민주"라는 제도는 그 자체가 숭고한 목적이 아니라 공산주의 실현의 수단에 불과하다. 쉽게 말해, 마오쩌둥이 생각하는 참된 민주란 계급 의식을 자각한 인민대중이 자발적으로 일사분란하게 중공지도부의 지시에 따르는 상태를 의미한다. 인민민주독재와 민주집중제는 그렇게 유기체적 전일성(全一性)을 지향하는 전체주의 이념이다. 이런 이유로 2017년 12월 중국 방문 당시 문재인 대통령은 다른 나라에 갔을 때와는 판이하게도 "촛불혁명"에 관해서 일언반구 언급도 할 수 없었다.

마오쩌둥은 1957년 2월 27일 "인민 내부의 모순을 처리하는 올바른 방법에 관하여"라는 역사적인 연설을 한다. "백화제방"의 시동을 거는 연설이었다. 연설문을 잘 읽어보면, 곳곳에 묘한 복선이 깔려 있는 듯하다. 우선 제목에서 말하는 "인민 내부의 모순"이란 어떤 의미일까? 앞에서도 설명했지만, 중국공산당은 중국의 모든 인간을 크게 인민과 적인으로 구분한다. 인민은 중화인민공화국의 공민이지만, 적인은 공민의 자격조차 박탈당한 일종의 비(非)인간이다.

마오쩌둥에 의하면, 적아모순(敵我矛盾), 곧 인민과 적인의 사이의 모순은 적대적 모순이다. 반면 인민 내부의 모순은 적대적이지는 않다. 적아모순을 해결하기 위해서는 반드시 적인들을 억압하고 굴복시켜야만 한다.

적인을 억압하고 굴복시키기 위해서는 반드시 그들 모두의 언론의 자유와 선거권을 박탈하는 인민독재가 요구되지만, 인민과 인민 사이의 갈등에 대해서는 인민독재가 적용될 수는 없다. 마오쩌둥은 말한다.

예를 들면 중국의 지주계급, 제국주의 분자 등의 적대계급은 우리 나라에서 출판을 할 수가 없다. 타이완 사람들은 우리가 사는 여기서 신문을 출판할 수가 없다. 지주계급은 신문을 출판할 수 없다. 그들에게서 언론의 자유를 박탈하고 선거권을 박탈하는 것 모두 그 범위 안에 들어간다. 독재를 행사하려면 민주집중제에 입각해야 한다. 누가 독재를 행사하는가? 바로 인민이다. 계급독재는 (적인)계급에 대한 (인민)계급의 독재이다. 적인을 통제하고, 그들을 죽이고, 그들을 체포해야 한다. 물론 인민의 정부를 통해야만 하고, 인민이 해야만 한다. 현재 우리가 민주집중제라고 말하는 이 제도는 인민 내부의 범위에만 적용될 뿐, 적인에게는 적용되지 않는다. 인민은 그 범위 내에 있지만, 독재의 문제, 다시 말해서 누군가 다른 사람을 독재적으로 지배하는 문제가 아니다. 인민은 인민에 대한 독재를 가하지 않는다. 왜냐하면 인민이 언론의 자유, 집회의 자유, 결사의 자유, 여행과 시위의 자유를 가지고 있음은 헌법에 적혀 있기 때문이다. 이는 민주의 문제이다. 민주는 리더십의 민주, 리더십을 집중하는 민주를 말한다. 무정부로서의 민주가 아니다. 무정부주의는 인민의 요구가 아니다.3)

묘한 발언이다. 그의 논리에 따르면, 인민과 적인 사이의 대립은 인민독재를 통해서만 해소되는 적대적 계급투쟁이다. 적대적 계급투쟁이므로 적아의 투쟁에서 인민은 인민정부를 통해서 적인을 통제하고 죽이고 체포할 수 있다. 반면 인민과 인민 사이의 대립은 민주집중제를 통해서 민주적으

1950년대 초 삼반, 오반 운동의 한 장면.

로 해소되어야 한다. 바로 이 대목에서 마오쩌둥은 놀랍게도 헌법에 보장된 인민의 자유를 강조하고 있다. 중국의 헌법에 따르면 인민에게는 표현, 집회, 결사, 여행, 시위의 자유가 있다.

1950년대 현실에서 마오쩌둥의 이 말을 액면 그대로 믿을 사람은 없었을 듯하다. 마오쩌둥 역시 "외국은 자유가 많지만, 중국은 자유는 적다"는 말을 한다. 다만 서구 사회의 자유는 부르주아 계급의 자유일 뿐이라고 주장한다. 중국이 비록 독재 국가이지만, 중국인들은 서구인들에 비해서 결코 적지 않은 자유를 누린다는 궤변이다. 그는 왜 그런 궤변을 늘어놓은 것일까? 바로 "백가쟁명 백화제방"의 불씨를 당기기 위함이었다. 과연 그는 자유에 대해서 어떻게 생각했을까? 표현의 자유가 건전한 사회주의 국가 건설에 기여하리라고 생각했던 것일까?

비판의 물꼬가 터지자 잠시 열린 자유의 공간에서 수많은 비당원 관료들, 인텔리와 대학생들이 정부의 문제점과 공산당 독재의 불합리를 고발하기 시작했다. 마오쩌둥은 비로소 자유의 파괴력을 직시했고, 그 자유를 다시 뺏기 위해서 2년에 걸친 집요한 반우파 투쟁의 광기를 이어갔다.

비록 죽였지만, 잘못은 아니라는

중국의 헌법 전문에 명기된 "마오쩌둥 사상"이란 과연 무엇일까? 마오쩌둥은 서구의 자유에 대해서 말한 바가 있다. 추상적인 자유는 있을 수 없으며, 오로지 구체적인 현실 속에서 부르주아의 자유가 있을 뿐이라고. 마찬가지로 추상적인 마오쩌둥 사상은 있을 수 없다. 오로지 구체적인 현실에서 이루어진 그의 모든 말과 행동이 바로 "마오쩌둥 사상"을 이룬다.

마오쩌둥의 비밀 연설문들을 보면, 그가 스탈린 정권의 대숙청에 대해서 소상히 보고를 받고 있었음을 알 수 있다. 중국에서 진행된 국가 주도 반혁명분자 숙청과정도 주도면밀하게 관찰하고 있었다. 1957년 2월 27일 마오쩌둥은 스탈린이 1934년 소련공산당 제17회 전당대회에서 대표단과 중앙위원들을 체포해 처형했다는 사실을 적시하면서 다음과 같이 말한다.

우리 나라는 (반혁명분자들을 숙청하는) 진반 운동에서 과연 어떠했는가? 너무 못했나? 아니면 너무 잘했나? 내가 보니 결점도 있었지만, 다른 나라와 비교해보면, 우리는 그래도 참 잘했다. 소련보다 잘했고, 헝가리보다 잘했다. 소련은 극좌였다. 우리는 그들을 거울로 삼았다. 우리가 특별히 총명해서가 아니었다. 소련이 너무나 왼쪽으로 갔기 때문에 우리는 그들의 경험을 통해 배웠을 뿐이다……소련의 경우에는 두 가지 측면이 있다. 진정한

빅브라더 마오쩌둥의 정신 세계는 1950-1960년대 중국 인민의 운명을 결정했다.
(https://www.newstatesman.com/culture/2014/05/how-wes-embraced-chairman-mao-s-little-red-book)

반혁명분자를 숙청했는데, 이 점은 잘했다. 반면 많은 사람들을 잘못 죽였다. 주요 인물들, 예컨대 공산당 대표대회의 대표들을 90퍼센트나 죽였다. 중앙위원들을 몇 명이나 죽였을까? 제17차 당 대표대회의 대표들을 80퍼센트나 잡아서 죽였다. 제17차 당 대회에서 선출된 중앙위원들 중에서도 잡아서 죽인 숫자가 무려 50퍼센트나 된다. 우리는 그들을 거울로 삼았기 때문에 그런 일은 피해갈 수 있었다. 우리도 잘못 죽인 사람들이 있었나? 있었다. (반혁명분자를 숙청하던) 진반 운동 당시, 1950년, 1951년, 1952년, 3년 동안 그런 일들이 일어났다. 다섯 종류의 반혁명분자들을 제거하면서 지방 토호들과 열신(劣紳 : 악덕한 신사[紳士])들을 죽일 때, 70만 명을 죽였다. 그러나 근본적으로 잘못한 것은 아니다. 꼭 죽여야만 하는 사람들은 몇 명쯤 죽였는가? 70만 명을 죽였다. 그 이후에 7만 명이 더 죽었다.

8만 명에는 못 미친다.4)

마오쩌둥은 스스로 "잘못 죽인" 사람들이 있었음을 시인하고서는, 같은 문단에서 "근본적으로 잘못한 것은 아니다"라고 말한다. 무슨 말일까? 70만의 인명을 "잘못 죽인 것은 맞지만," 죽인 것이 꼭 잘못은 아니다? "극좌의 오류"로 70만 명을 잘못 죽였지만, 공산혁명의 성공을 위해서는 불가피했다? 아니면, 70만 명 중에 잘못 죽인 사람들도 속해 있었다? 학계의 정설은 1950년대 초반에 처형된 인명을 100만 명 정도라고 추측해왔지만, 최신의 연구에 따르면 그 희생자의 수는 300만 명을 웃돈다. 분명한 사실은 여전히 진반 운동의 희생자 수가 제대로 밝혀지지 않았다는 점이다. 같은 글에서 마오쩌둥은 홍콩의 언론을 비판하면서 다음과 같이 말한다.

> 홍콩 언론들은 수를 부풀려서 우리가 2,000만 명을 죽였다고 한다. 2,000만에서 70만을 빼면 나머지는 1,930만이다. (고대의) 독재자 주왕(紂王)도 이토록 사악할 수 없다'라고 한다. 우리가 어떻게 2,000만 명을 죽이겠나? 70만 명이 죽은 것은 사실이다. 그러나 그들이 죽지 않았다면 사람들은 고개도 제대로 들지 못했을 것이다. 인민이 생산력을 해방시키기 위해서 학살을 요구했다. (우리가 학살한 자들은) 생산력을 저해하는 족쇄였다.5)

생산력을 막는 족쇄라는 모호한 이유를 들어서 스스로 70만 명을 죽였노라고 당당하게 말하는 빅브라더! 그럼에도 소련을 거울로 삼아서 극좌의 오류를 피할 수 있었다고 말하는 빅브라더. 그 빅브라더의 정신 세계야말로 현대 중국의 비밀을 푸는 열쇠가 아닐 수 없다.

제20장
중앙서기처의 비밀

"먼저 쓰라고 해놓고서는……."

중국의 백화제방 운동과 반우파 투쟁을 생각할 때마다 뇌리에 겹치는 학창 시절의 사건이 하나 있다. 1985년 서울 서북 지역의 한 중학교 교실에서 일어난 일이다.

30대 중반의 한 미술 교사가 학생들에게 말했다. "지금부터 빈 종이에 이 선생님에 대한 불만과 건의 사항을 자유롭게 써라!" 뜻밖의 요구에 어리둥절해진 학생들을 향해서 교사가 거듭 말했다.

뭐라고 써도 좋으니 깨알같이 너희들의 생각을 솔직하게 다 써라! 너희들의 비판으로 나 자신을 채찍질해서 더욱 좋은 교사로 거듭나고자 한다. 지금부터 20분 후에 반장이 전부 걷어서 교무실로 가져와라!

교사가 교실 밖으로 나가자 왁자지껄 난상 토론이 벌어졌다. 한 학생이 큰 소리로 말했다. "야, 진짜로 쓰면 나중에 혼나는 거 아니냐?" 다른 학생이 대답했다. "혼나긴 왜 혼나냐? 쓰라고 했으니까 그냥 다 써." 교실은 "진짜로 썼다가는 매 맞는다"는 쪽과 "쓰라니까 쓰자"는 쪽으로 양분되었다. 그때 반장이 일어나서 말했다. "시간이 10분밖에 안 남았네." 그 한마디에 학생들은 "에라, 모르겠다! 쓰라니까 쓰고 보자"는 쪽으로 확 기울어졌다.

학생들은 서로 큰 소리로 떠들면서 교사에 대한 불만을 토로했다. 왜 실기 실습은 안 하느냐? 왜 만날 미술과 상관없는 다른 이야기만 하느냐? 왜 자꾸 툭툭 때리고 치느냐? 왜 매번 자습만 하느냐? 왜 실기 점수를 그렇게 짜게 주느냐? 왜 그렇게 소리를 치냐? 왜 출석부로 머리를 때렸느냐? 등등. 학생들은 교사의 잘못을 조목조목 짚어가며 깨알 같은 글씨로 빈 종이를 채워나갔다.

20분이 다 되자 반장은 종이를 걷어서 교무실로 달려갔고, 교사는 일단 여유 있는 표정으로 한 장씩 넘겨가며 읽기 시작했는데……. 5분이 채 못 되어 격노한 교사는 곧장 교실로 달려와서 학생들에게 소리쳤다. "이런 되바라진 녀석들, 용서할 수 없다." 교사는 학생들에게 가장자리 책상들을 중앙으로 밀게 하고는 교실 둘레를 뱅뱅 돌며 "토끼뜀"을 뛰라고 했다. 다리가 아파서 픽픽 쓰러지면서 학생들은 이를 악물고 중얼거렸다. "먼저 쓰라고 해놓고서는……."

집단지도체제의 중핵

잠시 되짚어보자. 마오쩌둥은 1956년 2월부터 "백화제방, 백가쟁명"의 깃발을 들고서 1년이 넘도록 중국의 인민들에게 외쳤다. "주관주의, 관료주의, 분파주의를 극복하자! 정부를 비판하고 당 내부의 문제점들을 지적하라! 헌법에 표현과 사상의 자유가 보장되어 있다!" 마오쩌둥은 슬슬 대중의 분노를 자극해서 그들 마음속의 빗장을 풀었다. "쓰라니까 쓰자"는 학생들처럼 중국의 지식인들을 "자유롭게 말하라!"는 최고지도자의 당부를 따라서 이윽고 입을 열었다.

이에 백화제방의 불길은 1957년 4월 말부터 6월 초까지 5주일에 걸쳐서 세차게 타올랐다. 비당원 관료 집단, 문예계 인사들, 과학자, 언론인, 대학교수, 교사, 기술자, 대학생까지 수많은 사람들이 공산당의 권위에 과감히 도전하며 정부 비판을 이어갔다. 그들은 공개 토론장에서 정부에 대해서 성토하거나 신문, 잡지에 격문을 게재하거나 건물 벽에 대자보를 써 붙이며 정부의 권위주의와 당내의 문제점을 비판했다. 성마른 지식인들이 비판을 쏟아내자 격분한 중공지도부의 간부들은 땀을 쥔 손으로 탄압의 곤봉을 만지작거렸다. 당황한 마오쩌둥은 중앙서기처 총서기 덩샤오핑에게 대책 마련을 지시하는데……. 치밀한 계획으로 최대의 효과를 거두기 위해서 두 사람은 전술적인 인내를 발휘한다.

집단지도체제라고 불리는 중국 특유의 정치제도는 정치국상무위원회(政治局常務委員會, 이하 정치국상위)를 두고 하는 말이다. 1956년 9월 제8차 전국대표대회에서 최초로 6인 지배체제의 정치국상위가 확립되었다. 오늘날도 정치국상위(현재 7인 지배구조)는 중공중앙의 최고 정책결정 기구로 기능한다. 정치국상위가 신설되면서 기존의 중앙서기처는 실무 담당의 기구로 재편되었다. 중앙서기처는 중앙정부의 정책결정에 필요한 주요 정보의 수집, 특수활동의 기획, 관리 및 처리, 또 비밀정찰 활동까지 겸했다. 그런 점에서 일면 1960-1970년대 대한민국의 중앙정보부와도 유사해 보이는데, 중앙서기처는 1967년 문화혁명의 광기가 절정에 달할 때에 폐지되었다.

"백화제방, 백가쟁명."

1959년 4월 초에 마오쩌둥은 "중공중앙 정치국 상위는 7인, 중앙서기처는 12인, 이 19인에 영도력이 집중된다"고 말한 바 있다. 아울러 그는 정치국 상위의 총서기인 자신이 대원수로서 정사(正師)가 되며, 서기처의 총서기 덩샤오핑은 부사령관으로 부사(副師)가 된다고 말한다. 중국의 군사 조직은 그렇게 정사와 부사가 쌍을 이루고 있다. 정부(正副)의 관계로 결합된 마오쩌둥과 덩샤오핑의 관계가 당시 중국 집단지도체제의 중핵이었다. 마오쩌둥의 지도하에 상위 6인 중 한 명이면서 동시에 중앙서기처의 총서기직을 맡았던 덩샤오핑의 권력은 실로 막강했다.

덩샤오핑의 반우파 투쟁

덩샤오핑은 중국식 개혁개방의 입안자이다. 덕분에 중국은 1978년 이래 30년 이상 연평균 10퍼센트에 달하는 고도의 경제성장을 이어갔다. 1989

1959년 마오쩌둥과 덩샤오핑.

년 6월 4일 톈안먼 대도살의 최종 책임자로서 오점을 남겼음에도 오늘날 그는 마오쩌둥 시대를 종식하고 "제2의 혁명"을 성공시킨 위대한 지도자로 인식되고 있다.

문화혁명 당시 덩샤오핑은 두 번이나 권력에서 밀려나서 장시 성의 오지에서 사상 개조를 강요당했다. 그런 극적인 정치적 등락과 1978년 이후 개혁개방의 광휘(光輝) 때문에 1950년대 덩샤오핑의 활동은 흔히 간과되고는 한다. 일례로 928쪽에 달하는 하버드 대학교 명예교수 에즈라 보걸(Ezra Vogel)의 『덩샤오핑 평전(Deng Xiaoping and the Transfomation of China)』(2011)은 반우파 투쟁의 활동에 대해서 한마디의 언급조차 없다.

덩샤오핑의 정치 이력에 대한 학계의 미화는 지나친 측면이 있다. 개혁개방 이후의 성과만을 크게 부각시킨 탓에 덩샤오핑의 "어두운" 이력이 간과된다. 그러나 오늘날 지속되고 있는 중공정부의 권력 기반을 이해하기 위해서는 1950년대 덩샤오핑의 이력을 면밀히 검토해야 한다.

1950년대의 덩샤오핑은 자타공인 마오쩌둥의 오른팔이자 심복이었다. 마오쩌둥은 덩샤오핑의 치밀함과 추진력을 믿었고, 덩샤오핑은 마오쩌둥의 의중을 제대로 읽었다. 자고로 독재정권의 권력은 측근의 보좌진을 사로잡는 권력자의 카리스마에서 나온다. 독재정권의 몰락은 예외 없이 측근의 부패, 실책 및 배신에서 비롯된다. 한 소설가의 직관대로 가족을 포함해서 단 세 명의 심신을 완벽하게 지배하고 무조건적인 복종을 유도한 자는 누구든 천하를 거머쥘 수 있다. 마오쩌둥의 경우, 그 세 명은 저우언라이, 캉성 그리고 덩샤오핑이었다. 적어도 1950년대 후반까지는 그랬다. 대기근 이후 덩샤오핑이 마오쩌둥의 노선에서 이탈하기 전까지는.

마오쩌둥은 중앙서기처의 덩샤오핑에게 반우파 투쟁의 전권을 부여했다. 마오는 큰 그림을 그렸고, 덩샤오핑은 구체적 사건들을 기획하고 지휘했다. 마오는 반우파 투쟁의 기획자였고, 덩샤오핑은 총감독이었다. 덩은 중공지도부의 정책결정을 하위 부서에 전달하고 지방정부의 상황을 최고지도부에 보고했다. 전화망을 활용하여 전국 단위의 중앙집권적 통신체계를 구축한 후, 성(省) 정부 서기들에게 구체적인 지시를 내리고 지방 상황을 보고받았다. 애당초 중앙서기처 없는 반우파 투쟁은 있을 수 없었다.

1957년 5월 14일, 중앙서기처는 마오쩌둥의 명령에 따라서 비판 세력에 대응하는 구체적인 지침서를 작성한다. 지침서는 비당원 중에서 우파들을 잘 관찰해 색출하라는 명령이었다. 이틀 후, 중앙서기처는 주요 언론 매체들에 우파들의 날카로운 비판과 독설을 가감 없이 게재하라고 명령한다.

같은 날, 중공정부는 당 간부들에게 우파들이 마음을 놓고 비판의 축제를 더 이어갈 수 있도록 몇 주일간 가만히 내버려두라는 지령을 하달했다. 효과적인 제초를 위해서는 잡초가 땅을 뚫고 나와서 잘 자라도록 내버려두어야 하듯이.

반우파 투쟁이 본격적으로 개시되기 전, 덩샤오핑은 전국 성(省) 단위 당 위원회에 "우파" 비판 세력의 언설을 수집하고 분류하라고 명한다. 그는 당내 학술요원들을 바주카 포대라고 불렀다. 덩샤오핑의 지시 아래 바주카 포대는 우파들의 날선 비판을 논박하는 당의 논리를 계발하고 있었다. 결전의 순간이 오면 일시에 반박문을 출판하기 위함이었다.

그해 6월 8일, 드디어 반우파 투쟁이 시작되었다. 「인민일보」의 사설 "무엇을 위함인가?"가 그 출발의 신호탄이었다. 중공지도부는 중공공산당과 노동자 계급을 파괴하려는 우파 집단의 "사악한 야심"의 분쇄를 위한 대대적 투쟁을 촉구했다. 덩샤오핑은 중앙서기처의 요원들을 성 단위 조직에까지 파견했다. 동시다발적으로 전 지역에서 반우파 투쟁의 불씨를 당기기 위함이었다.

6월 12일 덩샤오핑의 지령에는 이런 말이 있다. "큰 물고기는 나중에 나온다!" 또 이런 말도 있다. "투쟁이 심화되면 더 불온한 생각들이 표출된다!" 6월 14일 광둥 성에 하달된 그의 명령에는 이런 말도 나온다. "긴 낚싯대를 드리워서 큰 물고기를 잡아라!" 정부가 탄압의 칼날을 보이는 순간, 모든 사람들이 입을 닫고 숨을 것이 뻔했다. 바로 그런 이유 때문에 덩샤오핑은 모든 우파들이 모두 '커밍아웃할' 때까지 인내심을 가지고 기다리라는 은밀한 지시를 내렸다. 잔챙이에 집착하지 말고 침착하게 상황을 주시하다가 거물급 반체제 인사들을 체포하라는 요구였다.

"우파 사냥"의 전술

덩샤오핑은 집요하게 투쟁의 수위를 높여갔다. 중앙고급당교(中央高級黨校) 사례는 덩샤오핑의 정치적 냉혹성을 특히 잘 보여준다. 당교는 당원과 당원 간부를 훈련시키고 길러내는 중공중앙의 학교이자 마르크스-레닌주의와 마오쩌둥 사상을 연구, 교육, 보급하는 이념기관이었다. 그리고 바로 그런 이유 때문에 극심한 반우파 투쟁에 휩싸였다.

1957년 7월 22일, 중앙고급당교의 교장과 교감은 교내 반우파 투쟁의 과정을 통해서 우파 두 명과 그릇된 우경 사상에 물든 2명을 가려냈다고 보고했다. 저조한 결과에 수긍하지 못한 덩샤오핑은 더 많은 우파들을 당장 색출하라고 다그친다. 한 달쯤 지난 8월 23일, 교장과 교감이 9명의 우파를 찾아냈다고 보고하자 덩샤오핑은 더 심하게 그들을 꾸짖었다. "그 학교의 샤오루(蕭魯, 연도 미상)는 우파가 아니라고? 그런 자가 우파가 아니라면, 전국에 우파가 어디에 있나?" 샤오루는 당교 입학 전에 전국총노동조합 및 선원조합(全國總工會海員工會)의 국제장관이었다. 덩샤오핑은 바로 그 인물을 지목하여 우파라고 선언한 셈이었다. 덩샤오핑의 권한 대행이자 베이징 시장이었던 펑전(彭眞, 1902-1997)은 당 서기들에게 오히려 "당신들이 중도 우파가 아닌가?"라고 반문했다. 큰 위협을 느낀 당 서기들은 곧바로 당교로 돌아가서 더욱 열광적으로 반우파 투쟁의 기치를 흔들어댔다.1)

1957년 9월 6일 당교에서는 "샤오루 비판대회"가 열렸다. 수많은 군중이 운집해서 공개적으로 샤오루를 비판하고 모욕하는 잔인한 반우파 집회였다. 1957년 9월 20일 당교의 기관지 「실사구시(實事求是)」에는 이날 샤오루를 비판한 후이시리(惠錫禮, 1917-1999)의 격문이 게재되었다.

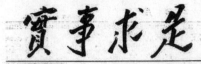

1957년 9월 20일 자 중앙고급당교의 기관지 「실사구시」 1면을 장식한 후이시리의 격문 "샤오루 문제의 성질에 관하여."

후이시리의 격문에 따르면, 샤오루는 "몰락한 지주와 반동 군관의 가정"에서 자랐다. 그의 아버지는 반혁명분자로 분류되어 "노동 개조"의 처벌을 받고 있었다. 비록 샤오루는 거의 20년 전에 입당했지만, 제대로 공산주의자로 거듭나지 못한 채 부르주아 개인주의와 자유주의에 물들어 있었다. 그럼에도 20년간 당원임을 감안한 당내의 온정주의 때문에 그는 교묘하게 우파의 낙인을 피해갔다. 그에 대한 비판이 놀랍게도 그의 인격적 결함과 불순한 마음을 문제 삼고 있음을 알 수 있다.

샤오루는 당의 간부정책에 불만을 품었다. 그는 교만하고 거만했다. 자신의 총명과 능력을 과신해서 명예로운 지위를 탐하고 (간부들의) 직급별 대우를 과도하게 따지고 들었다. 그는 스스로 입당한 지 얼마 되지 않아 비교적 중책을 맡았지만, 현재 선원 노조의 국제장관직을 맡은 것이 대재소용(大材小用 : 큰 인재가 썩음)이라고 생각한다.[2]

반우파 투쟁에 불려간 교통부 장관 장보쥔의 모습. 1957년 6월 장보쥔은 "중국 제1
호 우파분자"로 낙인찍히고, 문화혁명 시기 홍위병의 폭력에 시달리다가 위암으로
사망한다. 그는 1980년에 복권된다.

당교의 반우파 투쟁은 석 달간 지속되었다. 12월 초 67명의 "우파" 학생
들의 명단이 중앙서기처에 보고되었다. 중앙서기처가 정부기관에 암약하
는 우파 세력의 규모를 암시하고, 당 간부가 눈치껏 알아서 상부의 기준을
초과달성한 단적인 사례이다.

과연 당시 중공정부가 제시한 우파의 기준은 무엇이었을까? 6월 중순
에 반우파 투쟁이 개시된 이후 넉 달 동안 중공정부는 명확한 우파의 기준
을 제시하지 않았다. 10월 15일이 되어서야 당 중앙은 중앙서기처를 통해
서 우파의 기준을 밝히지만, 여전히 구체성을 결여하고 있었다. 1957년
6월 19일 「인민일보」는 마오쩌둥의 연설문 "인민 내부 모순의 처리에 대

하여"를 게재한다. 이 연설문에는 여섯 가지 반혁명 행위에 대한 일반 규정이 제시되어 있었다. 10월 15일 중앙서기처가 발표한 우파 색출의 기준은 그보다 더욱 구체적이다.

예를 들면 "중공지도부의 경제 또는 문화 정책에 대한 반대, 공산당과 정부 조직에 대한 악의적 비판 혹은 비방, 노동자, 농민, 혁명 활동가들에 대한 모욕, 공산당의 혁명적 활동에 대한 모독" 등이다. 이런 기준으로 우파 사냥을 할 경우 무고한 사람들이 누명을 쓰기에 딱 좋다. 1950년대 현실에서 우파는 한 인격을 단죄하는 모호하고도 잔인한 개념이었다.

중앙서기처는 정부의 각 단위에서 우파의 할당량을 제시한 이른바 "우파 지시(右派指示)"를 내렸다. 1957년 6월 초에 이미 마오쩌둥은 참가자 중에서 1퍼센트가 우파라고 단언했는데, 상황에 따라서는 10퍼센트가 우파로 낙인찍히는 사태도 발생했다. 최고지도자의 기대치에 부합하려는 공산당 관료 집단의 노력 때문이었다. 중앙서기처는 정부 각 단위에 압력을 가해서 마오쩌둥 주석의 기대치를 초과달성하도록 했다.

당 조직과 정부 부서는 우파 명단을 짜서 중앙서기처에 올렸고, 덩샤오핑은 요식적인 검토 후에 최종 승인을 내렸다. 오직 우파의 숫자가 기대치를 밑돌 때에만 더 많은 우파를 색출하라고 명령했을 뿐이다. 덩샤오핑은 개인적으로 반우파 투쟁의 기본 원칙과 방법을 정했다. 그는 우파들을 오지로 유배시켜 중노동에 시달리게 한 장본인이기도 했다.

운동의 후일담

반우파 투쟁으로 백화제방의 열기가 싸늘히 식자 흥미를 잃은 마오쩌둥은 경제개발에 몰두하기 시작했다. 중앙서기처는 그러나 우파 색출을 계속했다. 1957년 가을에 전국적으로 퍼져나간 반우파 투쟁의 불길은 1958년 초에 더욱 거세게 타올랐다. 1958년 2월에 초중고 교사들 10만 명에게 우파라는 낙인이 찍혔다. 1958년 전반기 내내 우파의 숫자는 지속적으로 증가해서 급기야 50만 명을 넘어섰다. 반우파 투쟁은 1958년 5월 20일에서야 막을 내렸다.

마오쩌둥은 "6억 인구를 일깨우기 위해서 30만의 우파를 가진다면 그역시 좋은 일"이라는 감상을 피력했다. 1958년 7월 16일 덩샤오핑은 "반우파 투쟁이 많은 문제를 해결해서 이제 좌파와 중도파가 늘어나고 있다"며 중앙서기처의 업적을 높이 평가했다. 그런 평가에도 불구하고 대부분의 중국 지식인들은 반우파 투쟁의 광기를 악몽으로 기억하고 있다. 한 연구자는 단언한다. "반우파 투쟁 피해자들의 99.99퍼센트는 누명을 썼다"고.

덩샤오핑 집권 이후 문화혁명의 오류와 피해에 관해서는 역사적 오류를 바로잡는 이른바 "평반(平反)" 의식이 치러졌다. 그러나 반우파 투쟁의 피해에 대해서는 제대로 된 진상조사도 피해자에 대한 국가 차원의 배상도 이루어지지 않았다. 이유는 자명했다. 바로 덩샤오핑이 반우파 투쟁의 주동자였기 때문이다. 덩샤오핑과 더불어 중앙서기처의 요직을 맡았던 인물들 역시 개혁개방 시기에 정부의 중책에 올랐다.

돌이켜보면 묘한 아이러니가 아닐 수 없다. 대약진 운동 역시 중앙서기처의 작품이었다. 1957-1958년 당시 국무원 주도의 경제개혁이 큰 성과를 올리지 못하자, 마오쩌둥은 중앙서기처의 덩샤오핑에게 "대약진"의 설계도를 그리게 했다. 반우파 투쟁 당시 덩샤오핑의 기민한 대처와 실행력에 감탄했기 때문에 마오는 더더욱 덩의 중앙서기처에 의존했다.

대약진 운동의 처참한 실패 이후, 류사오치와 함께 권력의 핵심으로 들어간 덩샤오핑은 과감한 경제개혁을 주도한다. 1962년 7월, 그는 1980년대 이후 중국의 정신사를 지배하는 유명한 한마디를 남긴다. "검은 고양이든 흰 고양이든 쥐만 잘 잡으면 좋은 고양이이다." 바로 덩샤오핑의 "흑묘백묘론(黑猫白猫論)"이다. 그는 류사오치와 함께 과감한 실용주의의 개혁을 추진하지만, 4년에 걸친 그들의 노력은 1966년에 시작된 문화혁명 직후 산산이 바스라진다. 류사오치는 3년 후 옥중에서 병사한다. 덩샤오핑은 문화혁명 기간 동안 두 번이나 농촌에서 재교육을 강요당한다.

제21장
자유인의 망명

"아, 톈안먼", 어느 서글픈 추모회

오늘날 홍콩과 마카오를 제외한 중국 대륙의 어느 도시에서도 1989년 톈안먼 대도살 추모집회는 허용되지 않는다. 대학가의 공개 토론도 열지 못한다. 대도살의 실상은 고사하고 당시의 상황을 조명하는 신문기사 하나 제대로 게재되지 못한다. 홍콩 시위에 관한 기사는 조직적으로 검열되고 삭제된다. SNS도 철저히 감시되고, 검열되고, 통제된다.

NPR과 BBC 특파원으로 10년 동안 중국에 주재했던 루이자 림(Louisa Lim)은 2014년 톈안먼 대도살의 25주년을 맞아서 집필한 심층취재기를 이듬해 영국 옥스퍼드 대학교 출판부에서 출판했다. 이 책의 제목은『망각의 인민공화국(*The People's Republic of Amnesia: Tiananmen Revisited*)』(2015)이다. 이 책의 제목 그대로 오늘날 중화인민공화국은 톈안먼 대도살의 진상조사는커녕 공개 토론조차 제대로 열 수 없는 '망각'의 대륙이다. 그러나 중국 사람들이 정말 망각 속에서 기계의 부속처럼 둔탁하게 살아가고 있을까?

2018년 6월 5일 저녁, 나는 중국의 한 대학에서 근무하는 교수에게서 전화를 받았다. 수화기 너머로 여러 사람들의 목소리가 시끄럽게 들려왔다. 십여 명의 중국인들이 만찬 중에 1989년 톈안먼 민주화 운동에 대해서 격론을 벌이고 있다는 것이었다. 만찬 원탁에 둘러앉은 십여 명은 식사를 하며 다양한 주제로 허심탄회한 대화를 나누었는데, 1989년 6월 4일에 일어난 "톈안먼 대도살"에 대해서는 모두가 격분하며 정부의 폭력과 무책임을 규탄했다고 한다. 그 현장에는 60대 중반의 홍위병 출신 원로학자, 50대 초반의 6-4 세대 중견 학자, 40대의 소장 학자들, "바링허우(80後 : 80년대 이후 출생자)"인 30대 초반의 젊은 학자들까지 섞여 있다고 했다. 중국공산당 자체를 부정하는 "과격파", 공산당의 기본 정신에 입각하여 현재 중공정부를 비판하는 "원칙론자", 중국식 제도개혁을 모색하는 "점진개혁파" 등등. 정치적인 견해 차이가 분명했음에도, 표현, 언론, 집회, 양심의 자유를 열망하는 점에서는 모두가 일치했다고 한다.

그들 대부분이 공산당원들인데, 흥미롭게도 그중 한 교수는 무슨 이유에서인지 최근 탈당했다고 한다. 그 탈당파 인사는 그날 그 자리에서 위챗(wechat) 대화방에 떠도는 톈안먼 관련 메시지를 옆에 앉은 사람들에게 전달하려고 했지만, 놀랍게도 주변 사람들 중 누구도 그 메시지를 수신할 수 없었다. 톈안먼 대도살 29주년을 맞아서 위챗을 뜨겁게 달구었던 문자들이 하루 만에 정부에 검열을 당해서 더는 "퍼 나를" 수 없게 되었다는 이야기이다. 오늘날 중국의 지식인들은 그렇게 서슬 퍼런 검열의 칼날 아래에서 몰래 무리지어 울분을 토로하고 있다.

이후 나는 직접 그 교수에게 그 메시지를 전달해달라고 부탁했다. 그 교수는 다시 내게 그 메시지를 전달하려고 했지만, 여전히 전달되지 않았다. 중공정부가 "불온" 문자들을 중간에서 잘라버리기 때문이다.

就是有一个短的段子，也不是认真的讨论，这在大陆是不允许的。

我把那个段子转发给朋友，始终不能正常达成，可能因为敏感被控制了。

我传给你试试

我刚刚转发给你了，就是一张图片配有一段文字。我可以看到，你能不能接收到就看你的了

哈哈!! 不能接收!!

那就是被严格控制了

중국 최대 SNS인 위챗에서 "톈안먼 대도살" 관련 메시지는 2018년 6월 중공정부의 검열에 의해서 삭제되었다. 2018년 6월 7일 한 중국인과의 위챗 대화를 캡처한 이미지. 위챗에 떠도는 톈안먼 대도살 관련 메시지를 전달해달라는 부탁에 그는 다음과 같이 대답했다(보안상 신원은 지우기로 한다).

중국인 교수: "그저 짧은 글귀에 불과했어요. 제대로 된 토론도 아니었어요. 대륙에서는 허락되지 않습니다. 친구에게 전달하려고 했는데, 계속해서 정상적으로 전송되지 않았어요. 민감한 주제라서 제한된 듯해요……한번 선생님께 보내보지요……방금 전달했는데요. 그림 이미지 옆에 문자가 적힌 파일입니다. 저는 지금 볼 수 있는데요. 혹시 받으셨는지요. 받으면 곧바로 볼 수 있습니다."
저자: "하하. 받을 수가 없네요."
중국인 교수: "그렇다면 엄격하게 제한된 것입니다."

거양, 톈안먼의 자유인

해마다 "톈안먼 대도살" 혹은 "1989년 민운(民運 : 민주화 운동)"이 거론될 때마다 나는 2009년 뉴욕에서 93세의 나이로 타계한 중국 언론의 양심적 여성 투사 거양(戈揚, 1916-2009, 본명은 수페이화[樹佩花])을 떠올리게 된다. 나는 거양의 모습을 미국 PBS의 다큐멘터리「중국, 혁명의 세기 (*China, A Century of Revolution*)」제2편에서 처음으로 보았다. 마르고 긴 얼굴의 70대의 할머니가 형안(炯眼)으로 카메라를 응시하며 1950년대 마오쩌둥의 자가당착을 정면으로 비판하는 장면이었다. 강직하고도 단아한 70대 할머니의 카랑카랑한 음성이 귓가에 들려오는 듯하다.

> 나는 29개의 범죄혐의를 받았습니다. 그중의 하나가 백화제방 운동을 지지
>
> 했다는 죄목이었어요. 그 운동은 마오쩌둥이 시작한 건데, 어떻게 그 운동
>
> 을 지지했다고 범죄가 될 수 있죠?

거양은 1916년 장쑤 성 하이안(海安)에서 나고 자랐다. 10대이던 1935년, 중공의 외곽 조직에 참가하면서 본격적인 공산주의자의 길을 걸었다. 사범대학에 입학했지만 곧바로 항일전쟁의 전장으로 달려갔고, 1938년 3월부터 4월까지 산둥 성 남부에서 벌어진 타이얼좡 전투에 몸소 참가했다. 이후 거양은「구이저우 일보(貴州日報)」의 기자로 발탁되어 언론계에 입문했다. 1940년대 초 충칭에서 근대 중국혁명의 아버지 쑨원의 아내 쑹칭링(宋慶齡, 1893-1981)의 지도하에 여성 주도의 '신생활 운동'에 참여한 경력도 있다. 그 과정에서 거양은 이후 저우언라이 총리의 아내로서 1980년대 중국인민정치 협상회의의 주석을 역임하는 덩잉차오(鄧穎超, 1904-

거양의 인터뷰 장면, PBS 다큐멘터리 「중국, 혁명의 세기」 제2편 중에서.
(https://www.youtube.com/watch?v=PJyoX_vrlns)

1992, 재임 1983-1988)와 깊은 친분을 쌓는다.

1940년대 10년 동안 거양은 언론계에서 명망을 얻어 3명의 다른 여기자들과 함께 1950년대 중국 신문계의 4대 화단(花旦 : 스타)으로 꼽혔다. 1950년에는 종합교양지 『신관찰(新觀察)』의 편집장에 추대되었다. 마오쩌둥의 비서였던 후차오무(胡喬木, 1912-1992)의 뜻이었다. 거양은 편집장이 되면 자신의 "뜻대로 만들겠노라"고 선언하고, 후차오무의 동의를 얻어냈다. 이후 『신관찰』은 광범위한 독자층의 사랑을 얻어 발행부수 제2위의 1950년대 최고 수준의 잡지가 되었다. 특히 민중의 희로애락을 담은 "생활의 작은 이야기"와 특권층의 부정과 비리, 관료주의를 풍자한 "소비평" 등의 연재물이 세간의 관심을 받았다고 한다.

그렇게 큰 인기를 누리며 최고의 전성기를 구가하던 거양에게 일생일대의 시련이 닥쳤다. 바로 반우파 투쟁이었다. 1957년 백화제방 운동이 시작되자, 거양은 언론인의 정도를 따라서 앞장서서 정부의 문제점을 지적하고 관료행정의 부패를 비판하기 시작했다. 그녀는 당시의 억압적인 분위기에서는 오로지 "골방에서만 마음속의 진심을 말할 수 있다"고 지적하면서 "교조주의는 인간을 속박한다!"고 주장했다. 공산당의 근본적인 개혁을 촉구하는 거양의 직언직설은 중공지도부의 심기를 건드렸다. 반우파 투쟁이 개시되자 거양은 곧바로 우파의 멍에를 쓰고 마녀사냥의 희생물로 전락하고 말았다.

거양과 함께 중국 신문계의 4대 화단으로 꼽혔던 다른 세 사람 역시 필화에 휩싸였다. 그중 1957년 당시 「인민일보」의 부편집장이었던 양강(楊剛, 1905-1957)은 반우파 투쟁이 고조되던 상황에서 스스로 목숨을 끊었다. 일기장을 분실한 양강은 자신의 사적인 기록이 공개될 경우 자신에게 닥칠 반우파 투쟁의 폭풍이 두려워 목숨을 끊은 것이었다. 『여행가(旅行家)』지의 편집장이었던 펑쯔강(彭子岡, 1914-1988)은 거양과 함께 반우파로 몰려 노동교양형에 처해졌고, 1979년 복권될 때까지 어둠 속에서 살아야만 했다. 「문회보」의 베이징 주재 주임이었던 푸시슈(浦熙修, 1910-1970)는 반우파 투쟁에 부역함으로써 가까스로 우파의 낙인을 피해갔지만, 문화혁명 때에 다시 불려가서 수난을 당하고는 향년 60세를 일기로 병사했다.

노동교양, 고되게 일을 해서 생각을 바꾸라!

거양은 반우파 투쟁 당시 벽지의 공장, 농촌, 광산 등지에 하방당해 "노동교양"의 이름으로 강제노동에 시달려야 했던 50여 만 우경분자 중의 한 명이었다. 단기간의 노역 이후 풀려난 사람들도 있었지만, 거양은 무려

21년의 긴 세월을 노동교양의 굴레를 쓰고 살았다. 노동교양이란 과연 어떤 과정이었나?

1955년 8월에 처음 도입된 "노동교양제도(줄여서 노교)"는 "잠복한 반혁명 세력의 완전한 제거"를 위한 사회 통제 방편이었다. 인권유린의 온상으로 악명 높은 중국의 라오가이(노개 : 노동개조[勞動改造]의 줄임말)와는 또다른 제도이다. 라오가이는 중범죄자에게 노동형을 가하는 말 그대로의 강제 수용소, 스탈린식 굴라크(Gulag)이다. 반면 노교의 본래 목적은 사기꾼, 공갈범, 상습폭력배 등 반사회적 '부랑인들'을 행정상으로 억류하고 그들에게 "신성한" 노동의 기회를 제공해서 새로운 인간으로 거듭날 수 있도록 교도하는 "재교육"에 있었다.

물론 현실에서 노교는 반사회적 인물들을 격리, 수용하는 강제노동의 감옥으로 기능했다. 반우파 투쟁 과정에서 색출된 55여 만의 우파 혹은 우경분자들은 반사회적 잡범들과 함께 노교로 끌려가서 강제노동에 시달렸다. 중국공산당은 지식인의 입을 막기 위해서 늘 "노동을 통한 사상 개조"를 강조했다. 그런 중공지도부의 조치를 보면, 노동자, 농민의 고통을 모른 채 입만 놀려대는 "백수(白手)의 먹물들"에 대한 혐오와 열등 의식을 쉽게 읽을 수 있다. 이후 문화혁명 당시 혁명 놀이에 빠져서 극단으로 치닫던 홍위병들을 전부 몰아서 산간벽지의 농촌 마을로 추방했던 이른바 "상산하향(上山下鄕)"의 조치 역시 소위 "지식분자"를 경계하고, 혐오하고, 질시하는 반지성주의 계급 의식의 발로였다.

바로 그런 계급적 세계관에 입각해서 보면, 함부로 입을 놀리고 펜을 휘두르는 인텔리들의 사상, 양심, 표현의 자유는 당연히 억압되어야만 했다. 문인, 기자, 인문, 사회 분야의 지식인들이 특히 요주의의 대상이 되었다. 그런 잠재적 위험인물들을 색출해서 신성한 노동의 기회를 주고, 고된

노동을 통해서 숭고한 삶의 의미를 직접 깨닫게 하는 "재교육"이야말로 노동교양의 정신이었다. 1957년 8월 4일 자 「인민일보」는 "왜 노동교양제도가 필요한가?"라는 제목의 사설에서 다음과 같이 주장한다.

이런 악질분자들에 대해서는 일상적인 설득과 교육의 방법은 효력이 없다. 간단한 처벌의 방법도 통하지 않는다. 그들을 조직과 집단과 기업체에 계속 데리고 있을 수도 없다. 그들이 다른 직업을 구하려고 해도 아무도 그들을 받아들이지 않을 것이다. 때문에 그들을 개조하면서 동시에 그들의 생계를 책임지는 방법이 가장 적합하다. 인민정부는 오랜 연구와 숙고에 따라 그들을 구금해서 '노동을 통해 재교육하는' 방법이 최선이라고 판단했다. 단도직입적으로 말해서 국가가 악질분자를 구금하고, 최적의 노동을 할당하는 방법이다. 예를 들면 국영의 농장과 공장에서 그들을 생산에 참여시킴으로써 스스로의 생계를 책임지게 하는 것이다. 다시 말해, 노동을 통한 재교육은 악질분자들이 스스로 노동을 통해서 먹고사는 길이며, 동시에 노동을 통해서 스스로를 개조하는 과정이다.[1]

「인민일보」의 선전대로 노동교양은 아름다운 제도였을까? 마르크스주의의 상투적 표현을 빌리면, "노동"의 주체를 소외시키는 국가폭력에 의한 노동력 착취는 아니었을까? 현재까지도 중국의 인권 운동가들과 일부 지식인들은 노동교양제도의 폭력성을 고발하면서 폐기를 요구하고 있다. 중국의 전체주의적 사회 통제의 핵심에는 "노동 개조"와 "노동교양"이라는 통제방법이 놓여 있다.

우경분자의 부활

21년간의 "노동교양"의 과정에서 거양은 정부의 의도대로 재교육을 받고 자신의 사상을 개조할 수 있었을까? 이후 거양의 경력을 추적해보면 21년의 중노동도 그녀의 정신을 꺾을 수 없었음을 알 수 있다. 1978년 덩샤오핑 집권과 더불어 영어 상태를 벗어난 거양은 『신관찰』을 복간하고 편집장으로 복귀한다. 21년간 창의적인 활동을 박탈당했지만, 거양은 어렵지 않게 언론인의 옛 감각을 되찾아 왕성하게 활동한다.

『신관찰』은 1980년대 중국에서 당대 최고의 종합교양지로 거듭났다. 문화혁명 당시에는 지식인들 사이에서 「인민일보」, 「해방군보(解放軍報)」와 잡지 『홍기(紅旗)』가 언론계의 "양보일간(兩報一刊)"이라고 불렸다. 그 당시는 "양보일간"이 여론을 지배하는 최고 권력의 기관지였다. 1980년대에는 상하이의 "자유주의" 성향의 일간지 「세계경제도보(世界經濟導報)」, 「경제학주보(經濟學週報)」와 거양이 편집한 『신관찰』이 새로운 "양보일간"의 지위에 올랐다. 거양은 그렇게 언론계에 복귀해서 제2의 인생을 시작했다. 그러나 계속 새로운 난관이 이어졌다.

개혁개방은 시작되었지만, 중공지도부는 정치적 민주화를 용납할 수 없었다. "민주의 벽 운동(民主牆運動, 1978. 11-1979. 12)" 이후 정부는 더욱 억압의 고삐를 당기고 있었다. 1980년 12월에 덩샤오핑은 다시금 "자산계급의 자유화"에 반대하는 성명을 발표한다. 망명지식인 법학자 궈뤄지(郭羅基)의 회고에 따르면, 「해방군보」가 문화혁명의 참상을 고발한 작가 바이화(白樺, 1930-2019)의 시나리오 "고련(苦戀)"을 공격하면서 이른바 "반자유화"의 사상전이 개시되었다. 문화혁명기 사상 통제의 냄새를 맡은 지식인들은 정부의 탄압에 큰 반감을 느꼈다.

바로 그런 상황에서 거양은 작가 바이화에게 원고를 청탁한다. 1981년 7월 25일『신관찰』제14호는 바이화의 수필 "봄바람은 푸근하게 나를 감싸고"를 게재한다. 이 수필에는 "비록 비바람이 있지만, 봄바람, 봄비이며, 부드럽고 따뜻하다"는 구절이 포함되어 있다. 바이화의 수필을 게재함으로써 거양은 정부의 "반자유화"에 정면으로 맞부딪히는 결기를 보였다.

톈안먼의 시위대

마오쩌둥 이후 중공정부의 최고 권력자는 덩샤오핑이었다. 덩샤오핑은 1980년대에 들어서면서 마오쩌둥의 직책을 이어받는 대신 정치국상위의 상무위원으로서 중앙군사위원회의 주석으로 군림했다. 중국공산당의 주석이자 중앙위원회 총서기는 후야오방(胡耀邦, 1915-1989, 주석 재임 1981-1982, 총서기 재임 1982-1987)이었다. 후야오방은 개혁개방 초기 과거사 정리와 피해자의 명예회복 등 평반 운동(平反運動)을 이끌었던 상징적 인물이지만, 1987년에 대학가 지식인들을 중심으로 민주화 열풍이 고조되자 중국공산당은 "자산계급 자유화"를 지지했다는 혐의로 후야오방을 압박해 직위를 내려놓게 했다. 후야오방은 1989년 4월 15일 심장마비로 타계했다.

후야오방의 갑작스러운 죽음은 중국 인민들에게 큰 충격을 주었다. 후야오방 사망 나흘 만에 거양은「세계경제도보」의 편집장 장웨이궈(張偉國, 1956-)와 함께 좌담회를 열었다. 두 사람은 당시 지식인들의 열망을 담아서 후야오방의 복권과 반자유화 운동의 철폐를 부르짖었다. 두 사람의 대담은 다섯 면에 걸쳐서「세계경제도보」에 게재되었다. 시기로 보나 메시지로 보나 당시 막 들불처럼 일어나던 톈안먼 민주화 운동과 직결되

1989년 4월 22일, 후야오방의 장례식에 참석하기 위해서 톈안먼 광장에 모여든 학생들과 대치한 군인들.

는 사건이었다. 결국 장웨이궈는 20개월의 옥살이를 해야만 했다.

1989년 4월 22일 톈안먼의 인민대회당에서 후야오방의 장례식이 거행되었다. 거양은 바로 그날 인민대회당 건물 안에서 장례식에 참석하면서 창문 밖으로 구름 떼처럼 광장에 모여든 젊은 대학생들을 바라보고 있었다. 중국에서는 6-4 민운이라고 불리는 톈안먼 민주화 운동의 서막을 알리는 중요한 순간이었다. 그 현장을 목격한 후 거양은 시 한 수를 남겼다. 시를 쓰게 된 동기를 적은 짧은 노트도 함께 옮긴다.

자오쯔양이 후야오방에 대한 애도문을 낭독한 후, 우리는 그의 시신에 이별을 고했다. 인민대회당의 커다란 유리문을 지나갈 때에 광장에 운집한 수만 명의 학생들이 보였다. 광장에 배치된 군대는 몰려드는 학생들이 인민대회당에 접근하지 못하도록 그들을 곤봉으로 위협하고 있었다. 그곳에 멍하니 서서 나는 학생들의 분노와 유감을 체감할 수 있었다. 매우 긴장된 순간이었다. 대회당 내에 있던 관원들 중에는 학생들이 대회당으로 돌격해올까 봐 걱정하는 이도 있었다. 한 군인이 정중히 우리에게 다가와서 앞으로 가라고 말했다. 한 병사가 내 손을 잡아끌 때에 나는 말했다. "난 여기 좀서 있을게. 나는 공산당원이야. 전쟁 당시에는 당에 복무하다가 부상을 입기도 했었지. 이런 일은 이미 겪어봤어. 하지만 너희들처럼 학생들을 얕보고 괴롭히는 당원들은 본 적이 없어!" 그 병사는 내 말을 듣고는 곧장 가버렸다.

한 조각 땅이 둘로 나뉘어 있네. (一片土地分成兩邊)

폭력의 장벽이 갈라놓았네. (中間隔着暴力的牆)

이쪽은 차갑고 무심한 얼음산이고, (這邊是冷漠的冰山)

저쪽은 진정(眞情)의 바다로구나. (那邊是眞情的海洋)

후야오방의 시신은 이곳에 있고 (耀邦的尸体在這邊)

후야오방의 영혼은 저곳에 있네. (耀邦的靈魂在那邊)

우리는 모두 저곳에서 왔나니 (我們都是來自那邊)

저곳이 없다면 어찌 이곳이 있으리요? (没有那邊哪有這邊)

망명객의 노래

그해 5월, 거양은 1919년 5-4 운동의 70주년을 기념하는 국제학회에 초청을 받아 도미(渡美)의 기회를 얻는다. 거양이 학회를 마치고 귀국하기 직전, 중공정부 정무원 총리 리펑(李鵬, 1928-2019)은 베이징에 계엄령을 선포한다. 긴장 속에서 상황을 주시하던 거양은 베이징의 덩잉차오에게 전화를 걸어 발포 여부를 물었고, 덩잉차오에게서 절대로 발포는 없을 것이라는 대답을 받았다. 그러나 며칠 후 대규모의 탱크 부대가 톈안먼 광장의 시위대를 짓밟고 학생들을 향해서 기관총 사격을 가한다. 미국에서 방송으로 대학살의 참상을 목격한 거양은 21년의 노동교양 중에도 신앙처럼 견지했던 공산당을 향한 믿음을 송두리째 버리고 만다. 당적을 버린 거양은 뉴욕 브루클린의 빈민가 공동묘지 근처의 허름한 방에서 망명객의 삶을 시작한다.

톈안먼 대도살이 미국 학계와 언론의 주목을 받으면서 거양도 한때 세간의 관심을 받았지만, 기본적으로 망명객의 삶은 빈곤과 무위의 연속일 뿐이었다. 특히나 한평생 사회주의적 이상을 가슴에 품고 조국과 민족의 영광을 되찾으려고 고군분투했던 거양 같은 애국자로서는 이역만리 낯선 나라의 삶이 늘 신산스럽기만 했다. 그러나 거양은 절망하지 않았다. 70세를 훌쩍 넘긴 나이로 그녀는 영어 공부에 몰두했다. 식탁, 거실 소파, 침실 벽, 화장대 등 집안의 모든 곳에 영어 단어를 붙여놓고 앉으나 서나 영어를 익히고 또 익혔다. 직접 영어로 자서전을 쓰겠다는 꿈을 키우면서 컴퓨터도 열심히 배웠다.

젊은 시절, 거양은 지상의 유토피아를 꿈꾸는 이상주의자였다. 공산주의는 그 이상의 최고점이었다. 마오쩌둥은 젊은이들의 영혼에 계급혁명의 주술을 걸고 민족 해방의 불씨를 지폈다. 젊은 시절 거양은 마르크스에게 감동받고 마오쩌둥의 연설에 마음을 빼앗겼다. 혁명에 몸을 던진 젊은 시절의 거양은 이런 글을 남긴 적이 있었다. "공산주의라는 천당이 실현된다면, 사람들은 다시는 울 일이 없으리. 너무나 심하게 웃다가 눈물이 나오지 않는다면." 항일전쟁 시기 신4군의 전투에 참여하며 배웠던 군가를 그녀는 늙어서도 이따금 부르고는 했다. "천만 번 싸우며 비바람 맞고 배고픔과 추위에 시달린다고 해도, 천만 번 옮겨다니며 싸우며 깊은 산에서 야영을 해도." 그 당시 군가 중에는 이런 아름다운 노랫말도 섞여 있었다.

> 너의 발밑의 검은 그림자를 돌아보지 말라, (別回顧你脚邊的黑影)
> 고개 들어 눈앞의 아침노을을 보라! (抬頭望前面朝霞)

젊은 시절 그녀의 이상주의는 참혹한 전체주의 일당독재의 현실로 되돌아왔다. 톈안먼 광장에서 평화적 시위를 이어가던 수많은 젊은이들은 탱크에 짓밟히고 기관총 총탄 앞에서 목숨을 잃었다. 희생자의 숫자는 적게는 200명에서 많게는 1만 명 이상으로 추정된다. 무장도 하지 않은 채 단식 투쟁으로 자유와 개혁을 부르짖던 시위대를 중공정부는 무참히 짓밟았다. 그런 백주의 대학살이 자행되었음에도 지금껏 진상조사도 제대로 이루어지지 않고 있다.

당적을 버린 거양은 결국 국적도 포기했다. 망명객이 되어 미국에서 살아가기 위해서는 시민권의 취득이 불가피했다. 정부에서 지급하는 생활보조금을 받기 위한 조치였다. 시민권을 받기 위해서 "성조기에 대한 충성"을 선서하던 날, 거양은 하염없이 눈물을 흘리며 말했다. "옛날에 우리는 '미 제국주의를 타도하자'고 노래 부르지 않았던가? 미 제국주의는 아직 타도하지 못했는데, 내가 스스로 미 제국주의 분자가 되었구나. 미국에서야 비로소 우리가 분투하며 이루고자 했던 자유, 민주, 평등을 얻게 될 줄은 꿈에도 생각하지 못했네." 미국 시민이 되어 생활보조금과 무상 치료를 받게 된 후 거양은 말했다. "우리는 중국에서 사회주의를 위해서 분투했는데, 미국에서 사회주의의 우월성을 직접 누리게 될 줄이야."

　2002년 86세의 거양은 뉴욕에서 우연히 재회해서 새로운 인연을 맺은 동향 출신의 저명한 반공 문인 쓰마루(司馬璐, 1919-)와 맨해튼 이민국 법정에서 혼인신고를 했다. 7년 후 점차 진행된 치매로 의식을 잃은 거양은 뉴욕에서 흐릿한 동공으로 천장을 올려다보며 조용히 숨을 거두었다. 향년 93세.

제22장

당신들의 민족주의

대체 민족주의란 무엇인가?

지난 150년간 민족주의는 한국, 중국, 일본, 베트남 등 동아시아 주요국의 역사에서 가장 강력하고도 중요한 정치이념이었다. 일본 "천황" 히로히토의 군국 팽창주의, 쑨원의 삼민주의(三民主義), 장제스의 유학 사상, 마오쩌둥의 "인민독재" 군중노선, 김일성의 전체주의 "주체사상", 이승만의 자유주의 "독립 정신", 박정희(朴正熙, 1917-1979)의 "근대화" 개발독재, 호찌민의 반제 투쟁의 밑에는 강력한 민족주의가 깔려 있었다.

모름지기 민족주의란 하나의 민족이 하나의 국가를 이루어야 한다는 정치적 주장이다. 어니스트 겔너(Ernest Gellner, 1925-1995)의 유명한 정의에 따르면, "민족 단위와 국가 단위의 동일성을 주장하는 정치의 원칙"을 의미한다. 오늘날 한반도에서 둘로 나뉜 남북한이 통일되어 하나의 국가를 형성해야 한다고 믿는 사람은 "민족주의자"라고 할 수 있다. 반면 한 민족이 두 개 이상의 국가를 이룰 수 있다거나 다수의 민족이 한 국가를 이룰 수 있다고 믿는 사람은 민족주의자가 아니다.

이런 정치학 원칙에 입각해서 본다면, 과연 중국은 "민족국가"인가? 물론 아니다. 현재 중국의 사회주의 헌법은 55개의 주요 소수민족과 다수의 한족(漢族)이 공생하는 다민족국가를 표방하고 있다. 물론 한족의 인구가 전체 인구의 92퍼센트를 상회하지만, 중국이 하나의 민족이 하나의 국가를 구성하는 민족국가일 수는 없다. 남북한의 정부는 공히 한국인을 동일 혈연의 단일민족이라고 주장하는 반면, 중공정부는 스스로 다민족국가임을 헌법에 명시하고 있다. 실제로 중국공산당은 한민족주의(Han nationalism)를 경계하고, 한족 중심주의(Han centrism)를 비판한다.

그럼에도 14억 인구의 중국 대륙은 민족국가이기를 포기하지 않았다. 다민족국가가 어떻게 민족국가가 될 수 있는가? 자기모순이 아닐 수 없다. 바로 그런 개념상의 모순을 극복하기 위해서 중공정부는 공식적으로 "중화민족"과 "중화민족주의"를 선양한다. 대체 "중화민족"이란 누구를 지칭하는 용어인가?

"중화민족"이란?

정치학적으로 민족이란 종족 의식, 인종 의식, 역사 의식, 문화 전통, 생활 습관 등을 공유한다고 여기는 사람들의 공동체(community) 혹은 집합체(collectivity)를 말한다. 중화민족은 이런 일반적 의미의 민족과는 다르다. 중화민족이란, 한족뿐만 아니라 중국 영토에서 살고 있는 모든 민족을 아우르는 포용적 개념이다. 장족(1,700만), 회족(1,050만), 만주족(약 1,000만), 위구르족(약 1,000만), 묘족(약 900만) 등이 모두 중화민족의 일부로 인식된다. 인종, 지역, 신념을 불문하고 미합중국에 살고 있는 모든 시민들을 통틀어 "아메리칸 민족"이라고 부르는 것과 다르지 않다.

다양한 소수민족이 공존하는 다민족국가를 지향하면서 동시에 중국을 중화민족의 국가라고 정의하는 이유는 무엇일까? 그 연원을 추적해보면, 한국어에는 없는 국족(國族)이라는 개념을 발견하게 된다. 민족도, 종족도, 국민도 아닌 국족이 바로 중화민족의 의미를 이해하는 핵심어이다.

국족은 무술변법의 유신파(維新派) 량치차오(梁啓超, 1873-1929)가 1920년대에 고안한 개념이었다. 량치차오는 인종, 문화, 언어, 습속을 불문하고 중국 영토에서 살고 있는 모든 사람은 중화민족이라는 국족에 포함된다고 주장했다. "민족"의 어의가 전체 국민으로 확장된 셈인데, 량치차오는 무엇보다 주관적인 민족 의식이 국족의 가장 중요한 요소라고 생각했다. 량치차오가 국족 개념을 고안한 배경을 짚어보자.

19세기 중엽 이미 태평천국 운동(1850-1862)의 지도자 홍수전(洪秀全, 1814-1864)은 만주족이 성경 속의 악마라고 확신했다. 그는 이민족 지배를 종식한 후에 한족만의 국가를 재건하려고 했다. 명백히 한민족주의 혹은 한 쇼비니즘을 제창했지만, 홍수전은 한족 지배 관료층의 동의를 얻기는커녕 문명을 파괴하는 월(粤) 지방의 도적떼로 인식되었다. 증국번(曾國藩, 1811-1872), 이홍장(李鴻章, 1823-1901) 등 직접 후난의 사병을 길러 태평천국 운동을 진압한 세력은 바로 청나라의 한족 엘리트들이었다. 당시만 해도 한족 중심의 민족주의는 만주족과 한족 지배층의 계급적 연대를 넘어설 수 없었다.

이후 청나라가 걷잡을 수 없는 몰락의 징후를 보이면서 입헌군주제를 내세운 점진적 개혁노선은 힘을 잃고, 민국혁명이 시작되었다. 여기서 민국혁명이란, 2,000년간 지속되어온 황제지배체제의 종식과 근대 서구식 공화정의 확립을 의미한다. 황제의 나라가 공화시민의 나라로 거듭나는 천지개벽의 사건이었다. 공화혁명의 지도자 쑨원은 열렬한 한민족주의자

무술변법(1898)을 주도했던 중국의 근대 정치사상가 량치차오의 모습.

였다. 그는 이민족의 지배를 끝내고 민족자결의 원칙에 따라서 한족 중심의 한민족만의 국가를 건설하려고 했다.

민족자결의 원칙은 소련의 레닌과 미국의 윌슨(T.W. Wilson, 1856-1924)이 이구동성으로 지지한 당시 국제법의 기본 이념이었다. 1911년 10월 10일 신해혁명의 발발로 이듬해 청나라가 무너지고 민국이 설 무렵, 쑨원은 민족자결의 원칙 속에 내재된 중대한 문제를 발견하게 된다. 민족자결의 원칙에 따르면 만주족, 몽골족, 티베트족, 위구르족은 각기 배타적 영토의 민족국가로 독립할 국제법적 권리를 부여받게 되는 것이었다. 한민족주의를 강조할수록 중국의 영토적, 정치적 분열은 불가피해 보였다.

그런 맥락에서 량치차오는 중국 영토에 거주하는 모든 사람들을 하나의 민족으로 묶는 미래지향의 개념이 필요하다고 생각했다. 다양한 종족, 다양한 집단일지라도 하나의 국가에 장시간 공존하면 결국 모두가 하나의 국족이 된다는 발상이었다. 그는 춘추전국시대 이후 진, 한나라의 형성과정에서 제하(諸夏) 또는 화하(華夏) 의식이 생겨났다고 주장한다. 진, 한나라의 형성과 더불어 다양한 부족, 종족, 집단, 민족을 아우르는 포괄적 의미의 중화민족 의식이 생겨났다는 주장이었다.

오늘날 중화민족은 바로 국족을 의미한다. 피부색과 언어, 풍속, 전통, 문화, 종교, 가치관과는 상관없이 중국 영토에서 공민의 자격을 취득한 사람이면 모두 중화민족의 일원으로 인식된다. 이 개념에 따르면, 지린성에 거주하는 120만 조선족은 물론 독립을 요구하며 투쟁하는 티베트 불교 승려들이나 이슬람교를 믿는 신장 자치구의 튀르크계 위구르족 역시 중화민족의 일원이다. 중화민족이란 실로 무서운 개념이 아닐 수 없다.

홍콩의 바닷바람

본격적인 논의에 앞서서 현재 중국의 "일국양제"의 모순을 보여주는 두 가지 사례를 소개한다.

사례 #1

2013년 12월 7일, 홍콩 중심가의 한 전통 요리점에서 발생한 작은 사건. 음식에 불만을 느낀 한 50대 여성이 웨이터에게 또박또박 유난히 정확한 발음의 표준어로 지배인을 불러오라며 소리친다. 쩔쩔매는 웨이터가 지배인을 불러오자 도도한 중년 여성은 요리가 차고 짜고 덜 익었다며 조목조목 불만을 늘어놓는다. 지배인이 난처해하며 떠듬떠듬 항변하는데 성난 여인은 다짜고짜 따진다. "당신들도 중국 사람들인데 왜 중국어를 못 알아들어?" 지배인은 뭔가 장황하게 해명을 하지만 여인은 여전히 화가 나 있는 상태이다. "무슨 말을 하는지 도무지 못 알아듣겠다. 정확한 표준어로 해봐라!" 지배인이 계속 억울함을 토로하지만, 성난 여인은 지퍼를 채우듯 두 입술을 꼭 다물고 고개를 왼쪽으로 휙 돌려버린다.

사례 #2

2014년 10월부터 홍콩에서는 행정장관 직선제 개혁을 요구하는 젊은 학생들과 시민들이 거리에 운집하여 최루액을 쏘는 진압부대를 향해서 갖은 색깔의 우산을 펼쳐들었다. 우산혁명이 절정으로 치달을 때 내가 근무하는 캐나다 맥마스터 대학교에서는 홍콩 학생회의 주관으로 "우산혁명과 중국 민주화"에 관한 긴급 토론회가 열렸다.

50여 명의 청중 앞에서 홍콩 출신 학생인 토론자들의 발표가 이어졌는데……. 중공정부에 대한 홍콩 학생들의 비판이 점점 과격해지자 대륙 출신 유학생들은 불편한 안색을 감추지 못했다. 언론사 기자 출신 토론자가 중공정부의 정치적 억압을 목소리 높여 비판하자 난징 출신의 중국인 유학생 한 명이 자리에서 벌떡 일어나 소리쳤다.

"너희들은 영국의 지배를 받을 때에는 왜 독립 운동을 하지 않다가 중국에 통합되고 나서야 반정부 투쟁을 하느냐?" 홍콩 출신 토론자가 되받았다. "1990년대 들어서면서 홍콩에서는 이미 민주주의가 시행되고 있었다. 총독은 영국에서 파견되었지만, 홍콩 시민들은 모든 면에서 자유를 누렸다. 그 자유를 이제 중공정부가 억압하고 있다."

"우리가 목숨 걸고 열심히 일제에 맞서 싸울 때 너희들은 영국 제국주의 밑에서 굽실거리며 살지 않았냐." 중국인 유학생이 따져 묻자 홍콩 토론자가 즉각적으로 되받았다. "무슨 소리냐? 그 당시 홍콩도 일본군에 점령당해서 우리 할아버지 할머니도 항일 운동을 했다."

바싹 약이 오른 난징 학생이 흥분해 소리쳤다. 숨이 가빠서 꼭 울먹이는 듯했다. "난징 대학살 때에 수십만 명이 학살당하면서도 목숨을 걸고 싸웠다. 대륙에서는 수많은 민중이 목숨 걸고 싸우면서 나라를 지켰지만, 너희들은 영국 밑에서 굽실거리면서 살지 않았냐? 너희들은 민족 자존심도 없냐? 너희들은 비굴하게 제국주의의 종복으로 살아왔는데 왜 같은 중국 사람들을 깔보고 무시하느냐?"

이번에는 옆에 앉아 있던 홍콩 학생이 반박했다. "대륙 사람들이 홍콩에 관광을 오면 아기들 분유를 싹 다 쓸어가고 아무 곳에나 침을 뱉고 여기저기 난잡하게 쓰레기를 버리지 않느냐?"

그 말이 떨어지기 무섭게 난징 학생은 자리에서 벌떡 일어나더니 홍콩 학생들에게 험악한 욕설을 퍼붓고 토론장에서 나가버렸다. 홍콩 학생회는 개의치 않고 토론을 이어갔다. 난징 학생이 내뱉은 마지막 말이 상처가 되었는지 토론자들의 음성은 더욱 격앙되고, 중공정부를 향한 비판은 더 신랄해졌다.

대륙(북방) 민족주의 vs 해양(남방) 민족주의

아편전쟁 이후 150년이 넘는 세월 동안 "중화민족"의 지상과제는 "부국강병"이었다. 1920-1930년대 이래 국민당과 공산당 모두 결국 "힘세고 잘사는" 나라를 만들겠다는 일념으로 근대화와 산업화를 추진했다. 물론 대립되는 국가개발전략을 채택했지만, 그 뿌리에는 늘 중화민족주의가 놓여 있었다. 중화민족주의는 어떤 이데올로기일까? 간단한 질문일 수 없다.

한국의 현대사를 돌아보면, 김일성의 고립적 유아독존 민족주의와 이승만의 개방적 민족주의가 대립했다. 대부분의 학자들은 두 사람을 민족주의자라고 부르지만, 두 사람의 민족주의는 전혀 다른 인간학과 세계관 위에 놓여 있었다. 그런 점에서 민족주의는 체계적인 이념이라기보다는, 정치적 감정(political emotion)에 불과하다는 해석이 오히려 설득력이 있다. 이처럼 서로 다른 민족주의는 절대로 양립할 수 없는 서로 다른 정치체제를 지향하기 마련이다.

중국의 경우도 다르지 않다. 쑨원, 장제스, 마오쩌둥은 모두 부국강병을 통한 중화민족의 재건을 열망했다는 점에서 민족주의자였지만, 서로가 채택한 민족중흥의 방법은 천양지차로 달랐다. 쑨원은 쑨원대로, 장제스는 장제스대로, 마오쩌둥은 마오쩌둥대로 서로 다른 중화민족주의를 현실에서 구현했다. 중국의 민족주의 운동을 살펴보면, 크게 두 개의 흐름을 감지할 수 있다. 부국강병의 수단으로 통상주의 개방노선과 경제적 실용주의를 채택하는 "남방(해양) 민족주의"와 반제, 반서구의 자주노선과 대중동원의 인민독재를 추구하는 "북방(대륙) 민족주의"를 꼽을 수 있다.

상기한 대로 태평천국 운동과 신해혁명은 이민족이 지배하는 청나라를 종식시키고 한족 중심의 정치체제를 재건하고자 했다는 점에서 한민족주의 운동이었다. 두 경우 모두 광둥, 광시 등 남방을 중심으로 일어나 양쯔강 유역으로 확산된 한민족주의 운동이었다. 쑨원의 혁명군이 내걸었던 "반만흥한(反滿興漢)"의 구호가 이 점을 단적으로 보여준다. 쑨원은 청일전쟁(1894-1895)과 러일전쟁(1904-1905) 당시 일본의 약진에 감동을 받아 일본을 지지한다. 일본의 근대문명에서 부국강병의 첩경을 발견했던 것이다. 그는 일본의 성공 사례를 공부하며 일본과의 연대를 모색했던 범(汎)아시아주의자였다. 이후 쑨원의 민족주의는 장제스의 국민당 노선으로 이어진다. 중일전쟁(1937-1945) 당시 장제스는 양쯔 강 이남을 거점으로 삼아서 항일 운동을 전개하지만, 미국과의 국제적 연대 아래 군사지원을 받았다. 요컨대 남방 민족주의는 국제 무역, 자유 통상, 시장경제 등 서구를 중심으로 한 근대문명에 열린 태도를 보인다.

한편 북방 민족주의는 1930년대 이후 중국공산당의 항일 운동 노선에서 잘 드러난다. 서북부의 가난한 농민들을 기반으로 공산혁명의 길을 모색하던 마오쩌둥은 반시장, 반통상의 고립주의 자급경제(autarky)를 지향했다. 마오쩌둥은 남방의 통상주의자들을 서방 제국주의 세력의 부역자라고 규정했으며, 항일 운동에 전력을 소모하던 남방의 장제스를 반민족 제국주의 앞잡이로 폄하했다. 중일전쟁 직후 마오쩌둥은 병력을 만주로 기민하게 이동시켜 동북 지역을 점령함으로써 남방 정복의 기틀을 마련했다. 요컨대 마오쩌둥의 북방 민족주의는 "반제국주의, 반봉건주의, 반자본주의" 혁명투쟁의 정서적 기초를 제공했다.

1976년 9월 마오쩌둥 사후, 다시금 중국 민족주의의 중심이 남방으로 이동했다. 쑨원이 북방의 만주족을 부정했듯이, 덩샤오핑은 마오쩌둥의 북방 민족주의를 거부했다. 마오쩌둥의 반시장주의 명령경제를 폐기한 후, 덩샤오핑은 남방과 옌안 지역의 통상 전통, 기업가 정신, 세계주의를 복원했다. 광둥 성 선전의 경제특구와 광저우의 무역 박람회는 홍콩과 마카오 자본의 유입 및 타이완 기업의 투자에 의해서 이루어진 성과이다. 그런 개혁개방의 정신은 19세기 중엽 이래 해양 세력의 도전에 대한 적극적인 응전의 산물이었다. 덩샤오핑의 개혁개방은 바로 남방 민족주의의 부활이라고 할 수 있다.

민족주의라는 정치적 감정은 그렇게 지역에 따라서, 역사적 맥락에 따라서 전혀 다른 인간학, 현실인식, 세계관, 발전전략, 국가체제로 표출된다. 마오쩌둥과 김일성의 민족주의는 시대착오적인 자력갱생의 정치 구호였다. 덩샤오핑과 박정희의 "민족주의"는 자유 무역, 국제 통상, 국제 연대, 정보 개방을 지향하는 열린 세계의 상호의존적 발전전략이었다. 그럼

8개국 연합군과 두 중국, 의화단 사건(1900-1901) 당시의 삽화.

에도 동아시아의 많은 지식인들은 여전히 "자급경제"를 지향하는 좌파 세력은 "민족주의자"라고 칭송하고, 자유 통상의 국제주의를 지향하는 우파 세력은 "반민족주의자", "부역자", "매판 세력" 등으로 폄하하는 지적 미망에 사로잡혀 있다. 근래에 제작된 역사 소재의 문학예술 및 영화 작품들을 볼 때마다 그런 단순한 이분법이 암처럼 번져 있음을 발견하게 된다.

민족을 넘어 인류를 보라!

오늘날 그 어떤 "민족"도 더는 홀로 설 필요도, 이유도, 동기도, 능력도 없다. 정보화 혁명에 힘입어 전 세계는 물리적 국경을 넘어, 비가시적 장벽을 넘어, 피부색, 언어, 문화, 전통, 종교, 이데올로기를 넘어서 점점 더 빠르게 유기적으로 통합하고 있다. 이 시대의 키워드는 민족자주가 아니라 상호의존이며 상생발전이다.

민족의 시대는 이미 끝났다. 두 번의 참혹한 세계대전을 겪고 대륙적 통합으로 나아가는 유럽연합의 출현은 일례에 불과하다. 유럽연합을 탈피한 영국은 53개 영연방 코먼웰스(commonwealth)의 상승적 재통합을 꿈꾼다. 21세기 현재 글로벌 세계체제는 더욱 견고해졌다. 전 세계적으로 무역 거래, 자본의 흐름, 인구의 이동 및 지식의 확산이 더욱 용이해진 것이다. 인류 사회는 배타적 민족의 굴레를 버리고 다인종, 다민족, 다언어, 다종교, 다원론의 초국가적 통합으로 나아가고 있다. 전 지구적 확산과 혼융의 흐름은 앞으로 갈수록 더욱 공고해질 수밖에 없다.

세계사의 큰 그림을 보면 더더욱 그러하다. 400만 년 전까지 소급되는 "호미니드(hominid)"의 긴 역사에 비추어볼 때, 민족의 출현은 최근의 현상일 뿐이다. 약 7만-10만 년 전 북아프리카를 탈출해 세계 전역으로 뻗어나간 호모 사피엔스는 농업혁명 이전까지 99퍼센트 이상의 역사를 작은 수렵 공동체 속에서 살았다. 지속적인 이주를 통해서 세계의 곳곳으로 뻗어나간 인류는 농경과 더불어 한 곳에 정착하고, 마을 공동체, 씨족 부락, 도시국가, 영토국가를 거쳐서 제국적인 통합으로 나아갔지만, 그 시기는 2,000-3,000년에 불과하다. 게다가 근대 민족국가의 형성은 최근 100-200년의 현상일 뿐이다. 장구한 인류의 역사에서 민족국가의 출현은 최근의 작은 에피소드에 불과하다.

고고인류학의 최신 연구에 따르면, 호모 사피엔스 사이에는 유전학적으로 인종의 차이가 없다. 민족주의는 인류의 역사에 대한 무지와 편견, 외국인 혐오증과 자문화 중심주의가 결합되어 나타난 구시대의 이데올로기일 뿐이다. 이제 민족을 넘어서 인류를 보라! 일국(一國)을 넘어서 세계를 보라! 국사(國史)를 넘어서 세계사를 보라!

제23장
참새 대학살 촌극

한국어에서 몽상은 주로 '헛된 생각'을 뜻하지만, 현대 중국어에서 "몽상"은 긍정적인 의미로 쓰인다. 일례로 2017년 10월 제8차 전국인민대표대회에서 중국공산당 총서기 시진핑은 중화민족의 부흥이야말로 중화민족의 "위대한 몽상"이라고 말한 바 있다. 중국어에서는 미래적 희망과 이상을 뜻하는 몽상이라는 멋진 단어가 왜 한국어에서는 부정적 의미로 쓰이게 되었을까? 공산주의는 유토피아의 실현을 지향하지만, 자본주의는 현실의 한계를 수용하기 때문은 아닐까?

중국공산당 최고지도자 마오쩌둥이야말로 "몽상"의 대가였다. 지상의 유토피아를 창건하려는 그의 거대한 몽상은 반인도적 전체주의와 광기 어린 인민독재를 낳았다. 한시바삐 낙원을 건설하기 위해서 그는 중국의 인민들을 극한으로 내몰았다. 특히 그의 몽상이 빚은 대약진 운동은 인류사 최대 규모의 대기근을 초래했다. 많게는 무려 4,500만 명이 대약진의 구호 아래 굶어 죽어야만 했다.

대약진 운동이 시작될 무렵, 중국 사회는 쥐, 파리, 모기, 참새 등 네 가지 유해생물과의 전쟁을 치르고 있었다. 이른바 "제사해(除四害)" 운동이었다. 그중에서 특히 전국적으로 전개된 참새 대학살은 기괴하고도 광적인 전국 규모의 대소동이었다. 마오쩌둥은 쥐도, 파리도, 모기도, 참새도 없는 "사무지방(四無之邦)"의 건설을 꿈꾸었다. 참새 대학살은 그의 "몽상"이 빚어낸 참상이었다. 당시에는 아무도 감지하지 못했지만, 분명 대기근의 재앙을 예시하는 불길한 전조였다. 중국인들은 진정 왜 그 수많은 참새들을 깡그리 죽이려고 했을까?

참새와의 전쟁

이미 1955년부터 중공지도부는 참새를 쥐, 파리, 모기와 더불어 4대 법정 (法定) 유해생물로 규정했다. 그 당시부터 중국의 각 지역에서는 집단적인 참새 사냥이 벌어졌지만, 본격적으로 참새와의 전쟁이 일어난 시기는 1958년 봄이었다. 그 당시 중공지도부는 신문과 라디오는 물론, 거리의 확성기까지 동원하여 인민들의 귀에 못이 박히도록 참새와의 결전이 불가피함을 반복해서 설명했다.

> 참새는 4대 유해생물 중의 하나이다. 참새 한 마리가 한 해에 일곱 근(3.5킬로그램)의 곡식을 먹어치운다. 5,000만 참새들이 해마다 300만 인민이 먹을 양식을 훔쳐 먹는다. 5,000만 참새를 박멸하면, 300만 인민이 배불리 먹을 수 있다. 참새는 인민의 공적이다! 모든 참새를 잡아 죽여라!

공산당 기관지 「인민일보」는 참새 대학살이야말로 자연을 정복하는 인류의 역사적 투쟁이라고 칭송했다. 문인연맹의 주석이자 과학원 원장이었던 궈모뤄는 "참새를 저주한다!"는 9행의 칠언시를 「베이징 만보(北京晚

참새를 잡으려면, 어떤 방법을 써야 할까? (chineseposters.net)

報)」에 발표했다. 그 시에는 이런 구절이 있다.

수천 년 죄악만 저질러온 것들아! 이제 너희들을 모두 숙청하노라!

참새와의 전쟁이 절정으로 치달으면서 신문과 라디오는 날마다 학살된 참새들의 숫자를 보도했다. 1958년 3월 20일부터 22일까지 불과 사흘 동안 중국 전역에서 대략 1,500만 마리의 참새들이 조직적으로 제거되었다. 인민들은 8만여 개의 참새 둥지를 허물고, 35만여 개의 참새 알을 박살냈다. 한 통계에 의하면, 1958년 4월 6일에 1,600만 마리의 참새가 잡혀서 죽었다. 베이징에서는 4월 19-21일까지 사흘 동안 40만1,160마리가, 상하이에서는 4월 27-29일 사흘간 50만5,303마리가 죽었다. 정부의 집계에 따르면, 1958년 11월에 이르기까지 중국 전역에서 대략 19억6,000만 마리의 참새가 박멸되었다.

날래고 약삭빠른 참새를 잡기 위해서 중국의 인민들은 온갖 수단과 방법을 동원했다. 독을 풀고, 덫을 놓고, 총을 쏘고, 그물을 치고, 미끼를 뿌리고, 둥지를 부수고, 알을 깨뜨리고, 나뭇가지에 풀칠을 했다. 집집마다 방울 달린 허수아비를 세우고 줄을 당겨서 새 떼를 쫓았다. 그 모든 방법을 동원했음에도 중국 대륙 전역에 흩어진 참새들을 죄다 박멸하기란 쉽지 않았다. 보다 효과적으로 참새를 잡기 위해서 정부는 기발한 묘수를 고안했다. 집단노동과 대중 운동으로 단련된 중국의 인민들만이 펼칠 수 있는 작전이었다. 거리마다 설치된 확성기에서는 그 묘수를 설명하는 방송이 연일 울려퍼졌다. 사람들은 정부의 지시를 따라서 일사분란하게 작전을 수행했다. 과연 어떤 방법이었을까?

"참새는 떨어지리니!"

1958년 4월 화교 작가 한쑤인(韓素音, Han Suyin, 1916-2012)은 부친의 장례식에 참석하기 위해서 싱가포르에서 홍콩을 거쳐 베이징에 도착한다. 도심의 호텔에 머물면서 한쑤인은 그 당시 베이징에서 전개된 사흘간의 참새 대학살을 목격한다. 이후 그녀는 "참새는 떨어지리니(The Sparrow Shall Fall)"라는 꽁트를 『뉴요커(The New Yorker)』지에 싣는다(1959년 10월 10일 자). 싱가포르에 체류하면서 영어 및 프랑스어로 소설을 써서 명성을 얻은 한쑤인은 줄곧 중공정부를 지지해왔지만, 이 작품에서는 중공정부의 정책에 강한 의구심을 드러낸다. 무엇보다 이 꽁트는 베이징에서 일어난 참새 대학살의 실상을 소상히 묘사했다는 점에서 귀중한 사료로서 가치가 있다. 한쑤인의 증언에 따르면…….

참새 대학살의 한 장면. 경찰, 군인, 청년, 어린이들까지 동원되었다. 죽은 참새 떼 수천 마리를 수레에 싣고 행진하는 사람들.

며칠간 신문과 라디오는 참새 박멸 운동의 구체적인 계획을 알리고 있었다. 참새 박멸 운동이 시작된 후, 베이징 시가지에는 확성기를 단 트럭이 도시 곳곳을 누비고 다녔다. 정부는 확성기의 볼륨을 최대한 크게 올리고서는 인민들을 향해서 참새 섬멸 작전의 구체적인 전술과 행동 지침을 하달했다. 그중 가장 극적인 방법은 다음과 같았다.

과학자들의 연구에 따르면 참새는 두 시간 정도 연속해서 날게 되면 힘이 빠져서 땅바닥에 떨어지고 만다. 그때 쉽게 그놈들을 잡을 수가 있다. 공공의 적에 대한 고귀한 투쟁에서 허공에 뜬 그놈들이 내려와 쉬지 못하게 하는 것이 바로 우리의 전술이다. 참새들을 날게 하라! 주부 동지들, 집채, 정원, 나무, 굴뚝 곳곳에 방울 달린 허수아비를 세워놓을 것! 학생 동지들,

헝겊을 단 긴 막대를 들고 지붕 등 높은 곳으로 올라가서 참새들을 쫓아버
릴 것! 기타 동지들은 분대 단위로 움직이면서 징과 양철을 사정없이 치면
서 목이 터져라 소리를 지를 것! 참새들이 쉬지 못하고 계속 날게 할 것!
공산당군의 무적 대대는 멀리 지방까지 내려가서 시골로 도망가는 참새들
을 모두 때려잡을 것![1]

정부가 제시한 참새 박멸의 묘수를 따라서 사람들은 저마다 징과 양철
을 두들기며 난폭한 굉음을 냈다. 나뭇가지, 전깃줄, 지붕 위, 처마 끝,
창문 틀에 앉은 참새들을 향해서 징과 양철을 치며 소리를 질러댔다. 징소
리와 함성에 화들짝 놀란 참새들이 공중으로 날아오르면 긴 막대를 손에
쥔 학생들이 떼로 몰려다니면서 절대로 앉아서 쉬지 못하게 그들을 쫓아
버렸다. 실제로 소리에 놀란 참새는 하늘을 떠돌다가 결국은 지쳐서 추락
사했다.

그렇게 잡혀 죽은 참새들의 수가 급증하자 확성기 달린 트럭은 도시 구
석구석을 누비며 "창안 가에서 20마리, 푸싱 로에서 30마리, 건국문 부근
에서 25마리" 등 죽은 참새들의 숫자를 실시간으로 알리고 다녔다. 도시의
다른 지구들끼리 경쟁을 붙이기 위함이었다.

작가 한쑤인의 관찰에 따르면, 마지막 남은 참새는 수도 파이프나 나무줄
기 사이에 잠시 숨어 있다가 샅샅이 주변을 뒤지는 인민의 손에 잡혀 죽었다.
고색창연한 불교 사찰에서도 참새들은 살 곳이 없었다. 나무 불상의 얼굴 주
위에 걸려 있던 비단 깃발 사이로 지친 참새 한 마리가 파득거리며 날아다니
자 동자승들이 예불 때에 쓰는 징을 쳐서 녀석을 밖으로 내쫓아버렸다. 결국
어린 참새는 사찰의 넓은 뜰까지 날아올랐다가 하늘을 향해서 화살처럼 곧게
날개를 펴더니 땅바닥의 큰 바위 위로 쿵 떨어져버렸다…….[2]

대체 왜, 무엇 때문에 중공정부는 날마다 노동에 시달리는 인민들을 몰아서 수많은 참새들을 학살해야만 했을까? 20억 마리의 참새들을 조직적으로 박멸한 결과, 중국은 과연 어떤 후과(後果)를 치러야만 했을까?

대중 동원의 집산화

참새 대학살의 배경을 이해하기 위해서는 우선 1949년 이후 형성된 중국의 사회 조직망을 살펴볼 필요가 있다. 1949년 건국 이후에 중국공산당은 지속적으로 집산화의 강도를 높여갔다. 집산화란 쉽게 말해서 토지, 노동, 자본 등 경제적 재원의 국유화를 의미한다. 지주의 착취에 시달렸던 농민들은 초창기 토지개혁을 통해서 자영농으로 거듭나지만, 1952년부터는 정부에 의해서 향촌 단위로 묶이기 시작한다.

1952년부터 전국적으로 80-90퍼센트의 농가들은 상호협력 조직인 호조조(互助組)에 편성되었다. 호조조에 편성된 농민들은 상부상조의 공동 생산에 참여하게 된다. 부족하나마 가구별 자립은 유지되는 수준이었다. 1954년 봄부터는 평균 30여 가구를 기본 단위로 하는 농업 생산 합작사(合作社)가 전국적으로 조직된다. 호조조와 달리 합작사는 토지의 공유화를 요구했다. 개별 농가는 일단 소유권을 유지했으나, 공동 경작 이후 수확량의 45퍼센트만이 농가의 몫으로 돌아갔다.

농민들 사이에서 집산화에 대한 반발이 일어나자 마오쩌둥은 1955년 여름, 사회주의 대중 운동의 강화를 요구한다. 그 결과 1956년 말까지 전국에 75만 개의 합작사가 생겨난다. 초급 농업 생산 합작사(초급사)는 얼마 후에 사회주의적 성격이 더욱 분명한 고급 농업 생산 합작사(고급사)로 강화된다.

1958년부터는 마오쩌둥의 명령으로 중국 전역에 대규모 인민공사(人民公社)가 생겨난다. 대약진 운동이 시작된 1958년에 처음 도입되어 1984년까지 존속된 인민공사는 공업, 농업, 상업, 교육 및 군사 등 생활 세계의 전반을 포괄하는 중국 사회의 기층 단위였다. 4,000가구에서 2만 가구에 이르는 대규모의 인민공사에서 중국의 인민들은 함께 먹고, 일하고, 생활하는 사회주의적 코뮌의 구성원으로 길들여졌다. 대부분의 노동자와 농민들에게 이 코뮌은 "대약진 운동"과 "문화대혁명"의 생활 무대였다.

1953년부터 중공지도부는 산업시설의 국유화 및 농업 생산의 집산화를 추진한다. 무엇보다 소비에트 방식의 중앙집권적 명령경제체제를 확립하기 위해서 1953년 제1차 5개년 계획을 수립한다. 합작사의 전국적인 확산으로 농업 부문의 집산화가 한창 진행되던 1955년에 마오쩌둥은 농업 생산력 증대를 위해서 "10년 계획안"을 작성하라고 지시한다. 마오쩌둥은 당시 농민들의 견해를 적극적으로 청취하면서 곡식을 갉아먹는 참새들에게 적개심을 품었다. 스스로의 농민적 직관을 과신했던 마오쩌둥은 쥐, 파리, 모기, 참새 모두를 잡아서 없애야 하는 네 가지 유해생물이라고 단정했다. 그는 인민들이 강렬한 의지로 떨쳐 일어나 쥐, 파리, 모기, 참새를 완전히 박멸하면 누구나 배불리 먹을 수 있는 획기적인 식량 증산이 이루어진다고 굳게 믿었다. 마오쩌둥의 거대한 "몽상"이 자연과의 전쟁에 적용되는 순간이었다.

그해 11월, 마오쩌둥은 지방대표와의 상의를 거쳐 "농업 17조"를 채택한다. 그중 제13조는 "쥐, 파리, 모기, 참새를 모두 박멸한다!"는 조항이었다. 일부 과학자들은 섣부른 참새와의 전쟁이 생태계의 불균형을 초래할 것이라는 견해를 조심스럽게 피력했으나 중공정부는 과학자의 의견보다 농민의 경험을 중시했다. "농업 17조"는 1956년 1월에 "농업 40조"로 증보되는데, 그중 제27조는 "1956년에 시작해서 5년, 7년, 12년 내에 일체의 가능한 지역에서 쥐, 파리, 모기, 참새를 모두 제거하라"고 요구했다. 정부가 공표한 농업 발전 요강에 따라서 참새가 법정 박멸 대상이 된 것이었다.

참새는 대약진의 광풍에 휩싸여

1955년 겨울, 전국의 각지에서 참새와의 전쟁이 일어나기 시작했다. 예를 들면 간쑤 성(甘肅省)에서는 다수의 학생들이 출동하여 일주일 만에 무려 23만4,000마리의 참새를 잡았다는 보고가 상달되기도 했다. 그러나 꽤나 거세게 일어난 제1차 참새 박멸 운동은 곧 수그러들었다. 참새를 박멸하는 위험에 경종을 울리는 정직하고도 용감한 동물학자들과 조류학자들 덕분이었다. 물론 참새는 곡식을 훔쳐 먹지만, 번식하고 새끼를 키우는 시기에는 반드시 해충을 잡아먹는다. 일시에 참새가 사라지면 그 많은 해충은 어찌할 것인가?

일부 강직한 생물학자들의 문제 제기가 이어지자 마오쩌둥도 그들을 무시할 수는 없었다. 1957년 10월 26일, 중공지도부는 "1956년부터 1967년까지 전국농업 발전강요(수정초안)"를 발표한다. 처음에는 7년이었던 시한을 5년 연장해서 "12년 이내"에 쥐, 파리, 모기, 참새를 모두 박멸한다는 수정조항과 함께 도시나 임지에서는 참새를 소탕할 필요가 없다는 조항이 추가되었다. 다시 말해서, 참새와의 전쟁을 농촌에 국한시키는 대타협이 이루어진 셈이었다. 참새의 씨를 말리자는 광기 어린 대학살의 분위기가 한껏 완화되는 추세였으나……

대약진의 광기가 전국을 휩쓸면서 상황은 급변했다. 정부는 다시금 참새와의 전쟁을 선포했다. 1957년의 수정안은 광풍에 휩싸여 날아갔다.

제사해, 네 가지 유해생물을 제거하라! (chineseposters.net)

1958년 봄, 중공지도부는 초안 그대로 쥐, 파리, 모기, 참새를 모두 빠른 시일 내에 소탕할 것을 명한다. 다시금 참새가 집중적인 공격 대상으로 부각되었다. 전국의 관료 집단이 모두 앞다투어 "빅브라더" 마오쩌둥 주석을 위해서 각 지역의 성과를 부풀리고 왜곡하던 시절이었다. 대약진을 위해서 불가능이란 없어야만 했다.

최소 7년에서 12년까지 연장되었던 참새 박멸의 시한은 다시금 대폭 앞당겨졌다. 중공지도부는 진실로 인민이 불굴의 의지로 총궐기한다면,

사악한 참새쯤이야 단번에 소탕할 수 있다고 믿었던 듯하다. 1958년 2월 13일 「인민일보」의 사설은 "10년 이내, 아니 그보다 더 빨리 전국에서 쥐, 파리, 모기, 참새를 완전히 소탕해 우리 나라를 부강하고 강락한 사무지방(四無之邦)으로 만들자!"는 과격한 주장을 펼쳤다.

그해 3월 중순, 정부의 위생 관련 부서에서는 경쟁적으로 쥐, 파리, 모기, 참새의 박멸 기한을 앞당겼다. 중공지도부의 지시에 따라서 지방정부들은 사해(四害)를 소탕하는 목표 기한을 발표했다. 베이징은 2년, 허난 성은 3년, 상하이는 3-5년, 장쑤 성은 4년, 산둥 성, 저장 성, 푸젠 성, 광둥 성, 윈난 성, 간쑤 성, 헤이룽장 성(黑龍江省)은 각각 5년, 안후이 성은 5-8년이었다.

결국 수많은 참새들이 대약진의 광풍 속에서 조직적으로 소탕되었다. 12월 30일, 전국 농업사회주의건설 선진대표회의에서는 1959년 건국기념일 제10주년이 될 때까지 "당력을 모두 기울이고, 전 인민을 동원하여, 전국의 가능한 모든 지역에서" 쥐, 파리, 모기, 참새 등 네 가지 유해생물이 전무한 "사무의 나라를 실현하자"는 결의가 이루어졌다. 사해 중에서 참새가 가장 용이한 표적이 되었다. 그리하여 1958년 3월부터 전국적으로 참새 박멸의 광풍이 일어났다.

과학과 권력

소수의 권위 있는 생물학자들은 참새 박멸 운동에 강렬하게 반대했다. 그들은 참새의 유익성에 관한 과학적 연구를 통해서 전국적으로 일어난 참새 박멸 운동의 광기에 맞섰다. 1959년 11월 27일, 중국과학원은 참새의 이해(利害)에 관한 연구 보고서를 작성한다. 외국의 사례, 해외 과학자의

"어린이 선대원들이여, 작은 친구들이여, 참새 박멸과 식량 증산을 위해서 투쟁합시다!"

견해 및 중국 과학자의 의견을 담은 이 연구 보고서는 결론적으로 참새 박멸 운동의 광기를 비판하고 있었다. 이 보고서는 마침내 최고지도자 마오쩌둥에게 전해졌다.

1959년 11월 29일 마오쩌둥은 보고서를 일별한 후, 이 문제를 과학자의 논의에 부쳤다. 1959년 12월 29일부터 1960년 1월 9일까지 중국과학원은 "참새 문제" 좌담회를 개최했다. 이어서 결성된 전문 연구팀은 전문적인 연구를 통해서 참새의 이로움을 집중적으로 부각시켰다. 그 연구 결과에 따라서 마오쩌둥은 1960년 3월 18일에 "위생공작에 관한 지시"를 발표한다. 그 발표문에는 다음과 같은 구절이 있다.

더는 참새를 죽이지 말라. 참새 말고 이제는 빈대를 잡아라. '쥐, 파리, 모기, 빈대를 제거하라!'가 우리의 새 구호이다.

1958년 중국 도농 전역을 휩쓴 "참새 박멸 운동"의 한 장면.

거의 20억 마리에 가까운 참새들이 소멸된 후에야 참새 대학살의 촌극은 막을 내렸다. 과학을 무시한 최고지도자의 유토피아적 "몽상"은 참혹한 후과를 불러왔다. 그동안 참새가 잡아먹었던 해충들로서는 천적 없는 낙원에서 마음껏 번식할 수 있는 기회였다. 참새가 사라진 농촌에서 곡물의 생산량은 현저히 떨어졌다. 이는 이어지는 대기근의 참상과 결코 무관하지 않다.

1955년부터 초지일관 참새 박멸 운동에 반대해온 네 명의 생물학자들이 있었다. 세포학의 개척자 주시(朱洗, 1900-1962), 생리학자 펑더페이(馮德培, 1907-1995), 신경생리학자 장샹퉁(張香桐, 1907-2007), 조류학자

정쭤신(鄭作新, 1906-1998)이라는 현대 중국의 대표적인 과학자들이다. 이들 중에서 특히 주시는 참새를 박멸하다가 큰 폐해를 겪었던 1744년 프로이센의 사례까지 인용하며 참새 박멸 운동의 위험성을 지적했다. 결국 이들의 저항 때문에 도시와 임지의 참새는 내버려둔다는 1957년의 수정안이 채택되었지만, 대약진의 광기 앞에서 과학자들의 고견은 수용될 수 없었다.

반우파 투쟁 이후 과학자들은 정부의 시책을 비판하거나 반대 의견을 개진할 수 없게 되었다. 최고지도자 마오쩌둥의 의지와 충돌하는 의견은 더더욱 발언할 수 없었다. 그런 엄혹한 상황에서도 주시를 비롯한 소수의 과학자들은 지속적으로 상식과 진실을 등불 삼아서 시대의 광기에 맞섰다. 그 결과 1960년 마오쩌둥은 결국 사해의 명단에서 참새를 빼고 대신 빈대를 넣어야만 했다.

참으로 엄혹했던 1950년대 말, 중국의 방대한 대륙에서는 한 절대 권력자의 권위에 눌려 대부분의 전문가들이 입을 닫고 말았다. 당시 참새 대학살에 반대한 소수의 생물학자들은 운 좋게도 반우파 투쟁의 칼날을 피해 갔지만, 문화혁명이 시작되자 성난 홍위병들의 먹잇감이 되고 말았다. 용기 있게 소신발언을 했던 과학자들은 마오쩌둥의 정책에 반기를 들었다는 이유만으로 홍위병 집회에 불려나가서 모욕을 당했다. 가장 적극적으로 참새 대학살을 비판했던 주시는 문화혁명이 시작되기 4년 전에 향년 63세를 일기로 별세했다. 홍위병들은 이미 죽은 주시의 무덤을 파헤치고, 비문을 훼멸하고, 유골을 들어내 사자(死者)를 능멸했다. 1978년 11월 26일에야 사람들은 주시의 유골을 추슬러 다시 안장했다. 지도자의 몽상에 동참하지 못하고 시대의 광기에 역행한 한 과학자의 서글픈 운명이었다.

과학과 상식을 무시한 한 권력자의 "몽상"은 참새 대학살이라는 비극을 초래했다. 몰살당한 참새들은 비료로 재활용되었지만, 해충의 창궐로 식량 증산의 꿈은 수포로 돌아갔다. 현실과 유리된 권력자의 "몽상"은 무책임한 망상일 뿐이다. 돌이켜보면, 1950년대 내내 지속된 중국공산당의 전체주의적 통치에서 모든 것이 비롯되었다. 중공정부는 정치적 억압으로 전문가의 입에 재갈을 물렸다. 최고지도자의 유토피아 건설의 절박함은 대중 동원의 광기로 표출되었다. 참새 대학살은 그 자체로 끔찍한 사건이었다. 그러나 이후에 전개될 대약진 운동에 비하면 그저 작은 해프닝일 뿐이었다.

제24장
붉은 투사냐, 전문가냐?

붉은 투사의 무능

유가의 경전『상서(尙書)』에는 상고시대 성왕들의 권력 승계과정이 극적으로 그려져 있다. 문명을 개창한 요(堯)는 퇴위를 앞두고 덕망이 높아서 널리 존경받는 순(舜)을 후계자로 선택한다. 50년 동안 포용의 덕치를 실현한 순은 수리사업(水利事業)의 영웅 우(禹)에게 왕좌를 물려준다. 덕성이 남달랐던 순은 훗날 도덕 군주의 상징이 되었고, 기술 관료 출신인 우는 전문적인 국가경영의 상징이 되었다.

모름지기 한 국가의 지도자라면 순의 덕성과 우의 능력을 두루 갖추어야만 하겠지만……. 현실에서 그런 지도자를 만나기란 천재일우의 확률이다. 만약 두 사람 중 한 명을 국가의 지도자로 추대한다면, 과연 누구를 선택해야 할까? 공직자의 청렴성과 사명감이 없으면 정부는 불신의 나락으로 떨어지고 만다. 전문성을 결여한 권력자는 행정착오와 정책실패를 초래하고 만다.

정치에서 도덕성과 전문성은 수레의 두 바퀴와도 같다. 고위 관료의 임

대약진 운동 당시 중공정부의 선전 포스터 : "인민공사는 거대한 용과 같고, 생산은 위풍을 드러낸다." 생산 주체로서의 근로대중이 거대한 경제적 풍요를 불러온다는 메시지가 담겨 있다. (chineseposters.net)

명에서 도덕성과 전문성이 선택 기준이 된다면 행복한 고민일 수도 있다. 반면 도덕성과 전문성이 아니라 이념과 전문성의 양자택일이라면 어떨까? 이념의 색깔을 기준으로 공직자를 임명한다면? 그리하여 전문성은 전혀 없는 정치꾼들이 정부의 요직을 죄다 점령한다면? 정부라는 범선은 작은 풍랑에도 표류를 거듭하다가 난파할 수밖에 없으리라.

대약진 운동(1958-1962)을 전후해서 중공정부의 각 조직에는 전문가들이 퇴출당한 빈자리를 "붉은 투사들"이 점령했다. 전문지식을 동원해 정부 시책의 현실적인 한계와 잠재적인 위험성을 경고하는 전문가 집단이 반혁명 세력으로 몰렸기 때문이다. 비판적 지식인들의 입에는 재갈이 물렸다. 최대 4,500만의 인명을 앗아간 대약진 운동의 실패는 바로 그런 어처구니

314

없는 인사 실패에서 비롯되었다. 과학기술의 전문성 대신 이념의 선명성을 선택했던 한 붉디붉은 혁명가의 치명적 오류였다. 1950년대 후반 중공 정부는 왜 그런 자기파괴적 오류에 빠져야 했을까?

공산주의적 인간론

마르크스주의에 따르면, 구조적 착취가 철폐된 사회주의 체제에서 노동자와 농민들은 더욱 자발적으로 일을 하게 된다. 자본주의 사회에서 노동은 자기소외(self-alienating)의 과정이지만, 사회주의 체제하의 노동은 자아실현(self-fulfillment)이라는 논리이다. 그러나 1950년대 중국에서 합작사의 일원으로 집단노동에 시달려야 했던 중국의 농민들에게 그러한 공산당의 선전이 과연 통할 수 있었을까? 농민들의 태업이 일상화되면서 농업 부문의 생산성은 격감할 뿐이었다. 사적 소유도, 이윤 동기도 없는 사회에서 공공선을 위해서 자발적으로 헌신하는 인간이 과연 몇 퍼센트나 될 수 있을까?

마오쩌둥 역시 인간의 "선한 본성"을 신뢰하지는 않았다. 1940년대 옌안 시절부터 정풍 운동을 통해서 그는 "인간 개조"를 실험해왔다. 1949년 이후에도 중국 전역에서는 대규모 정치 운동이 끊일 새가 없었다. 지주를 숙청하는 토지개혁 운동, "반탐오, 반낭비, 반관료주의"의 이른바 삼반 운동, 외국인의 강제추방으로 이어진 반제 운동, 자본가를 겨냥한 반자본주의 운동, 인텔리들을 숙청하는 반우파 운동, 참새 및 해충을 박멸하는 제사해 운동 등등. 표면상 이 운동들의 목적은 적인 혹은 반혁명 세력의 제거였다. 그러나 실제로는 인민 전체에 대한 전체주의적 감시와 통제를 강화하기 위함이었다.

『철학의 빈곤(*Misère de la philosophie*)』(1847)에서 마르크스는 프랑스의 무정부주의자 프루동(Pierre-Joseph Proudhon, 1809-1865)을 비판하면서 "모든 역사는 인간 본성을 변화시키는 지속적인 과정"이라고 주장한다. 각 시대에 상응하는 인간의 본성이 있다는 사고이다. 그런 관점에서 탐욕, 이기심, 시기심 등 인간의 "어두운" 본성은 자본주의 체제가 낳은 정신적 병리현상일 뿐이었다. 사적 소유와 구조적 착취가 인정되는 자본주의 사회 속에서 인간은 탐욕적이고 이기적인 존재가 될 수밖에 없지만, 생산수단을 공유하는 사회주의 체제에서는 이타적이고 공동체적인 인간으로 개조될 수 있다는 발상이다. 마르크스의 인간론에서 개인의 고유성은 부정된다. 개개인의 성격 차이도 환경요인으로 설명된다.

물론 마르크스의 인간론은 공산주의의 짧은 역사를 통해서 기껏 순진한 낙관론 혹은 낭만적 몽상에 불과했음이 드러났다. 인간에게 소유욕, 이기심, 이윤 동기는 억누를수록 솟구치는 생존의 강렬한 욕구이다. 사회주의 혁명 이후에도 인간의 소유욕과 이기심은 쉽게 소멸될 수 없다. 그런 이유 때문에 마오쩌둥은 모든 인간이 "붉은 투사"로 거듭나야 한다고 생각했다. 사회주의 정권 아래에서 소유욕, 이윤 동기 등 인간의 이기심은 죄악시된다. 이기심을 부정한 이상, 인위적으로 인간의 마음에 이타심을 주입해야만 한다. 인간을 이타적인 선한 존재로 개조하지 않으면 공산주의는 실현될 수 없다. 마오쩌둥은 모든 인민에게 "비판과 자아비판"을 요구했다. 비판이란 남의 허물을 질타하는 것이고, 자아비판이란 공개적인 고해 성사를 말한다. 그런 과정을 통해서 불굴의 혁명 정신과 인류애를 가진 공동체의 일원으로 거듭날 수 있다고 믿었다. 마르크스는 사회체제의 변혁이 인간 본성을 변화시킬 수 있다고 믿었다. 그의 교시를 따라서 스탈린, 마오쩌둥, 김일성, 폴 포트(Pol Pot, 1928-1998) 등 20세기 공산주의 지도자들은 모두 인간의 악한 본성을 교정하고자 했다. 그런 인간 개조의 사회 공학이 최악의 디스토피아로 귀결되었음은 결코 우연이 아니었다.

"붉고도 전문적인"

1953년 중국공산당 중앙위원회는 인민회의를 소집하여 전격적으로 제1차 5개년 계획을 수립했다. 근대 산업시설의 국유화, 농업 부문의 대규모 집산화 및 중앙집권적 경제 계획을 핵심으로 하는 사회경제 개발정책이었다. 중공정부는 694개의 산업화 프로젝트를 수행했는데, 그중에서 156개 프로젝트는 소련의 원조를 받았다. 소비에트식 발전전략에 따라서 산업화의 기초를 닦는 과정이었다. 중국은 소련의 지원과 자문을 통해서 산업화를 추진했지만, 1956년 이후 흐루쇼프가 "탈-스탈린(de-Stalinization)"을 선언하면서 중소 분쟁이 심화되었다.

소비에트 수정주의의 위험성을 감지한 마오쩌둥은 중국 특색의 발전전략을 모색하기 시작했다. 중국 특색의 발전전략은 결국 정치 운동과 대중 노선밖에는 없었다. 근로대중이 주체가 되어 단기간에 사회주의 혁명을 완수한다는 발상이었다. 1950년대 후반으로 접어들면서 마오쩌둥은 대중을 동원한 정치 운동을 전개한다. 그 밑바탕에는 과학기술의 근대화를 이끌던 전문가 집단에 대한 경계심이 깔려 있었다.

1950년대 말 소련 사회는 기술관료 집단(technocrats)이 지배하고 있었다. 근본적으로 마르크스주의는 노동자와 농민, 도시와 농촌, 정신노동과 육체노동 사이의 차별을 철폐하는 혁명이념이었다. 볼셰비키 혁명 이후 소련 정부는 바로 직업, 지역, 직종상의 차별을 철폐하기 위해서 극단적인 평등주의 정책을 실행했으나…… 스탈린 시대에 산업화 과정에서 전문가 집단은 새로운 권력층으로 부상했다. 중국 역시 소련의 전철을 밟고 있었다. 산업, 농업, 과학기술, 국방의 근대화를 이루기 위해서는 치밀한 계획 수립과 효율적인 정책 집행이 요구되었다. 그 결과 중국 역시 주요 공직은 전문가 집단이 장악하게 되었다. 그들은 전문지식을 동원해 과학기술 분야의 주요 정책을 결정했고, 급기야 권력층으로 부상했다. 학력의 차이가 사회계층의 차이를 낳는 "봉건적 유습"이 되살아난 셈이었다. 마오쩌둥은 사회주의 이념이 투철하지 못한 "백색 전문가들"을 경계했다. 그는 "백색 전문가들"을 몰아내기 위해서 붉고도 전문적인 "우홍우전(又紅又專)"의 인재들을 배출해야 한다고 생각했다.

대약진 운동이 추진되던 1958년 1월 31일, 마오쩌둥은 "깡통 정치꾼들을 배격하고, 실용주의자들을 물리쳐야 한다!"고 역설한다. 여기서 실용주의자들이란 단기적인 성과를 위해서 사회주의 이념을 대수롭지 않게 포기하는 소비에트 수정주의자를, 깡통 정치꾼이란 전문지식은 전혀 없이 앵무새처럼 혁명 이론만 읊조리는 교조주의자들을 의미했다. 양자의 오류를 극복하는 방안으로 마오쩌둥은 "정치와 기술", 혁명가와 전문가의 결합을 강조한다.

과연 어떻게 노동자, 농민 등 생산 현장의 일꾼들이 전문기술과 고급지식을 습득할 수 있을까? 이에 대한 마오쩌둥의 해결책은 순수하리만큼 단순했다. 바로 근로대중과 전문가 집단이 직접 만나면 된다. 노동자와 농민은 정기적으로 연구소의 실험에 직접 참여하고, 과학자 및 기술자는 현장에서 노동을 체험하는 방법이었다. 근로대중은 현장의 체험을 전문가에게 전하고, 전문가는 생산 현장의 경험을 통해서 혁명 정신을 벼리는 이른바 "변증법적 상호침투"의 과정이었다. 마오쩌둥은 바로 그 과정을 통해서만 붉고도 전문적인, 우홍우전의 "홍색 전문가들"이 탄생할 수 있다고 굳게 믿었다. 1950년대 우파들을 노동교양형에 처하고, 문화혁명 시기에 홍위병들을 농촌에 하방시킨 것 역시 지식인들을 이념적으로 붉게 만드는 반지성주의의 결과였다.

마오쩌둥의 주체사상 : 어떻게 할 것인가?

북한의 김씨 왕조는 늘 김일성이 마르크스-레닌주의를 창의적으로 발전시킨 "주체사상"의 창시자라고 선전하지만, 실제로 "주체사상"은 이미 1930년대부터 마오쩌둥이 제창한 "주관능동성"의 철학에서 한 치도 벗어나지 않는 듯하다. 다만 현대 중국어에서는 "주체사상"이라는 용어 대신 "자력갱생사상"이라는 용어를 더 흔히 사용한다.

마오쩌둥은 인간이 자발적이고도 창의적인 노력을 통해서 객관적인 사회경제적 조건을 바꿀 수 있다고 믿었다. 그는 역사의 법칙성을 자각한 근로대중의 자발적 실천이 바로 농촌 인구가 90퍼센트에 달하는 소련과 중국에서 사회주의 혁명이 먼저 일어날 수 있었던 근본 동력이라고 생각했다. 그런 혁명의 경험에서 그는 대중의 역량을 결집하면 비약적인 역사 발전이 가능하다는 무한긍정의 교리를 도출했다. 마오쩌둥이 제창한 "주관능동성"의 철학은 물적 토대를 강조하는 정통 유물론(唯物論)이라기보다는 정신의 잠재력을 강조하는 유심론(唯心論)에 가깝다.

마오쩌둥은 근로대중의 능동성을 강조하기 위해서 우공이산(愚公移山)의 고사를 즐겨 인용했다. 그는 맨손으로 돌을 하나씩 옮겨 결국 산을 옮기는 우직함이야말로 혁명적 근로대중의 독립적, 자주적, 주체적 역량이라고 확신했다. 1950-1960년대 중국에서는 우공이산의 고사를 연상시키는 "위대한 중국 인민"의 영웅적 성취 이야기들이 대중매체를 타고 전 인민의 뇌리를 파고들었다. 대표적인 세 가지 성공 사례만 살펴보자.

사례 #1: 헤이룽 강 다칭 유전의 발견

마오쩌둥 주체사상의 밑바탕에는 반서구, 반외세, 자문화 중심주의 및 고립주의의 아집과 폐쇄성이 깔려 있다. 역사를 돌아보면, 19세기 중엽 아편전쟁 이래 중국인들은 줄곧 외국 기술 및 외국 자본에 대한 불신을 품고 있었다. 중국인들에게 소련을 포함한 외국의 전문가는 모두 양귀자 (洋鬼子), 곧 서양 귀신일 뿐이었다.

중소 분쟁이 격화되던 1960년, 흐루쇼프는 1만 명의 중국 주재 소련 과학자 및 기술자들을 모두 본국으로 소환한다. 이 사건을 계기로 중공지도부는 더더욱 자주노선을 강조하게 된다. 마오쩌둥은 외세에 의존하는 발전전략을 폐기하고 빛나는 혁명 정신과 애국심으로 중무장한 중국의 "붉은 전문가들"이 자주적으로 중국 특색의 새로운 발전 모델을 찾아야만 한다고 부르짖었다.

1959년 다칭(大慶) 유전의 발견은 모든 중국인에게 자주노선의 중요성을 일깨우는 특별한 계기가 되었다. 1950년대까지 서구의 지질학자들은 중국에는 대규모 유전이 있을 수 없다고 주장했다. 그런 외국 전문가들의 회의론에도 불구하고 중국의 지질학자들과 굴착 노동자들은 우공이산의 정신으로 유전을 찾고 또 찾았다.

다칭에서의 굴착은 1958년에 시작되었다. 간쑤 성의 유전 발굴대와 공산당군 요원들에게 그 험한 임무가 맡겨졌다. 특히 간쑤 성과 쓰촨 성 지대에서 유전 개발을 담당했던 "철인 정신"의 굴착 노동자 왕진시(王進喜, 1923-1970)의 활약이 두드러졌다. 중소 분쟁 이후 중국은 에너지 부족을 겪고 있었다. 1년에 걸친 혼신 어린 굴착 작업의 결과 불굴의 노동자들은 드디어 소련의 기술에 의존하지 않고 순수한 중국만의 기술력으로 대규모의 유전을 발견하게 되었다. 1961년 최초로 60만 톤의 원유를 생산했고, 그 이듬해부터는 100만 톤이 넘는 원유를 생산했다. 원유 수입국이던 중국이 자체 기술력으로 산유국의 꿈을 달성하는 순간이었다.

게다가 다칭의 노동자들은 자족자급의 인민공사를 건설하고 공동의 생활을 시작했다. 1960년대 중국 전역이 대약진 운동의 실패 후 재건에 몰두할 때에도 다칭의 굴착 노동자들은 마오쩌둥의 지시에 따른 사회주의 건설을 지속했다. 때문에 다칭의 인민공사는 1970년대 초까지도 아름다운 성공 사례로 널리 칭송되었다. 다칭 유전의 굴착 노동자들은 마오쩌둥이 칭송해 마지않는 "붉고도 전문적인", 외국의 기술에 의존하지 않는, 중국만의 "홍색 전문가들"이었다.

사례 #2: 산비탈 대수로의 개발

홍치취(紅旗渠)는 허난 성 북쪽 끝 안양 시(安陽市)에서 북서쪽으로 80킬로미터 지점에 위치한 관개 수로 혹은 운하이다. 홍치취란 붉은 깃발의 물길이라는 의미이다. 허난 성과 산시 성(陝西省)의 경계에서 시작되는 이 수로는 42개의 터널을 지나 타이항 산맥을 에둘러 산비탈을 끼고 71킬로미터나 이어진다. 홍치취는 대약진 운동 당시에 공사가 시작되어 1965년에야 준공되었다. 최초로 홍치취의 건설 기획을 낸 주체는 농촌의 청년들이었다. 이 청년들 중에서는 단 한 명만이 약간의 공학 교육을 이수했을 뿐이다. 그럼에도 청년들은 자발적으로 수개월간 산간벽지를 두루 답사하면서 수로 건설의 가능성을 거듭 확인했다.

청년들은 치밀하게 운하 건설 계획서를 작성하여 지방정부에 제출했다. 지방정부는 전문가들에게 의뢰하여 청년들의 계획을 검토하도록 했는

홍치취의 위용.

데……. 전문가들의 반응은 시큰둥했다. 전문가들은 청년들의 계획안이 실현가능성이 희박할뿐더러, 공사를 한다고 해도 큰 경제성도 없는데 관리도 위험할 것이라고 판단했다. 전문가의 반대에 직면했지만 청년들은 결코 좌절하지 않았다. 그들은 전문가의 의견에 굴복하기는커녕 오히려 더욱 진취적 기상을 발휘해 수로 개발을 추진했다. 결국 청년들의 기백에 질린 지방정부의 관료들은 공사를 지원하기로 결정했다.

대약진 운동의 실패 이후 중국의 경제는 침체기로 접어들었다. 마오쩌둥은 고난을 극복하는 영웅적인 인민의 주체적 역량 발휘를 강조했지만, 국가주석 류사오치는 부분적 이윤 동기를 인정하고 전문가의 역할을 강조하는 수정주의적 개발전략을 제시했다. 류사오치 정부는 전문성을 결여한 농촌 청년들의 혁명의지를 신뢰하지 않았다. 그럼에도 마오쩌둥의 자력갱생철학으로 무장한 청년들은 불굴의 의지로 개발 계획을 밀고 나갔다.

4년에 걸쳐 71킬로미터의 물길을 완성하는 동안 지방정부는 네 차례나 공사 중지 명령을 내렸다. 원자재의 공급이 중단되고 사찰단의 감시가 이어졌다. 농촌 청년들은 그러나 물러서지 않았다. 그들은 사찰단의 감시를 피해서 공사를 지속했으며, 보란 듯이 홍치취를 완성했다. 홍치취는 곧바로 대성공의 사례로 칭송되기 시작했다. 청년들의 지도 아래 수백 명의 근로대중이 맨손으로 망치를 들고 절벽을 타고 오르며, 손망치와 정으로 바위를 깨며, 밧줄에 묶은 바위로 축대를 쌓으며, 목숨을 걸고 이룩해낸 자력갱생의 상징물이었다. 무엇보다 농촌의 청년들이 백색 전문가들을 물리치고 "홍색 전문가"로 거듭난 모범 사례였다. 1970년 중공정부는 홍치취의 기적을 칭송하는 다큐멘터리 영화를 제작하여 전국에 배포했다. 정부의 선전에 의해서 홍치취는 전문가의 지식보다 인민의 의지가 훨씬 더 위대하다는 사실을 보여주는 결정적인 증거로 활용되었다.

사례 #3: 산시 성 다자이의 자력갱생

1950-1960년대 중국에는 마오쩌둥 자력갱생의 정신을 체현한 또 한 집단의 농민들이 있었다. 산시 성(山西省) 북부 시양 현(昔陽縣)의 후미진 마을 다자이(大寨)의 농민들이었다. 그들은 마을 지도자인 천융구이(陳永貴, 1915-1986)의 지도 아래 놀라운 희생 정신과 불굴의 혁명 의식을 발휘해서 산간벽지의 가난한 농촌 마을을 곡물이 넘쳐나는 자력갱생의 낙원으로 변화시켰다. 산을 깎아서 개간한 전답도 촌민들에게 경제를 풍요와 여유를 안겨주었지만, 다자이의 농민들은 작은 성취에 만족하지 않았다. 그들은 자발적으로 높은 수준의 과학기술과 공학 이론을 적용하여 산간에 저수지를 건설했다. 또 효율적인 관개를 위해서 계곡을 가로지르는 대규모의 송수로까지 직접 구축했다.

대약진 운동이 처참한 실패로 막을 내린 1963년, 마오쩌둥은 다시금 열을 올려 부르짖었다. "농업 분야는 다자이를 배우라!" 날마다 신문, 방송 및 거리의 확성기에서는 다자이의 성공을 칭송하는 정부의 선전이 끊이지 않았다. 중국 전역의 농민들은 다자이 농민의 혁명 정신과 창의성을 학습하기 위해서 완행열차 바닥에 앉아 멀고 먼 산시 성까지 몰려들었다. 다자이 마을은 문화혁명이 한창일 때에 농촌의 사회주의화를 보여주는 가장 모범적인 사례로 극구 칭송되었다. 무엇보다 다자이는 농민 스스로 사회주의 혁명이념을 현실에서 구현한 자력갱생의 유토피아로 널리 알려졌다.

반차오 댐과 스만탄 댐의 붕괴

마오쩌둥의 "자력갱생 철학"은 결코 장쾌한 성공의 드라마로 귀결되지는 않았다. 전체적으로 보면 오히려 끊임없는 실패의 연속이었다. 정부시책

chineseposters.net

첸다신(錢大昕, 1922-)의 1965년 작품 "다자이의 길을 가라!" 그림 속의 인물은 다자이의 지도자 천융구이. 당시 중국은 망치와 정만 가지고 산을 깎아서 농지로 만든 다자이의 인민들을 영웅으로 칭송했다. (chineseposters.net)

의 현실적인 한계를 지적하는 전문가들은 정부의 탄압과 인민 재판 앞에서 입을 다물 수밖에 없었다. 인민의 의지와 근로대중의 자발성을 강조하는 전국적 대중 동원은 전문가가 설 자리를 빼앗았다. 그 결과 인류사에 기록될 대규모 참사가 일어났다.

1975년 8월 태풍 니나가 한랭전선과 충돌하면서 허난 성 일대에는 연간 강수량을 웃도는 폭우가 단 하루 만에 쏟아졌다. 안절부절 위험수위만 재고 있던 관리본부에서 가까스로 수문을 열고 대규모의 방류를 시작했지만, 곧이어 댐이 와르르 붕괴되면서 7개 현이 침수되고 말았다. 수십만 제곱 킬로미터의 농지와 마을이 물에 잠겼다. 30년이 지난 2005년이 되어서야 기밀 해제된 허난 성 정부의 공식 보고에 따르면, 2만6,000명이 침수로 목숨을 잃었고, 14만5,000명이 전염병과 기근으로 사망했다. 거의 600만 채의 건물들이 무너졌으며, 피해자는 1,100만 명에 달했다. 최근 학계의 통계로는 23만 명이 죽음을 당했다고 한다.

과연 반차오 댐과 스만탄 댐의 붕괴는 천재(天災)였을까? 아니면 인재(人災)였을까? 이어지는 "강물과 인간의 투쟁" I과 II에서 그 내용을 심층적으로 다루기로 한다.

제25장
강물과 인간의 투쟁 I

화이허 유역의 슬픈 역사

1975년 8월, 타이완을 강타하고 북상한 태풍 니나가 허난 성 주마뎬 시(駐馬店市)를 강타했다. 광풍이 몰아치면서 하늘이 뚫린 듯 단 사흘 만에 한 해 강수량을 능가하는 대규모의 폭우가 쏟아졌다. 높이 116.34미터의 반차오 댐은 저수지를 가득 채운 5,083세제곱미터의 물을 막고 있었다. 한계치를 훨씬 웃도는 양이었다. 정부의 발표에 따르면, 반차오 댐의 수문은 1,000번에 한 번 일어날 확률의 큰 홍수를 대비하여 설계되었지만, 댐은 급속한 방류 과정에서 무력하게 무너졌다. 높이 109.7미터의 스만탄 댐 역시 물의 무게를 견디지 못하고 허물어졌다. 허난 성 지방정부는 직접적인 인명 피해를 2만6,000명으로 집계했다. 최근 학계의 연구에 따르자면 23만 명이 사망하고 수백만 명의 이재민이 발생한 대재난이었다. 이 참사는 과연 "천재였을까? 아니면 인재였을까?"

한국에서는 전통적으로 회수(淮水)라고 불린 화이허는 황허와 양쯔 강의 사이에서 서에서 동으로 허난, 안후이, 장쑤 3성(省)을 관통해 1,000킬

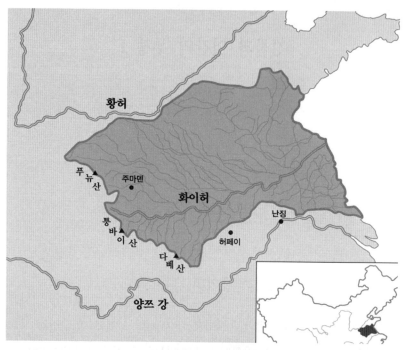

화이허 유역의 지도. 허난, 안후이, 장쑤 성에 이르는 1,000킬로미터 이상의 방대한 지역. 화이허로 흘러드는 수많은 지류가 실핏줄처럼 얽힌다.

로미터 이상을 흘러가는 큰 강이다. 예로부터 황허, 양쯔 강, 화이허, 지수이가 사독(四瀆: 네 개의 하천)이라고 불린 중국의 4대강이다. 후베이 성과 산둥 성까지 포함하는 화이허 유역은 27만 제곱킬로미터에 달한다. 남북한을 포함한 한반도 전역보다 5만 제곱킬로미터나 더 넓은 지역이다.

화이허 유역은 서부와 남동부의 고원지대를 제외하면 동쪽으로는 드넓은 평원이다. 황허에 쓸려와서 겹겹으로 쌓인 비옥한 충적토의 대지 위에 크고 작은 물줄기들이 거미줄처럼 얽혀 화이허로 흘러든다. 북중국의 건조한 한랭전선과 남중국의 온난, 다습한 계절풍이 만나는 중간지점으로 일기변화가 심한 곳이기도 하다. 12세기까지 화이허의 물은 직접 황해로 흘러갔다. 그러다가 1194년 황허가 남쪽으로 물길을 트면서 강물에 쓸려온 모래진흙이 화이허의 하구를 막아버렸고, 덕분에 화이허는 하류에서 두 개의 큰 호수에 모였다가 양쯔 강 하류에 합류하게 되었다. 1850년대 중엽 황허가 다시금 북쪽으로 물길을 틀면서 화이허 유역은 다시 한번 환경 대란을 경험했다. 황허가 빨아들였던 지류들이 물길을 틀어 화이허로 흐르게 되었기 때문이다.

화이허 유역은 잦은 홍수와 범람이 끊이지 않았으나 가장 큰 재난은 20세기 중일전쟁 과정에서 발생했다. 1938년 6월이었다. 장제스 지휘하의 국민당군은 허난 성 정저우(鄭州) 부근에서 황허의 제방을 폭파해 동남쪽으로 새로운 물길을 텄다. 북동부 지역을 점령한 일본군의 서진(西進)을 막기 위한 처절한 수공(水攻)이었다. 당시 국민당군은 일본군의 폭격 때문에 제방이 파괴되었다고 선전했으나……. 항일전쟁의 대의명분 아래에 지역 인민을 희생시킨 냉혹한 군사전략일 뿐이었다.

땅 위로 흐르는 강

황허는 땅 위로 흐르는 강이다. 강바닥의 높이가 인근의 지표면보다 높다. 20년 전 나는 산둥 반도를 여행하던 중, 황허의 광경을 직접 보기 위해서 삭풍이 몰아치는 평원으로 간 경험이 있다. 실제로 황허를 보기 위해서는 언덕을 오르듯 비스듬한 경사면을 꽤나 올라야만 했던 기억이 생생하다. 제방에 올라서 강물을 내려다보는 순간, 나는 멀리 보이는 지표면이 강둑보다 훨씬 낮음을 직접 눈으로 확인할 수 있었다. 고대부터 인류가 황허의 범람을 막기 위해서 주변에 지속적으로 제방을 쌓아올렸기 때문이었다. 강물에 섞여 흘러온 모래진흙이 계속 제방 안쪽으로 쌓이기 때문에 사람들은 둑을 더 높이 쌓아올려야 했다. 그 결과 황허는 땅 위로 흐르는 강이 되었다. 1961년 중국을 다시 방문해 마오쩌둥과 인터뷰를 했던 에드거 스노는 황허의 강바닥이 주변 농지보다 6-7미터 더 높아서 배들이 땅 위로 지나간다고 기록하고 있다.[1]

강을 자연이라고 여긴다면 안이한 생각이다. 자연 상태의 하천은 해마다 범람하며, 지형을 따라서 제멋대로 움직이다가 하류에서는 넓은 삼각주를 이루며 바다로 흘러간다. 자연 상태의 하천과 농경 발생 이후의 관리된 하천은 전혀 다른 물길이다. 신석기 혁명 이후 인류는 하천을 인위적으로 관리해왔다. 물길 주변에 제방을 쌓고 강변의 비옥한 충적토에는 농지를 개간했다. 인류의 4대문명은 모두 그러한 대규모의 치수를 통해서 생겨났다. 강변을 따라서 형성된 다수 촌락의 농민들이 함께 모여 제방을 쌓고 토사를 긁어냈다. 공동의 목표를 달성하기 위해서는 무엇보다 효율적인 리더십과 대규모의 인력 동원이 필수적이었다. 일부 학자들은 고대의 전제군주제는 바로 그런 대규모 수자원 관리의 필요 때문에 생겨난 수력제국(hydraulic empire)의 리더십이라고 설명한다.[2]

강이란 인류가 필요에 따라서 자연을 개조해서 만든 인공 수로이다. 한 사회의 지속적이고도 효율적인 경제성장을 위해서는 반드시 필요한 환경 인프라(environmental infrastructure)이다. "江"이라는 회의자(會意字)는 물 "水"자와 장인 "工"자의 결합이다. "工"은 땅을 단단하게 다지는 '달구'라는 공구의 상형이다. 강(江)이라는 한자 속에 제방을 쌓아 관리한 인공 수로의 의미가 담겨 있다. 강은 사람에 의해서 개조되고 정비되고 관리될 수밖에 없다. 강변의 녹화를 위해서 자연친화적인 수자원 관리는 필수적이지만, 댐과 보의 건설, 준설 및 제방 사업 자체를 전면 부정하는 태도는 오히려 반문명적이다.

1938년 보트를 타고 홍수를 피해서 떠나는 허난의 민초들. (Micah S. Muscolino, The Ecology of War in China, 2016, p.67)

1938년 국민당군은 땅 위로 흐르는 황허의 제방을 파괴하기로 결정한다. 작전지로는 정저우 부근의 화위안커우(花園口)가 선택되었다. 일단 강둑이 폭파되자 황허의 누런 물이 서서히 인근 마을을 향해서 흘러나왔다. 아직 여름 장마로 물이 불지는 않았으나 군사작전의 기밀을 유지하기 위해서 인근 농민들에게도 사전 통보를 하지 않은 상태였다. 느린 유속의 누런 강물이 갑자기 터진 강둑 밖으로 콸콸 쏟아져 나오자 인근지대는 곧이어 대홍수에 휩싸이면서 대규모의 이재민이 발생했다.

허난 성은 인구밀도가 조밀한 북중국 중원의 농업 중심지이다. 황허를 따라서 크고 작은 촌락과 농지가 촘촘히 들어서 있었다. 걷잡을 수 없는 황허의 범람으로 수백만의 농민들은 피해를 입었다. 손수레와 소달구지에 곡식과 농기구를 챙겨서 고향을 떠난 사람들도 있었지만, 많은 사람들의 집이 침수되었고 그보다 더 많은 사람들이 질병과 기근으로 희생당했다. 일본군을 동부 전선에 묶어두고 허난 성 정저우의 철로를 지킬 수 있었다고 하더라도 민간의 피해는 가히 천문학적이었다.

무엇보다 황허의 수자원 관리의 시스템이 붕괴되면서 홍수의 피해가 중일전쟁이 끝날 때까지 계속되었다. 수십만이 홍수에 쓸려가 죽고, 수백만이 터전을 잃었다. 전쟁이 격화되면서 환경 파괴, 교통 두절, 식량 부족으로 1942-1943년 사이 화이허 유역에는 무려 200만 명이 아사하는 대기근이 발생했다. 중일전쟁 당시 하남 인구의 43퍼센트에 달하는 1,450만의 인구가 피난민으로 전락했다. 수천 년 강물과의 투쟁을 통해서 건조(建造)된 황허의 제방을 파괴한 군사작전이 부른 재앙이었다.

"화이허를 개발하라!"

중공정부 홈페이지에 게재된 공식 기록에 따르면, 화이허 유역의 치수사업은 1950년 최고지도자 마오쩌둥의 지시에 의해서 시작되었다. 1950년 7월과 8월 화이허 유역에는 대규모 홍수와 침수 피해가 발생했다. 허난 성과 안후이 성에서 1,300만 명의 이재민이 발생하고 4,000만 무(畝 = 667 제곱미터)가 넘는 방대한 토지가 수몰되었다. 물난리를 피해서 나무 위로 올라간 사람들, 그 와중에 독사에 물려 죽는 사람들 등, 현장의 참상을 실시간으로 전하는 전보를 읽으며 비분강개한 마오쩌둥은 1950년 7월 20일, 1년의 시한을 걸고 화이허 유역 문제를 해결하는 근본 대책을 세우라고 지시한다.

이에 1950년 10월 14일 중공정부는 "화이허의 치리(治理)에 관한 결정"

을 반포하고, 1950년 11월에 화이허 유역에서 제1차 화이허 치수사업이 개시되어 이듬해 7월 하순까지 일사분란하게 전개된다. 수십만의 민공(民工)과 전문기술 인력이 현장에 투입되어 저수지 개발, 제방 복원 및 준설, 농지의 수로 건설이 진행되었다. 1951년 겨울에 제2차 치수사업이 시작되어 이듬해 7월까지 전개되었다. 1953년에는 다시 새로운 치수사업이 개시되어 8년이 넘도록 계속되었다. 1957년 겨울까지 정부는 12억 위안 이상을 투입해서 175개의 물길을 열고, 9개의 저수지를 건설해 316세제곱미터의 수량을 확보했으며, 4,600킬로미터에 달하는 제방 공사를 완수했다.

과연 1950년대 화이허 유역의 개발이 중공정부의 선전처럼 아름다운 성취였을까? 대약진 운동 당시의 국가폭력을 고발한 언론인 출신 양지성(楊繼繩, 1940-)에 따르면, 1959년 11월부터 1960년 초까지 진행된 화위안커우 댐 건설에는 무려 13만 명의 노동자가 동원되었지만, 완성 후 얼마 지나지 않아 설계의 문제점이 드러나는 바람에 댐을 폭파해야만 했다.[3] 1958년 10월부터 시작해서 1960년까지 내내 대규모 관개 공사에 동원된 수많은 민공들은 굶주림과 가혹 행위에 내몰려 목숨을 잃고 말았다. 구스현(固始縣)에서만 1만7,000명 이상이 아사했다. 결국 중공정부가 칭송하는 화이허 유역 치수사업의 성과는 대규모 민간 노동력의 군대식 동원과 관료 집단이 빚어낸 성급한 성과였다. 그 과정에서 인민은 굶주린 채 죽음의 강제노동에 동원되었다.

제24장 말미에서 언급했던 반차오 댐과 스만탄 댐의 붕괴는 중공정부의 행정실패를 단적으로 보여준다. 이제 이 두 댐의 건설과정을 둘러싸고 전개된 수자원 공학자와 정부 관료 사이의 신경전에 주목하고자 한다. 대약진 운동의 불합리와 모순을 폭로하는 매우 중요한 사례이기 때문이다.

제26장
강물과 인간의 투쟁 Ⅱ

댐이 무너지다

앞에서 언급한 바와 같이 태풍 니나가 1975년 8월 5일부터 7일까지 사흘에 걸쳐 허난 성 주마뎬 시를 강타했다. 목격자의 증언에 따르면, 빗줄기는 흡사 소방관의 호스에서 쏟아지는 물과도 같았다. 그 빗줄기에 맞은 새 떼들이 화살처럼 땅바닥에 내리꽂힐 정도였다. 남반구 오스트레일리아의 기류와 남태평양의 기류가 충돌해 일으키는 태풍은 일반적으로 중국 동남부 지역에서 비를 뿌리고 약해지지만, 그해 여름의 태풍은 돌연히 북상하여 양쯔 강과 중원 지역을 덮쳤다.

사흘간의 폭풍우 앞에서 1950-1960년대에 건설된 크고 작은 댐들은 하나씩 무너졌다. 8월 8일 아침 해가 뜨기 전, 허난 성에서는 모두 62개의 댐들이 붕괴했다. 반차오 댐의 수위는 118미터 안전선까지 치솟았으나 아무도 반차오 댐의 붕괴를 내다보지 못했다. 사람들은 반차오 댐의 제방에 쭉 늘어서서 허리까지 물에 잠긴 채 둑을 수리하고 있었다. 상황은 규모가 작은 스만탄 댐도 마찬가지였다. 비가 그치고 밤하늘에 별이 반짝이자 관제탑에서는 댐의 수문을 완전 개방하고 방류를 서둘렀으나 계곡물의 유입 속도를 따라잡을 수 없었다. 반차오 댐과 스만탄 댐은 8월 8일 새벽 1시를 전후해서 모두 무참히 무너지고 말았다.

댐이 무너지자 반차오 댐에서는 6억 세제곱미터의 물이, 스만탄 댐에서는 1억2,000만 세제곱미터의 물이 쏟아졌다. 인근 하천의 제방도 연쇄적으로 무너졌다. 홍수의 도미노였다. 물난리는 동쪽의 안후이 성까지 이어졌다. 29개 현과 시가 파괴되고, 1,700만 무의 농경지가 물에 잠기고, 1,100만 명의 이재민과 최소 8만6,000, 최대 23만 명의 인명 피해가 속출했다. 102킬로미터의 철도가 파괴되어 18일이 넘도록 기차 운행이 중단되었고, 48일간 화물 유통이 멈췄다.

3개월 후인 1975년 11월, 수리전력부(水利電力部) 장관 첸정잉(錢正英, 1923-)은 "자신에게 중요한 책임이 있음"을 시인하고 사죄했다. 수리전력 분야의 전문가였던 그는 "충분한 연구도 없이 큰 댐은 당연히 안전하리라고 믿었던" 오류와 "소련의 안전 기준만을 맹신했던" 과오가 대참사의 원인이라고 진단했다. 첸정잉은 그러나 대참사의 근본적인 원인은 결국 언급하지 못했다. 화이허 유역 수자원의 최대 확보라는 정부의 무모한 정책에서 모든 문제가 비롯되었기 때문이다.

전문가는 경고했건만

반차오 댐과 스만탄 댐의 붕괴는 대중혁명의 광기와 관료 집단의 졸속행정이 빚어낸 참혹한 인재였다. 대참사의 씨앗은 두 댐이 건설되었던 1950년대에 뿌려졌다. 끊임없는 홍수로 해마다 침수되던 이 지역에는 100개가 넘는 댐과 저수지가 만들어졌다. 정부가 화이허 유역 수자원의 최대 확보를 주문했기 때문이다. 최대한의 수자원을 확보하기 위해서는 산간의 계곡을 막아서 저수지를 만들고, 평지의 지류들도 가두어서 인공의 저수지를 최대한 늘리는 방법밖에는 없었다. 그렇게 물을 확보하면 저수지 주변의 침수지를 농지로 바꾸는 대규모의 개간사업이 이어졌다. 작은 홍수로 질척해진 대지를 옥토로 바꾸려는 혁명적인 발상이었다.

반차오 댐과 스만탄 댐은 화이허로 흘러드는 두 지류에 건설되었다. 당시 시공을 맡았던 지방의 관료들은 그 화이허 지역 수자원 관리에 대한 전문지식이 없었다. 댐 건설이 한창이던 1955년에서 1956년에 걸쳐 큰 문제점이 드러났다. 수문 부근에서 큰 균열이 발견되면서 최초 설계에 오류가 있었음이 밝혀진 것이다. 소련 기술자들의 도움을 받아서 보수공사가 이루어졌으나 미봉책에 불과했다.

1950년대 초부터 30년 계획으로 추진되었지만, 대약진 운동이 개시되던 1958년에 중공정부는 이미 전국 방방곡곡에 화이허 개발의 성과를 대대적으로 선전하기 시작했다. 불가능을 가능하게 하는 불굴의 혁명 정신이 화이허 지역의 홍수 걱정을 모두 해결했다는 선전이었다. 사회주의 유토피아의 건설을 위해서 모든 인민에게 초능력 발휘를 요구하던 잔혹한 혁명의 계절이 도래한 것이다. 반차오 댐과 스만탄 댐이 건설된 직후 1957년에서 1959년에 걸쳐 허난 성 주마뎬 지역에만 100개가 넘는 댐과 저수지가 우후죽순처럼 생겨났다.

정치국 서열 8위였던 허난 출신의 탄전린(譚震林, 1902-1983)은 관개를 위한 수자원 최대 확보, 소규모 저수지 개발, 농촌의 자력갱생이라는 화이허 유역 개발의 3원칙을 천명한다. 그는 수자원의 최대 확보를 위해서는 산지뿐만 아니라 평원 지역에도 댐을 만들어 물을 가두어야 한다고 주장했다. 화이허 유역을 인공의 호수지대로 재건하자는 발상이었다.

이때 수자원 공학자 천싱(陳惺, 1921-)이 정부의 무리한 시공에 경종을 울린다. 수자원의 최대 확보를 위해서 평원에 저수지를 만들면, 지하 수위가 안전선 이상으로 올라가게 된다. 지하 수위가 올라가면 당연히 농지의 침수 위험이 고조된다. 아울러 토양의 염도도 높아지고, 과도한 알칼리화를 피할 수가 없다. 전문가로서 그 점을 잘 알고 있었던 천싱은 평지에 댐을 건설해서 저수지를 만드는 방식은 환경 파괴로 이어지며, 결국 참혹한 재앙을 불러올 수밖에 없다고 경고했건만……. 전문가의 신중함보다는 인민의 혁명성을 강조하던 시대였다. 천싱의 경고는 무시되었다. 오로지 수자원의 최대 확보와 관개시설 확충이라는 목적의 달성을 위해서 정부는 군사작전을 치르듯 댐 건설에 박차를 가했다. 허난 성뿐만 아니라 안후이 성에서도 소규모의 저수지들이 독버섯처럼 생겨났다.

대약진 운동 시기에 천싱은 정부의 요청에 따라서 아시아 최대 규모의 평원 인공 호수인 주마뎬 시의 쑤야 호 저수지를 직접 설계했다. 처음에는 천싱의 설계대로 공사가 시작되었지만, 얼마 지나지 않아 지방정부의 수자원 관리위원이 설계도면을 바꾼다. 천싱은 본래 수문을 12개로 설계했는데, 지방정부에서 그 설계가 너무나 보수적이라면서 수문을 7개나 줄여서 5개만 만들기로 결정한 것이다. 지방정부는 그런 식으로 안전 기준을 무시한 채 수문의 개수를 줄이는 방법으로 시공의 편의를 도모했다. 더 신속하게 더 많은 댐을 건설해야만 대약진의 시대 정신을 실현하는 혁명 투사임을 인정받을 수 있기 때문이었다.

대약진의 미망

대약진 운동이 대기근을 몰고 오면서 허난 성의 인민들도 3년의 고난기를 겪었다. 그 시기에 허난 성에서는 광범위한 홍수와 기근이 발생한다. 1961년 허난 성 제1서기로 파견된 류젠쉰(劉建勳, 1913-1983)은 철저한 조사 끝에 무리한 댐 건설과 저수지 개발이 허난 성에 발생한 홍수의 원인이라는 잠정적 결론에 도달한다. 그때서야 류젠쉰은 1950년대 댐 건설을 비판했던 천싱을 찾았으나 그는 대약진 운동 시기에 우파분자로 몰려서 강제노동에 시달리고 있었다.

당시에는 농촌에서는 집집마다 뒷마당 용광로가 만들어졌다. 그 소형 용광로에 손목시계, 숟가락, 쇠못, 녹슨 쟁기 등 쇠붙이란 쇠붙이는 죄다 모아다가 녹였다. 15년 안에 미국의 철강 생산량을 따라잡는다는 환상적인 혁명의 주술에 전국의 인민이 포박당한 상황이었다. 그때 천싱은 민간의 쇠붙이를 모아서 철강을 생산하겠다는 발상을 비과학적이라며 정면으로 비판했다. 같은 맥락에서 그는 댐 건설의 광기도 정면에서 비판했기 때문에 우파로 몰려서 강제노동에 내몰려 있었던 것이다.

1961년 대약진 운동의 폐해가 대기근을 몰고 오자 지방정부에서는 일탈 감시와 오류 수정의 움직임이 일어났다. 댐과 저수지 공사에 대해서도 정부 차원의 감사가 이루어졌다. 감사를 통해서 화이허 유역 개발의 많은 문제점이 드러났다. 위험한 댐들을 재건하거나 완전히 철거하는 공사가 이어졌다. 중앙정부는 그러나 수자원의 최대 확보라는 원칙을 절대로 포기하지 않았다. 대약진 이후에도 지속적으로 댐 건설이 이어졌다.

1975년 당시 스만탄 댐은 제방을 1.9미터나 더 높인 상태였고, 반차오 댐의 수용 수량 역시 설계 당시의 안전 기준을 3,200만 세제곱미터나 웃도는 상태였다. 허난 성 정부는 댐의 안전 수위 기준을 상향조정했다. 결국 반차오 댐과 스만탄 댐의 붕괴는 혁명의 광기와 졸속행정이 낳은 처참한 인재였다.

2009년 천싱은 89세의 나이로 한평생 수자원 관리에 몸담았던 경험을 응축해서 "치수에는 끝이 없다"는 의미의 저서 『치수무지경(治水無止境)』을 펴낸다. 그는 말한다. "과학적 치수는 수리(水利)를 주지만, 비과학적 치수는 수해(水害)를 불러온다." 화이허 유역 개발이야말로 혁명의 광풍 속에서 무리하게 추진되었던 비과학적 치수의 전형이었다.

돌이켜보면 궁금해진다. 중공지도부는 왜 그리도 무모한 속도전의 유혹에 말려들어야만 했을까? 왜, 무엇 때문에 과학과 합리와 단계적 절차를 건너뛰고 역사의 비약만을 추구했을까? 왜 그토록 어리석은 "대약진"의 함정에 빠져야만 했을까?

제27장
인류사 최대의 기근 I

"가지 않은 길"

대약진 운동은 수천만의 목숨을 앗아간 인류사 최대의 기근을 초래했다. 1959년에 마오쩌둥은 일부 책임을 시인하고 국가주석의 지위에서 물러나고, 류사오치와 덩샤오핑은 무너진 경제를 다시 일으키는 실용주의 개혁의 첫발을 내딛지만……. 1966년 마오쩌둥은 권력 재장악의 치밀한 계획에 따라서 문화혁명을 일으킨다. 그는 류사오치와 덩샤오핑 등을 주자파(走資派: 자본주의 노선을 주장하는 파)로 몰아 숙청한 후, 최고지도자로 복귀한다. 영문 모르는 중국의 인민들은 문화혁명의 늪에 빠져 "십년호겁(十年浩劫)"을 겪어야만 했다. 대재난의 의미로 번역되는 호겁의 원뜻은 극심한 강탈, 위협, 급습 등을 의미한다. 10년간 전 인민이 서로를 위협하고, 공격하고, 서로 빼앗고 빼앗기는 대재난을 당했음을 뜻한다.

전국시대부터 북송 직전까지 무려 1,400년에 걸친 열여섯 조대(朝代)의 정치사를 완성한 사마광(司馬光, 1019-1086)은 그 방대한 기록을 일컬어 통감(通鑑)이라고 불렀다. 역사란 인간의 진면목을 반영하는 거대한 '거

組织军事化，行动战斗化，生活集体化。
ZUZHI JUNSHIHUA XINGDONG ZHANDOUHUA SHENGHUO JITIHUA

"조직의 군사화, 행동의 전투화, 생활의 집체화!" (chineseposters.net)

울'이라는 뜻이다. 우리에게 대약진 운동과 문화혁명은 벌거벗은 인간을
그대로 보여주는 투명한 거울과도 같다. 이제 그 거울 속에 비친 한국인들
의 모습을 곰곰이 살펴보았으면 한다! 대한민국이 용케도 피해갔던 "가지
않은 길(The road not taken)"은 과연 어떤 길이었을까?

얼마나 많은 사람들이 죽었을까?

현재 베이징에 거주하고 있는 중국의 대표적인 자유주의 지식인 양지성은
후베이 성 시수이 현(淅水縣) 출신이다. 1960년 베이징의 칭화 대학에 입
학한 후, 1964년에 중국공산당에 입당하고, 1968년부터 2001년까지 줄곧

중국의 주요 통신사인 신화사(新華社)에서 기자로서 30여 년을 보냈다. 이후 양지성은『중국개혁(中國改革)』,『중국기업가(中國企業家)』,『방법(方法)』 등의 정치 잡지를 편집하다가 2003년부터 2015년까지 종합 월간지『염황춘추(炎黃春秋)』의 부사장을 역임했다.『염황춘추』는 중국 내의 자유주의 세력을 대변하는 정치 잡지의 권위지로 각광받았으나 양지성은 2015년 정부의 압력으로 편집권을 박탈당했다.

양지성이 대기근의 참상을 고발한 역저『묘비(墓碑)』(2008)의 저자이기 때문이었다. 이 책의 서두에서 그는 스스로 대기근을 탐구하기 시작한 계기를 다음과 같이 설명한다. 1959년 4월 말 청년동맹의 회원으로 고등학교 기숙사에서 생활하던 양지성은 부친이 위독하다는 소식을 듣고 집으로 달려갔지만, 초근목피로 연명하던 부친은 그의 눈앞에서 비참하게 아사했다. 어린 양지성은 그러나 대약진의 오류를 전혀 눈치채지 못했다. 오히려 그는 공산주의 혁명을 위해서 더 헌신적인 투쟁을 이어가야 한다고만 믿었다. 칭화 대학에 입학한 후에도 그는 청년동맹의 서기로 활동하다가 자발적으로 공산당에 입당했다.

대학 졸업 이후 통신사 기자로서 다양한 문서를 접하게 되면서 중국공산당에 대한 그의 믿음은 흔들리기 시작했다. 그는 거짓, 허위, 조작, 날조, 은폐, 억압, 탄압으로 점철된 중국공산당의 상징 조작과 역사 왜곡을 직시하게 되었다. 무엇보다 그는 자연재해라고 여겼던 대약진 운동의 참상이 잘못된 정책이 빚은 인재였음을 알게 되었다. 계속되는 중공정부의 거짓 보도와 역사 왜곡에 철두철미하게 속고 살아왔음을 자각한 후, 양지성은 단말마의 비명도 없이 역사의 쓰레받기로 쓸려간 수많은 원혼들을 위해서 묘비를 세우기로 결심했다. 그의 명저『묘비』는 그렇게 그의 부친과 함께 죽은 수많은 사람들을 위한 진혼곡이었다. 역사적 망각에 저항하는 한 지식인의 처절한 투쟁이었다.

2008년에 홍콩에서 출판된 이 책은 출간 즉시 중국 밖의 전문가들 사이에서 큰 주목을 받았다. 이후 2013년에 미국에서 영역본이 출판된 후, 뉴욕의 맨해튼 연구소로부터 프리드리히 하이에크(Friedrich A. Hyek, 1899-1992)를 기리는 하이에크 상을 받았다. 2015년에는 스웨덴에서 훌륭한 언론인을 기리는 슈티그 라르손 상을 받았다. 같은 해 겨울 하버드 대학교에서 양심적이고 정직한 언론인에게 부여하는 라이언스 상도 받게 되었는데, 이번에는 중공정부가 출국을 막아 양지성이 수상식에 참석하지는 못했다. 물론 현재 대륙에서는 이 책의 출판 및 유통이 금지되어 있다. 대체 무슨 내용이 담겼기에 중공정부가 이토록 양지성을 경계하고 감시하는 것일까?

우선 양지성이 이 책에서 제시하는 대기근 피해자의 숫자부터 살펴보자. 양지성이 제시하는 통계에 따르면, 1958년부터 1962년 사이 중국에서는 3,600만 명이 아사했다. 아울러 당시 인구의 자연증가율에 비추어보면, 4,000만 명이 세상에 태어나지도 못했다. 그는 대기근 당시 희생자가 무려 7,600만 명에 달한다고 결론짓는다.[1]

중공정부는 대기근의 참상을 숨기기에 급급해서 정확한 통계를 공표하지 않았다. 특히 대기근 당시 아사자의 문제를 극구 숨기려고만 했다. 당시 공안부에서 인구 통계를 담당했던 관료의 증언에 따르면, 당시 중공정부는 각 성에서 집계되던 인구 통계를 극비에 부쳤다. 최고 지도부의 소수를 제외하면 그 누구도 상세한 인구 변동 현황을 알 수 없었다. 그해 식량부의 부부장(副部長, 차관)직에 있었던 주보핑(周伯萍, 1920-2012)은 중국의 성 단위 인구 통계를 작성하던 중에 전국적으로 인구가 수천만이나 줄어들었음을 확인했다. 마오쩌둥과 저우언라이에게 직접 보고를 올리자,

저우언라이는 주보핑에게 직접 전화를 걸어서 당장 모든 자료를 소각하라고 명했다고 한다. 이후로 중공정부는 당시의 인구를 공표하지 않았다.

바로 그런 이유 때문에 대기근 당시 아사하거나 강제노동 및 국가폭력에 희생되어 비정상적으로 사망한 인명의 수는 중국 내외의 연구자들에 따라서 큰 차이가 있다. 중국 내의 연구자들 사이에서는 더욱 편차가 크다. 아사자를 1,700만 명 정도로 파악하는 연구도 있지만, 대부분 3,000만 명 이상이라고 파악한다. 양지성이 도출한 희생자 규모의 집계는 직접 12개가 넘는 성의 자료를 살펴가며 분석을 거듭한 결과이다. 아사자 3,600만 명과 미출생자 4,000만 명, 단연 인류사 최대 규모의 기근이다.

2008년 홍콩 대학의 디쾨터 교수는 베이징 올림픽 직전 잠시 개방된 중국 각 지방의 당안관(檔案館)들을 돌며 당시의 정부 문서 및 민간 기록을 집중적으로 열람했다. 그의 집계에 따르면, 최소한 4,500만 명이 대약진 기간 중에 "비자연적 죽음(unnatural deaths)"에 내몰렸다. 여기에서 "비자연적 죽음"이란, 단순히 식량 부족에 시달리다가 영양실조로 죽는 여러 유형의 아사 이외에도 극한 상황에 처한 인간들끼리 서로 죽고 죽이는 참혹한 국가폭력과 민간 보복의 악순환을 모두 포함한다.

왜 중국공산당은 이토록 많은 희생자가 속출하는데도 속수무책으로 대약진의 광풍을 이어가야만 했을까?

대약진의 몽상

1958년 5월 중국공산당 제8기 전국대표대회 제2차 회의에서는 "더 많이, 더 빨리, 더 좋게, 더 아끼자"는 사회주의 건설 총노선이 채택된다. 이로써 대약진 운동의 기본 방침이 정해졌다. 15년 안에 미국과 영국을 따라잡는

"더 많이, 더 빨리, 더 좋게, 더 아끼자." 이 그림에서 중국 인민은 마오쩌둥의 리더십 하에 용선(龍船)에 실려 순풍에 돛을 달고 쾌속 질주하는데, 영국과 미국의 인민들은 쪽배를 타고 가다가 난파당한다. (chineseposters.net)

부강한 국가를 건설하자는 국가적 목표가 세워졌다. 중국공산당은 "대약 진"의 총노선에 따라서 전국의 인민에 총동원령을 내렸다.

1957년 말 농한기에 중공정부는 수천만의 농민들을 댐과 저수지와 제방 과 운하 공사에 동원했다. 때로는 1만 명의 농민들이 한 작업장에 투입되 기도 했다. 강제노동에 시달리던 농민들은 간이숙소에서 생활했다. 공산 당 맨 밑바닥의 간부들은 농민들에게 야만적인 폭행을 가하기 일쑤였다. 많은 농민들이 공포에 떨면서 보수도 없이 막노동에 시달려야 했다. 급식 도 제대로 제공되지 않았다. 삭막한 군대식 생활이었다. 이미 군사문화가 전 중국에 퍼져 있었다.

앞에서 살펴보았듯이 허난의 인민들은 대규모 제방 공사에 동원되었다.

결국 댐의 붕괴로 귀결된 날림 공사였음에도 관영매체는 이구동성으로 인민대중의 위대함을 칭송하기만 했다. 반우파 투쟁 이후 정부의 무리한 정책을 비판하는 지식인들은 제거된 상태였다. 지방정부의 관원들은 현장의 실상을 왜곡하는 허위 보고를 올려야만 했다. 정부의 시책을 비판하면 반혁명의 멍에를 질 수 있기 때문이었다. 전국을 뒤흔드는 대약진의 선전선동 앞에서 중국 인민은 모두 정부의 기대에 부응하기 위해서 집체적 도취 상태에 빠져야만 했다.

대약진 운동의 정신적 지주는 물론 최고지도자 마오쩌둥이었다. 자본과 기술력이 크게 부족한 상황에서 마오쩌둥은 공산당의 지도력으로 혁명적 인민대중을 이끌어가면 사상 초유의 생산혁명을 이룰 수 있다고 굳게 믿었다. 그는 스스로 "마르크스 플러스 진시황"을 외쳤다. 분서갱유로 사상을 통일한 진시황의 통치방식과 고도의 중앙집권적 명령경제를 결합한다는 의미였다. 양지성의 분석에 따르면, "소비에트 방식의 일인지배와 고대 중국의 전제주의를 결합한 결과 (마오쩌둥 시대의 중국은) 소련의 스탈린은 물론 중국 역사의 어느 황제보다도 극심한 권력오용을 불러왔다."[2]

당시 소련에서는 흐루쇼프가 스탈린 격하 운동을 주도하면서 공산권에는 이념적 지각변동이 일어나고 있었다. 1956년 2월 25일 흐루쇼프는 소련공산당 제20회 당 대회 비공개 회의에서 "인격숭배와 그 결과"라는 문건을 발표한다. 흐루쇼프가 스탈린의 만행을 규탄하면서 스탈린의 권위가 흔들리자 1956년 헝가리와 폴란드에서는 자유화를 촉구하는 대규모 시위가 이어졌다.

흐루쇼프의 스탈린 격하 운동을 지켜보던 마오쩌둥은 소련이 사회주의 혁명을 배신했다고 판단하고 흐루쇼프를 비판한다.[3] 중소 분쟁이 격화되던 1954-1960년 당시 흐루쇼프는 중국에 거주하던 10만 명의 소련인들을 본국으로 소환한다. 더는 소련식 발전 모델을 맹신할 수 없었던 마오쩌둥은 자력갱생의 정신을 강조한다. 중국이 세계 최초로 공산 사회를 건설함으로써 소련을 밀쳐내고 공산권의 종주국이 될 수 있다고 믿었다. 이미 그는 10년 가까이 중화인민공화국을 통치하고 있었다. 마오쩌둥은 심한 조급증을 보였다. 당시 중국 전역에 나붙었던 "15년 내에 영국과 미국을 추월하자!"는 표어 속에는 단숨에 역사의 비약을 이루고자 했던 마오쩌둥 특유의 강박증이 고스란히 담겨 있다.

인민공사의 환상

대약진 운동은 마오쩌둥 사상이 실현된 결과였다. 마오쩌둥은 역사의 비약적 발전을 위해서 중국의 농민들을 조직적으로 동원할 수 있는 사회주의 코뮌이 필요하다고 생각했다. 1950년 전반에 걸쳐 중국의 농업집산화는 호조조에서 초급 농업 생산 합작사로, 다시 고급 농업 생산 합작사로 집산화의 강도를 높여갔다. 더 많은 농민들을 공동의 협동농장의 구성원으로 조직해서 강도 높은 집단노동을 실시하려는 것이 목적이었다. 농업 합작을 기본 목표로 하는 고급사는 스탈린 방식의 집단농장에서 크게 벗어나지 않았다.[4] 그가 꿈꾸는 유토피아의 실현을 위해서는 더 획기적인 조치가 필요했다. 결국 1958년 7월 이후, 중국의 농촌 조직은 마오쩌둥의 명령에 의해서 다시금 인민공사로 재편되었다.

보통 2만 명 규모였던 인민공사는 농업, 공업, 상업, 문화, 교육, 군사 등 인민 생활의 모든 분야를 담당하는 사회주의 건설의 기본 단위가 되었다. 공동의 목표를 위해서 모든 농민들이 함께 일하고, 각자 필요한 만큼만 식량과 임금을 배급받았다. 인민공사의 도입으로 마을 단위로 흩어져

자오원파(趙文發, 1933-)의 작품(1959).
인민공사의 공동식당을 찬양하는 포스터. (chineseposters.net)

"공사의 식당은 강력하다네!
음식에서는 향기가 난다네!
마음껏 음식을 먹으니, 생산의 결기가 더욱 높아진다네!"

있던 농민들은 모든 전통적 생활방식을 버려야 했다. 농민 개개인은 군사
조직을 방불케 하는 사회 조직에 배치되었다. 중공정부는 전국의 인민공
사로 직결되는 행정망의 명령계통을 통해서 인민의 생활 전반을 규율하고
통제했다.

인민공사는 이상적인 사회주의 코뮌의 건설을 표방했다. 당시 중국 전역에 뿌려졌던 포스터 중 하나에는 "공산주의는 천당이고 인민공사는 (천당에 이르는) 교량"이라는 표어가 적혀 있을 정도였다. 그러나 실제적으로 인민공사는 대규모 국책사업에 필요한 인력 동원을 기본 목적으로 삼고 있었다. 인민공사를 통해서 중공정부는 미증유의 대민 장악력을 확보하게 되었다. 세계사의 어떤 사례를 보아도 인민 동원력에서 당시 중국의 인민 공사를 능가할 조직은 찾아보기 힘들다.

무엇보다 인민공사에는 모든 인민이 함께 모여서 식사를 할 수 있는 공동 식당이 마련되었는데……. 에너지 손실을 막고 효율적인 배급을 실현할 수 있다는 계산이었지만 공동 식당은 더 큰 문제를 야기했다. 부엌을 잃은 농민들은 밥솥, 냄비, 식칼, 숟가락, 젓가락 등 주방 용기들까지 모두 빼앗기고 말았다. 철강 생산을 위한 조직적 갹출이었다. 소, 닭, 오리, 개 등 집집마다 키우던 가축들도 모두 인민공사의 간부들이 와서 끌고 갔다. 농민들이 오순도순 살던 낡고 더러운 움막들이 철거되었지만, 정부에서 금방 새 집을 지을 수는 없었다. 농민들은 대대로 살아오던 보금자리를 잃고, 부엌을 잃고, 작은 마당과 텃밭을 잃고, 가축을 잃은 채 빈털터리가 되었다. 그들은 대대로 이어온 생활의 터전과 생존 요령을 모두 상실하고 말았다. 먹기 위해서는 부득이 공동 식당까지 가서 배식을 받아야 했는데, 식당에서 멀리 떨어진 농민들 중에는 점심 한 끼를 얻어먹기 위해서 수 킬로미터를 걸어야 하는 경우도 있었다.

당 기관지는 날마다 두 배, 때로는 세 배를 웃도는 생산량 증가 사례를 선전하고 있었다. 확성기에서는 밤낮으로 대약진의 구호가 울려퍼졌다. 간부들은 농민들에게 농업 생산량의 초과달성을 요구했다. 전국의 모든 인민공사는 생산량 증가를 위한 무한경쟁에 휘말렸다. 생산력의 저하는 반혁명적 태업 때문이라고 인식되었다. 그런 상황에서 간부들은 마오쩌둥과 중공정부를 만족시키기 위해서 통계를 조작하고, 보고서를 위조하고, 거짓말 행진을 이어가야만 했다.

제28장
인류사 최대의 기근 II
정치가 인민을 굶겨 죽이다!

대약진은 대기근으로 귀결되었다. 1958-1962년 사이에 중국에서는 3,600 만에서 4,500만 명이 아사했다. 왜 그렇게 많은 사람들이 굶어 죽어야 했는가? 인류사 최악의 대기근의 와중에 대체 중공정부는 무엇을 하고 있었나? 살아남은 사람들은 무엇을 했던가? 1998년 노벨 경제학상 수상자인 아마르티아 센(Amartya Sen)은 "언론의 자유가 있는 민주국가에서 대규모 기근이 발생한 사례는 단 한 건도 없었다"고 말한다. 『묘비』의 저자 양지성은 1950-1960년대 중국의 기근은 정치적 억압에서 비롯된 인재라고 단정한다. 1950년대 중국의 전체주의 정치문화는 과연 어떤 과정을 통해서 대기근의 참사를 초래했는가?

비투, 광기의 인민 재판

1967년 7월 말의 무더운 날이었다. 베이징 항공대학에서 대규모의 홍위병 집회가 열렸다. 구름처럼 몰려온 군중들 앞에 70세의 노인이 한 명 끌려

351

대약진 운동 당시의 위험한 낙관주의를 보여주는 포스터. "모든 인민공사는 한 무의 땅에서 1만 근의 곡식을 생산하고, 모든 사람들이 함께 풍년을 경축한다!" (chinese posters.net)

나왔다. 등 뒤로 양손이 묶인 노인의 목에는 널빤지가 걸려 있었다. 널빤지에 붙은 종이에는 휘갈겨 쓴 일곱 글자가 적혀 있었다. "삼반분자 펑더화이(三反分子彭德懷)." 삼반(三反)이란, "반공산당, 반사회주의, 반마오쩌둥 사상"이라는 의미이다.

펑더화이는 1959년까지 중화인민공화국의 국방부 장관을 역임했던 중국 현대사의 걸출한 장군이다. 그는 중일전쟁 당시 중국의 서북 전선을 수호하고, 산시(陝西) 지역에서 국민당의 공격을 막아 마오쩌둥을 보위했다. 또 국공내전 당시에는 산시 지역에서 국민당을 패주시킨 후에 신장 지역까지 확보하는 무공을 세운 바 있다. 한국전쟁 때에는 공산당군 사령

홍위병 집회에 소환되어 "비투"를 당하는 펑더화이.

관으로 참전해서 1953년 7월 27일 판문점에서 UN군과의 휴전협정에 직접 서명했던 전쟁영웅이었다. 병사들 사이에서는 정신적 지주로 추앙받던 공산당군의 대원수였다.

그런 펑더화이가 홍위병 집회에 붙들려 나와 수만 명의 군중 앞에서 반혁명분자의 낙인을 받고 집단폭행을 당했다. 홍위병들은 겁먹은 듯 멍한 얼굴로 군중을 우두커니 지켜보는 그의 머리를 잡고 바닥 쪽으로 꺾었다.

그리고는 그의 귀에 입을 대고 주자파, 반동분자, 배신자, 반역자, 반혁명분자, 수정주의자 등 한 사람의 인격을 살해하는 잔혹한 모욕의 언사를 쉴 새 없이 퍼부었다. 집회에 모인 군중들은 한 목소리로 그의 이름을 모욕하고 인격을 모독했다. 한 사람의 영혼을 갈가리 찢어대는 잔혹한 인격 살해였다.

이 사건은 문화혁명 당시 홍위병 집회에서 일어났던 전형적인 비투(批鬪)였다. 비투란 적인에 대한 비판과 투쟁이라는 의미이다. 말이 좋아서 비투이지, 실상은 광기의 집단폭행일 뿐이었다. 비투집회에서 홍위병들은 "반혁명분자들"을 무릎 꿇리고, 욕설을 퍼붓고, 자백을 강요하다가, 감정이 격앙되면, 머리털을 뜯고, 뺨을 때리고, 침을 뱉고, 주먹질하고, 발길질하고, 몽둥이질까지 해댔다. 비투가 절정에 오르면 그 광경을 지켜보던 수천, 수만 명의 군중들이 가슴이 터지도록 혁명의 구호를 외치며 형장에 넘어진 죄인을 향해서 증오를 쏟아냈다. 그런 무지몽매한 집단폭행을 견디지 못해 현장에서 목숨을 잃거나, 충격을 견디지 못하고 이후에 목숨을 끊는 희생자도 많았다.

반혁명분자들에게는 반론의 기회도, 항변의 권리도 주어지지 않았다. 불구속 원칙, 무죄추정의 원칙, 묵비권 보장, 공정한 재판을 받을 권리 등 최소한의 피의자 인권도 보장되지 않았다. 야만적인 인민 재판이었다. 바로 그 현장에서 비투의 과정을 목격한 공산당군 광저우 지구 사령관 황융성(黃永勝, 1910-1983)은 귀가해서 그의 아들에게 말했다. "너무나 잔혹하구나. 대체 어떻게 이럴 수가 있는지. 수십 년 동안 함께 혁명에 헌신했던 오랜 동지들이야. 잘못을 했다고 해도 이럴 수는 없어!"[1] 그러나 그날 펑더화이에게 가해진 폭력은 그때까지 그가 겪어왔던 수모와 고난에 비하면 그다지 가혹하지도 않았다.

노병의 고난

1966년 12월 중엽 마오쩌둥의 부인 장칭(江靑, 1914-1991)이 이끄는 문화
혁명의 지도부는 이미 펑더화이를 체포할 계획을 수립해놓은 상태였다.
베이징 항공대학의 "북항홍기(北航紅旗)"와 지질학원의 "동방홍(東方紅)"
이라는 두 개의 홍위병 조직에 곧 펑더화이 체포령이 하달되었다. 1959년
마오쩌둥의 정책에 반기를 들고 대약진 운동의 참상을 고발했다는 이유로
국방부 장관직에서 파면된 펑더화이는 6년간 야인 생활을 하고 있었다.
1965년에야 당시 경제개혁을 주도하던 류사오치와 덩샤오핑의 배려로 중
국 서남 지역의 군수산업 개발 책임을 맡고 쓰촨 성의 청두(成都)로 파견
되었다. 당시 그에게 부여된 직책은 서남 삼선(三線) 건설위원회의 제3부
주임이었다.

　1966년 12월 25일 새벽 2, 3시경으로 짐작된다. 이 두 개의 홍위병 조직
은 펑더화이를 체포하기 위해서 쓰촨 성 청두에 위치한 그의 자택에 들이
닥쳤다. 먼저 도착해서 펑더화이를 포박한 북항홍기의 일원들은 그를 끌
고 청두 기차역으로 달려가서 역사(驛舍)의 골방에 가두었다. 한발 늦은
동방홍의 일원들은 신경질적으로 집안의 물건들을 닥치는 대로 모두 부수
고 기차역으로 향했다. 펑더화이의 경호원들이 새벽 4시에 현장에 도착했
을 때 펑더화이는 이미 끌려간 후였다.

　저우언라이는 홍위병들에게 펑더화이를 군대에 인수하라고 지시했다.
혁명 동지의 옛정을 생각해서 펑더화이가 홍위병에 비투당하는 사태만은
막으려는 의도였지만…… 저우언라이의 명령을 받자 홍위병들은 오히려
군대에 펑더화이를 빼앗기지 않으려고 곧바로 화물 트럭에 그를 태우고
베이징으로 향했다. 그들은 펑더화이를 베이징 방위대에 인도하지 않기

위해서 그의 양손을 묶어서 짐승을 부리듯 끌고 다녔다. 이듬해인 1967년 1월부터 홍위병들은 펑더화이에 대한 본격적인 비투를 개시했다. 포승줄로 양손을 등 뒤로 결박하고, 기다란 흰색 모자를 씌우고, 목에는 죄명이 열거된 널빤지를 걸었다. 수천 명의 홍위병들이 펑더화이의 면상을 향해서 증오와 모멸의 욕설을 내뱉었다.

홍위병들은 뚜렷한 증거도, 그럴싸한 근거도 없이 펑더화이를 반혁명분자로 단정하고 인민 재판을 이어갔다. 그가 공산당을 배신하고, 사회주의를 배반하고, 마오쩌둥 사상을 폄훼했다는 이유였다. 그들은 펑더화이에게 스스로가 공산당에 잠입한 대군벌이며, 야심을 품고 전복의 음모를 꾸몄음을 자백하라며 윽박지르고 강요했다. 죽음의 문턱을 넘나드는 가혹한 고문에 펑더화이의 육신은 파괴되고 있었다. 그러나 백년노장의 무골 펑더화이는 끝내 군중의 압력에 굴복하지 않았다.

석 달이 넘도록 홍위병의 집단폭행에 시달린 펑더화이는 1967년 4월에야 군부대의 영창에 감금되었다. 그의 몸은 골방에 짐짝처럼 패대기쳐졌다. 꼼짝달싹할 수 없는 비좁은 공간에 갇힌 그에게는 한 모금의 물도 주어지지 않았다. 화장실 이용도 허락되지 않았다. 펑더화이는 그러나 초인의 힘을 발휘해서 거짓 자백을 거부하며 버티고 또 버텼다.

얼마 후 마오쩌둥의 특명 아래 공산당군 내에 특별수사대가 조직되었다. 특별수사대는 살인적인 고문과 심문을 이어갔다. 심문의 과정에서는 어김없이 주먹질과 발길질에 이어 몽둥이찜질이 가해졌다. 펑더화이는 갈비뼈가 부러져 폐부를 찌르는 고통에 시달리면서도 완강히 맞섰다. 심문은 보통 2시간씩 다섯 번이나 교대되며 10시간 동안 전개되었다. 1930년대 스탈린 대숙청 때에 소련의 비밀경찰이 개발한 고문방법이었다. 펑더화이는 모두 130회의 심문을 당했다. 이후 학자들의 분석에 따르면 공산당군을 장악하기 위한 마오쩌둥의 전술이라지만, 펑더화이에 대한 마오쩌둥 개인의 원한이 아니고서는 이해될 수 없는 폭행이었다.

대기근의 참상을 고발하다

1967년 7월 20일, 후베이 성의 우한에서는 과격 세력의 군부 장악에 반대하는 50만의 "백만웅사(百万雄師)" 조직이 무장시위를 벌인다. 노동자 및 홍위병을 주로 하는 과격 세력은 공인총부(工人總部)를 결성해서 강렬하게 맞선다. 급기야 두 집단은 무장 충돌을 일으키고, 곧바로 투입된 병력은 무차별 진압을 개시한다. 후베이 성에서 총 18만 명의 사상자가 발생하는 이른바 7-20 사건이었다. 우한에서만 600명 이상이 학살되고, 6만 8,000명이 고문당하거나 불구가 되는 참극이었다. 무엇보다 이 사건은 후베이 군부의 사령관 천자이다오(陳再道, 1909-1993)의 항명에서 시작되었다. 이 사건을 계기로 마오쩌둥은 군부 장악의 필요성을 재차 절감한다.

바로 그런 상황에서 1967년 7월 말 펑더화이에 대한 홍위병의 비투집회가 승인되었다. 「인민일보」를 위시한 관영매체는 일제히 펑더화이를 군대에 똬리를 튼 주자파의 우두머리로 지목했다. 비투를 당하고 초죽음에 내몰렸던 펑더화이는 한 달이 지나지 않아 다시금 비투집회에 소환되었다. 이번 집회는 공산당군에서 주최했다. 1967년 8월 말, 펑더화이의 비투집회에 동원된 4만의 공산당군 병사들이 베이징 스타디움을 가득 메우고 있었다. 단상에 무릎 꿇린 펑더화이 앞에 린뱌오가 나타났다.

문화혁명 당시 린뱌오는 마오쩌둥 인격숭배 운동을 직접 관장하던 중공정부 제2인자로 급부상했다. 1950년대 중국 군부 내부의 서열로 보면, 린뱌오의 지위는 주더와 펑더화이 다음이었다. 1959년 펑더화이가 해임된

沿着毛主席革命路线胜利前进

chineseposters.net

문화혁명 당시 린뱌오는 마오쩌둥 인격숭배를 주도했으나 1971년 소련으로 망명하던 중 비행기 추락으로 사망한다. 모살의 배후가 마오쩌둥이라고 보는 학자들이 다수이다. "마오 주석의 혁명노선을 따라서 승리하고 전진하자!" (chineseposters.net)

후 린뱌오는 그를 대신해 국방부 장관의 지위에 올랐다. 린뱌오는 마오쩌둥이 공산당군을 장악하기 위해서 키운 군부의 키맨이었다.

극도의 신경쇠약과 탈수에 시달리던 린뱌오는 정치집회에서 군중의 함성을 들으면 순간적으로 마약에 취한 듯 생기를 보였다고 한다. 그는 병사들에게 붙잡혀 고개를 푹 숙인 펑더화이 앞으로 성큼 다가섰다. 초췌한 몰골로 형장에 무릎 꿇린 펑더화이를 향해서 린뱌오는 카랑카랑한 목소리로 소리쳤다.

펑더화이는 스스로의 야심 때문에 여러 사람들과 붙어서 많은 잘못을 저질러왔다. 이런 우익 기회주의자는 철저히 정체를 까발려야 한다. 그래야만 우리가 개혁을 이룰 수 있다. 그러지 않고서는 아무것도 이룰 수가 없다. 1959년 루산 회의에서 이미 펑더화이의 문제점은 다 드러났다. 그 당시 그 문제를 철저히 밝혀낸 것은 우리의 위대한 승리였다. 그리하여 우리는 당 내부에 도사리던 큰 위험을 제거할 수 있었다.

린뱌오가 8년 전의 "루산 회의"를 언급한 것은 우연이 아니었다. 중공지도부는 1959년 7월 2일부터 8월 1일까지 장시 성의 명승지 루산에서 한 달에 걸친 확대회의를 개최했다. 8월 2일부터는 다시 16일에 걸쳐 제8회 중앙위원회 8차 전체회의를 이어갔다. 대약진 운동이 개시되어 1년 넘게 진행되던 시점이었다. 루산 회의는 대약진 운동의 "경험을 총결산해서 오류를 모두 교정한다"는 목표를 내걸고 진행되었다.

대규모 집산화와 강제노동으로 당시의 중국의 인민은 극한상황에 내몰려 있었다. 식량 배급이 끊기면서 많은 지방에서 이미 수많은 아사자가 속출했건만, 관영매체는 날마다 장밋빛 가짜 뉴스만 보도했다. 1958년 가을 펑더화이는 농촌의 참상을 직접 살피기 위해서 지방 곳곳을 둘러본다. 1958년 10월, 간쑤 성의 곳곳을 둘러보면서 펑더화이는 농민들이 철강 생산에 동원되어 논밭의 곡식을 손도 보지 못하고 방치해두었음을 알게 된다. 철강 생산의 원재료 확보를 위해서 간부들은 농가의 밥그릇, 숟가락까지 갹출했다. 오두막의 목재는 물론 과수원의 원목들까지 싹 쓸어갔다. "토법연강(土法煉鋼 : 민간 제련법)"의 용광로에 땔감으로 쓰기 위함이었다. 펑더화이는 고통받는 농민의 참상을 직접 눈으로 확인했다. 신문과 라디오의 선전과는 판이하게도 마오쩌둥의 대약진 운동은 처참한 실패로 귀결되고 있었다.

1958년 말 그는 한 편의 시를 써서 당시 상황을 고발한다.

곡식이 땅 위에 흩어져 있는데, (谷撒地)

감자 이파리는 시들어가네. (薯叶枯)

청장년은 모두 쇠를 만들려고 나가고 (青壯煉鐵去)

추수는 아이와 늙은 아낙들만이, (收禾童與姑)

이듬해 나날을 어찌 보낼까? (來年的日子怎么過)

인민을 위해서 이 몸이 애원하리라! (我爲人民鼓與呼)

그러나 마오쩌둥은 참혹한 현실을 직시하지 못했다. 루산으로 향하면서
도 그는 유토피아의 단꿈에 빠져 있을 뿐이었다. 그는 대약진 운동이 "위
대한 성과를 보이고 있으며, 비록 문제가 적지 않지만 앞길은 매우 밝다"
고 생각했다. 그런 마오쩌둥을 보면서 펑더화이는 더더욱 강한 사명감에
사로잡혔다. 돌이켜보면, 중공지도부에게 1959년 7월의 루산 회의야말로
바로 대약진의 광기를 막을 수 있는 마지막 기회였다.

당시 현장에 있었던 마오쩌둥의 겸직 공업비서 리루이(李銳, 1917-
2019)의 기록에 의하면, 1959년 7월 2일에 개시된 루산 회의는 신선놀음
을 방불케 했다고 한다. "낮에는 회의를 하다가 산을 즐기고 밤에는 산책
을 하면서 댄스파티를 벌였다." 마오쩌둥은 개회사에서 청중에게 자유로
운 분위기에서 허심탄회하게 대약진 운동의 오류와 모순점을 있는 그대로
지적하고, 해결책을 논의하라고 지시했다. 1940년대 옌안에서 정풍 운동
을 시작할 때에도 마오쩌둥은 자유로운 생각을 표현하라고 권했다. 1956
년 4월 정부가 나서서 백화제방 운동의 시동을 걸 때에도 마찬가지였다.
늘 그렇게 마오쩌둥은 표현의 자유를 보장한 후, 진짜로 자신의 솔직한

1959년 7월 루산 회의 장면. 이 회의에서 펑더화이는 대약진 운동의 참상을 고발한다.

생각을 말하는 사람은 가차 없이 처벌했다. 동굴 속의 뱀을 끌어내기 위해
연기를 피우는 인사출동(引蛇出洞)의 방법이었다. 그런 마오쩌둥의 행적
을 잘 알기 때문에 감히 아무도 진실을 말할 수 없었다. 오로지 펑더화이
만이 정면에서 마오쩌둥에 맞섰다.

펑더화이는 1950년대 중후반에 들어서면서 마오쩌둥의 인격숭배를 비
판했다. 1956년 중공지도부는 바로 그런 펑더화이의 제안에 따라서 중국
공산당 당장 전문에서 "마오쩌둥 사상"이라는 단어를 삭제하기도 했다. 일
화에 따르면, 펑더화이는 "마오 주석 만세!"를 외치는 병사들에게는 사람
이 고작 100년도 못 사는데 어떻게 만년을 살라는 말인가 하고 말한 적도
있다. "더 많이, 더 빨리, 더 좋게, 더 아끼자"라는 마오쩌둥이 직접 만든

대약진 구호에 대해서도 그는 그런 섣부른 조급증이 재앙을 몰고 온다고 불만을 토로한 바 있다.

마지막 기회를 얻은 펑더화이는 루산 회의 2일 차부터 과감한 발언을 이어갔다. 농촌의 현실을 고발하면서 마오쩌둥의 정책에 정면으로 맞부딪혔다. 열흘이 넘게 격론을 이어가던 펑더화이는 1959년 7월 14일 마침내 마오쩌둥 주석에게 진실을 알리는 충심의 만언서(萬言書)를 직접 써서 올린다. 과연 그 "상소문"에는 어떤 직언이 담겼을까?

제29장

인류사 최대의 기근 III
언론이 인민을 굶겨 죽이다!

노병의 직언, 정치적 자살

1959년 7월 2일부터 장시 성 루산에서 개최된 정치국 확대회의(루산 회의)에서 펑더화이는 서북소조(西北小租)에 배속되었다. 대약진 당시 중국 서북 지역의 상황을 점검하는 토론 분과였다. 토론 중에 펑더화이는 당시 중국 전역에서 발생하는 "좌의 오류"를 지적하기 시작했다. 우선 그는 대약진 운동 당시 정부 조직에 만연해 있던 도덕적 해이를 뼈아프게 지적했다. 펑더화이의 진단에 의하면, 공산당 간부들은 "1957년 반우파 투쟁 이후 득의망형(得意忘形 : 들떠서 처지를 잊어버림)해서 머리가 더워졌고," 그 결과 제대로 된 점검도 검증도 없이 대규모 사업을 추진하다가 큰 비용을 치러야만 했다. "승리를 쟁취하면 들떠서 익숙한 경험조차 망각하기 때문이었다." 그는 또 이런 말도 남겼다. "무산계급이 자산계급과 연대하면 우의 오류를 범하기 쉽지만, 자산계급과 결렬되면 좌의 오류를 범하기 쉽다."

"우의 오류"란 자본가의 이기심과 독점욕이 빚은 구조적 착오를 의미하는 듯하다. 반면 좌의 오류란 사회주의, 나아가 공산주의의 달성을 위해서 무리한 수단과 과도한 방법을 사용하는 실수를 의미하는 듯하다. 계급철폐와 인간해방을 꿈꾸는 순수한 동기의 공산주의자들이 경험 부족 때문에 어쩔 수 없이 "착한" 오류를 범했다는 논리이다.

대숙청이 한창 진행될 당시 스탈린은 역사학자들을 동원해서 소련공산당의 역사를 정리한『볼셰비키 당사, 속성 강좌(History of the Communist Party of the Soviet Union: Short Course)』(1938)를 출간했다. 성경을 대신해서 역사의 중요한 문제점들에 대한 공식 답안을 정리했다는 이 책자에서 스탈린은 인권유린과 정치범죄에 관한 변명을 늘어놓는다. 그는 자신이 저지른 대숙청에 대해서 구체적으로 언급하지는 않았지만, 인류 최초의 사회주의 혁명의 과정에서 경험 부족 때문에 오류를 피할 수는 없었다고 항변한다.

펑더화이도 일단은 대약진의 오류가 경험 부족 때문이라는 스탈린식 변명을 차용했다. 반우파 투쟁의 여진이 채 가시지 않은 상황에서 그 이상의 입장 표명을 할 수는 없었으리라. 그럼에도 펑더화이는 마을마다 뒷마당에 소규모 용광로를 만들고 수천만의 농민들을 동원해서 고작 쓸모없는 고철만을 생산해낸 토법연강 정책에 대해서는 준엄한 비판을 쏟아놓았다. 그에 따르면 "전민(全民)"을 동원해서 15년 만에 미국을 따라잡는다는 대약진식 철강 생산은 이미 대실패로 귀결되었다. 그런 펑더화이의 직언에도 불구하고 분과 회의는 열흘이 넘도록 수박겉핥기에 머물렀다.

공산 사회 건설을 꿈꾸는 마오쩌둥 앞에서는 그 누구도 대약진의 문제점을 있는 그대로 고발할 수 없었기 때문이다. 모두가 '빅브라더'를 "향해서" 움직이던 상황이었다. 마오쩌둥은 태양에, 인민은 해바라기에 비유되

要抓革命促生产. 促工作. 促战备. 把各方面的工作做得更好

"혁명을 붙잡고 생산, 공작, 전략을 촉진하라. 각 방면의 작업을 더 좋게 완수하라."
(chineseposters.net)

던 시절이었다. 인격숭배가 늘 마뜩찮았던 펑더화이는 더더욱 분기(憤氣)
를 가눌 수 없었다. 그는 루산 회의야말로 굶주리는 농민들을 살릴 수 있
는 마지막 기회임을 누구보다 잘 알고 있었다. 모두가 벌거벗은 임금님
앞에서 서로가 서로를 속이며 화려한 거짓말을 지어낼 때, 펑더화이만은
진실을 말하는 정직한 어린이가 되기로 결심했다.

　1959년 7월 12일 밤, 펑더화이는 마오쩌둥이 머물던 루산의 별장을 직
접 찾았다. 항일 운동과 국공내전 당시 펑더화이는 큰일이 터지면 불쑥
마오쩌둥의 숙소로 찾아가고는 했었다. 그러면 잠을 자던 마오쩌둥도 기
꺼이 일어나서 펑더화이를 맞았고, 두 사람은 침상에 앉아서 밤을 지새우
며 대화를 나누고는 했었다. 그때까지도 펑더화이는 여전히 혁명가 마오
쩌둥의 초발심을 신뢰하고 있었는지 모른다. 대약진의 실상을 알릴 수만
있다면, 마오쩌둥은 자신의 직언을 수용하리라고 믿었던 듯하다.

　그러나 경비 참모는 문을 열어주지 않았다. 마오쩌둥이 수면 중이라는
이유였다. 접견을 거부당한 펑더화이는 당장 참모 왕청광(王承光, 연도
미상)을 불러서 당시 상황에 대한 정확한 진단과 해결책을 구술하기 시작

했다. 펑더화이는 이틀에 걸쳐 왕청광과 함께 작성한 6,700자의 의견서를 긴히 마오쩌둥에게 전달했다. 과거 조정의 대신이 황제에게 올린 장문의 상소문과 유사한 형식이어서 흔히 만언서(萬言書)라고 불리는 문건이다. 비서를 통해서 펑더화이의 의견서를 받아본 마오쩌둥은 이틀 후인 7월 16일, 짧은 회신을 보내왔다. 마오쩌둥은 "각 동지들이 참고하도록 인쇄해서 배포하라!"고 명령했다. 아울러 그는 그 문건에 "펑더화이 동지의 의견서"라는 제목을 직접 달아놓았다.

그로부터 일주일 후인 7월 23일, 정치국 확대회의가 열렸다. 회의가 개시되자 마오쩌둥은 기다렸다는 듯 펑더화이의 의견서에 대해서 날선 비판을 내뱉기 시작했다. 그는 격앙된 음성으로 펑더화이가 당내 우파에서 불과 30킬로미터 떨어져 있다고 일갈했다. 그 한마디에 마오쩌둥의 의중이 담겨 있었다. 마오의 의도를 읽은 참석자들은 바람이 불면 풀이 눕듯 비판의 화살을 펑더화이의 심장에 정조준했다. 시위를 떠난 화살처럼 인민 재판의 막이 올랐다. 각료들이 일제히 펑더화이를 향해서 말화살을 쏘아대자 승세를 잡은 마오쩌둥은 노회한 사냥꾼의 본능을 발휘해 그의 목을 바싹 조여갔다.

7월 31일 마오쩌둥은 다시금 공개적으로 펑더화이를 공격했다. 그는 펑더화이가 노선 투쟁 중에 여러 차례 오류를 범했음을 지적하며, 자신과 펑더화이의 관계는 "3할은 조화를 이루었지만, 7할은 어긋났다!"는 말도 남겼다. 다음날에는 더 구체적으로 펑더화이에게 비판의 창끝을 겨누었다. 그는 "펑더화이의 서신은 치밀하게 기획되고 조직되었으며, 목적을 담고 있다"고 선언했다. 그리고는 좌중을 노려보며 말을 맺었다. "자, 이제 여러분들이 어떻게 그를 비판하는지 한번 들어봅시다!"

8월 2일부터 제8기 중앙위원회 제8차 전체회의가 열렸다. 회의가 시작되기 전에 마오쩌둥은 펑더화이가 당내에 잠입한 우경분자라고 이미 단정한 상태였다. 이념의 칼을 빼들고 자신을 공격해오는 사람들에게 휩싸인 채 펑더화이는 자기 변호를 이어갔다. 강직하고 직설적인 성격이었던 그는 결국 크게 화를 내며 토론자들의 공격에 맞섰다. 옌안 시절부터 정보통으로 마오쩌둥을 도와 배후에서 정풍 운동을 주도했던 캉성은 특히 집요하게 그를 추궁했다. 참지 못한 펑더화이는 "그래, 내가 야심가이고 마오쩌둥을 권좌에서 내리려고 한다는 말을 듣고 싶은 거지? 난 절대 그렇게 말할 수가 없어!" 하고 소리쳤다.

열흘 넘게 중공지도부의 핵심인물들에게 둘러싸여 사상 검증을 받으며 생존투쟁에 내몰렸던 펑더화이는 결국 반당 집단의 우두머리로 몰려 국방부 장관의 지위를 잃고 만다. 8월 16일, 제8기 제8차 전체회의를 마감하면서 중공중앙은 "펑더화이 동지를 우두머리로 하는 반당 집단의 착오에 관한 결의"를 채택한다. 펑더화이는 결국 압박을 이기지 못하고 결의안의 모든 내용에 동의를 선언하고 말았다. 그의 정치생명은 거기서 사실상 종료되었다.

전체회의의 폐막식에서 마오쩌둥은 묘하게도 명나라 가정제(嘉靖帝, 재위 1521-1566)에게 직언했다가 파직된 충신 해서(海瑞, 1514-1587)에 관해서 언급했다. 펑더화이와 해서의 닮은꼴을 인정한 것일까? 마오쩌둥은 한마디를 툭 내뱉었다. "해서가 이사를 갔군. 우경 사령부로 이사를 갔어. (펑더화이는) 우파 해서로군." 마오쩌둥은 명나라의 충신 해서의 이야기를 다시 강조했고, 1959년 4월에 역사학자 우한(吳晗, 1909-1969)은 마오쩌둥의 뜻을 받들어 희곡 『해서파관(海瑞罷官)』을 쓴다. 이 희곡은 베이징 경극단에 의해서 공연되었는데, 공연 당시에는 마오쩌둥도 이 희곡에 대한 격찬을 아끼지 않았다. 그런데 난데없이 1965년 11월 33세의 문예 평론가 야오원위안(姚文元, 1931-2005)이 쓴 평론 한 편이 상하이 지역의 당 기관지에 게재되더니 급기야 11월 29, 30일 베이징의 주요 일간지에 대서특필된다. 이 평론에서 야오원위안은 우한의 『해서파관』이 우회적으로 펑더화이를 옹호하고 마오쩌둥 사상을 능멸한 음험한 수정주의 작품이라며 우한의 목둘레에 "반혁명분자"의 올가미를 걸었다. 바로 그 올가미가 문화혁명의 시작이었다. 배후는 물론 마오쩌둥이었다. 마오쩌둥은 야오원위안의 초고에 세 번이나 퇴짜를 놓으며 수정을 가했다.[1]

대체 무슨 말을 했기에?

대체 펑더화이의 의견서에 무슨 내용이 담겨 있었기에 마오쩌둥이 그토록 격분해서 그의 정치 생명을 앗은 것일까? 펑더화이의 의견서를 직접 읽어보면 허탈감을 떨칠 수가 없다. 그 정도의 이야기를 했다는 이유로 마오쩌둥은 펑더화이의 단죄에 그토록 광분해야만 했을까? 마오쩌둥은 과연 그렇게도 옹졸한 사람이었을까? 물론 두 사람 사이의 갈등을 파헤쳐보면, 어긋나는 중소 관계와 중국의 핵무기 개발에까지 이어지는 복잡한 내막이 있다.

루산 회의 기조연설에서 마오쩌둥은 대약진 운동에 대해 "위대한 성취이나 많은 문제점이 있으며, 풍부한 경험을 얻었으니 전도가 밝다"고 선언했다. 7월 14일 마오쩌둥에게 올린 펑더화이의 의견서는 기조에서 크게 어긋나지 않아 보인다. 펑더화이는 완곡하게 에둘러 우국충정을 전했을 뿐이었다.

천하의 무골 펑더화이는 우선 스스로가 "삼국지의 영웅 장비를 닮아 투박하고 정교하지 못하다"는 말로 의견서의 서두를 연다. 곧이어 그는 국가의 공식 통계를 인용해서 대약진의 위대한 성과를 칭송한다. 공업 부문, 농업 부문, 국가 재정수입 부문에서 전년 대비 각각 66.1퍼센트, 25퍼센트, 43.5퍼센트가 급증하는 세계적 성과를 보였다고 평가한다. 그 결과 대약진은 중국뿐만 아니라 사회주의 진영 전체의 발전 모델이 되었다며 마오쩌둥의 지도력에 찬사까지 보낸다. 심지어 1958년 농촌에서 시작된 인민공사의 위업을 칭송하기도 한다. 인민공사는 "농민들이 궁핍과 곤궁을 물리치고 사회주의 건설에 박차를 가해서 공산주의로 나아가는 올바른 도정이며, 비록 소유제의 문제에서 혼란이 있고 실행과정에서 결점과 실수가 드러나 엄중한 상황이지만, 우창, 정저우, 상하이 등에서 개최된 일련의 회의를 통해서 이미 그런 문제점들은 해결되었다"고 진단한다.

그런 공치사를 남발한 후에야 펑더화이는 대약진의 문제점을 점검한다. 그는 경험 부족, 인식 지체, 물자 결핍, 생산의 비효율성이 농촌 현실에서 심각한 문제점을 야기하고 있다고 충언한다. 관료층에 만연한 조급한 성과주의 때문에 아무도 제대로 현실을 직시하지 못한다는 진단이다. 아울러 그는 1959년 이래 업무 추진력이 떨어지고 통제가 느슨해지고 있다는 점도 지적한다. 그런 문제점에도 불구하고 1958년 대약진 운동 과정에서 실업 문제를 해소한 것은 "인구가 많고 경제가 낙후된" 중국의 실정에서 매우 큰 성과라는 말을 덧붙인다. 또 그는 전 인민이 동원된 철강 생산은 물력, 재력, 인력의 낭비를 초래했지만, 전국 규모의 대규모 지질조사는 큰 성과라고 과장한다. 마치 마오쩌둥이 화를 낼까 봐 슬금슬금 달래는 듯하다.

여기까지의 내용만으로는 큰 문제가 없었을지 모른다. 글의 말미에서 펑더화이는 당시 중국 사회에 팽배해 있던 두 가지의 큰 문제점을 지적하는데, 바로 관료 집단에 몰아치는 부과풍(浮誇風)과 소자산계급의 광열성

(狂熱性)이었다. 부과풍이란, 지방정부 각 단위의 간부들이 통계를 과장하고 조작해서 허위 정보로 상부를 속이는 풍조를 의미한다. 소자산계급의 광열성이란, 중공지도부의 고위 관료들 모두가 "대약진의 성과와 군중 운동의 정열에 미혹되어" 한걸음에 공산주의로 발돋움하려고 하는 이념적 과욕을 의미한다. 펑더화이는 바로 그런 부과풍이 중국 전역의 지방정부 기층 조직에 만연해 있으며, 소자산계급의 광열성이 중공지도부를 사로잡았다고 지적한다.

펑더화이의 의견서를 끝까지 읽은 마오쩌둥은 아마도 맨 마지막의 "소자산계급의 광열성"이라는 표현에서 격분하지 않았나 싶다. 실제로 펑더화이의 의견서가 루산 회의 참석자 전체에게 배포된 7월 23일 오전, 정치국 확대회의에서 마오쩌둥은 "한 사람이 이처럼 중대한 시점에서 동요를 일으키고 있다"며 펑더화이를 지목했다. 그날 펑더화이는 참모 왕청광에게 말했다. "소자산계급의 광열성이라는 표현은 본래 쓰지 않을 수도 있었지만, 좀 강하게 써서 주석을 자극하는 것도 장점이 있다"라고. 그러나 펑더화이는 마오쩌둥이 혁명의 광기에 휩싸여 "실사구시의 기풍"을 잃은 채 "좌의 오류"를 범하는 소자산계급 분자라고 모욕한 셈이었다.

마오쩌둥은 청년 시절부터 도서관에서 이론서를 들척이며 식자인 척하는 프티 부르주아 인텔리를 가장 경멸했다. 그는 코민테른의 지령을 따르는 모스크바 유학파 출신 이론가 집단에 맞서서 1930-1940년대 중국 농촌의 현실에 맞는 자생적 혁명 이론을 정립했다. 대중노선과 실사구시는 그에게 등불과도 같은 구호였다. 그 점을 누구보다 잘 아는 펑더화이는 마오쩌둥 자신이 혁명의 광기에 휩싸여 농민의 참혹한 현실에 눈감는 "좌의 오류"를 범했다고 일갈했다. 아마도 마오쩌둥은 날카롭게 그의 약점을 파고드는 펑더화이의 직언에 격분했던 듯하다.

묻지 않을 수 없다. 과연 어떤 사람이 정치지도자가 되는가? 높은 지력, 뛰어난 용기, 남다른 덕망, 대중적 인기를 모두 갖추었다고 해도 남다른 권력의지가 없으면 절대로 권력투쟁에서 승리할 수 없다. 그 "남다른 권력의지"란 무엇일까? 불의에 맞서서 정의를 실현하려는 도덕적 의무감일까? 허무에 맞서서 불멸을 얻으려는 자아실현의 욕구일까? 아니면, 한 비뚤어진 인간의 열등감의 발로일까?

대약진의 현실

루산 회의가 개최되던 1959년 7월이면, 이미 대약진 운동이 1년 이상 진행된 상태였다. 1958년 1월부터 중공중앙은 대약진 운동의 시동을 걸기 시작했다. 일단 당내의 급진 노선에 조심스레 경종을 울리던 당 서열 3위의 저우언라이가 "우경일탈(右傾逸脫)"의 혐의를 쓰고 비판의 화살을 맞았다. 그해 초에 그는 두 번이나 자아비판을 하고서는 마오쩌둥이 "진실의 대변자"라고 선언해야 했다. 저우언라이가 그런 곤경을 겪을 정도이니 다른 인물들은 좌고우면의 기회조차 없었다. 모두가 앞다투어 마오쩌둥의 뜻을 따라서 대약진의 일로로 매진해야만 했다.

덕분에 중공중앙은 지방의 현실에 맞지도 않는 무리한 산업발전 전략을 졸속하게 입안해야 했다. 대표적인 사례가 바로 보통 2만 명의 인구를 한 단위로 하는 인민공사의 건립이었다. 1958년 5월 5일 허난 성 차야 산의 위성(衛星) 인민공사가 그 최초였다. 여기서 위성이란, 소련의 스푸트니크 (sputnik : 인공위성)를 의미한다. 1957년 10월과 11월 소련은 성공적으로 스푸트니크를 대기권에 진입시켰다. 사회주의 종주국 소련이 스푸트니크 발사에 성공하자 격양된 마오쩌둥은 중국의 농민들을 향해서 농업 생산량의 증대를 요구했다. 소련이 위성을 쏘아 올렸듯이 중국의 근로대중은 집단노동을 통해서 생산의 위성을 발사해야 한다는 비유였다. 대약진 운동의 사회심리학적 배경에는 그처럼 시작부터 안이한 낙관주의와 병적인 조급증이 혼재되어 있었다.

물론 단기적인 성과를 요구하며 인민의 희생을 강요하는 대약진 운동이 순조롭게 진행될 리 없었다. 1958년 봄 대약진 운동이 전국적으로 본격화된 후, 윈난 성에서 특히 많은 문제점이 발생했다. 윈난 성 지방정부의 보고서에 따르면, 1958년 3월부터 9월까지 윈난 성 루량 현(陸良縣)에서는 3만3,319명의 부종 환자가 발생했다. 부종이란 극도의 기근에 시달리다가 팔다리가 퉁퉁 붓는 괴질이다. 루량 현 전체 인구의 13퍼센트 이상이 굶주렸고, 2.04퍼센트의 인구는 결국 아사하고 말았다. 1958년 10월 26일에는 윈난 성의 루취안 현(祿勸縣)에서 대규모 반혁명 소요가 발생했다. 진압과정에서 31명이 맞아 죽고, 50명이 투옥되었다. 윈난 성 동북부의 자오퉁(昭通)에서도 반란이 일어났다. 기존의 촌락을 무리하게 인민공사로 재편하고 공동 식당을 만들어 집체 생활을 강요하고, 강제노동에 동원한 결과였다. 그런 상황에서도 중공중앙은 마오쩌둥의 지시를 따라서 대약진에 박차를 가하기만 했다. 윈난 성의 기근 따위는 먼 지방의 국지적인 현상일 뿐이라고 인식했던 것이다.

당시 중공정부는 전국의 농민들을 인민공사라는 코뮌에 배속시켰다. 인민공사는 사회주의 이상실현의 공동체라고 선전되었지만, 실제로는 노동력 총동원을 위한 농촌의 군사화에 불과했다. 인민공사의 일원이 된 농민들은 상관의 명령에 무조건 복종하는 병사들과 같이 간부들의 명령에 따라서 움직여야 했다. "15년 안에 영국과 미국을 앞지른다!"는 구호 아래 농민들은 밤낮으로 가혹한 강제노동에 동원되었다.

펑더화이를 비판하는 문화혁명기의 풍자만화(1967). (chineseposters.net)

    중공정부는 전국의 인민공사에 생산량의 비약적인 증가를 요구했다. 인민공사들은 경쟁적으로 전년도 곡물 수확량을 몇 배나 상회하는 환상적인 목표량을 발표했다. 그렇게 발표된 수치들은 신문, 라디오, 확성기, 벽보

후베이 성 마청(麻城)의 인민공사에서 올벼 36,900근이 생산되는 천하제일의 농지가 출현했다고 선전하는 「인민일보」의 전형적인 "부과풍" 기사.

등 관영매체를 통해서 날마다 전국에 홍보되었다. 1958년 5월 29일 「인민일보」에는 "속도가 대약진 운동 총노선의 영혼"이라는 사설이 실리더니, 6월 8일 자에는 허난 성 쑤이핑 현(遂平縣)의 위성 인민공사에서 1무당 1,007.5킬로그램의 밀이 생산되었다는 기사가 게재되었다. 1무라면 고작 666.7제곱미터로, 한국의 한 마지기(661제곱미터) 혹은 200평 정도와 엇비슷한 넓이의 땅이다. 대한민국 통계청에 의하면 2016년 현재 평당 쌀 생산량은 1.8킬로그램으로, 논 한 마지기 생산량은 360킬로그램 정도이다. 1958년 허난 성 중원 평야의 200평 규모 농지에서 1,000킬로그램이 넘는 곡물이 생산될 수 있겠는가? 농촌 현실을 아는 사람에게는 터무니없는 소리였음에도 「인민일보」의 이 기사는 혁명적 위업의 성과로서 중국 전역에 선전되었다. 부과풍, 다시 말해서 허황된 과장의 풍조였다.

1958년 당시 부과풍의 거짓 선전물. "우리 나라 소맥(밀) 생산량은 세계 제2위 : 우리 나라의 소맥 생산량은 이미 미국을 압도하고 근소한 차이로 소련에 뒤이어 세계 2위로 도약했다. 금년 우리 나라의 겨울 소맥 생산량은 689억 근으로 이미 3,445만 톤에 이르렀다……." 그러나 이 모든 수치는 거짓이었다.

그 당시 중국의 수많은 언론인들은 대체 무엇을 하고 있었나? 모두가 대약진의 광풍에 휩싸여 거짓 보도, 조작을 일삼고 있을 뿐이었다. 진실을 말하고자 해도 도무지 검열의 벽을 넘을 수가 없었다. 대부분의 언론인들은 뻔히 거짓인 줄 알면서도 공산주의 건설에 기여한다는 일념으로 열심히 가짜 뉴스를 생산했던 것일지도 모른다. 유토피아의 꿈은 그렇게 인간의 정신을 마비시킨다. 요컨대 "벌거벗은 임금님의 나라"에서 자발적으로 거짓말에 동참했던 관영매체야말로 인류사 최대 규모의 기근을 낳은 주범이었다.

다시 펑더화이의 직언을 훑어보면 고개가 끄덕여진다. 펑더화이는 부과 풍과 광열성을 대약진 운동의 가장 심각한 문제로 꼽았다. 다시 말해서, 그는 혁명의 광기에 사로잡혀 통계를 조작하고 현실을 왜곡하는 중국공산당의 집단적 허위 의식이야말로 인민을 굶겨 죽이는 근본 원인임을 직시했고, 정의감에 사로잡혀서 직언을 했기 때문에 정치 생명을 마감해야만 했다.

제30장
차르의 유토피아

대약진의 신기루

대약진 운동의 깃발이 중국 전역에 나부낄 때, 인민의 유토피아는 어디에
도 없었다. 유토피아란 차르(Czar)의 의식을 점령한 신기루일 뿐이었다.
모두가 차르의 신기루를 바라보며 유토피아의 꿈을 강요받던 시절이었다.
중공중앙의 고위 관료부터 산간벽지의 농민들까지 모두가 한입으로 거짓
말을 해야 했다. 모두가 스스로 내뱉은 거짓부렁에 속아야만 했다. 불가능
을 꿈꾸며 굶어 죽던 시간이었다. 기만과 허위의 계절이었다.

농촌의 현실에 입각해서 생산 가능한 수확량을 있는 그대로 보고하는
간부는 반혁명분자로, 수정주의자로, 부르주아의 끄나풀로 몰렸다. 양지
성의 『묘비』 제1장에 따르면, 허난 성 신양 현(信陽縣)에서는 현실을 있는
그대로 말했던 한 간부가 계속되는 취조 끝에 결국 맞아 죽고 말았다. 진
실을 말하면 맞아 죽을 판이니 모두가 알아서 자발적으로 통계를 조작했
다. 한 마지기의 땅에서 1,000킬로그램 이상의 곡물을 생산하겠다는 허황
된 목표라도 일단 목표가 정해지면 상급 정부에서 그 예상치에 따라서 곡

물을 공출했다.

농민들은 추수 직후 대부분의 곡물을 빼앗겼다. 그렇게 정부가 곡물을 쓸어가면, 바닥에 흩어진 곡식 낱알들을 주워 먹다가 굶어야만 했다. 물론 많은 사람들이 저항했다. 곡식을 숨기고 간부를 속이고 슬그머니 게으름 피우고 달아나는 소극적 저항도 있었다. 곡물 창고를 털고 식량을 훔치고 간부들과 맞서 싸우는 격한 투쟁도 있었다. 온 마을이 들고 일어나는 경우도 더러 있었다. 그러나 인민의 저항은 전체주의 국가의 공권력 앞에서는 풀벌레의 울음만큼 허약했다. 지방정부의 간부들은 저항하는 농민들을 폭력으로 다스렸다. 대기근 피해자들 중 많은 경우는 노예노동과 무차별 폭력에 희생되었다.

그런 현실을 아는지 모르는지 중앙의 간부들은 지방을 순회하며 생산량 증대를 더더욱 종용했다. 1958년 8월 류사오치는 산둥 성 서우장 현(壽張縣)의 허위 보고를 그대로 믿고 "혁명적 위업"을 격찬했다. 이후 지방을 시찰할 때마다 그는 "더 과감한 시도가 더 큰 수확"을 보장한다며 서우장 현을 보고 배우라고 말했다. 8월 4일에 마오쩌둥은 허베이 성 쉬수이(徐水)의 농촌을 시찰하던 중, 농민들에게 기쁜 얼굴로 "대체 그렇게 많이 남아도는 곡식으로 무엇을 할 것이냐?"고 묻기도 했다. 마오쩌둥의 그런 일화가 언론에 보도되면서 무려 32만 명이 견학을 위해서 쉬수이로 몰려들었다. 중공중앙은 이제 본격적으로 공산주의로의 초기 이행이 시작되고 있다고 선전했다.

농촌의 현실이 비참하게 붕괴되었음에도 하급 간부들은 성과를 조작해야 했다. 우경분자라는 낙인을 피하기 위함이었다. 우경분자의 낙인을 받으면 곧 정치적 생명을 박탈당했다. 생물학적 연명도 불가능했다. 중공정부가 흔들어대는 대약진의 깃발은 그렇게 모든 인민을 구렁텅이로 몰아넣고 있었건만, 간부들은 복지부동이었다. 그들은 군사작전에 불려나온 하사관과도 같았다. 관영매체의 기자들이 취재를 나오거나 정부의 고위 관료가 시찰을 나오면, 간부들은 인근 전답의 덜 자란 곡식을 파와서는 주변 전답에 옮겨 심었다.

눈속임을 위해서 빽빽하게 옮겨 심은 곡식들은 이내 시들고 말았지만, 그렇게 철저히 숨기지 않고서는 상부의 추궁을 피할 길이 없었다. 농민들은 수확량의 증대를 위해서 기상천외한 방법을 시도하기도 했다. 척박한 토양에 단백질을 제공하기 위해서 큰 가마솥에 수십 마리의 개를 넣고 끓인 후, 그 국물을 땅에 뿌린 것이다. 물론 그런 비과학적 방법으로 대지의 소출량이 증대할 리 만무했다. 개라는 개는 모두 삶아서 땅바닥에 뿌렸건만 유토피아의 꿈은 멀어져만 갔다.

참혹한 현실에는 아랑곳없이 마오쩌둥은 연일 인민공사의 성과를 극찬했다. 그의 눈에 인민공사는 산업, 농업, 상업, 교육, 군사 조직까지 결합된 가장 효율적인 공산주의 초기 단계의 인민 공동체였다. 마오쩌둥이 그렇게 강한 시동을 걸자 전국적으로 음지의 독버섯처럼 인민공사가 돋아났다. 1958년 10월 말까지 중국의 농촌에서는 무려 2만6,576개의 인민공사가 창건되었다. 전체 농가의 호수로 보면 99.1퍼센트의 참여율이었다. 잔뜩 고무된 마오쩌둥은 여러 성을 시찰하면서 각 지방의 경쟁을 부추겼다. 예컨대 안후이의 한 인민공사에서 무상급식을 실시하자 마오쩌둥은 당장 그 방법을 승인하며 전국적으로 선전했다. 류사오치도 동시에 전국을 돌면서 대약진의 성과를 선전했다. 장쑤 성에서는 300만 이상의 농민이 철강 생산에 동원되었다. 류사오치는 대약진에 나선 농민들이 "불평불만도 없고 임금 시비도 하지 않는다"며 대약진의 성과를 선전했다.

중국을 공산권의 종주국으로 만들겠다는 마오쩌둥의 야심이 대약진 운동의 심적 동기였다. 장제스의 추격을 피해서 산시 성의 오지로 대장정을 떠나던 시절에 마오쩌둥의 사상은 구체화되었다. 그는 객관적인 물적 조건을 넘어서는 인민대중의 불굴의 정신력만이 사회주의 혁명을 이루는 근본 동력이라고 확신했다.

마오쩌둥은 역사의 비약을 믿었다. 그는 중국의 인민대중이 마르크스, 레닌 등이 밝힌 역사의 합법칙성을 알고 현실의 조건에 슬기롭게 대처하기 때문에 지주전호제의 봉건 사회를 탈피하여 곧바로 사회주의로의 직행을 완수할 수 있다고 생각했다. "대약진"의 이상은 물론 인민대중의 집단 희생을 요구했다.

인민공사는 곡물 생산의 책무와 더불어 철강 생산의 기지가 되어야 했다. 농촌에서 대체 어떻게 철강을 생산할 수 있는가? 마오쩌둥은 마을마다 작은 용광로를 만들고 인민대중이 모두 토착적인 방법에 따라서 각자 소량의 철강을 생산하면 가능하다고 생각했다. 이른바 토법연강이었다.

인민공사의 농민들은 땅을 부치기도 힘이 들었지만, 간부들은 날마다 대규모 인원을 징발해서 철강 생산에 투입했다. 15년 만에 영국과 미국을 앞지르는 강력한 군사대국을 만들기 위해서는 대규모 철강 생산이 필수적이었다. 중공정부는 중국을 순식간에 세계 최강의 철강 생산국으로 만드는 발전전략으로 마을마다 소규모 용광로를 만들라고 명령했다. 그렇게 전 인민이 철강을 만들면 15년 이내에 중국은 영국과 미국을 앞지르는 거대한 철강 생산국이 된다는 순진한 발상이었다.

결과는 참혹한 실패였다. 집집마다 모든 쇠붙이를 공출해서 녹이고 담금질을 했건만, 농민들이 생산한 철강은 툭 치면 부서지는 고철 덩어리에 불과했다. 용광로의 아궁이에 쏟아넣은 연료는 그렇게 고철을 녹이는 허망한 불씨로 소멸되었다. 농민들은 결국 곡식도 없이, 땔감도 없이 참담한

토법연강이라고 불리던 인민공사 뒷마당의 용광로. 철강 생산에 동원된 농민들.

겨울을 맞이해야 했다. 성과 없는 국책사업에 불려나가서 강제노동에 시달리면서 죽음의 문턱을 오가고 있었다. 이미 기근이 닥친 농촌에서는 헤아릴 수 없이 많은 농민들이 사지가 퉁퉁 부어오르는 부종에 시달리며 죽어갔다.

마오쩌둥의 야심은 경쟁적인 허위 보고를 낳았다. 허위 보고는 생산 단위의 공출량을 늘렸다. 곡식을 빼앗긴 농민들은 굶주려야만 했다. 죽음의 사기극에 모두가 말려든 상황이었다. 악화일로의 현실을 외면한 채 관영 매체는 날마다 거짓 보도만 일삼고 있었다. 관료 조직은 통계를 날조하고, 지식인들은 눈치만 보며 입을 닫았다. 지방정부의 말단 간부들은 상부의 지령에 따라서 로봇처럼 인민을 향한 폭력을 자행했다. 유토피아를 꿈꾸는 차르의 선의를 믿는다고? 가장 잔혹한 국가폭력은 늘 선의로 포장되어 있다. 번연한 결과를 예상하지 못하고 무리한 정책을 입안하는 위정자는 곧 인민의 적일 수밖에 없다.

루산의 비판자들

그런 현실을 알게 된 펑더화이는 루산 회의에서 마오쩌둥에게 직필의 '상소문'을 올렸다. 펑더화이가 먼저 치고 나가자 세 명의 인사들이 조심스럽게 대약진의 문제점을 지적하기 시작했다. 7월 19일 공산당군 총참모장 황커청(黃克誠, 1902-1986)은 소련 농민공사의 실패를 지적하면서 인민공사의 무모함을 고발했다. 같은 날, 후난 성 위원회의 제1서기였던 저우샤오저우(周小舟, 1912-1966) 또한 펑더화이를 지지하는 발언을 남겼다. 이틀 후인 7월 21일, 정치국의 후보위원 장원톈(張聞天, 1900-1976)이 가세하여 3시간에 걸친 장광설로 대약진의 "주관주의적 오류"를 비판했다.

1930년대의 마오쩌둥은 객관적인 현실을 무시한 채 맹목적으로 개인의 의지만을 따르는 극단적 사유를 비판한 바 있다. 펑더화이를 비롯한 대약진 운동의 비판자들은 대약진의 망상이야말로 주관주의의 오류라고 지적했다. 유토피아를 꿈꾸는 차르의 폭주를 주관주의의 오류라고 비판한 셈이다. 마오쩌둥은 1959년 7월 23일 펑더화이의 의견서를 인쇄해서 회의 참석자 모두에게 배포하라고 지시했다. 펑더화이에게 동조하는 세 명이 정체를 드러내자 곧바로 반격을 개시한 것이었다. 마오쩌둥의 의중을 파악한 참석자들은 펑더화이를 우두머리로 하는 "반당 집단"에 비판을 가하기 시작했다. 8월 1일, 마오쩌둥은 다시금 펑더화이의 정치적 야심을 비판했다. 그때 옆에 앉아 있던 린뱌오는 펑더화이가 무력을 확충하는 "초병매마(招兵買馬 : 병사를 모으고 전투마를 사들임)"의 야심가라고 공격했다. 당시 군부의 실세였던 펑더화이를 향한 선전포고와 같은 선언이었다. 한 달간 지속된 중앙위원회 정치국 확대회의는 그렇게 일촉즉발의 긴장 속에서 막을 내렸다.

바로 다음날인 1959년 8월 2일 곧바로 제8기 중앙위원회 제8차 전체회의가 이어졌다. 75명의 중앙위원들과 74명의 중앙위원 후보들, 그리고 14명의 지방정부 고위 간부가 참석한 이 회의의 쟁점은 두 가지였다. 첫 번째 쟁점은 "펑더화이를 우두머리로 하는 반당 집단"의 탄핵이었고, 두 번째 쟁점은 1959년 경제 계획 조정에 대한 토론이었다. 이미 전날 마오쩌둥은 과녁을 향해서 정조준을 명했다. 린뱌오는 충실하게 명령을 따라서 방아쇠 위에 손가락을 올려놓은 상태였다. 중공지도부의 전원이 돌아가며 펑더화이, 황커청, 장원톈, 저우샤오저우를 향해서 십자포화를 가하기 시작했다. 펑더화이는 반론을 제기하며 자기 변호에 나섰으나 역부족이었다. 제8차 전체회의는 공식적으로 "펑더화이 동지를 우두머리로 하는 반당 집단의 오류에 대한 결의"를 채택했다. 마오쩌둥의 암시에 따라서 중앙위원회가 만장일치로 펑더화이 집단에 내린 정치적 사형선고였다. 결의문 속의 죽죽 늘어지는 만연체 문장을 읽어보면, 인신공격성 음해에 가깝게 느껴진다.

1958년 대약진 이후 전당전민이 일치단결하여 적극적으로 공작을 하는데, 펑더화이는 마음속으로 중앙의 영도력을 파괴하려는 음모를 꾸며서 반당 활동을 진행하고 적당한 기회를 노려서 자신의 동조자 및 추종자들과 함께 당과 마오쩌둥 동지를 향한 공격을 가했으며, 루산 회의를 그런 음모를 실현하는 기회로 삼았다. 펑더화이 동지가 과거에 혁명에 이로운 활동을 한 바 있다는 이유 때문에, 당 중앙과 공산당군에서 그가 점하고 있는 지위 때문에, 또한 스스로 솔직담백하고 소탈한 인격을 가장해왔기 때문에 그의 활동은 이미 일련의 사람들을 미혹시켰고, 일련의 사람들을 미혹시킬 수 있기 때문에 당과 공산당군의 전도에 매우 큰 위험이 되고 있다. 진실로 이러하기 때문에 바로 이 위군자(僞君子), 야심가, 음모가의 진면목을 폭로하여 반당적 분열 활동을 제지하는 것이야말로 곧 당을 위하고, 또 당에 충성하고, 공산당군에 충성하고, 사회주의 사업에 충성하는 인민을 위하는 중요한 임무이다.

펑더화이는 결연히 맞서서 자기 변호를 했다. 그의 주장에 따르면, 원시적인 철강 생산방법은 자원과 인력의 낭비로 귀결되었다. 그 결과 농민들은 추수를 하지 못해서 굶주릴 수밖에 없었다. 결과적으로 대약진 운동은 득보다 실이 많은 실패한 혁명이었다. 펑더화이는 머리를 조아리고 반성하는 대신 당당히 맞서서 불합리를 비판했다. 바로 그런 태도 때문에 펑더화이는 다시금 반당분자의 멍에를 써야만 했다. 그쯤 되면 합리와 상식은 통하지 않는 마녀사냥이자 인민 재판일 뿐이었다. 언론의 자유가 보장된 21세기의 자유민주주의 국가에서도 가짜 뉴스와 거짓 보도는 대중의 눈과 귀를 마비시키고는 한다. 하물며 1950년대의 꽉 닫힌 전체주의 공산국가임에랴.

펑더화이는 왜 팽당했나?

펑더화이가 마오쩌둥에게 팽(烹)당한 내막을 캐다 보면 몇 가지 재미난 사실이 발견된다. 첫째, 펑더화이를 국방부 장관에서 해임한 후 마오쩌둥이 린뱌오를 대신 그 자리에 앉혔다는 사실이다. 마오쩌둥은 일찍이 혁명이란 무장투쟁을 통한 지배 세력의 전복이라고 말한 적이 있다. 군사력이 정치 권력의 근거임을 그는 누구보다 잘 알고 있었다. 마오쩌둥은 펑더화이의 대약진 운동 비판을 자신의 권력에 대한 군부의 도전으로 받아들였음직하다. 그는 꼬리 흔드는 충견처럼 살살거리는 린뱌오로 하여금 빳빳하고도 도도한 펑더화이를 물어뜯게 했다. 군부를 장악하기 위한 전술이었다. 이후 국방부 장관에 오른 린뱌오는 실제로 마오쩌둥의 오른팔이 되어 6년 후에 전개되는 문화혁명 당시 제2인자의 입지를 굳히게 된다.

둘째, 펑더화이의 제거는 마오쩌둥이 중공중앙 정치국의 권력자들을 하나씩 제거하기 위한 포석이었다고 볼 수가 있다. 루산 회의에서 펑더화이 집단을 비판하고 모욕하고 탄핵해 마지않았던 제8기 중앙위원회의 중심 인물들은 대부분 문화혁명이 발생하자 얼마 지나지 않아서 마오쩌둥으로부터 버림을 받았다. 대약진 운동의 광풍 속에서 그들은 자발적으로 마오쩌둥의 의도를 따라서 펑더화이의 제거에 앞장섰지만, 결국 마오쩌둥에 의해서 팽을 당한 셈이다. 마오쩌둥은 정치국의 권력자들을 제거할 계획을 미리 세웠을까? 물론 그렇게 보이지는 않지만, 펑더화이를 숙청함으로써 마오쩌둥은 군부를 장악하게 되었고, 결과적으로 권력투쟁의 근거를 마련하게 되었다고 볼 수는 있다.

물론 마오쩌둥의 절대 권력은 민주집중제로 포장된 중국공산당의 집단 지도체제에서 유래했다. 1921년 창당 이래 1950년대 중반까지 중국공산당은 모두 여덟 차례 전국대표대회를 통해서 중앙지도부를 구성했다. 1945년 제7차 전국대표대회를 통해서 중앙위원회를 구성한 후로 10년이 넘도록 새로운 지도부가 출범하지 않았다가, 1956년 9월 15-27일에야 제8차 전국대표대회를 통해서 제8기 중앙위원회를 재구성한 것이다. 제1차 5개년 계획이 한참 추진되던 시기였다. 정치 권력의 핵심이라고 할 수 있는 정치국 상무위원으로는 주석 마오쩌둥과 더불어 류사오치, 저우언라이, 덩샤오핑, 리푸춘(李富春, 1900-1975), 리셴녠, 펑전 등의 대표적인 행정가들과 함께 주더, 펑더화이, 린뱌오, 허룽(賀龍, 1896-1969), 천이(陳

毅, 1901-1972) 등의 군장성 출신들이 포함되어 있었다. 이들 중에서 류사오치, 덩샤오핑, 리푸춘, 리셴녠, 펑전, 천이 등은 10년 후 문화혁명 중에 모두 정치적 박해를 받게 된다. 1969년에 중병을 앓던 류사오치는 옥중에 방치된 채 병사했고, 다른 인사들은 산간벽지로 하방되었다. 많은 경우 중앙의 간부를 공장에 보내서 현장의 경험을 직접 얻게 한다는 이른바 "준점(蹲點 : 무릎 꿇고 점검하다)"에 처해졌다. 민주집중제의 집단지도체제가 차르의 일인독재로 귀결된 셈이었다.

셋째, 마오쩌둥과 펑더화이의 대결은 1950년대 후반 중소 분쟁이라는 소용돌이에서 일어난 권력투쟁으로 볼 수도 있다. 마오쩌둥은 소련의 핵기술을 흡수하여 서둘러 핵보유국의 꿈을 실현하고자 했지만, 군의 영도자였던 펑더화이는 소비에트의 핵우산 아래 들어가서 재래식 군 장비의 현대화에 박차를 가하려고 했다. 바로 그런 군사전략적 차이가 두 사람 사이의 갈등을 고조시킨 국제정치적 배경이 되었다. 이는 당시의 중소 관계를 다시금 되짚어봐야 하는 이유이다.

제31장
체어맨의 외교술

외교는 싸움이다

2017년 12월 13-17일, 방중한 문재인 대통령은 모두 열 끼니 중에서 여덟 끼니를 중국 측 고관들과 마주 앉지 못한 채 이른바 "혼밥"을 먹어야 했다. 한국의 매체에서는 거센 홀대 논란이 일었다. 문 대통령이 이른 아침 서민 식당을 깜짝 방문해서 밀가루 튀김 유탸오를 먹는 외교 쇼를 연출했음에도 홀대 논란은 수그러들지 않았다. 기대했던 중공 서열 2위 리커창(李克強, 1955-)과의 오찬도 무산되었기 때문이다.

대통령의 혼밥은 작은 에피소드에 불과했다. 방중 둘째 날에는 청와대 순방기자단 소속 기자 두 명이 중국의 경호원들에게 폭행을 당했다. 취재를 위해서 분명히 출입 비표를 제시했음에도 중국 경호원들은 막무가내였다. 행사장에서 대한민국의 대통령이 공식 행사를 진행하고 있을 때, 밖에서는 기자들이 집단폭행을 당한 사건이었다. 일부 열혈 지지자들이야 "맞을 짓을 했다"며 되레 기자들을 욕했지만……. 세계인의 상식에 비추어볼 때, 기자 폭행이란 용납될 수 없는 반문명적 폭거일 뿐이다. 중국 측에서는 사과도, 해명도, 책임자 문책도 제대로 하지 않았다. 이 모든 일들이 우발적이었을까? 의도된 만행이었을까?

중국의 오랜 청객문화에서는 요리, 술, 차 하나하나에 특별한 의미가 부여된다. 중국뿐 아니라 모든 나라의 외교가 그러하다. 대통령이 되기 전에 트럼프는 만약 중국이 외환 조작 등의 불공정 무역을 이어가면 미국을 방문한 중국 방문단에게 국빈을 대접하는 정식 만찬을 베푸는 대신 맥도날드에 데려가야 한다고 말한 적이 있다. 세계 최강대국의 외교 의례도 건달들의 몸싸움만큼 치사하고 사특할 수 있음이다. 면박과 모욕, 기자 폭행 등도 잘 계산된 외교전략일 수 있다.

흐루쇼프와 마오쩌둥

1954년 스탈린의 후계자 흐루쇼프가 처음 베이징을 방문했을 때, 중국 측에서는 최고의 대접을 한다며 광둥 요리 룽후더우를 대접했다. 뱀과 고양이가 들어가는 요리였다. 흐루쇼프는 아예 입에 대지도 않았고, 동석한 영부인은 놀란 나머지 눈물까지 흘렸다고 한다. 중국 측에서 흐루쇼프에게 룽후더우를 대접한 사건은 문화 차이에서 기인한 단순한 외교적 실수로 보인다. 당시 중국은 소련에서 경제 및 기술 원조를 받던 처지였기 때문이다. 중국 측은 내내 흐루쇼프를 어르고 달래서 더 많은 이권을 받아내려고 안달이었다.

1958년 8월 흐루쇼프가 두 번째로 베이징을 방문했을 때에는 상황이 달랐다. 마오쩌둥은 작심하고 의도된 외교적 결례를 행했다. 흐루쇼프가 비행기에서 내릴 때 베이징의 공항에는 레드카펫도, 의장대도, 따뜻한 포옹 의식도 준비되어 있지 않았다. 흐루쇼프를 위해서 마련된 낡은 호텔

1958년 8월, 마오쩌둥과 흐루쇼프.

방에는 에어컨도 없었다. 8월의 혹서 속에서 100킬로그램이 족히 넘는 고도비만의 흐루쇼프는 땀을 뻘뻘 흘려야만 했다. 다음날 회담이 시작되었을 때, 마오는 담배 연기에 질색하는 흐루쇼프 앞에서 줄담배를 뻑뻑 피워댔다. 흐루쇼프가 공들여 준비해온 중소방위조약의 초안을 설명할 때, 마오는 목소리를 높여가며 흐루쇼프의 면상에 손가락질을 해대기도 했다.

이튿날 마오쩌둥은 중난하이 관저의 개인 수영장으로 흐루쇼프를 불렀다. 키가 작고 뚱뚱한 흐루쇼프 앞에 중국 측 수행원이 펑퍼짐한 수영복을 내밀었다. 마오는 흐루쇼프가 수영을 전혀 하지 못한다는 사실을 잘 알고 있었다. 어린 시절부터 강물에서 헤엄치며 몸을 닦아왔던 마오는 물개처럼 유유히 수영장을 오갔다. 흐루쇼프는 커다란 복부를 드러낸 채 수영장 얕은 곳에 발만 담그고 서 있었다. 물속에서 회담을 이어가기 위해서 마오는 흐루쇼프에게 커다란 부력 도구를 주고는 깊은 곳으로 오라고 말했다. 흐루쇼프는 부력 도구를 잡고 어색하게 발질을 하며, 물을 가로지르는 마오를 따라다녀야만 했다.

물속에서 고개를 내밀고 빠른 후난 성 방언으로 툭툭 내뱉는 마오쩌둥의 발언을 통역사는 이리저리 뛰어다니며 러시아어로 옮겼다. 물속에서 발을 구르며 겨우 떠 있는 흐루쇼프는 한마디도 제대로 응수할 수 없었다. 흐루쇼프에게는 씻을 수 없는 치욕이었다. 제아무리 사회주의 종주국 소련의 공산당 총서기라고 해도 도리가 없었다. 어떤 잔치에서건 손님은 주인을 따를 수밖에 없다. 주인이 모욕을 주면 손님은 꼼짝없이 모욕을 당해야만 한다.

대체 왜 중국공산당 주석 마오쩌둥은 소련 공산당 총서기 흐루쇼프에게 그토록 황당무계한 외교적 결례를 행해야만 했나?

스탈린과 마오쩌둥

전기 작가들은 흔히 마오쩌둥이 스탈린으로부터 당했던 외교적 모욕을 흐루쇼프에게 앙갚음했다고 설명한다. 1949년 12월 마오는 난생처음으로 사회주의 종주국 소련의 수도 모스크바를 찾았다. 12월 20일에 스탈린의 70세 생일 축하연에 참석하고, 또 중소우호동맹을 체결하기 위함이었다. 불과 3개월 전 거대한 대륙을 군사적으로 점령하고 중화인민공화국의 건립을 선포한 중국공산당 지도자로서 그는 당연하게도 최소한의 특별대우를 기대했으나······.

스탈린 인격숭배가 하늘을 찌르던 시절이었다. "철의 장막"에 휩싸인 공산권 국가들에서는 일제히 스탈린의 탄생일을 경축하는 송사를 언론에 게재하고, 스탈린의 위인전을 인쇄하여 배포하고, 그의 초상화로 전국을 도배했다. 공산권에서는 날마다 수백만의 노동자들이 "자발적으로" 초과근무를 하고, 경축 서신을 보내고, 축하 전보를 발송한다는 선전이 이어졌다. 서구의 친소련 인사들도 스탈린에게 아낌없는 찬사를 바쳤다. 영국공산당 당원이었던 극작가 조지 버나드 쇼(George Bernard Shaw, 1856-1950)가 대표적이었다. 그런 분위기에서 노동당 출신의 영국 수상 클레멘트 애틀리(Clement Richard Attlee, 재임 1945-1951)도 경축 서신을 발송했다. 공산권에서는 오로지 유고슬라비아의 언론만이 침묵했다. 소련의 위성국가가 되기를 거부한 유고슬라비아의 티토가 1948년 이후 스탈린에게 완강히 맞서고 있었기 때문이다. 물론 중국에서도 대규모의 스탈린 탄신일 기념식이 열렸다.

마오쩌둥은 공산권의 "위대한 영도자"의 생신에 초대받은 수많은 하객들 중 한 명일 뿐이었다. 스탈린은 일부러 마오쩌둥을 공산권의 다른 국가 대표들과 똑같이 대우했다. 모스크바 역에 도착하는 순간부터 마오는 싸늘한 분위기를 감지했다. 스탈린은 사흘간 그를 만나주지도 않았다. 12월 18일 오후 10시 첫 만남에서는 두 사람 사이에 팽팽한 긴장이 흘렀다. 두 시간 동안 두 사람은 국제정세를 논하고 양국 간의 새로운 관계 정립에 대해서 논의했는데…….

마오쩌둥과 스탈린의 제1차 회담 기록을 보면, 행간에서 스탈린의 고압적인 태도가 묻어난다. 마오는 중소우호동맹의 체결과 함께 대규모의 경제 원조(300만 달러)를 요청했으나 스탈린은 기민하게 기선을 제압한다. 그는 마오에게 중소 관계가 기본적으로 얄타 협정(1946년 2월)에 따르고 있음을 상기시킨다. 소련은 장제스와 체결한 조약에 따라서 만주 철도의 이권을 가지고 랴오둥 반도의 뤼순에 군대를 주둔해 있는 상태였다. 마오는 짐짓 물러서며 뤼순의 소련군을 계속 주둔시키라고 요청했다. 그는 타이완의 "해방"을 위해서 군사지원을 해달라고 요청했지만, 스탈린은 미국이 개입할 빌미를 주지 말라고 경고했다. 중국에 사회주의 국가를 세운 마오로서는 굴욕적인 회담이었다.

만나기 전부터 스탈린과 마오쩌둥 사이에는 이미 높은 불신의 벽이 있었다. 1920-1930년대부터 스탈린은 마오의 혁명노선을 신뢰하지 않았다. 중국의 혁명과정에서 제창된 마오쩌둥 사상 역시 정통 마르크스-레닌주의의 교리에서 벗어난 변종이라고 생각했다. 도시 노동자들 대신 산간의 농민들을 규합해서 소비에트를 실험하는 마오를 고작 게릴라 투사 정도로 생각했다.

1930년대 모스크바에는 세계 각국의 유학생들이 마르크스-레닌주의 이론을 공부하는 코민테른 산하 공산주의 대학들이 있었다. 1928년 통계를 보면, 모스크바에서 혁명 이론을 공부하는 1,000명의 해외 유학생 중에서 400명이 중국 유학생들이었는데, 그들은 코민테른 산하의 모스크바 중산 대학에서 수학했다. 소위 "28명의 볼세비키들"은 모두 모스크바 중산 대학에서 과정을 이수한 유학파들이었다. 중국의 토착 공산주의자인 마오는 1930-1940년대 내내 왕밍을 비롯한 모스크바 유학파들에 대해서 힘겨운 당내 권력투쟁을 해야 했다. 모스크바 유학파들은 정통 마르크스-레닌주의에 입각해 코민테른의 지시를 따르려고 했지만, 마오는 과감하게 볼세비즘의 정도에서 이탈했기 때문이다. 스탈린이 그런 마오를 좋아할 리 없었다.

모스크바에서 마오는 스탈린이 자신을 노골적으로 홀대하고 있음을 감지했다. 당시 중국의 인구는 5억4,000만 명에 달했다. 마오는 인류사 최대 규모의 사회주의 국가를 이제 막 건설한 공산권의 영웅이었다. 그런 마오가 스탈린을 "알현하기" 위해서 모스크바 외곽의 다차(dacha : 러시아식 오두막)에서 두 달 동안 치욕을 곱씹어야 했다. 공산주의자이기 이전에 한 명의 중국인으로서 마오는 격분했다. 스탈린의 홀대와 경멸은 그에게 분명 잊히지 않는 쓰라린 기억임에 틀림없으나……

　그 정도의 이유만으로 마오쩌둥이 흐루쇼프를 홀대했다고 볼 수는 없다. 천하의 마오쩌둥이 필요하다면 그 정도 구원(舊怨)쯤이야 왜 숨기지 못하겠는가? 그가 후환을 몰랐을 리 없다. 모욕을 당하고 귀국한 흐루쇼프는 당장 신경질적인 외교 보복으로 응수했다. 흐루쇼프는 우선 중국에 체류하던 소련 고문단의 즉각적인 철수를 명령했다. 공동으로 진행하던 프로젝트를 마감할 수 있게 해달라는 고문단의 요청도 묵살했다. 흐루쇼프에 대한 마오의 외교적 결례는 양국 사이의 우호관계를 갈등관계로 바꾸는 결정적인 계기가 되었다. 마오가 흐루쇼프를 모욕한 사건은 결국 그가 쏘아올린 중소 분쟁의 신호탄이었다. 1970년대 미중 사이의 핑퐁 외교로까지 이어지는 1950년대 중소 분쟁의 서막이 비로소 올랐다.

마오쩌둥의 외교전략

흐루쇼프가 베이징을 방문해 마오쩌둥의 수영장에서 벌거벗겨진 채로 노골적인 외교적 홀대를 당하기 1년 전이었다.

　1957년 8월, 소련은 대륙 간 탄도 미사일(이하 ICBM)의 발사에 성공했다. 같은 해 10월과 11월에는 두 차례에 걸쳐 스푸트니크가 보기 좋게 대기권에 진입했다. 우주 개척에서 소련이 미국을 앞서가는 극적인 장면이 전파를 타고 지구 전역에 중계되었다. 곧바로 이어진 볼셰비키 혁명 40주년 기념행사를 빛내기 위한 사회주의 종주국의 우주 쇼라고 할 만했다. 11월 초가 되자 공산권 64개 국가의 공산당 및 노동당 지도자들이 모스크바로 모여들었다. 11월 2일 마오쩌둥 역시 대규모 대표단을 이끌고 모스크바에 도착했다. 볼셰비키 혁명 40주년을 기리면서 공산권 지도자들은

마오쩌둥과 스탈린, 1949년 모스크바에서의 첫 만남.

서구 자본주의 세력에 저항하는 반제동맹을 결의한다. 소련공산당 총서기 흐루쇼프로서는 공산권 내의 리더십을 확인하는 중요한 행사였는데⋯⋯.

모스크바에 도착한 마오쩌둥은 놀랍게도 흐루쇼프를 치켜세우고 다녔다. 11월 6일 연설에서 "스탈린 인격숭배 비판은 소련공산당의 현명한 조치"라고 말했을 정도였다. 마오쩌둥의 주치의 리즈수이의 회고에 따르면, 마오쩌둥은 스탈린을 비판한 흐루쇼프를 추호도 용서하지 않았다. 그러나 공산권의 지도자들 앞에서는 흉중에 비수를 감추고 흐루쇼프의 체면을 충분히 세워주었다. 흐루쇼프로서는 외교적 선방이 아닐 수 없었다. 들뜬 흐루쇼프는 마오쩌둥과 함께 온 국방부 장관 펑더화이에게 "마오 주석이 우리의 스탈린 비판을 지지하고 있다"고 말하며 좋아했다고 한다. 마오쩌둥은 왜 흐루쇼프에게 외교적 호의를 베풀었을까?

불과 3주일 전인 1957년 10월 15일, 중소 양국은 "국방신기술에 관한 밀약"을 체결했다. 사흘 후인 1957년 10월 18일 중국 측에서는 대규모의 최고위 과학대표단이 3개월 계획으로 모스크바에 파견된다. 소련 과학기술의 발전상을 목격한 중국의 과학대표단은 1958년 1월 18일에 소련과 합의문을 채택하게 된다. 표면상으로 중국 과학 발전 12년 계획이었지만, 실제 목적은 3개월 전에 체결한 밀약에 따라서 중국에 핵무기와 ICBM의 기술을 이전하는 것이었다. 소련은 1955년부터 꾸준히 중국에 핵물리학을 전수하고 있었는데, 흐루쇼프의 회고록을 보면 1955-1958년 사이에 중국에의 핵기술 이양을 최종적으로 결정했다고 사료된다.

1957년 과학대표단과 함께 모스크바를 방문한 마오쩌둥은 소련의 기술력을 격찬하면서 그의 정신 상태를 의심하게 하는 과격한 발언을 한다.

제국주의 전사들이 제3차 세계대전을 감행한다면, 그 결과는 자본주의 체제의 종말일 것이다. 상상해보라. 세계대전이 재발하면 몇 명이나 죽겠는가? 27억 인구 중에서 3분의 1, 혹은 2분의 1이 죽겠지. 최악의 경우 인류의 절반이 죽고, 나머지 절반은 생존하겠지. 그렇게 되면 제국주의 국가는 모두 파멸하고 전 세계는 사회주의 체제가 될 것이다. 그리고 수 년 안에 다시 세계의 인구는 27억이 되겠지.

1969년 모스크바에서 열린 국제 공산당 대회에서 소련의 지도자 브레즈네프는 당시 상황을 회고하면서 다음과 같이 말한다.

많은 동지들이 마오쩌둥이 1957년 이 대회당에서 했던 말을 기억하고 있을 것입니다. 마오쩌둥은 놀라운 허세와 냉소를 머금고서 핵전쟁이 나면 인류의 절반이 죽을 것이라고 말했지요.

1964년 10월 16일 중국은 핵실험에 성공해서 미국, 소련, 영국, 프랑스에 이어 세계에서 다섯 번째의 핵보유국이 되었다.

소련 사람들은 소련의 기술력이 서구의 수준에 한참 못 미친다는 사실을 잘 알고 있었기 때문에 더더욱 마오의 발언에 공포감을 느꼈다고 한다. 그러나 이 발언은 한 달 전인 1957년 10월 15일에 양국 사이에 체결된 비밀조약을 고려한 외교적 찬사였던 듯하다.

마오쩌둥은 오매불망 핵개발을 꿈꿔왔다. 그는 핵무기의 개발만이 자강의 진정한 실현이라고 굳게 믿었다. 아편전쟁 이후 100년의 국치를 극복하는 필수불가결의 군사적 조치였다. 1957년 가을 마오쩌둥은 공격적으로 흐루쇼프에게 스푸트니크 기술의 공유를 요구했다. 흐루쇼프 역시 폴란드와 유고슬라비아의 저항을 눌러야 했으므로 마오쩌둥의 지지가 절실한 상황이었다. 핵에 대한 마오쩌둥의 야심을 잘 알고 있었던 흐루쇼프는 그의 지지를 이끌기 위해서 군사지원을 약속했다. 한편으로는 중국의 무분별한 핵개발을 관리하고 통제하려는 계산이었다.

1957년 11월 2일 마오쩌둥을 따라왔던 국방부 장관 펑더화이와 3인의 중국 장성들은 마오쩌둥이 귀국한 후에도 11월 27일까지 모스크바에 머물며 각료회의를 이어갔다. 펑더화이와 3인의 중국 장성들은 공식 연설에서 소련의 ICBM과 스푸트니크의 성공적인 발사를 칭송했지만, 정작 핵무기에 관해서는 일언반구도 언급하지 않았다. 흐루쇼프의 회고록을 보면, 이때는 이미 소련이 중국에 핵기술을 전수하기로 결정한 후였다. 흐루쇼프의 그런 결정이 마오쩌둥과 중국 군부 사이에 내재하던 갈등을 고조시켰음직하다. 마오쩌둥과는 달리 펑더화이는 소련의 핵우산 아래에서 재래식무기를 현대화하는 것이 필요하다고 생각했기 때문이다. 군사전략상 중국의 군부는 마오쩌둥의 핵개발 노선에 어깃장을 놓고 있던 셈이었다. 그 점에서 마오쩌둥과 펑더화이, 다시 말해서 중공중앙과 군부의 대립은 필연적이었다.

앞에서 살펴보았듯이 1958년 대약진 운동을 개시한 마오쩌둥은 이듬해 루산 회의에서 국방부 장관 펑더화이에게 정치적 사형선고를 내린다. 한 해 앞서 마오는 흐루쇼프와의 중소 분쟁을 본격화했다. 아마도 그때쯤이면 소련의 핵무기 관련 핵심기술을 다 빼냈다고 판단했던 듯하다. 실제로 중국은 1959년 여름부터 핵무기 개발을 본격화한다. 1959년 6월에 시작했다고 해서 중국 최초 핵무기의 코드명은 "596"이라고 한다. 중국의 핵무기 개발은 간단없이 지속되었다. 급기야 1964년 10월 16일에는 최초로 핵실험에 성공한다. 미국, 소련, 영국, 프랑스에 이어서 다섯 번째로 당당히 세계 핵클럽에 가입한 것이다. 그로부터 3년 후에는 수소폭탄을 보유하게 된다.

마오쩌둥은 모스크바에 가서 흐루쇼프에게 격찬의 미사여구를 선사한 바 있다. 그러나 소련의 군사기술이 필요 없어지자 스탈린에게 당했던 모욕을 흐루쇼프에게 되갚았다. 흐루쇼프를 향한 마오쩌둥의 일거수일투족에는 군사작전만큼이나 치밀한 계산이 깔려 있었다. 물론 스탈린에 대한 뼈에 사무친 복수심이 아니었다면 그의 후계자 흐루쇼프를 수영장으로 끌고 가지는 않았을지도 모른다.

제32장
책임지라, 빅브라더

꿈꾸는 빅브라더

빅브라더는 60대 중후반의 나이에도 여전히 역사의 비약을 확신했다. 그는 15년 안에 영국과 미국을 추월하자고 부르짖었다. 사회주의를 넘어 지상의 공산 유토피아를 만들자고 호소했다. 부강하고 정의로운, 풍요롭고 평등한 새로운 중국을 건설하자며 지친 인민을 다독였다. "수정주의자" 흐루쇼프의 소련을 대신해서 이제 중국이 사회주의 종주국으로 우뚝 솟아야 한다고 그는 믿었다. "더 많이, 더 빨리, 더 좋게, 더 아끼자"며 온 사회를 흔들고 쑤시고 뒤집었다. 농공업 분야의 대약진(大躍進)을 이루자며 노동자, 농민을 밤낮으로 불러냈다. 대약진의 꿈은 그러나 물거품이 되었다. 앞으로 큰 걸음을 내딛는 대신 뒤로 큰 걸음 물러서고 말았다. 역사적인 퇴보였고, 혁명적인 반동이었다. 대약진이 아니라 대역진(大逆進)이었다.

허베이, 허난, 안후이, 장쑤, 산둥 등지의 농민들은 새벽 6시부터 자정까지 끝도 없이 집단노동에 시달렸다. 상부의 지시를 받은 간부들은 일상적으로 농민들을 윽박지르고 때리고 욕하고 벌주었다. 농민들은 처음에는

대약진 운동의 정신을 압축한 삼면홍기의 구호. "총노선 만세! 대약진 만세! 인민공사 만세!"

열심히 일해서 더 많이 받아가려고 했지만, 배급량이 줄어들자 일손을 늦추었다. 감시를 피해 바닥에 주저앉고 벽에 기대어 쉬었다. 어디서건 틈만 나면 꾸벅꾸벅 졸았다. 생존을 위한 필사적 태업이었다. 살아남으려면 생체 에너지를 아껴야 했다. 그들은 식구들을 위해서 곡식을 빼돌렸고, 논밭에서 설익은 날곡식을 씹어 먹었다. 식량이 떨어지면 멀리 달아나거나 낯선 땅으로 일자리를 찾아나서기도 했다. 타지에서 일자리를 구하면 월급을 모아서 고향의 식구들에게 송금했다. 굶주리고 지치고 병든 농민들의 사보타주는 전체주의 정권에 항거하는 처절한 투쟁이었다.[1]

대약진 운동이 진행되는 동안 최대 4,500만 명의 인민들이 굶어 죽고, 맞아 죽고, 과로사했다. 산더미로 쌓이는 아사자의 유골 위에는 삼면(三

面)의 붉은 깃발만 나부꼈다. 이른바 삼면홍기(三面紅旗)란 1959년 제2차 5개년 계획 당시 채택된 3대 핵심전략으로, 총노선(발전전략), 대약진(궁극적인 목적), 인민공사(조직방법)를 의미했다. 쉽게 말해서 농공업 생산량의 급격한 증가를 위해서 모든 인민을 생산 현장에 투입하는 총동원의 비상전략이었다. 삼면홍기는 마오쩌둥의 고안이었다.

1956년 총리 저우언라이, 부주석 천원(陳雲, 1905-1995)과 국가발전 및 개혁위원회의 보이보는 마오쩌둥의 과격한 집산화 전략에 반대했다. 1958년 초반에 마오쩌둥은 이 세 사람의 패배주의와 보수 성향을 공격했다. 총리 저우언라이까지 마오쩌둥의 거센 비판에 휩싸이자 중공지도부에서는 아무도 마오쩌둥의 뜻을 거스를 수 없었다. 1960년 이후부터 신경제정책(1960-1966)을 꾸려나갈 류사오치와 덩샤오핑조차 대약진 운동을 적극적으로 지지했다. 중공중앙의 그 누구도 대기근의 발생에 대해서는 면책 특권을 누릴 수 없다. 그러나 대약진 운동을 총괄하고 기획한 지도자는 의심의 여지없이 마오쩌둥이었다. 2년이 지나지 않아 과도한 집산화와 무리한 총동원의 폐해가 드러나자 중공중앙에서는 마오쩌둥 책임론이 일어나기 시작했는데……. 과연 누가 고양이 목에 방울을 달 수 있을까?

대약진 운동의 네 단계

대약진 운동은 1957년 말부터 1962년 8월까지 마오쩌둥의 의지대로 진행되었다. 대약진 운동을 다음 네 단계로 나눠볼 수 있다.

제1단계 : 1957년 말부터 시작된 대약진 운동은 1958년 늦가을까지 과격하고도 급진적인 양상으로 전개된다. 이 시기에는 전국적인 집산화 및 인민

| 표 4 | 대약진 운동 시기 연도별 사망률

연도	사망률
1957	11.07
1958	12.50
1959	14.61
1960	28.58
1961	14.58
1962	10.32

(중국통계연감 1984)

총동원이 이루어진다.

제2단계 : 1958년 늦가을부터 1959년 7월까지 마오쩌둥은 대약진 운동 과정
　　에서 나타난 극단주의의 "좌의 오류"를 수정하면서 해결책을 강구하고 속
　　도 조절을 지시한다.

제3단계 : 1959년 7월 루산 회의에서 펑더화이를 제거한 후, 여세를 몰아서
　　다시금 반우파 투쟁을 전개한다. 우파를 색출해서 형벌을 가하면서 마오쩌
　　둥은 다시 집산화 및 인민총동원에 강력한 시동을 건다. 그 결과 최악의
　　기근이 발생한다.

제4단계 : 1960년 10월부터 중공지도부는 기근의 참상을 파악하고 적극적으
　　로 대응하기 시작한다. 1962년 8월까지 2년에 걸쳐 인민공사, 공동 식당,
　　뒷마당 용광로 등 대약진 운동의 극단적 조치들은 단계적으로 폐기된다.
　　1962년 8월, 마오쩌둥은 대약진 운동을 종료한다.

　제3단계에서 발생한 대기근은 마오쩌둥의 철권통치와 독단에서 비롯되
었다. 그의 책임을 밝히기 위해서 우선 위의 표에서 1960년 사망률에 주목

해보자. 1960년의 사망률은 1959년의 2배에 달하며, 기근이 꽤 줄어든 1962년에 비교하면 2.76배이다. 왜 1960년에 이토록 높은 사망률이 기록되었을까? 단도직입적으로 말해서 그것은 마오쩌둥의 선택이었다.

"좌의 오류"를 수정하고자 했으나

흔히 중앙정부가 농촌의 현실을 제대로 파악하지 못해서 대약진 운동이 실패했다고 말한다. 중앙정부는 생산량 증대를 요구했고, 지방의 간부들은 처벌받지 않기 위해서 조직적으로 생산량을 과장하고 왜곡해야만 했다. 그 결과 정부는 예상치대로 곡물을 조달해갔고, 현지의 농민들은 쫄쫄 굶었다. 그러나 과연 중앙정부가 그토록 현실에 어두웠을까? 통설과는 달리 1958년 가을부터 1959년 중엽까지 마오쩌둥은 지방의 실상을 전해주는 많은 보고서를 직접 받아보고 있었다.

예를 들면 1958년 9월 5일, 안후이 성 링비(靈壁)의 한 마을에서 익명의 편지가 마오쩌둥에게 전달되었다. 무려 500명이 이미 굶어 죽었고, 많은 사람들이 병들어 누워 있다는 고발의 편지였다. 편지에 의하면, 간부들은 단위 면적당 생산량을 과장하기 위해서 농민들에게 강제로 벼를 옮겨 심게 했고 그 과정에서 많은 사람들이 희생되었다. 10월 2일 마오쩌둥은 이 사건을 철저히 조사하고 적절한 조치를 취하라고 명한다.

1958년 11월 중순, 마오쩌둥은 또 허베이 성 한단(邯鄲)과 인접지역 21개 현의 71개 마을 농민들이 장티푸스, 위장염, 이질 등의 병에 감염되었다는 보고를 받았다. 두 달 후인 1959년 2월 2일에는 부종 환자가 5만 명이 넘는다는 보고를 받았으며, 1959년 4월 초에는 산둥 성, 장쑤 성, 허난 성, 허베이 성, 안후이 성에서 발생한 춘궁기 기근을 감지했다. 그는 당시 발생한 윈난 성의 대기근에 관한 소식을 전해듣고 있었다. 문제의 심각성을 인지한 마오쩌둥은 당 간부들에게 적절한 조치를 취하라고 명령했다. 1958년 가을부터 1959년 7월 전까지 마오쩌둥은 대약진 운동 당시 초래된 "좌의 오류"를 교정하기 위해서 노력을 아끼지 않았다. 그는 심지어 "보수적이어도 좋고 우파여도 좋으니" 제발 사태를 과장하거나 숨기지 말고 있는 그대로 보고하라며 독려하기도 했다.

1959년 2-3월, 마오쩌둥은 인민공사에서 발생하는 극단적인 "좌의 오류"를 비판했다. "1958년 9-12월 사이에 우리는 과도한 정책으로, 모험주의적으로 행동했다"며 반성했다. 그는 인민공사의 이윤 투자를 비판하면서 "어떻게 농민의 피땀 섞인 곡식을 무상으로 착복할 수 있는가?"라고 말하기도 했다. 심지어는 농민의 편에서 우파가 되는 것도 이해할 수 있다며 변호하기도 했다. 1959년 봄에는 농민의 저항을 정당화했으며, 나아가 하급 간부들에게 상부 지시를 따르지 말라는 말까지 했다. 마오쩌둥은 "상부의 지시는 신경 쓰지도 말고 현실에만 신경을 쓰라. 진실만을 보고하고 실제로 가능한 생산량만을 보고하라. 거짓말을 하지 말라!"라고 외쳤다.

요컨대 대약진 운동 제2단계에서 마오쩌둥은 운동 중에 드러난 급진적이고 과격한 경향을 경계하면서 신중하고 점진적인 개선책 마련에 고심했다. 그러나 1959년 7월 루산 회의 때부터 마오쩌둥은 돌변하기 시작했다. 그의 심리적 돌변은 1960년의 대기근을 낳은 결정적 계기를 제공했다.

빅브라더의 치명적인 자만

이상의 과정을 살펴보면, 늦어도 제2단계에서는 마오쩌둥 역시 대약진 운동의 폐해를 잘 알고 있었고, 또 문제를 해결하기 위해서 꽤나 적극적으로 나섰음을 알 수 있다. 물론 그는 대약진 운동 자체를 철회할 생각은 추호도 없었다. 그는 혁명에 희생이 따름을 직시했다. 다만 희생을 줄이기 위한 최소한의 노력만을 했을 뿐이다. 그런 노력도 오래가지 않았다. 1958년부터 대약진의 속도를 늦추었던 마오쩌둥은 1959년 여름 돌변한다.

돌변의 계기는 바로 1959년 7월 루산 회의였다. 이미 다루었던 바와 같이 마오쩌둥은 대약진의 문제점을 지적하는 국방부 장관 펑더화이와 그의 추종자들을 즉각 파면하고는 반혁명 세력의 낙인을 찍어 매장했다. 곧이어 마오쩌둥은 전국적으로 제2의 반우파 투쟁을 이어갔다. 그는 사회 곳곳에 펑더화이에게 동조하는 사람들이 꽤 많이 숨어 있다고 보았다. 그리고 우파적 경향을 제거하지 않고서는 사상 통일을 이룰 수 없고, 사상 통일 없이는 대약진 운동이 진행될 수 없다고 생각했다.

1957년의 제1차 반우파 투쟁에서는 50만 명이 숙청되었다. 1959년의 반우파 투쟁에서는 당원들 중에서만 365만 명, 평범한 인민들 중에서도 370만 명이 우파로 몰려서 문책당하고, 취조받고, 모욕당하고, 구타당하고, 구금되었다. 대약진 이후 정부의 재조사에서는 70퍼센트 이상이 누명으로 밝혀졌다. 마오쩌둥이 나서서 피해자의 복권을 지시했을 정도였다. 농민들은 강제노동에 내몰린 상태에서 계급투쟁까지 병행해야 했다.

1959년 8월부터 1960년 봄까지 중국 사회는 계급투쟁의 소용돌이에 휘말렸다. 마오쩌둥은 특히 당내 간부들을 경계했다. 중앙정부뿐만 아니라 성급(省級) 정부에서도 대대적인 우파 사냥이 일어났다. 바로 그 당시 안후이 성의 서기 장카이판(張凱帆, 1908-1991)이 표적이 되었다. 안후이 성 우웨이 현(无为縣)에서 아사자가 속출하자 장카이판은 기민하게 공동식당을 해체하고 진휼미를 방출하여 농민들을 구제했다. 장카이판의 구제책은 "우웨이 현 20일 대소동"으로 기록된 사건이었다. 굶어 죽는 농민들의 입장에서는 목숨을 살려주는 은택이었지만, 중앙정부는 그의 조치를 우파적 일탈이라고 규정했다. 정부의 시책에 맞서 공동 식당을 허물고 곳간의 식량을 마음대로 사용했다는 이유였다. 장카이판은 "프롤레타리아 독재에 훼방을 놓고, 공산당의 분열을 획책하고, 당내 분파를 조직한" 부르주아 끄나풀로 몰려서 파면되고 말았다.

중국 사회 전역에서 반우파 투쟁을 다시 일으킨 마오쩌둥은 강경노선으로 급선회했다. 그는 반우파 투쟁으로 다시 깨어난 인민들이 극적으로 농업 및 공업 분야의 생산성 향상에 기여하리라고 믿었다. 때문에 그는 농촌의 현실에 눈을 감았고, 농민들의 원성에 귀를 닫아버렸다. 분명 대약진 운동의 부작용을 충분히 숙지하고 있었음에도……. 지상 낙원을 건설하기 위해서는 희생이 불가피하다고 생각했다. 빅브라더의 독단이며 노욕이었다. 현실에 눈을 감은 몽상가의 독단이자 잔악무도한 혁명가의 파괴 본능이었다.

"대기근은 70퍼센트는 인재였다."

인류의 정치사를 돌아보면, 리더십이 크고 작은 인간 조직의 명운을 결정함을 알 수 있다. 유능한 지도자는 인민을 부강과 번영으로 이끌지만, 무능한 지도자는 결국 모두를 파멸로 몰고 간다. 많은 사람들이 아직도 대약진의 결과는 참혹했으나 대약진의 의도는 옳았다며 빅브라더의 좋은 동기를 칭송하고는 한다. 어리석은 발상이다. 아니, 인류의 지성을 모독하는 좌익 소아병적 사고가 아닐 수 없다.

어떤 상황에서건, 좋은 결과를 불러오면 좋은 정책이다. 나쁜 결과를 초래하면 나쁜 정책이다. 지도자가 치밀한 계산도, 신중한 점검도 없이 섣부른 정책을 강행하면 피해는 고스란히 인민의 몫으로 돌아온다. 성직 자라면 오로지 신념에 따라서, 양심의 명령에 따라서 행동해야겠지만, 권력자는 정책의 결과에 책임을 져야 하고, 오직 정책의 결과로만 평가받아야 한다. 현대 국가의 정치인은 철인 왕도, 도덕 군자도, 윤리 교사도, 종교적 구루(guru)가 될 필요도 없다. 오로지 최대다수의 최대행복을 위해서 정책을 설계하고 실행하는 전문적인 행정가여야 한다. 바로 그런 이유 때문에 인민은 지도자에게 권력을 위임한다. 권력은 개인의 영달이 아니라 공익 실현의 수단이다. 사회학자 막스 베버(Max Weber, 1864-1920)는 정치인은 무엇보다 "책임의 윤리"를 가져야 한다고 말한다. 권력자는 성직자처럼 정치적 동기를 말하기보다는 스스로 추진한 정책의 결과에 무한한 책임을 져야 한다는 주장이다.

빅브라더의 암시를 따라서 1959년 겨울부터 1960년 봄까지 중국 전역에서는 좌익 극단주의와 소아병적 모험주의가 기승을 부렸다. 과장하고 왜곡하는 부과풍이 만연하고, 상황의 고려 없이 획일적 규정을 강요하는 공산풍(共産風)이 몰아쳤다. 마오쩌둥은 식량 생산량의 급증을 약속하고, 대규모 토목산업을 요구하고, 더 강력한 집산화 및 집체 생활을 추진했다. 1959년 여름과 가을 전국적으로 더 강력한 식량조달 투쟁이 일어났다. 결과는 참혹하기 이를 데 없는 대기근이었다. 1960년의 대기근에 대해서 마오쩌둥은 문책당해야 마땅하다. 오기에 사로잡혀서 섣불리 극한의 정책을 밀어붙인 것이 바로 마오쩌둥이었다. 그러나 누가 감히 빅브라더를 문책할 수 있을까?

이미 수천만의 인명이 희생당한 후에야 중공지도부는 처절한 반성의 시간이 필요함을 절감했다. 1962년 1월 11일부터 2월 7일까지 거의 한 달에 걸쳐 베이징에서는 이른바 "7천인 대회"가 개최되었다. 중앙정부, 성급 정

1962년 1월 "7천인 대회"에서. 앞쪽을 바라보는 사람들을 기준으로 왼쪽부터 저우언라이, 류사오치, 마오쩌둥, 덩샤오핑이다.

부의 요원들은 물론, 지방의 간부들까지 전국적으로 모두 7,000명이 함께 모여 중화인민공화국 12년간의 경제정책에 대해서 총괄적인 평가 및 반성의 기회를 가지자는 취지였다. 대약진 운동에 대한 평가가 물론 핵심의제였다. 바로 이 "7천인 대회"에서 류사오치는 3년간의 대기근의 원인을 분석하면서 작심하고 발언한다.

　삼분천재, 칠분인화(三分天災, 七分人禍)

　대기근의 "30퍼센트는 자연재해, 70퍼센트는 인재"라는 의미이다. 그는 이제야 입속에 맴돌던 말을 마오쩌둥의 면전에서 내뱉고야 말았다. 중국 현대사에 길이 남을 용감한 발언이었다. 류사오치는 빅브라더를 문책하면서 신(新)경제의 발판을 마련했다. 이후 류사오치는 덩샤오핑과 손을 잡고서 마오쩌둥이 망쳐놓은 경제를 복구하기 시작하는데…….

제33장
영도자의 어쭙잖은 변명

"사진 한 장 없다!"

스탈린의 대숙청이 시작되기 3-4년 전이었다. 우크라이나와 남러시아에서는 700만 명에서 1,000만 명에 달하는 농민들이 아사했다. 소련공산당의 강제이주와 과도한 집산화 정책이 빚은 참상이었다. 그러나 홀로도모르(holodomor)라고 명명된 우크라이나 대기근의 참상은 소련이 해체되기 1년 전인 1990년에야 세상에 알려졌다. 그때가 되어서야 우크라이나 기근의 참상을 고발하는 350장의 생생한 현장 사진들이 사진첩으로 묶여 대중에 공개되었기 때문이다. 2006년 이후 홀로도모르는 우크라이나를 포함한 15개국에서 소련공산당의 제노사이드(genocide, 종족 학살)로 규정되고 있다. 단지 사회주의 정책의 실패가 아니라 스탈린이 기획하고 실행에 옮긴 의도적 학살이라는 의미이다.

만약 그 사진들이 없었다면, 홀로도모르의 참상은 잊혔을까? 아마도 생존자의 증언을 통해서 옛날이야기로 구전되거나 근거가 희박한 신화나 소설의 소재가 되었으리라. 기록이 소멸된 대부분의 과거사가 그러하듯이

1921-1923년 우크라이나 기근 당시 굶주린 아이들의 모습. 당시 우크라이나 적십자에서 서구의 자선 단체에 보낸 사진. (Roman Serbyn, "Photographic Evidence of the Ukrainian Famine of 1921-1923 and 1932-1933", Holodomor Studies Vol.2,1 [2010], 71.)

말이다. 사진기의 발명은 기록의 역사에서 문자의 발명을 넘어서는 획기적인 사건이었다. 과거의 사진 앞에서는 누구도 쉽게 거짓말을 할 수가 없다. 영어 속담에 "그림은 1,000개의 단어를 그린다"라는 말이 있다. 사진은 아마도 최소한 1만 개의 단어를 찍고도 남음이 있을 것이다.

중국의 대기근은 우크라이나 홀로도모르의 최소 4-5배에 달하는 규모였다. 그럼에도 대기근 당시 아사자의 사진은 좀처럼 볼 수 없다. 그 이유는 무엇일까? 홍콩 대학의 디쾨터 교수는 2005-2009년 꼬박 4년이 넘도록 중국 전역의 당안관을 뒤지고, 또 뒤졌다.

대기근 당시 지방정부의 간부들이 작성한 공문서 더미에는 극한상황에서 저질러진 범죄들이 빼곡히 기록되어 있다. 디쾨터 교수는 후난 성의 한 농촌에서 간부의 강압에 의해서 소량의 식량을 훔친 어린 아들을 직접 생매장한 이후 그 충격으로 곧 따라 죽은 아버지에 관한 기록도 발견했다. 또 1960년 2월 25일 간쑤 성에서는 굶주린 형이 동생을 죽이고 잡아먹은 사건의 기록도 발견했다. 모두가 당시 지방정부의 간부가 남긴 문건들이었다. 놀랍게도 그 기록의 숲에서 디쾨터 교수는 대기근의 참상을 보여주는 사진은 단 한 장도 발견할 수 없었다.

중국의 역사학자들은 사진기가 없었기 때문이라고 대충 얼버무렸지만, 당안관의 자료들에는 당시의 사진들이 대거 포함되어 있다. 예를 들면 1950-1960년대의 수사 기록을 보면 범인의 얼굴, 변사체, 범죄 증거물, 범죄 현장을 담은 사진들이 다수 발견된다. 대기근이 발생한 1958-1962년의 사진들도 실은 매우 많은데, 그 사진들은 대부분 상부에 보고하기 위해서 의도적으로 연출된 장면들이다. 경운기를 몰며 행복에 겨워서 환히 웃는 농민의 주름진 얼굴, 황금 물결 앞에서 즐겁게 뛰어노는 농촌 아이들의 모습, 밀짚모자를 쓰고 농촌을 시찰하는 마오쩌둥, 1961년 후난 성 기근 현장을 시찰하는 류사오치의 모습까지…….

4년 동안 대기근 자료를 수집하며 중국 전역을 떠돌던 디쾨터 교수는 2009년에야 단 한 번 현장의 사진을 볼 수 있었다. 10년 넘게 대기근을 연구해온 한 중국학자가 후난 성 당 위원회에 보관된 공안의 수사 기록에서 발견한 사진이었다. 벽을 등지고 서서 무표정한 얼굴로 카메라를 바라보는 한 청년이었다. 그의 발 앞에 놓인 솥에는 동강난 어린아이의 시체가 담겨 있었다.[1)]

디쾨터 교수의 연구에 따르면 대기근 당시 중국 전역에서는 최소 4,500만 명이 아사했다. 놀랍게도 4,500만 아사자의 참상을 담은 사진은 거의 발견되지 않고 있다. 1960년대 후반 지방정부를 점령했던 홍위병들이 대기근 관련 사진들을 찾아내서 선택적으로 인멸했을 수도 있다. 아니면 중

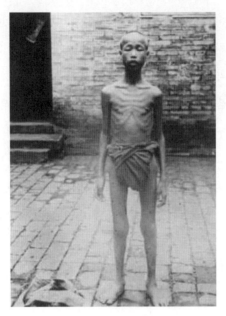
대약진 당시 굶주린 한 소년의 모습.

공정부기관 어딘가에 은밀히 숨겨져 있을 가능성도 있다. 우크라이나의 홀로도모르의 기록사진들은 스탈린 사후 거의 40년이 지나서야 빛을 보았다. 중국에서 대기근 현장이 공개되려면 대체 얼마나 더 기다려야 할까?

스탈린의 어쭙잖은 변명

어쭙잖은 변명. 영어로는 흔히 "a lame excuse"라고 한다. 누군가가 씻을 수 없는 큰 잘못을 저지른 후에 변명을 늘어놓는데 그 모습이 꼭 '절뚝거리며(lame)' 다리를 저는 모양새와 닮았다는 비유이다. 세상의 그 어떤 범죄자의 변명보다도 더 어쭙잖은 변명이 바로 공산권의 "위대한 영도자" 스탈린의 작품이었다. 대숙청과 대기근으로 2,000만 명이 넘는 무고한 인민을 희생시킨 스탈린의 변명은 어쭙잖을뿐더러 기괴하기까지 하다.

1938년 10월, 대숙청이 공식적으로 막을 내리기 한 달 전이었다. 스탈린은 정치국 특별회의를 소집해서 『볼셰비키 당사, 속성 강좌』라는 제목의 짧은 역사책의 편찬을 논의한다. 소련공산당 중앙위원회의 명의로 출판되었으나 실제로는 스탈린이 직접 개입해서 만든 스탈린의 작품이었다. 이 책자의 러시아어 초판 인쇄부수는 1,200만 부에 달했다. 1938년부터 1953년 사이에 67개 국어로 번역되었고, 모두 301쇄에 걸쳐 4,200만 부가 배포되었다. 이 책자는 스탈린 격하 운동이 일어나던 1956년까지 소련 마르크스주의의 경전이 되었다. 1950년대 중국에서도 사회주의 혁명의 교과서가 되었다. 뜬금없어 보이지만, 1980년대 대한민국의 운동권 역시『볼셰비키 당사, 속성 강좌』(이하『속성 강좌』)의 일본어 판본을 중역하여 스탈린식 사회주의 이론을 학습하기도 했었다.

대숙청의 칼날을 휘둘러 볼셰비키 당내의 신구 교체를 이룬 후, 스탈린은 아마도 모종의 심각한 내면적 갈등을 겪었던 듯하다. 도스토옙스키(Fyodor Dostoevskii, 1821-1881)의 심리 탐구에 의하면 아무리 극악무도한 범죄자라고 해도 범행 후에는 내면적 갈등을 겪게 된다. 수전노 노파와 노파의 의붓 여동생을 도끼로 쳐서 죽인『죄와 벌(Prestupleniye I naka-zaniye)』(1866)의 주인공 라스콜니코프는 창녀 소냐를 찾아가서 죄를 고백한 후, 소냐의 당부에 따라서 도심의 대로에서 스스로 더럽힌 대지(大地)에 입을 맞추고는 곧 자수한다. 스탈린은 대숙청 기간 동안 많게는 1,200만 명을 조직적으로 학살하고 1,000만 명을 기근으로 내몰아 죽인 희대의 사이코패스였다. 물론 최고의 권력자였던 스탈린은 라스콜니코프처럼 죄를 고백할 필요가 없었다. 그는 반성하고 사죄하는 대신 역사를 새로 써서 스스로의 정치범죄를 합리화하려고 했다.

바로 그런 이유 때문에『속성 강좌』는 볼셰비키 혁명 이래 소련의 사회주의 혁명을 미화하는 수많은 사례들을 줄줄이 나열하고 있으며, 스탈린의 "위대한 영도력"을 노골적으로 칭송하고 있다. '객관적' 수치와 그럴싸한 디테일로 소련의 사회주의 건설과정을 미화하고 윤색했지만, 사실 왜곡과 통계 조작으로 가득 차 있다. 1956년 흐루쇼프는 스탈린 격하 운동을 개시하면서 바로『속성 강좌』를 전면 부인했다. 그는 1962년에『속성 강좌』를 수정해서 새로운 소련공산당의 역사를 편찬했다. 결국『속성 강좌』는 소련공산당에 의해서 파기된 스탈린주의 교과서인 셈이다.

문제는 소련에서 1956년 이후 폐기된『속성 강좌』가 중국에서는 1960년 초반에도 여전히 큰 힘을 발휘했다는 사실이다. 1950년대에 마오쩌둥은 급속한 사회주의 건설을 위해서 소련의 지도자들과 직접 만나 자문을 구하고, 또 소련의 혁명 이론서들을 탐독했다. 스탈린이 마오쩌둥에게 지대한 영향을 미쳤음은 널리 알려진 바이다. 마오쩌둥은『속성 강좌』에 제시된 소련식 발전 모델을 따라서 스탈린 집산화의 방식으로 중국의 사회주의 혁명을 완수하려고 했다. 대기근이 전국을 휩쓸면서 대약진 운동의 실패가 분명해졌을 때, 마오쩌둥을 비롯한 중공의 지도자들은 다시『속성 강좌』에 제시된 스탈린의 변명을 꺼내들었다.

스탈린은 대숙청에 대해서는 좌우 극단주의를 막기 위한 불가피한 혁명 투쟁이었다고 합리화했고, 정책실패에 대해서는 과도한 열망과 경험 부족 때문이라며 둘러댔다. 인류사 최초로 위대한 사회주의 혁명을 이루기 위해서 그 정도의 오류는 불가피했다는 항변이었다. 중국공산당은 바로 그 논리를 차용해서 대약진 운동의 오류를 적당히 합리화했다. 대약진 운동의 기본 방향은 옳았으나 그 과정에서 적지 않은 잘못도 저질러졌다는 중공지도부의 어쭙잖은 변명이었다.

중공지도부의 자아비판

대약진 3년간 중국 전역은 생지옥이 되어버렸다. 중앙정부는 어떻게든 6억 인구를 먹여 살려야 했지만, 정부가 개입할수록 기근의 피해는 확대될 뿐이었다. 지방뿐만 아니라 베이징, 톈진, 상하이에서도 "급고(急告)"가 잇따랐다. 급고란 문자 그대로 긴급한 상황을 알리는 구원요청의 호소문이다. 총리 저우언라이와 부총리 리셴녠의 집무실 책상에는 민원과 투서가 쌓여갔다.

더는 상황을 방치할 수 없었던 중공지도부는 1960년 12월부터 출구전략을 모색하기 시작하여 1961년 1월에는 본격적인 논의를 전개했다. 그들은 1961년 3월 14일 광둥 성 광저우에서 열흘간 머리를 맞대고 해결책을 모색했다. 농업, 상업, 산업, 곡물 수입, 인구 재배치까지 심도 있게 논의했으나 난마처럼 얽힌 총체적 난국이었다. 중공지도부는 해결책을 찾기전에 우선 현장의 실태조사의 필요성에 동의하고 회의를 파해야 했다.

국가주석 류사오치가 나설 수밖에 없었다. 류사오치는 1961년 4월 2일 고향 후난 성으로 내려가 닝샹(寧鄕), 샹탄(湘潭), 창사 등지를 돌며 농촌 현실을 시찰했다. 영도자의 의례적인 순방이 아니라 44일에 걸친 심층조사였다. 기근으로 폐허가 된 농촌의 한 현장에서 류사오치는 대약진 운동이 최악의 실패로 치닫고 있음을 확인할 수 있었다. 그는 누구보다 앞장서서 마오쩌둥의 대약진 운동을 지지했던 인물이었다. 류사오치가 대약진 운동을 부정하려면 스스로의 정치적 과오를 인정해야만 했다. 그러나 직접 고향 땅에서 참혹한 농촌의 현실을 두 눈으로 확인한 류사오치는 더는 고집을 부릴 수 없었다. 그는 베이징으로 돌아가서 본격적인 대약진의 출구전략을 마련하기 시작했다.

1961년 12월 둘째 주에 보고된 정부 보고서에 의하면, 당시의 경제상황은 암울했다. 농업 부문의 지원책은 약간의 성과를 보였지만, 식량 문제는 여전히 해결되지 않은 채였다. 농업 생산량은 회복세를 보였지만, 산업 부문의 노동력은 줄고 있었다. 그해 역시 대기근의 영향으로 6개 성의 인구가 급감했다. 쓰촨 성의 경우 17.61퍼밀의 감소를 보였다. 대기근이 농민들을 죽음으로 내몰고 있는데, 전국적으로 산업 생산량도 목표량보다 40퍼센트 이상 감소하는 경제적 참사가 이어졌다.

극심한 경제난이 이어지는 와중에 한동안 잠잠했던 중소 분쟁이 다시 시작되었다. 1961년 10월 17-31일 저우언라이는 대표단을 이끌고 모스크바에서 개최된 제22차 소련공산당 전국대표회의에 참가한다. 그해 4월 17일 미국 중앙정보국(CIA)은 쿠바 망명자 1,500명으로 '2506 공격여단'을 창설해서 쿠바를 침공했으나 케네디 행정부가 국제 여론을 인식하여 공군 지원을 중단했다. 사흘 만에 카스트로(Fidel Castro, 1926-2016)가 이끄는 쿠바 군의 반격으로 피그만 침공은 실패로 막을 내렸다. 쿠바에서 미국의 영향력을 봉쇄한 후 잔뜩 들떠 있던 흐루쇼프는 이제 본격적으로 중국에 대한 견제를 시작했다. 흐루쇼프는 회의에 참석한 저우언라이에게 "더는 마오쩌둥을 인내할 수 없다"며 중국을 압박했고, 모욕을 느낀 저우언라이는 일정을 앞당겨 베이징으로 돌아갔다. 그 소식을 듣고 격분한 마오쩌둥은 몸소 공항에 나가서 귀국하는 저우언라이를 맞이했다. 흐루쇼프의 반격으로 마오쩌둥은 내우외환의 위기에 직면하게 되었다.

마오쩌둥은 스스로 고안했던 인민공사, 뒷마당 용광로 등 대약진 운동이 실패로 끝나고 있음을 자인하지 않을 수 없었다. 새로운 발전전략 없이는 범국가적 파산을 극복할 길이 보이지 않았다. 바로 그런 상황에서 마오쩌둥은 대규모의 토론회를 기획한다. 중앙정부의 고위 관료들뿐만 아니라

궁벽한 농촌의 풀뿌리 간부들까지 불러모아서 그들의 실제 체험담에 귀를 기울이겠다는 명분이었다.

1962년 1월 11일부터 2월 7일까지 28일에 걸쳐 베이징에서는 확대 중앙 공작회의가 개최되었다. 앞에서 언급한 이른바 "7천인 대회"였다. 이 대회에 참석한 "7천인"의 대부분은 대기근의 고통을 직접 겪은 농민들이 아니라 그런 농민들을 대약진의 광풍 속에 몰아넣었던 정부 맨 밑바닥의 하급 간부들이었다.

어쩌면 마오쩌둥의 의도는 바로 그런 지방의 하급 간부들에게 발언권을 부여해서 대약진 운동의 후퇴를 막으려는 것이었는지도 모른다. 실제로 7천인 대회는 대약진, 인민공사, 총동원이라는 이른바 삼면홍기의 정당성을 인정하면서 시작되었다. 그러나 이 대회는 결코 대약진을 수호하려는 마오쩌둥의 의도대로 흘러가지 않았다. 무엇보다 당면한 경제위기를 극복하는 구체적인 해결책의 모색이 급선무였기 때문이다.

이 회의에서 류사오치는 지난 12년간의 중공정부의 사회주의 혁명과정을 총결산하는 중요한 기조연설을 한다. 류사오치의 연설문을 보면, 마오쩌둥과의 정면충돌을 피하면서 리푸춘과 보이보 등 국가경제의 계획을 담당했던 중공중앙 정치국의 위원들에게 정책실패의 책임을 추궁한다. 그는 분명하게 인민공사, 대약진, 총동원 등 마오쩌둥의 삼면홍기가 정당한 사회주의 발전전략이었음을 재확인한다.

결국 대약진 운동의 원칙은 옳았지만, 구체적인 실행과정에서 간부들의 과도한 열정과 경험 부족 때문에 많은 착오가 있었음을 인정하는 어쭙잖은 변명이었다. 1938년 스탈린이 『속성 강좌』에서 제시했던 그 논리 그대로였다. 1978년 12월 중국공산당의 최고영도자 지위에 오른 덩샤오핑 역시 1980년의 연설에서 같은 논리로 대약진 운동의 과오를 덮었다. 그는 대약진의 고조기에 마오쩌둥, 류사오치, 저우언라이 모두 "머리에서 뜨겁게 열이 났기(頭腦發熱)" 때문에 실행과정에서 오류가 발생했다고 어쭙잖은 변명을 한다.

1981년 6월 27일 제11기 중앙위원회 제6차 전체회의에서 중공중앙이 채택한 "중국공산당 주요 역사 문제 해결안"에서도 "중앙정부와 하급 관료군이 승리를 눈앞에 두고 교만과 자만에 빠졌다"고 당시 정책실패의 원인을 분석한다. 스탈린도 『속성 강좌』에서 1929년 농업 집산화 과정에서 발생한 오류를 소련의 하급 간부들이 보인 과도한 정열 탓이라고 설명한 바 있다. 『속성 강좌』의 중국어 번역본에는 큰 "성취 때문에 머리에서 뜨겁게 열이 났다(成就而頭腦發熱)"는 동일한 표현이 등장한다.

물론 류사오치의 어쭙잖은 변명은 마오쩌둥의 체면을 세워주면서 동시에 출구전략을 모색했던 국가주석 류사오치의 노회한 전술이었다. 중국공산당 총서기 마오쩌둥은 중앙정부의 명의로 대약진 운동의 실패에 대한 책임을 공식적으로 인정했다. 이후 수천 명의 하급 간부들이 법적으로 처벌받았다. 대기근의 책임은 그렇게 편의적인 출구 찾기로 대충 엉성하게 마무리되었다. 지금까지도 중공정부는 대기근의 책임에 대해서는 조사도, 반성도, 참회도 없다. 과거사의 오류에 대해서 중공정부는 대충 덮어두고 넘어가자는 역사적 편의주의를 발휘한다. 언로가 막혀 있는 공산당 일당 독재체제이기 때문에 가능한 일이다.

7천인 대회 이후 대약진의 출구를 찾은 류사오치와 덩샤오핑은 투톱 체제의 새로운 리더십을 형성하고 본격적으로 신경제라고 불리는 경제 살리기 개혁을 추진했다. 1962년 7월 7일 덩샤오핑은 중공청년단 전체대회에서 코뮌 방식의 집산화에 역행하는 "호구별 책임제(包干到戶)"의 도입을 주장하면서 쓰촨 성 농민들의 속담을 소개한다.

"누런 고양이든 검은 고양이든 쥐만 잘 잡으면 된다."

이후 누런 고양이가 흰 고양이로 와전되어 이른바 덩샤오핑의 저 유명한 "흑묘백묘론"이 되었다.

제34장

흑묘와 백묘의 변증법

혁명이냐, 생존이냐?

대약진 운동의 처참한 실패 이후 중공지도부는 두 패로 갈렸다. 마오쩌둥
이 주자파라고 비판했던 개혁 세력은 대기근의 참사를 수습하고 파탄 지
경에 이른 경제를 회복하려는 실용주의자들이었다. 반면 마오쩌둥이 이끄
는 강경 세력은 자력갱생의 구호 아래 핵무장을 추진하는 한편 계급혁명
의 깃발을 내걸고 이념투쟁을 이어가고 있었다. 1961-1965년 사이 류사오
치와 덩샤오핑에 의한 경제개혁이 한참 진행될 때, 실제로 이 두 세력은
첨예한 정치투쟁을 벌이고 있었다.

　1962년 여름 덩샤오핑은 "누런 고양이든 검은 고양이든 쥐만 잘 잡으면
된다"라는 쓰촨 성의 속담에 빗대서 실용주의 개혁노선을 옹호했다. 사회
주의든, 자본주의든 인민이 배불리 먹을 수 있으면 된다는 의미인데…….
마오쩌둥은 흐루쇼프의 스탈린 격하 운동을 줄곧 수정주의라며 비판하고
있었다. 덩샤오핑의 발언은 마오쩌둥의 심기를 건드리는 위험한 정치 스
턴트(stunt)가 아닐 수 없었다. 그해 9월 마오쩌둥은 덩샤오핑의 노선을 비

판하면서 계급혁명이 경제회복의 기본 전략이 되어야 한다고 역설했으나, 류사오치와 덩샤오핑의 경제개혁은 즉각적인 효과를 발휘했다. 덕분에 중국의 경제가 활력을 띠자 마오쩌둥은 더욱 초조해졌다. 그는 "사회주의 교육 운동"이라는 범사회적 캠페인을 이끌면서 이념 교육을 강화했다.

이 두 세력의 충돌은 예견된 일이었다. 피치 못할 실용노선과 원칙주의의 갈등이었다. 행정가(administrator)와 공론가(ideologue)의 투쟁이었다. 나라 살림을 관리하고 조직하는 집사(執事)와 당위와 이념을 선점하는 투사(鬪士)의 처절한 싸움이기도 했다. 덩샤오핑의 비유를 원용하자면, 흑묘 대신 나타난 백묘가 쥐를 잡기 시작했다. 백묘가 쥐를 잘 잡기 시작하자 시기심을 느낀 흑묘는 그릇된 방법을 써서 쥐를 잡는다며 백묘를 공격하기 시작한 꼴이었다. 결국 이 두 집단 사이의 투쟁은 문화혁명(1966-1976)이라는 전대미문의 정치 드라마를 불러왔다.

류사오치와 덩샤오핑의 경제개혁(1961-1965)

1962년 1-2월 "7천인 대회"에서 류사오치는 대약진의 참사는 70퍼센트가 인재라는 유명한 말을 남겼다. 수천만의 인명을 앗아간 대기근이 중국공산당의 정책실패임을 인정한 셈이었다. 1959년 이래 류사오치는 중화인민공화국의 국가주석을 맡고 있었다. 류사오치는 마오쩌둥이 대약진 운동을 전개할 때에 가장 열렬히 지지했던 중심인물 중 한 명이었다. 위원회 주석 마오쩌둥과 국가주석 류사오치는 대약진 운동의 추진에 의기투합했다. 덕분에 대약진 운동은 파죽지세로 급속하게 진행되었고, 대기근의 참사로 귀결되었다. 바로 그런 류사오치가 대기근이 국가정책의 실패였다고 공식적으로 시인한 셈이었다.

1963년 베이징 공항. 당당하게 걸어가는 국가주석 류사오치와 중앙총서기 덩샤오핑의 뒤에 저우언라이 총리가 따라가고 있다. 당시 류사오치와 덩샤오핑의 위세를 보여주는 사진.

물론 류사오치의 칼끝은 최고영도자 마오쩌둥의 심장을 겨누고 있었으나……. 마오쩌둥을 향한 직설적인 비판은 중공지도부의 정당성 자체를 파괴한다는 사실을 류사오치는 잘 알고 있었다. 그는 완곡하게 에둘러 중공지도부의 실책을 비판했을 뿐이다. 이에 1962년 1월 30일 마오쩌둥 역시 "7천인 대회"에서 지극히 감상적인 어조로 대약진 운동에 대한 자신의 책임을 인정했다.

동지 여러분, 우리는 혁명을 하고 있소. 진정 착오를 범했다면, 이런 착오는 당의 사업에 불리하며, 인민의 사업에도 불리할 수밖에 없소. 마땅히 인민 군중과 동지들의 의견을 구하고, 또 스스로 검토했어야만 했소. 작년 6월

12일, 중앙 베이징 공작회의의 마지막 날, 나는 스스로의 결점과 착오를 말한 바 있소.

나의 말을 동지 여러분들이 각 성, 각 지방에 전달해주시오! 수많은 지방에 나의 말이 채 전달이 되지 않아서 마치 나의 착오가 은폐될 수 있고, 또 마땅히 은폐되어야만 한다는 듯 비쳐지고 있소. 동지 여러분, 숨길 수는 없소! 당 중앙이 범한 모든 오류는 직접적으로 나에게 책임이 귀속됩니다! 간접적으로도 내 몫의 책임이 있소. 바로 본인이 중앙 주석이기 때문이오. 나는 다른 사람들이 책임을 회피하기를 원하지 않소. 다른 동지들도 책임져야 하지만, 가장 먼저 책임져야 할 사람은 바로 나요! 우리들이 지난 몇 년간 벌였던 공작(工作) 중의 일체의 결함과 착오의 제1의 책임은 중공중앙에 있고, 중공중앙 중에서 우선적으로 나에게 있소!1)

마오쩌둥은 이렇듯 대기근에 대한 스스로의 책임을 시인했으나 당내 그 누구도 마오쩌둥을 직접 공격할 수는 없었다. 마오쩌둥은 일단 국가 행정의 실무를 류사오치와 덩샤오핑에게 떠넘긴 채 통치의 제2선으로 물러났을 뿐이다. 흡사 대형 사고를 치고 뒷수습을 맡긴 암흑가의 두목을 연상시키는 모습이었다. 마오쩌둥이 제2선으로 물러났다고 해서 그의 권위가 실추되지는 않았다. 대기근으로 파탄이 나버린 경제를 회복하고 민생을 추스르기 위해서는 특단의 조치가 필요함을 그 누구도 부정할 수 없었다. 류사오치와 덩샤오핑에게 경제회복의 책임을 지우고 마오쩌둥은 이념 전선으로 물러난 셈이다. 국가경영의 실권을 양도하고 물러나는 제스처를 보였지만, 실제로 마오쩌둥은 중국공산당 최고영도자로서의 절대 권력을 한시도 내려놓지 않았다. 한평생 그는 중공중앙 주석의 직책을 놓지 않았으며, 제1대 최고영도자의 지위를 누렸다.

본래 마오쩌둥의 추종자로서 정치 경력을 쌓아올린 류사오치와 덩샤오핑은 마오쩌둥의 심기를 건드리지 않기 위해서 부단히 애를 썼다. 마오쩌둥의 정책을 뒤엎거나 거부하는 모양새는 연출하지 않으려고 했다. 또한 이들은 대약진에 대해서 공개적인 비판을 하지 않았다. 자신들이 행정의 실무를 맡아서 경제개혁을 추진하지만 마오쩌둥은 여전히 중화인민공화국의 국부(國父)이자 최고영도자였다. 물론 어느 조직에서나 행정의 실무를 맡는 자가 실권을 쥐게 마련이다. 두 사람의 개혁이 성과를 발휘할수록 마오쩌둥의 권위는 도전을 받았다. 무엇보다 류사오치와 덩샤오핑의 개혁안들은 대약진 운동 기간 동안 마오쩌둥이 추진했던 거의 모든 정책을 부정하는 조치들이었다.

두 사람은 농촌 경제를 회복시키기 위해서 식량 분배를 개선하고, 집산화를 완화하고, 현실에 맞게 산업화의 속도를 늦추었다. 식량 부족을 해소하기 위해서 곡물 수입량을 대폭 늘렸다. 수입된 곡식은 재빨리 굶주린 인민들에게 배급되었다. 국유화된 토지의 12퍼센트 정도를 농민들에게 되돌려주었다. 농민들은 이제 집근처 작은 땅뙈기에 텃밭을 일구어 농작물을 생산할 수 있었고, 그 농작물을 장마당에서 사고팔 수 있게 되었다. 마오쩌둥의 집산화 원칙을 거슬러 농촌의 사적소유제를 제한적으로 허용한 셈이었다.

게다가 류사오치와 덩샤오핑은 마오쩌둥이 직접 명령을 내려 조직했던 비대한 규모의 인민공사를 파격적으로 재편했다. 1959년 현재 중국 전역에는 2만6,500개 이상의 인민공사가 조직되어 있었는데, 1963년에는 7만4,000개로 늘어났다. 각 인민공사의 규모가 3분의 1 수준으로 축소된 셈이었다. 인민공사의 규모가 축소되자 농촌의 자율권은 그만큼 확대되었다.

농업 생산량과 식량 분배에 큰 개선이 있었다. 농업 생산량을 보면,

"미 제국주의"를 규탄하고 전 세계 인민의 단결투쟁을 독려하는 중국의 포스터
(1965). (chineseposters.net)

1961년 1억9,300만 톤이었으나 1965년에는 2억4,000만 톤으로 늘어났다. 곡물 수입량도 1962년 370만 톤에서 1963년 420만 톤으로 늘어났다. 곡물 생산량은 늘리고 정부의 공출량은 점차 줄이자 농촌의 생활수준이 개선되기 시작했다. 도시의 과밀현상을 해소하기 위해서 도시 거주민들을 농촌으로 돌려보내는 조치도 취해졌다. 1960년대 초반에 도시 거주민 2,300만 중에서 300만 정도의 인구를 귀농시켰다.

정치적 자유화의 움직임도 이어졌다. 반우파 투쟁 당시 숙청되고 추방되었던 우파 인사들을 복권시켰다. 문학, 예술, 영화 분야에서도 해빙 무드가 있었다. 다양한 주제가 다루어졌고, 혁명 이전의 예술 양식도 부활했다. 산업 분야에서도 경영자의 주도권이 커졌고, 노동자에게는 성과금 지원 등의 경제적 인센티브가 주어졌다. 회복세를 이어가던 중국 경제는 서서히 성장하기 시작했는데……

흑묘의 반격

마오쩌둥은 행정 실무를 류사오치와 덩샤오핑에게 맡긴 후 일단 통치의
제2선으로 물러났다. 실무에서 손을 놓았다고 해서 마오쩌둥이 권력을 잃
었다고 보면 큰 오산이다. 류사오치와 덩샤오핑에게 일단 실무적인 국가
의 경영권을 넘겨주었지만, 마오쩌둥은 권력에의 집념을 한시도 놓은 적
이 없었다. 그는 공산당의 주석으로서 이념투쟁의 선봉에 서 있었다. 국가
행정의 실권을 잠시 놓게 된 마오쩌둥은 다시금 계급혁명과 사상투쟁의
불씨를 당기고자 노력했다.

1959년 이래 중소 분쟁이 격화되면서 중국은 독자적으로 핵개발에 박차
를 가했다. 1960년 소련은 중국 내에 체류하던 과학기술자들에게 귀환 명
령을 내리고, 1963년에는 미국 및 영국과 핵실험 금지조약을 체결했다.
마오쩌둥은 소련이 서구의 반중 음모에 가세했다며 격분했다. 그는 반외
세를 부르짖으며 자력갱생의 구호 아래 핵실험을 앞당기고, 제31장에서
본 바와 같이 1964년 10월 16일 코드네임 596의 제1차 핵실험에 성공한다.
중국은 최초로 1945년 미국이 나가사키에 투하했던 원자폭탄에 필적하는
핵무기를 가지게 되었다. 중국이 세계 핵클럽에 가입한 순간이었다.

류사오치와 덩샤오핑이 경제회복과 민생 안정에 여념이 없을 때, 마오
쩌둥이 계급투쟁을 외치며 핵개발에 몰두했음에 유의해야 한다. 특히나
소련이 미국 및 영국과 핵실험 금지조약을 체결한 바로 이듬해 마오쩌둥
이 극적으로 핵실험에 성공했음에 주목할 필요가 있다. 중국으로서는 아
편전쟁 이래 100년의 국치를 설욕하는 극적인 순간이었다. 핵무기의 보유
는 곧 마오쩌둥식 선군정치의 승리이자 자력갱생의 선언이자 자강의 완성
이었다.

핵실험과 병행해서 마오쩌둥은 초지일관 계급투쟁과 사상투쟁의 깃발을 들고 앞으로 나아갔다. 1963년 그는 흔히 사청 운동(四淸運動)이라고 불리는 "사회주의 교육 운동"을 개시했다. 처음에는 노동점수(임금), 회계, 재화 및 곡물 창고와 관련된 구체적인 문제점의 해결을 표방했는데, 이후에는 그보다 정치, 경제, 조직, 사상 등 사대(四大) 분야의 모든 적폐를 청산한다는 범사회적 캠페인으로 발전했다. 마오쩌둥은 "절대로 계급투쟁은 잊지 말자!"는 구호를 외치며, 수정주의의 암약을 차단하고 예방하자며 사회주의 교육 운동에 박차를 가했다. 류사오치와 덩샤오핑을 몰아내기 위한 정치투쟁의 포석이었다.

마오쩌둥의 주변에는 몇 명의 전투적인 인물들이 포진해 있었다. 1950년대 초반 마오쩌둥 사상의 성역화에 앞장선 중국공산당의 이론가 천보다는 마오쩌둥의 비서로서 사상투쟁의 최전선에 배치된 인물이었다. 사상투쟁의 백전노장 마오쩌둥에게 "마오쩌둥 사상"이란 정적을 제거하고 권력을 유지하는 이념전의 절대무기였다. 천보다는 바로 그 마오쩌둥 사상이라는 무기를 정비하고 관리하는 인물이었다.

앞에서 두어 번 언급했듯이 1927년 8월 7일 이른바 8-7 회의에서 마오쩌둥은 "정치 권력은 총구에서 나온다"라는 말을 남겼다. 군사력이 정치권력의 핵심임을 지적한 마키아벨리적인 발언이었다. 1959년 여름 루산 회의에서 펑더화이를 제거한 후, 마오쩌둥은 국공내전 당시 만주 전역의 영웅 린뱌오를 오른팔로 삼아서 군부를 장악했다. 중국 공산당군의 수장으로서 린뱌오는 군대를 이념적 순수성을 견지한 마오쩌둥 사상의 전위대로 만들고자 했다. 1964년 5월 린뱌오는 『마오쩌둥 어록(毛主席語錄)』을 편집해서 공산당군에게 배포한다. 1965년 최종본이 확정되어 전국에 배포된 이 책자는 문화혁명기 중국 전역에서 홍위병의 경전이 되었다. 이는

덩샤오핑의 "고양이 이론" 왕리밍(王立銘, 1973-)의 작품. 일본을 거쳐 현재 미국에서 망명 생활 중인 중국 신장 출신의 정치만화가. Rebel Pepper 혹은 변종고추(變態辣椒)라는 예명으로 더욱 유명하다.

군대가 중국 사회의 이념적 재무장을 이끄는 견인차가 되었음을 단적으로 보여준다.

또한 마오쩌둥의 곁에는 늘 캉성이라는 '냉혈한'이 그림자처럼 따라다녔다. 캉성은 1930년대 초반 4년을 모스크바에 체류하면서 스탈린 시대 소련 비밀경찰(NKVD)로부터 사찰, 첩보, 심문, 숙청의 기술을 전수받은 인물이다. 1930년대 후반부터 그는 마오쩌둥을 도와서 당내 반혁명분자를 색출하고 반당 행위를 적발하여 처벌하는 비밀공작의 임무를 철저히, 잔인하게 수행했다. 문화혁명 기간 동안 캉성은 린뱌오 및 사인방과 함께 권력의 핵심이 된다.

마오쩌둥의 곁에는 또 그의 네 번째 부인 장칭이 있었다. 젊은 시절 상하이에서 연극배우이자 영화인으로 활약했던 장칭은 1938년 옌안에 가서 이후 마오쩌둥과 결혼하게 되었다. 마오쩌둥은 1960년대 초반부터 문화예술계의 좌경화를 위해서 장칭을 적극적으로 활용하기 시작했다. 장칭은 문화혁명 시기에 사인방의 지도자가 되어 맹활약을 하게 된다.

천보다, 린뱌오, 캉성, 장칭은 지근거리에서 마오쩌둥의 명령을 받고 수족처럼 움직이던 공산당 내부의 핵심요원들이었다. 이들은 1966년 마오쩌둥이 문화혁명을 일으킬 때에 배후에서 치밀하게 물밑 작업을 기획하고 실행했던 마오쩌둥의 충실한 추종자들이었다.

1961-1965년 잠시 백묘의 시대가 열렸다. 그 시기에 실용주의 개혁가들은 소련의 신경제 정책에 비견되는 꽤나 성공적인 경제개혁을 추진했다. 1966년 이후부터는 다시 본격적인 흑묘의 시대가 열렸다. 흑묘의 시대는 1976년 9월 마오쩌둥이 임종할 때까지 계속되었다.

제35장
인민민주 인격살해
국가주석의 최후

몰아치는 문화혁명의 광풍

1966년 5월부터 1976년 9월까지 10년 동안 중국 전역에는 문화혁명의 광풍이 몰아쳤다. 문화혁명을 직접 겪은 중국의 중, 노년층은 지금도 또렷이 기억하고 있다. 당시의 중국에서는 전국 어디에서나 크고 작은 대중집회가 열렸다. 동료에 대한 직접적인 비판과 자아비판을 강요받던 비판회, 공공기관과 작업장에서 주자파, 수정주의자 등을 색출해서 공개적으로 모욕하고 집단 린치를 가하던 투쟁회, 마오쩌둥의 저서를 강독하고 생활에 활용한다는 취지의 강용회, 반혁명 세력을 규탄하는 성토회 등등.

전국에서 수도 없이 많은 집회가 매일매일 열렸다. 사람들은 노상 집회에 불려나가서 혁명의 구호를 외쳐야만 했다. 정부기관, 학교, 공장, 농촌 마을 곳곳에 대자보가 나붙었고, 담장 벽이나 건물 벽에는 어김없이 커다란 혁명의 표어들이 적혀 있었다.

어린 학생들까지 군장 차림으로 마오쩌둥의 어록이 적힌 작고 붉은 책

"타도 류사오치! 타도 덩샤오핑!""마오쩌둥 사상과 위대한 홍기를 높이 들고 류사오치와 덩샤오핑의 자산계급 반동노선을 철저히 비판하는 대회"(chineseposters.net)

『소홍서(小紅書)』를 들고 다니던 시절이었다. 홍위병으로 조직된 대학생과 중고등학생들은 수업을 받는 대신 계급투쟁의 현장에 동원되었다. 각지의 홍위병들은 무임으로 기차를 타고 전국을 오르내리며 극적인 군중집회에 참가했다. 1966년 8월부터 1967년 3월까지 이어진 이른바 대천련(大串聯)의 스펙터클이었다. 천련(串聯)이라는 말은 본래 공학적 단어로 전류의 직렬연결을 의미한다. 직렬로 연결된 전도체처럼 전국의 홍위병들은 큰 연대를 이루고 교류하며 계급투쟁의 선전선동과 반란에 직접 나섰다.

학업을 전폐하고 계급투쟁의 현장으로 달려갔던 학생들은 그러나 곧 바로 "산상하향(山上下鄕)"이라는 명분 아래 농촌으로 하방되고 말았다. 문화혁명의 지휘자 마오쩌둥은 홍위병 활동이 정치적 소용을 다하자 사냥개를 삶듯이 어린 그들을 농촌의 오지에 유폐해버렸다. 불운한 문화혁명 세대의 뼈저린 체험은 1980년대 이른바 "상흔 문학(傷痕文學)"이라는 새로운 장르로 표출되었을 정도였다.

우후죽순처럼 솟아난 대중 조직들은 혁명의 열기 속에서 잠시 혁명적 혼연일체를 이루는가 싶더니 이내 분열하며 갈등하기 시작했다. 집단 사이의 싸움은 서로를 비판하고 흠집 내는 말싸움을 넘어서 점차 격렬한 폭력 투쟁으로 이어졌다. 급기야는 군대가 투입되어 서로를 죽고 죽이는 대중 집단 사이의 무장투쟁으로까지 비화되었다. 혁명의 이름으로 저질러진 무지몽매한 학살극이었다.

수정주의자로 몰린 공산당과 정부기관 내부의 고위급 인사들은 줄줄이 대중집회에 불려나가서 곤욕을 치러야만 했다. 집회에 불려나가면, 성난 군중 앞에 무방비로 노출된 채 모욕당하고 얻어맞고 짓밟혔다. 때로는 목숨을 잃기도 했다. 문화혁명의 피해자는 위로는 국가주석 류사오치부터 아래로는 지방 소학교의 이름 없는 교사들까지 수없이 많았다. 100만 명이 폭력적인 방법으로 죽임을 당하고 1억 명이 정치적 피해자가 되었다고 흔히 말하지만, 정확한 피해자의 규모는 밝히기 쉽지 않다. 통계적 수치만으로 피해자의 고통을 가늠할 수 없으며, 오늘날까지도 중국의 정치문화에는 문화혁명의 어두운 그늘이 드리워져 있기 때문이다.

중국인들은 문화혁명을 흔히 "10년의 대동란(大動亂)" 혹은 "10년의 대참사(十年浩劫)"라고 부른다. 과연 어떤 방법으로, 어떤 구성에 따라야만 10년간 8억-10억 인의 중국 대륙을 뒤흔든 문화혁명의 실상을 제대로 그려낼 수 있을까? 고민 끝에 우선 국가주석 류사오치의 최후를 통해서 문화혁명의 정치사를 조명해볼까 한다. 대부분의 연구자들이 동의하듯이, 문화혁명의 발단은 국가주석 류사오치에 대한 중국공산당 총서기 마오쩌둥의 원한과 증오, 혹은 시기와 질투였기 때문이다.

국가주석의 최후

1969년 11월 12일 중국 허난 성 카이펑 시 혁명위원회 건물 한구석. 싸늘한 빈 방의 초라한 침상에 눕혀진 채 전(前) 중화인민공화국 주석 류사오치는 의식을 잃고 고독하게 숨을 거두었다. 향년 70세, 만 일흔 한 번째 생일을 불과 열흘 앞둔 날이었다. 직접적 사인은 악성 폐렴과 당뇨 합병증이었으나……. 문화혁명의 광기가 최고조에 달하던 1967년 2월 이후 류사오치는 더는 정상적인 생활을 할 수 없었다. 이미 3년간 그는 늘 죽음의 문턱을 들락거렸다. 날마다 홍위병 집회에 불려가서 수만 군중의 저주와 욕설을 들으며 고개를 조아린 채 모욕을 견뎌야 했다.

"사인방"이 장악한 관영매체는 천편일률의 거짓 보도와 허위 보도를 이어갔다. 홍위병은 광기의 인민 재판으로 류사오치에게 자백을 강요했다.

계속되는 인격살해와 마녀사냥에도 진정 그의 범죄가 무엇인지 확정할 수는 없었다. 1966년 특별조사단은 사인방 장칭의 지시에 따라서 무려 40만 명을 동원하여 일제침략기 400만 건의 문서를 샅샅이 뒤졌다. 그리고는 반역, 배신, 항복의 죄목을 억지로 찾아내서 류사오치를 처벌했다. 훗날 재조사를 통해서 전부 밝혀졌지만, 특별조사단의 판결은 재판도 없이 극형을 미리 정해놓고 처형을 위해서 없는 죄를 꾸며낸 최악의 인민 재판이었고, 무자비한 정치폭력이었다.

대기근의 참상 이후 가까스로 중국의 경제를 회복시켜 인민의 복리를 증진시키고 있던 류사오치의 인격을 중국공산당 내부의 극좌 세력이 살해하고 있었다. 끊임없이 반복되는 성난 군중의 광기 어린 폭력, 관영매체의 가짜 뉴스, 허위 보도, 모략중상, 사기날조. 사인방을 위시한 문화혁명 권력 집단의 탈헌법적, 초법률적 정치폭력. 강직하고도 침착한 성품이었지만, 류사오치 역시 더는 버틸 수 없었다. 1년 전부터는 화장실도 갈 수 없어 온몸에 욕창이 돋아나고, 음식을 씹을 수 없어 콧구멍에 튜브를 끼고 연명해야만 했다. 가택연금 상태의 류사오치는 결국 무너졌다.

1969년 10월, 류사오치를 감시하던 간수는 해진 그의 바지를 벗기고 야윈 몸을 침대 시트에 둘둘 말아 들것에 실은 후, 군용 비행기에 태워서 허난 성 카이펑으로 옮겨갔다. 곧이어 류사오치를 진료한 의사들이 고급 의료품을 요구했으나 상부는 냉혹하게 거부했다. 류사오치는 그렇게 고의적인 의료 방치의 결과로 비극적인 죽음을 맞이했다.

그가 숨을 거둔 방 밖에는 중무장한 2개 분대 병력이 배치되어 있었다. 4대의 기관총까지 거치된 상태였다. 삼엄한 경계령이 떨어졌음에도 누구도 방에 갇힌 자가 누구인지 알지 못했다. 주자파의 우두머리라는 정보만 전해졌을 뿐이다. 주자파란, 자본주의 길을 걷는 사람이다. 때는 바야흐로 문화혁명의 만조기(滿潮期)! 주자파로 몰리면 곧 파멸이었다. 목숨을 건 사한다고 해도 뭇매를 맞고 불구가 되기 일쑤였다. 외상이 경미한 경우에도 회복불능의 정신장애를 겪어야 했다.

류사오치의 시신은 이틀 후 어둑어둑한 새벽 어스름을 타고 군용 지프차에 실려서 화장터로 옮겨졌다. 그의 유해는 인민폐 30위안의 상자에 담겨 보관되었다. 유해번호 123, 유해 주인의 이름은 류웨이황(劉衛皇)으로 기재되었다. 여기서 '웨위황'이란 황제를 보위한다는 뜻이다. 류사오치는 "죽어서 마오쩌둥을 보위하라!"라는 의미일까.

그 대참사를 겪고 나서 1978년 베이징 시단(西單) 거리의 붉은 벽돌 벽에는 수많은 대자보가 나붙기 시작했다. 자유와 민주주주의 확대를 요구하는 자발적인 시민들의 그 유명한 "민주의 벽 운동"이었다. 1978년 12월, 바로 그 "민주의 벽"에 걸린 한 장의 대자보에는 큰 글씨로 다음의 문구가 적혀 있었다.

대체 류사오치가 무슨 잘못을 했지?

거의 10년간 그 누구도 입 밖으로 내뱉지 못하던 한마디의 질문이었다. "민주의 벽"에 나붙은 바로 그 질문은 류사오치의 복권을 알리는 신호탄이었다. 결국 1980년 2월 최고영도자인 덩샤오핑은 중국공산당 제11기 중앙위원회 제5차 전체회의에서 "류사오치 동지의 복권에 관한 결정문"을 발표한다. 이 결정문에 따르면, 문화혁명 당시에 류사오치에게 가해진 처벌은 부당한 박해였다. 또한 "반역자, 배신자, 배반자" 등 류사오치에게 씌워진 오명은 모두 음해성 누명이었다. 감옥에서 고독하게 숨을 거둔 지 11년 만에 류사오치는 다시금 "위대한 마르크스주의자이며 프롤레타리아 혁명

1998년 제작된 류사오치 우표. 문화혁명 기간 중에 감옥에서 병사한 류사오치는
1980년 2월 중공정부에 의해서 완전히 복권되었다.

가"로 거듭났다.

50년의 세월이 지나 당시의 상황을 곰곰이 되짚어본다. 새벽부터 온종
일 확성기에서 터져나오던 반(反)류사오치의 선전선동, 관영매체가 쏟아
내던 끝없는 가짜 뉴스, 음해성 허위 보도, 인신공격과 인격살해의 유언비
어, 거짓 선동에 속은 성난 군중들이 외치던 "류사오치" 처단의 구호들.
과연 누가 중화인민공화국 주석 류사오치를 권좌에서 끌어내려서 죽인 것
일까? 광장에 운집했던 인민들일까? 그를 끌어내 손가락질하고 욕설을
내뱉던 홍위병들일까? 사인방이 장악한 관영매체였을까? 사인방을 지배
하던 마오쩌둥이었을까? 아니면, 마오쩌둥을 농락한 사인방이었을까? 그
도 아니라면, 마오쩌둥은 순수하게 중국 인민의 의지에 따라서 주자파의

우두머리 류사오치를 처형한 것일까?

모두가 공모해서 류사오치를 죽인 것이다. 구태여 범인의 이름을 부르자면, '인민민주주의'이다. 다수가 "인민"의 이름을 선점하면, 무소불위의 권력이 생겨난다. 인민 앞에서는 헌법도, 법률도, 양심도, 도덕도 무력해진다. 오늘날 한국의 일부 정치인, 언론인, 정치학자들이 감상적으로 칭송하는 "직접민주주의"도 실은 중국식 "인민민주주의"와 크게 다르지 않다. 법의 지배를 벗어난 민주주의는 다수지배(majoritarian rule)이며 군중지배(mob rule)일 뿐이다. 고대 그리스의 작은 도시국가에서도 "민주정"은 최악의 정치제도였다. 아리스토텔레스의 통찰대로 민주주의가 타락하면 무정부 상태가 된다. 류사오치의 인격은 "인민민주"에 의해서 살해되었다.

1989년 톈안먼 대도살 이후 미국으로 망명한 반체제 지식인 옌자치(嚴家祺) 교수는 묻는다. "왜 국가주석이었던 류사오치는 헌법과 법률의 보호를 받지도 못한 채 반혁명분자, 내부 간첩, 노동자 계급의 배신자로 몰려서 일체의 재판받을 권리까지 잃어야 했을까?" 문화혁명 당시 류사오치 처단을 외치며 거리로 쏟아져 나왔던 그 수많은 군중을 생생히 기억하는 중국인들은 묻지 않을 수 없다.

왜 그때 그 수많은 중국인들이 실제로는 아무 잘못도 저지르지 않은 류사오치를 그토록 증오하고 경멸했을까? 대기근의 참상에서 중국의 경제를 회복시킨 위대한 공적을 쌓은 바로 그 류사오치를? 왜 당시의 중국인들은 그를 그토록 잔인하게 죽음으로 몰아가야만 했을까? 진정 류사오치는 왜 그토록 무기력하게, 그토록 허망하게 국가주석의 권력을 완전히 박탈당해야 했을까? 마오쩌둥은 과연 어떤 방법을 써서 류사오치를 제거했을까? 이 질문들에 답하기 위해서는 문화혁명이 본격적으로 시작되기 한두 해 전으로 거슬러 올라가야만 한다.

에필로그

덩샤오핑은 마오쩌둥의 공과를 논하면서 "공이 칠이고 과가 삼"이라고 구체적으로 말한 적이 없다. 그럼에도 "공칠과삼"은 언제부터인가 덩샤오핑의 도량과 탄력성을 보여주는 가장 유명한 경구가 되었다. 실제로 다수 중국 사람들은 흔히 마오쩌둥 시대를 "공칠과삼"이라 평가한다. 중국뿐만 아니라 서구, 일본, 한국의 언론들도 "공칠과삼"을 즐겨 인용하고 있다. 덩샤오핑이 아니라면 대체 "공칠과삼"은 과연 누구의 말인가?

1977년 덩샤오핑은 마오쩌둥의 후계자 화궈펑(華國鋒, 1921-2008)의 맹목적인 '마오 노선'을 비판하면서 "마오쩌둥 동지가 스스로 그 누구든 공칠과삼의 평가를 받는다면 큰 성취라고 말했음"을 일깨웠다. 당시 화궈펑은 "마오의 정책과 마오의 지시는 모두 옳다"는 이른바 "양개범시(兩個凡是)"를 외치며 1950년대 마오 노선으로의 복귀를 부르짖고 있었다. 그러한 화궈펑의 무지와 독단을 깨기 위한 방편으로 덩샤오핑은 마오의 어록을 들춰서 "공칠과삼"을 찾아냈을 뿐이다. 마오쩌둥의 공로를 기리기 위해서가 아니라 그 역시 상당한 과오를 범한 실수투성이 인간임을 강조하기 위함이었다.

"공칠과삼"의 저작권은 결국 마오쩌둥에게 돌아간다. 1956년 4월 25일

"10가지 주요 관계를 논함"이라는 글에서 마오쩌둥은 스탈린의 업적을 논하면서 "공칠과삼"을 처음으로 언급했다. 1965년 2월 27일 에드거 스노는 마오쩌둥과의 인터뷰에서 흐루쇼프에 대해서도 "공칠과삼"의 논리가 적용될 수 있느냐고 물었다. 마오는 그 질문에 직접 답하지 않았다. 소련의 수정주의를 경계하고 비판했던 마오로서는 스탈린 격하 운동을 주동했던 흐루쇼프에 대해서 "공칠과삼"을 인정할 수 없었던 것이다. 아마도 그의 마음에서는 "공일과구" 정도의 평가가 이루어졌을 듯하다.

요컨대 마오쩌둥의 의식 속에서 "공칠과삼"이란 한 혁명가가 이룰 수 있는 최고의 성과를 의미한다. 마오쩌둥은 스탈린의 업적을 기리기 위해서 "공칠과삼"의 평가를 내렸다. 실제로 그는 스탈린의 '대숙청'에 대해서 논하면서 반혁명분자를 제거한 정당한 조치였다고 평가한다. 마오쩌둥의 어록을 읽어보면, 스탈린을 찬양한 그의 논리를 어렵지 않게 이해할 수 있다. 마오쩌둥의 망령이 귓가에 속삭이는 듯하다!

모름지기 혁명은 세상을 뒤엎고 역사의 물길을 바꾸는 거대한 실험이다! 혁명가여, 실수를 두려워 말라. 경험이 부족해서, 조급해서, 열망이 지나쳐서 비록 수많은 '좌의 오류'를 범한다고 해도 혁명가여, 나약하게 죄의식에 사로잡히지 말라! 그대는 역사상 최초로 미증유의 유토피아 건설을 위해, 인류의 해방을 위해, 사회주의 혁명에 헌신한 위대한 혁명가일지니! 70퍼센트의 공덕을 이룬 그대, 30퍼센트의 과오는 피치 못할 시행착오의 기회비용일 뿐! 인민 해방 만세! 사회주의 혁명 만세!

마오쩌둥 스스로 의도했을까? 스탈린 격하 운동이 한창일 때 스탈린의 권위를 살리기 위해서 지어낸 바로 그 "공칠과삼"의 논리는 오늘날 중국에서는 마오쩌둥 자신의 실정을 덮는 최고의 연막으로 작용하고 있다.

스탈린은 물론 불멸을 얻지 못했다. 스탈린의 과오는 자신의 공적을 몇 겹으로 덮고도 남기 때문이다. 반면 마오쩌둥은 사후 반세기 가까이 "위대한 영도자"의 이미지로 인민의 눈동자에 날마다 강림한다. 마오쩌둥은 실제로 숨을 쉬고 살았던 모순덩어리 개인이 아니라 완벽한 인격의 혁명가로 이미 불멸을 얻은 듯하다. 실제로 많은 중국인들은 그가 어떤 오류를 범했든 그의 공로가 과오를 압도한다고 생각하는 듯하다.

정부가 10개의 정책을 추진했는데 그중 3개가 실패했다면, 실패율은 30 퍼센트이다. 지금 우리는 27년간 거대한 대륙국가 중국에서 절대 권력자로 군림했던 마오쩌둥의 정책성공률이 고작 70퍼센트임을 말하고 있다. 단 하나의 정책이라도 크게 실패하면 투표로 퇴출되거나 스스로 물러나야 하는 정치체제에 익숙한 우리로서는 아연실색할 수밖에 없다.

바로 그런 이유 때문에 지금껏 우리는 대략 1948년부터 1964년까지 '현대 중국의 슬픈 역사'를 살펴보았다. 중국공산당은 아마도 이 책이 마오쩌둥의 과오만을 집중 조명했다고 비판할 듯하다. 그러나 마오쩌둥이 이루었다는 그 70퍼센트의 공로는 과연 무엇일까? 글쎄, 쉽게 머리에 떠오르지 않는다.

21세기 열린사회의 디지털 혁명은 묘하게도 정보의 폐쇄회로를 만들고 있다. 모두가 인터넷 검색을 통해서 "보고 싶은 것만 찾아서 보고, 듣고 싶은 것만 찾아서 듣는" 희한한 정보 편식의 문화 속에 살고 있다. 1980년대에 만연했던 중국 신화와 마오쩌둥 숭배가 아직도 유령처럼 한반도를 배회하고 있는 듯하다. 그래서 나는 나의 모국어로 현대 중국의 서글픈 역사를 쓰기 시작했다.

과거의 역사는 흡사 땅속 어딘가에 깊이 파묻혀 있는 광맥을 연상시킨다. 막장 속의 광부처럼 중노동으로 땅속 깊이 파헤치지 않으면 절대로 실상을 드러내지 않는다. 편향된 정보만을 섭취하거나 단편적 지식에 안주하는 순간, 역사는 신화로 뒤바뀌고 만다. 신화와 역사를 혼동할 때, 인간은 이데올로기의 포로가 되고 만다. 이데올로기란 근거 없는 믿음이자 교묘한 허위의 체계이다. 근거 없는 믿음에 빠져 있거나 허위의 체계에 속박당한다면 호모 사피엔스 사피엔스로서 부끄러워할 일이다.

이제 곧바로 3부작의 제2권『문화대반란(1966-1976)』집필에 들어간다. 톈안먼 광장에 집결한 수많은 홍위병들의 성난 고함이 들려오는 듯해서 심장의 고동이 빨라지고 손에는 땀이 날 듯하다. 10년간 중국 대륙을 갈가리 찢어놓았던 그 대혁명의 광기, 대반란의 열병을 과연 핍진하게 그려낼 수 있을까? 조심스럽게 반세기 전의 사료를 들춰본다.

2019년 12월

캐나다 토론토와 나이아가라 폭포 사이 던다스 마을에서

주

제1장

1) 『南華朝報』 인터뷰, 유튜브에서 "Hong Kong's pro-democracy veteran Martin Lee believes 'democracy will arrive in China'" 검색.

제2장

1) Matthew Carney, "A Generation left behind: Millions of Chinese children abandoned as parents seek work," 오스트레일리아 ABC 뉴스.
   (https://www.abc.net.au/news/2016-09-06/millions-of-chinas-children-left-behind/7816010)
2) Sui-Lee Wee, "After One-Child Policy, Outrage at China's Offer to Remove IUDs." *The New York Times* (January 7, 2017).
3) "Up to one million detained in China's mass re-education drive," 국제사면위원회의 보고서 (https://www.amnesty.org)

제3장

1) Li Zhisui, *The Private Life of Chairman Mao: The Memoirs of Mao's Personal Physician* (Random House, 1994), chapter 3.
2) Ha Jin, "Uncle Piao's Birthday Dinners", *Ocean of Words* (Vintage : 1998).
3) "Record of a Meeting between T.V. Soong and Stalin", July 02, 1945, History and Public Policy Program Digital Archive, Victor Hoo Collection, box 6, folder 9, Hoover Institution Archives.Contributed by David Wolff.
   (http://digitalarchive.wilsoncenter.org/document/122505)
4) 李新, 陳鐵健, 主編, 『中國新民主革命通史』 第11卷(1946~1947), 上海人民出版社, 2001, 2~7.
5) Immanuel Hsü, *The Rise of Modern China*(Oxford University Press, 2000), 639-645.
6) Lionel Chassin, *The Communist Conquest of China* (Harvard University Press, 1965), 177.
7) Jonathan Spence, *The Search for Modern China* (W.W. Norton & Company, 2012), 453.

제4장

1) 『毛澤東選集』第1卷「湖南農民運動考察報告」, 人民出版社, 1991-5. 중국어 원본은 marxists.org/chinese/maozedong, 영어 번역(Report on an Investigation of the Peasant Movement in Hunan)은 marxist.org에서 검색.

2) 杜斌, 『長春餓殍戰: 中國國共內戰最慘烈的圍困』(白象文化. 2017), 5.

3) 앞의 책, 5 : "我之對策主要是禁止通行, 第一線上五十米設一哨兵, 並有鐵絲網、壕溝, 嚴密接合部, 消滅間隙, 不讓難民出來, 出來者勸阻回去.……群集於敵我警戒線之中間地帶, 由此餓斃者甚多."

4) Nanking, 23 September, 1948. "Department of State Decimal, Box 7275."

제5장

1) Seymour Topping, Journey Between Two Chinas (New York: Harper & Row, Publishers, 1972), 312. 국민당이 패배한 이후 만주 지역에 닥친 전화의 참상에 대해 토핑은 직접 현장을 취재한 경험을 이 책의 22장에 핍진하게 묘사하고 있다.

제6장

1) 이상 "행존자 고백"은 룽잉타이, 『大江大河 1949』(2009), 216-227에서 발췌, 의역하고 전체의 내용을 정리했다.

2) 이 통계와 관련된 자세한 내용은 제9장 "마오의 도박, 미국과의 전쟁"에서 다시 다룬다.

제7장

1) 이상 내용은 중국 인민 대학 가오왕링(高王凌) 교수의 논문 참조. 高王凌, 劉洋, "土改的極端化", 『21世紀雙月刊』總第111期 (2009.2), 36-47.

제8장

1) 劉少奇, "劉少奇在第一次全國宣傳工作會議上的報告."

제9장

1) 중국에서는 정확한 통계를 비밀에 부치고 있다. "인민해방군" 소장이자 국방 대학 교수 쉬옌(徐焰)은 한국전쟁에 투입된 지원병 중 전사한 인원은 11만 명 정도, 이후 부상 혹은 기타 원인으로 사망한 인원까지 포함해서 중공 희생자를 18만 명 정도로 파악하고 있다. 徐焰, 「中國犧牲 18萬志愿軍: 朝鮮戰爭中交戰各方損失多少軍人」, 『文史參考』 12(2010), 82-84.

2) R.J. Rummel, *China's Bloody Century: Genocide and Mass Murder since 1900* (Routledge, 2007).

3) Chao Guo and Rongrong Ren, "Learning and Problem Representation in Foreign Policy Decision-Making: China's Decision to Enter the Korean War Revisited", *Public Administration Quarterly*, Vol. 27, No. 3/4, 276.

4) David C.W. Tsui, "Chinese Military Intervention in the Korean War", (Ph.D. Diss. University of Oxford, 1998). 이 논문은 완역되어 『전략연구』 35호-49호 (2005-2010)에 "인민해방군의 한국전쟁 참전"(I-XV)라는 제목으로 연재되었다.

5) 1980년대 브루스 커밍스는 그의 저서에서 한국전쟁의 발발은 한국 사회에 내재하던 "소수의 부유한 엘리트와 대다수 빈민들 사이의 거대한 격차"에서 발생한 내란에서 시작되었다는 계급론적 주장을 펼친다(Bruce Cumings, *The Korean War: A History*[New York: Modern Library, 2010], 137). 커밍스의 수정주의 해석에 대해서는 그의 기념비적 저서 『한국전쟁의 기원(*The Origins of the Korean War*)』 참조.
_____, *The Origins of the Korean War*, Vol.I: Liberation and the Emergence of Separate Regimes, 1945-1947 (Princeton University Press, 1981); *The Origins of the Korean War*, Vol.II: The Roaring of the Cataract (Princeton University Press, 1990).

6) 1960년에 출간된 앨런 S. 휘팅(Allen S. Whiting)의 『중국, 압록강을 건너다(*China Crosses the Yalu*)』가 수정 이론의 필두였다. 이 저서에서 휘팅은 전쟁 발발 후 중국의 베이징 정부는 정치적 타협을 통해서 전쟁을 종식하려고 노력했으며, 모든 노력이 수포로 돌아간 1950년 8월 이후에야 본격적으로 전쟁 준비를 시작했다고 주장한다. 휘팅은 장시간에 걸친 항일전쟁과 내전의 직접적인 피해 이외에도 환경 재앙, 생산력 저하, 군비 증가, 인플레이션, 대규모 군사, 국민당의 저항, 타이완 및 티베트 문제, 동북지역 재건 문제 등의 정황을 중공지도부에 참전 의사가 없었던 정황으로 꼽고 있다. Allen S. Whiting, *China Crosses the Yalu: The Decision to Enter the Korean War* (New York: The Macmillan Company, 1960), chapter 2.

7) 커밍스도 김일성의 전쟁 도발을 인정하지만, 38선이 국제적 경계선이 아니라 "고대부터 단일 공동체로 살아온 민족을 둘로 나눈" 인위적 경계였다는 이유로 그의 통일전략을 은근히 인정한다. Bruce Cumings, *The Korean War*, 21-23.

8) John Lewis Gaddis, *Strategies of Containment: A Critical Appraisal of American National Security Policy during the Cold War* (Oxford University Press, 1982), chapter 3.

9) Kathryn Weathersby, "The Korean War Revisited", *The Wilson Quarterly*, Vol. 23, No. 3, 1999, 91-95.

10) Chen Jian, *China's Road to the Korean War: The Making of the Sino-American Confrontation* (New York: Columbia, 1994), 3.

11) "Statement by Secretary of State Dean Acheson, August 5, 1949", (https://china.usc.edu/acheson-statement-china-1949)

12) Chao Guo and Rongrong Ren, "Learning and Problem Representation in Foreign Policy Decision-Making: China's Decision to Enter the Korean War Revisited", *Public Administration Quarterly*, Vol. 27, No. 3/4, 274-310.

13) Chen Jian, 앞의 책, 96-102.

14) 앞의 책, 102-106.

15) 앞의 책, 106-113.

16) Kathryn Weathersby, "The Korean War Revisited", 94.

17) Chen Jian, 앞의 책, 177.

18) Cheng David Chang, "To Return Home or Return to Taiwan": Conflicts and Survival in the "Voluntary Repatriation" of Chinese POWs in the Korean War (Ph.D. Diss. University of California at San Diego, 2011), chapter 1.

19) Chen Jian, 앞의 책, "Conclusions"

20) 앞의 책, 191-194.

제11장

1) "Resolution on certain questions in the history of our party since the founding of the People's Republic of China"의 제19항, "문화혁명의 시대."
(https://www.marxists.org/subject/china/documents/cpc/history/01.htm)

제12장

1) Frank Dikötter, *The Age of Openness: China before Mao* (Hong Kong University Press, 2008).

2) Frank Dikötter, *The Tragedy of of Liberation: A History of the Chinese Revolution 1945-1957* (Bloomsbury Press, 2013), chapter 6.

3) Philip Richardson, *Economic Change in China, c. 1800-1950* (Cambridge: Cambridge University Press, 1999), chapter 4.

4) 앞의 책, 106-108.

5) "British Consul praises China's Red Regime on 'Honest, Just Treatment" of Foreigners'", *The New York Times* (February 8, 1950).

6) Frank Dikötter, 앞의 책, 114-115.

7) Seymour Topping, *Journey Between Two Chinas* (New York: Harper & Row, Publishers, 1972), 32.

8) 林孟熹, 『司徒雷登與中國政局』(北京 : 新華出版社, 2001).

9) 毛澤東, "別了, 司徒雷登", 中文馬克思主義文庫
(https://www.marxists.org/chinese/maozedong/marxist.org-chinese-mao-19490818.htm)

10) 상세한 내용은 윌리엄 시어도어 드 바리, 송재윤, "[원로 철학자를 찾아서] 윌리엄 시어도어 드 바리", 『오늘의 동양사상』 제5호 (2001), 70-87을 참조.

제13장

1) Edgar Snow, "A Reporter Got this Rare Interview with Chairman Mao in 1965, even though China was entirely closed to the West", *The New Republic* (Feb. 27, 1965).

2) _____, "A Conversation with Mao Tse-tung", *Life* (April 30, 1971). 46-48.

제15장

1) 茅于軾, 『中國人的焦慮從哪里來』(群言出版社, 2013): "人民利益、国家利益與政治家利益"
(https://www.chinesepen.org/old-posts/?p=8054)

제16장

1) 毛澤東, 『毛澤東選集』(北京: 人民出版社, 1951), 第2卷, 547.

제18장

1) 丁抒, 『陽謀: 反右派運動始末』(香港 『開放』 雜志社, 2007), 158.

2) 같은 책, 159.

3) 같은 책.

4) 같은 책.

5) 같은 책, 159.

6) 같은 책, 160.

7) 같은 책, 160-161.

8) 같은 책, 161.

9) 같은 책, 165.

10) 같은 책, 160.

11) 같은 책, 160.

12) 같은 책, 161-162.

13) Yen-lin Chung, "The Witch-Hunting Vanguard: The Central Secretariat's Roles and Activities in the Anti-Rightist Campaign", *The China Quarterly*, No. 206 (JUNE 2011), 396-397.

14) 毛澤東, 『毛澤東選集』(人民出版社, 1991) 第5卷, 436—437.

제19장

1) MacFarquhar, Roderick, et al. edited. *The Secret Speeches of Chairman Mao: From the Hundred Flowers to the Great Leap Forward.* Harvard University Press, 1989. 117 참조.

2) 같은 책, 117-118.

3) 毛澤東, "關于正确處理人民內部矛盾的問題(講話稿)" (1959. 2. 27.) (https://www.marxists.org/chinese/maozedong/marxist.org-chinese-mao-19570227AA.htm)

4) 같은 글, "第二、講肅反問題."

5) 같은 글.

제20장

1) Yen-lin Chung, "The Witch-Hunting Vanguard: The Central Secretariat's Roles and Activities in the Anti-Rightist Campaign", *The China Quarterly*, No. 206 (JUNE 2011), 405.

2) 『實事求是』, 1957.9.20.

제21장

1) "왜 노동교양제도가 필요한가?", 「인민일보」 1957년 8월 4일 자 기사

제23장

1) Han Suyin, "The Sparrow Shall Fall", *The New Yorker* (1959, Oct. 10), 44.

2) 같은 책.

제25장

1) Edgar Snow, *The Other Side of the River: Red China Today* (Random House, 1971).

2) Karl August Wittfogel, *Oriental Despotism: A Comparative Study of Total Power* (Yale University Press, 1957).

3) Yang Jisheng, *Tombstone: China's Great Famine, 1958-1962* (Farrar, Straus and Giroux, 2013), 73.

제27장

1) Yang Jisheng, *Tombstone: China's Great Famine, 1958-1962* (Farrar, Straus and Giroux, 2013), 12-13.

2) 같은 책, 17.

3) 흐루쇼프의 회고에 따르면, 스탈린의 충직한 부하였던 소비에트 공산주의 이론가 파벨 유딘이 마오쩌둥의 반소 노선을 충동질했다. Sergei Khrushchev, ed., *Memoirs of Nikita Khrushchev*, Vol.3, "Statesman [1953-1964] (Brown University Press, 2007), 398-399.

4) 1928-1940년 당시 스탈린은 농업부문의 집산화를 위해서 집단농장 제도를 도입했다. 농민들이 전통적으로 경작하던 농지를 집단농장으로 대체함으로써 농업 생산량을 획기적으로 늘리려는 전략이었다. 대규모 산업화 정책을 추진하기 위해서는 식량증산이 필요했기 때문이었다. 그 과정에서 우크라이나 대기근으로 최소 700만, 최대 1,400만의 인구가 아사했다. 마오쩌둥은 스탈린의 집단농장만으로는 불충분하다고 생각했다.

제28장

1) 黄春光, "黃永勝參加彭德懷批斗會感慨：太殘酷了怎能这樣"
(http://news.ifeng.com/history/zhongguoxiandaishi/detail_2013_09/26/29894863_0.shtml)

제29장

1) Roderick MacFarquhar and Michael Schoenhals, *Mao's last revolution* (Cambridge, Mass. : Belknap Press of Harvard University Press 2006), chapter 1.

제32장

1) Ralph A. Thaxter, Jr., *Catastrophe and Contention in Rural China: Mao's Great Leap Forward Famine and the Origins of Righteous Resistance in Da Fo village* (Cambridge University Press, 2008), chapters 5 and 6.

제33장

1) Frank Dikötter, "The Disappeared", *Foreign Policy*, No. 198 [Jan/Feb, 2013], 90-95.

제34장

1) 張素華, 『變局：七千人大會始末, 1962.1.11.-2.7.』 (北京：中華書局出版社, 2006), 167.

참고 문헌

제3장

Chassin, Lionel Max. *The Communist Conquest of China*. Cambridge, MA: Harvard
University Press, 1965.

Ferguson, Niall. *The War of the World: Twentieth-Century Conflict and the Descent
of the West*. New York: Penguin Books, 2006.

Pepper, Suzanne. "The KMT-CCP conflict 1945-1949." In *The Cambridge History of
China, Volume 13: Republican China 1912-1949, Part 2*, edited by J. Fairbank
& A. Feuerwerker. Cambridge: Cambridge University Press, 723-788.

Spence, Jonathan D. *The Search for Modern China*. W.W. Norton & Company, 2012.

Tanner, Harold M. *Where Chiang Kai-Shek Lost China: The Liao-Shen Campaign,
1948*. Bloomington: Indiana University Press, 2015.

제4장

杜斌. 『長春餓殍戰: 中國國共內戰最慘烈的圍困』. 白象文化, 2017.

遠藤譽. 『卡子: 出口なき大地: 1948年滿州の夜と霧』. 東京: 讀賣新聞出版, 1984.

_____. 『毛澤東: 日本軍と共謀した男』. 東京: 新潮社, 2016.

_____. 『卡子(チャーズ): 中國建國の殘火』. 東京: 朝日新聞出版, 2012.

엔도 호마레, 박상후 옮김, 『마오쩌둥 인민의 배신자』. 타임라인, 2019.

Endo, Homare. *Japanese Girl at the Siege of Changchun: How I Survived China's
Wartime Atrocity*. Translated by Michael Brase. Stone Bridge Press, 2016.

제5장

鄭洞國. 『鄭洞國回憶錄: 我的戎馬生涯』. 團結出版社, 1992.

Dikötter, Frank. *The Tragedy of Liberation: A History of the Chinese Revolution
1945-1957*. New York: Bloomsbury Press, 2013.

Toppoing, Seymour. *Journey Between Two Chinas*. New York: Harper & Row, 1972.

New York Times Archives

(http://www.nytimes.com/ref/membercenter/nytarchive.html)

TIME Magazine Archives

(http://content.time.com/time/magazine/archives)

제6장

劉統. 『華東解放戰爭紀實』. 北京 : 人民出版社, 1998.

劉瑞龍. 『我的日記―淮海、渡江戰役支前部分』. 北京: 解放軍出版社, 1985.

龍應臺. 『大江大河 1949』. 香港: 天地圖書, 2009.

李建國. 『淮海戰役研究』. 湖南人民出版社, 2001.

黃道炫. "三年內戰中的民夫―以冀魯豫區爲例." 『新史學(第七卷): 20世紀中國革命 的再闡釋』 (北京 : 中華書局, 2013).

黃仁宇(Ray Huang). 『黃河靑山 : 黃仁宇回追憶錄』. 北京: 生活, 讀書, 新知: 三聯書 店, 2001.

Dikötter, Frank. *The Tragedy of Liberation: A History of the Chinese Revolution 1945-1957*. New York: Bloomsbury Press, 2013.

Rummel, R.J. *China's Bloody Century: Genocide and Mass Murder since 1900*. Transaction Publishers, 2008.

Topping, Seymour. *Journey Between Two Chinas*. New York: Harper & Row, 1972.

Westad, Odd Arne. *Decisive Encounters: The Chinese Civil War 1946-1950*. Stanford University Press, 2003.

제7장

高王凌, 劉洋. "土改的極端化" 『21世紀雙月刊』 總第111期 (2009.2): 36-47.

教育部普通高中思想政治課編著. 『普通高中課程標準試驗教科書: 政治生活 2 』. 人民教育出版社, 2010.

劉統. 『中原解放戰爭紀實』. 人民出版社, 2003: 304-324.

이영훈. 『대한민국 역사 : 나라 만들기 발자취 1945-1987』. 기파랑, 2013: 175-178.

Buck, John L. *Land Utilization in China: A Study of 16,786 Farms in 168 Localities, and 38,256 Farm Families in Twenty-two Provinces in China, 1929-1933*. Shanghai: Commercial Press, 1937.

Gao, Wangling and Liu, Yang. "On a Slippery Roof: Chinese Farmers and the Complex Agenda of Land Reform." *Études rurales*, No. 179 (2007): 19-34.

Hinton, William. *Fanshen: A Documentary of Revolution in a Chinese Village*. Monthly Review Press, 1972.

Levine, Steven I. *Anvil of Victory: The Communist Revolution in Manchuria, 1945-1948*. Columbia University Press, 1987.

Yang, Martin C. *A Chinese Village: Taitou, Shandong Province.* Columbia University Press, 1978.

제8장

楊立 編著. 『帶刺的玫瑰: 古大存沉冤錄』. 中共廣東省委黨史硏究室, 1993.

楊奎松. 『中華人民共和國建國史硏究』 1, 2. 江西人民出版社, 2009.

Dikötter, Frank. *The Tragedy of Liberation: A History of the Chinese Revolution 1945-1957.* Bloomsbury Press, 2013. 본문 중 "인민의 적을 색출하라"와 "희생자들의 울부짖음"에 제시된 사건 중 다수는 바로 이 책 제5장의 내용의 발췌 및 요약이다.

Mann, Michael. *The Dark Side of Democracy: Explaining Ethnic Cleansing.* Cambridge University Press, 2004.

Strauss, Julia C. "Paternalist Terror: The Campaign to Suppress Counterrevolutionaries and Regime Consolidation in the People's Republic of China, 1950-1953." Comparative Studies in Society and History, Vol. 44, No. 1 (2002): 80-105.

Yang Kuisong. "Reconsidering the Campaign to Suppress Counter-revolutionaries." *The China Quarterly,* No. 193 (Mar., 2008): 102-121.

제9장

徐焰. "中國犧牲18萬志愿軍 : 朝鮮戰爭中交戰各方損失多少軍人." 『文史參考』 12 (2010): 82-84.

Chang, Cheng David. "To Return Home or Return to Taiwan: Conflicts and Survival in the Voluntary Repatriation of Chinese POWs in the Korean War." Ph.D. Diss. University of California at San Diego, 2011.

Chen, Jian. *China's Road to the Korean War: The Making of the Sino-American Confrontation.* New York: Columbia University Press, 1994.

Cumings, Bruce. *The Korean War: A History.* New York: Modern Library, 2010.

_____. *The Origins of the Korean War, Vol. I: Liberation and the Emergence of Separate Regimes, 1945-1947.* Princeton University Press, 1981.

_____. *The Origins of the Korean War, Vol. II: The Roaring of the Cataract.* Princeton University Press, 1990.

Gaddis, John Lewis. *Strategies of Containment: A Critical Appraisal of American National Security Policy during the Cold War.* Oxford University Press, 1982.

Guo, Chao and Ren, Rongrong. "Learning and Problem Representation in Foreign Policy Decision-Making: China's Decision to Enter the Korean War Revisited."

Public Administration Quarterly, Vol. 27, No. 3/4 (Fall 2003-Winter 2004): 274-310.

Rummel, R.J. *China's Bloody Century: Genocide and Mass Murder since 1900*. Routledge, 2007.

Tsui, David C.W. "Chinese Military Intervention in the Korean War." Ph.D. Diss. University of Oxford, 1998.

Weathersby, Kathryn. "The Korean War Revisited." *The Wilson Quarterly*, Vol. 23, No. 3 (Summer, 1999): 91-95.

Whiting, Allen S. *China Crosses the Yalu: The Decision to Enter the Korean War*. New York: The Macmillan Company, 1960.

Annenberg, USC. "Statement by Secretary of State Dean Acheson, August 5, 1949." (https://china.usc.edu/acheson-statement-china-1949)

제11장

Brown, Kerry and Van Nieuwenhuizen, Simone. *China and the New Maoists*. Zed Books, 2016.

Creemers, Rogier. "China's Constitutionalism Debate: Content, Context And Implications." *The China Journal*, No. 74 (July 2015): 91-109.

Gao, Quanxi, Wei, Zhang, and Tian, Feilong. *The Road to the Rule of Law in Modern China. Heidelberg:* Springer, 2015.

Li, Hua-yu. "The Political Stalinization of China: The Establishment of One-Party Constitutionalism, 1948-1954." *The Journal of Cold War Studies*, Vol. 3, No. 2 (Spring 2001): 28-47.

Zhao, Suisheng. "Xi Jinping's Maoist Revival." *The Journal of Democracy*, Vol. 27 No.3 (July 2016): 83-97.

제12장

林孟熹. 『司徒雷登與中國政局』. 北京: 新華出版社, 2001.

『中國歷史』. 課程教材研究所 編著. 人民教育出版社, 2006.

"Death Sentences In Peking Plot." In The Times (London, England), Saturday, Aug 18, 1951.

Dikötter, Frank. *The Tragedy of Liberation: A History of the Chinese Revolution 1945-1957*. Bloomsbury Press, 2013. "외국인을 몰아내라"는 이 책 제6장의 내용을 축약하고, 또 다른 사료를 덧붙여 보강했다.

Topping, Seymour. *Journey Between Two Chinas*. New York: Harper & Row, 1972.

毛澤東. "別了, 司徒雷登."中文馬克思主義文庫
   (https://www.marxists.org/chinese/maozedong/marxist.org-chinese-mao-19490818.htm)

ExecutedToday.com
   (http://www.executedtoday.com/2010/08/17/1951-antonio-riva-and-ruichi-yamaguchi/)

제13장

沈志華. "中共八大爲什麽不提毛澤東思想." 『歷史敎學』 (2005-5)

Frosini, Justin O. "Constitutional Preambles At a Crossroads between Politics and Law."
   Finito di stampare nel mese di luglio 2012.

Pugach, Noel. "Embarrassed Monarchist: Frank J. Goodnow and Constitutional
   Development in China, 1913-1915." *Pacific Historical Review*, Vol. 42, No. 4
   (Nov., 1973): 499-517.

Snow, Edgar. "A Reporter Got this Rare Interview with Chairman Mao in 1965, even
   though China was entirely closed to the West." *The New Republic* (Feb. 27, 1965).

Snow, Edgar. "A Conversation with Mao Tse-tung", *Life* (April 30, 1971): 46-48.

Walzer, Michael. *Thick and Thin: Moral Argument at Home and Abroad*. University
   of Notre Dame Press, 1994.

제14장

Cheek, Timothy. "The Fading of Wild Lilies: Wang Shiwei and Mao Zedong's Yan'an
   Talks in the First CPC Rectification Movement." *The Australian Journal of Chinese
   Affairs*, No. 11 (Jan., 1984): 25-58.

Chen, Theodore Hsi-en and Chiu, Sin-ming. "Thought Reform in Communist China",
   Far Eastern Survey, Vol. 24, No. 12 (Dec., 1955): 177-184.

Goldman, Merle. *Literary Dissent in Communist China*. Harvard University Press,
   1967.

Seybolt, Peter J. "Terror and Conformity: Counterespionage Campaigns, Rectification,
   and Mass Movements, 1942-1943." *Modern China*, Vol. 12, No. 1 (Jan., 1986):
   39-73.

Teiwes, Frederick C. *Politics and Purges in China: Rectification and the Decline of
   Party Norms*. M.E. Sharpe, Inc., Dawson, 1979.

제15장

Chong, Denise. *Egg on Mao: A Story of Love, Hope and Defiance*. Vintage Canada, 2011. 루더청을 중심으로 당일의 사건을 입체적으로 구성한 작품이다.

Goldman, Merle. *Literary Dissent in Communist China*. Harvard University Press, 1967.

위즈지안의 인터뷰
(https://chinachange.org/2017/06/02/interview-with-yu-zhijian-one-of-the-three-hunan-hooligans-who-defaced-the-portrait-of-mao-zedong-over-tiananmen-square-in-1989/)

마오위스 관련 기사 및 인터뷰
(https://www.cato.org/friedman-prize/mao-yushi)
(https://www.ft.com/content/321d2330-e053-11e6-9645-c9357a75844a)
(http://www.ftchinese.com/tag/%E8%8C%85%E4%BA%8E%E8%BD%BC)

제16장

毛澤東. "戰爭和戰略問題." 『毛澤東全集』 (1938. 1. 6.).
(https://www.marxists.org/chinese/maozedong/marxist.org-chinese-mao-19381106.htm)

丁抒. 『陽謀: 反右派運動始末』. 香港 『開放』 雜志社, 2007.

Goldman, Merle. *Literary Dissent in Communist China*. Harvard University Press, 1967.

후펑 사건 관련 기록영화 "Storm under the Sun" (short English version, re-edited 2014)
(https://www.youtube.com/watch?v=QpBCzHQPEak&t=2332s)

제17장

丁抒. 『陽謀: 反右派運動始末』. 香港 『開放』 雜志社, 2007.

Goldman, Merle. *Literary Dissent in Communist China*. Harvard University Press, 1967.

Kaminski, Johannes. "Toward a Maoist *Dream of the Red Chamber*: Or, How Baoyu and Daiyu Became Rebels Against Feudalism." *The Journal of Chinese Humanities*, Volume 3, Issue 2, (2017.7): 177-202.

후펑 사건 관련 기록영화 "Storm under the Sun" (short English version, reedited 2014),
(https://www.youtube.com/watch?v=QpBCzHQPEak&t=2332s)

제18장

毛澤東. 『毛澤東選集』. 人民出版社, 1991.

丁抒. 『陽謀: 反右派運動始末』. 香港 『開放』 雜志社, 2007.

Chung, Yen-lin. "The Witch-Hunting Vanguard: The Central Secretariat's Roles and Activities in the Anti-Rightist Campaign." *The China Quarterly*, No. 206 (JUNE 2011): 391-411.

Sources of Chinese Tradition: From 1600 Through the Twentieth Century, compiled by Wm. Theodore de Bary and Richard Lufrano, 2nd ed., vol. 2: 466-468. New York: Columbia University Press, 2000.

Spence, Jonathan. *The Search for Modern China*. W.W. Norton & Company, 2012.

Vámos, Péter. "Evolution and Revolution: Sino-Hungarian Relations and the 1956 Revolution." The Cold War International History Project Working Paper Series No. 54, Wilsoncentor.org

제19장

毛澤東. 『毛澤東選集』. 人民出版社, 1991.

丁抒. 『陽謀: 反右派運動始末』. 香港 『開放』 雜志社, 2007.

Chung, Yen-lin. "The Witch-Hunting Vanguard: The Central Secretariat's Roles and Activities in the Anti-Rightist Campaign." *The China Quarterly*, No. 206 (JUNE 2011): 391-411.

The Secret Speeches of Chairman Mao: From the Hundred Flowers to the Great Leap Forward, edited by Roderick MacFarquhar, et al. Harvard University Press, 1989.

毛澤東. "關于正确處理人民內部矛盾的問題(講話稿)"(1957.2.27.).

(https://www.marxists.org/chinese/maozedong/marxist.org-chinese-mao-19570227AA.htm)

제20장

杜光. "中央高級黨校反右派內幕." 『炎黃春秋』, 2005. 9.

毛澤東. "關于正确處理人民內部矛盾的問題 (講話稿)"(1957.2.27.).

(https://www.marxists.org/chinese/maozedong/marxist.org-chinese-mao-19570227AA.htm)

鐘延麟. 『文革前的鄧小平: 毛澤東的"副師"(1956-1966)』. 中文大學出版社, 2013.

鐘延麟. "鄧小平在1957年中共整風,「反右派」中之角色." 『中國大陸研究』 第50卷 第4期. 民國96年 12月.

Chung, Yen-lin. "The Witch-Hunting Vanguard: The Central Secretariat's Roles and Activities in the Anti-Rightist Campaign." *The China Quarterly*, No. 206 (JUNE 2011): 391-411.

제21장

본문에 기술된 거양의 일대기는 아래 두 추모사에 근거해서 재구성한 내용이다.

郭羅基. "送戈揚." 『動向』 2009.2.

嚴家祺. "晚年戈揚在紐約的生活." 香港 『苹果日報』 (2012. 4. 1).

노동교양제도에 대해서는 다음 두 자료를 참조했다.

Kramer, Mark, edited. *The Black Book of Communism: Crimes,Terror, Repression.* Harvard University Press, 1999.

Yu, Jianrong and Mosher, Stacy. "The Two Stages of the Re-education Through Labour System: From Tool of Political Struggle to Means of Social Governance." *China Perspectives*, No. 2 (82) (2010): 66-72.

제22장

安靜波. "論梁啓超的民族觀." 『近代史研究』 (1993. 3): 281-295.

梁啓超, "中國歷史上民族之研究", 『飮冰室合集』 42, 2.

Friedman, Edward. "Where is Chinese nationalism? The political geography of a moving project." *Nations and Nationalism*, 14.4 (2008): 721-738.

Gellner, Ernest. *Nations and Nationalism.* Basil Blackwell, 1983.

제23장

薛攀皐. "爲麻雀翻案的艱難歷程." 『炎黃春秋』 第8期 (1998): 9-15.

Han, Suyin. "The Sparrow Shall Fall." *The New Yorker*, Oct. 3 (1959): 43-50.

Li, Huaiyin. *Village China Under Socialism and Reform: A Micro-History, 1948-2008.* Stanford University Press, 2009. 특히 Chapter 2를 참조.

Shapiro, Judith. "Mao's War against Nature: Legacy and Lessons." *Journal of East Asian Studies*, Vol. 1, No. 2 (2001): 93-119.

제24장

潘鈜. "毛澤東論科學技術與技術革命." 『毛澤東與中華民族偉大復興: 紀念毛澤東同志誕辰120周年學術研討會論文集』 (上). 中央文獻出版社, 2014.

Andreas, Joel. *Rise of the Red Engineers: The Cultural Revolution and the Origins of China's New Class.* Stanford University Press, 2009.

Chambers, David Wade, et al. *Red and Expert: A Case Study of Chinese Science in the Cultural Revolution.* Deakin University, 1984.

Chan, Leslie W. *The Taching Oilfield: A Maoist Model for Economic Development.* The Australian National University Press, 1974.

Yi, Si. "The World's Most Catastrophic Dam Failures: The August 1975 Collapse of the Banqiao and Shimantan Dams." In *The River Dragon Has Come!: The Three Gorges Dam and the Fate of China's Yangtze River and Its People*, edited by Dai Qing. Routledge, 1998.

Marx, Karl. *The Poverty of Philosophy: the Answer to the Philosophy of Poverty* by M. Proudhon.
(https://www.marxists.org/archive/marx/works/1847/poverty-philosophy/)

Mao Tse-tung. "Red and Expert."(Jan. 31, 1958) Selected Works of Mao Tse-tung (https://www.marxists.org/reference/archive/mao/selected-works/volume-8/mswv8_04.htm)

1970년 중공정부가 제작한 다큐멘터리 "홍치취"
(https://www.youtube.com/watch?v=wtkiJk9nGBM)

제25장

Muscolino, Micah S. *The Ecology of War in China: Henan Province, the Yellow River, and Beyond, 1938-1950.* New York: Cambridge University Press, 2015.

Perdue, Peter C. "Is There a Chinese View of Technology and Nature?" In *The Illusory Boundary: Environment and Technology in History*, edited by Martin Reuss and Stephen H. Cutcliffe. Charlottesville: University of Virginia Press, 2010.

Yang, Jisheng. *Tombstone: China's Great Famine, 1958-1962.* Farrar, Straus and Giroux, 2013.

Yi, Si. "The World's Most Catastrophic Dam Failures: The August 1975 Collapse of the Banqiao and Shimantan Dams." In *The River Dragon Has Come! The Three Gorges Dam and the Fate of China's Yangtze River and Its People*, edited by Dai Qing. Routledge, 1998.

"共和國的足迹—1951年：'一定要把淮河修好'"
중문: (http://www.gov.cn/test/2009-08/03/content_1382280.htm)
영문: (http://factsanddetails.com/china/cat15/sub103/item448.html)

제26장

陳惺. 『治水无止境』. 水利水電出版社, 2009.

Muscolino, Micah S. *The Ecology of War in China: Henan Province, the Yellow River, and Beyond, 1938-1950.* New York: Cambridge University Press, 2015.

Yang, Jisheng. *Tombstone: China's Great Famine, 1958-1962.* Farrar, Straus and

Giroux, 2013.

Yi, Si. "The World's Most Catastrophic Dam Failures: The August 1975 Collapse of the Banqiao and Shimantan Dams." In *The River Dragon Has Come! The Three Gorges Dam and the Fate of China's Yangtze River and Its People*, edited by Dai Qing. Routledge, 1998.

"共和國的足迹──1951年：'一定要把淮河修好'"

   중문 : (http://www.gov.cn/test/2009-08/03/content_1382280.htm)

   영문 : (http://factsanddetails.com/china/cat15/sub103/item448.html)

제27장

Dikötter, Frank. *Mao's Great Famine: The History of China's Most Devastating Catastrophe, 1958-1962*. Bloomsbury, 2011.

Jones, Polly, edited. *The Dilemmas of De-Stalinization: Negotiating Cultural and Social Change in the Khrushchev Era*. Routledge, 2006.

Sergei Khrushchev, edited. *Memoirs of Nikita Khrushchev*, Vol.3, "Statesman (1953-1964). Brown University Press, 2007.

Yang, Jisheng. *Tombstone: China's Great Famine, 1958-1962*. Farrar, Straus and Giroux, 2013.

제28장

楊繼繩. 『墓碑：中國六十年代大饑荒紀實』(香港：天地圖書有限公司, 2008).

王焰, 主編. 『彭德懷年譜』. 北京：人民出版社出版, 1998.

Becker, Jasper. *Hungry Ghosts: China's Secret Famine*. London: John Murray Publishers, 1997.

Dikötter, Frank. *Mao's Great Famine: The History of China's Most Devastating Catastrophe, 1958-1962*. Bloomsbury, 2011.

Domes, Jürgen. *Peng Te-huai: The Man and the Image*. Stanford University Press, 1985.

MacFarquhar, Roderick and Schoenhals, Michael. *Mao's last revolution*. Cambridge, Mass. : Belknap Press of Harvard University Press 2006.

Xun, Zhou, ed. *The Great Famine in China, 1958-1962. A Documentary History*. New Haven: Yale University Press, 2012.

黃春光. "黃永勝參加彭德懷批斗會感慨：太殘酷了怎能这样."

   (http://news.ifeng.com/history/zhongguoxiandaishi/detail_2013_09/26/29894863_0.shtml)

제29장

楊繼繩. 『墓碑 : 中國六十年代大饑荒紀實』. 香港: 天地圖書有限公司, 2008.

王焰, 主編. 『彭德懷年譜』. 北京: 人民出版社出版, 1998.

彭德懷傳記組. 『彭德懷全傳』(1-4册). 中國大百科全書出版社, 2009.

Dikötter, Frank. *Mao's Great Famine: The History of China's Most Devastating Catastrophe, 1958-1962.* Bloomsbury, 2011.

Domes, Jürgen. *Peng Te-huai: The Man and the Image.* Stanford University Press, 1985.

MacFarquahar, Roderick. *The Origins of the Cultural Revolution, Vol. 2: The Great Leap Forward 1958-1960.* Columbia University Press, 1983.

MacFarquhar, Roderick and Schoenhals, Michael. *Mao's last revolution.* Cambridge, Mass. : Belknap Press of Harvard University Press 2006.

제30장

楊繼繩. 『墓碑: 中國六十年代大饑荒紀實』. 香港: 天地圖書有限公司, 2008.

王焰, 主編. 『彭德懷年譜』. 北京: 人民出版社, 1998.

彭德懷傳記組. 『彭德懷全傳』(1-4册). 中國大百科全書出版社, 2009.

Domes, Jürgen. *Peng Te-huai: The Man and the Image.* Stanford University Press, 1985.

MacFarquahar, Roderick. *The Origins of the Cultural Revolution, Vol.2: The Great Leap Forward 1958-1960.* Columbia University Press, 1983.

MacFarquhar, Roderick and Schoenhals, Michael. *Mao's last revolution.* Cambridge, Mass. : Belknap Press of Harvard University Press 2006.

Schoenhals, Michael. "Yang Xianzhen's Critique of the Great Leap Forward." *Modern Asian Studies*, Vol. 26, No. 3 (Jul., 1992): 591-608.

제31장

Khrushchev, Nikita and Sergei. *Memoirs of Nikita Khrushchev. Volume 3: Statesman 1953-1964.* University Park: Pennsylvania State University Press, 2007.

Li, Zhisui. *The Private Life of Chairman Mao.* New York: Random House, 1996.

MacFarquahar, Roderick. *The Origins of the Cultural Revolution, Vol.2: The Great Leap Forward 1958-1960.* Columbia University Press, 1983.

Medvedev, Roy. *Khrushchev.* New York: Anchor Press, 1983.

Taubman, William. *Khrushchev: The Man and His Era.* New York: W.W. Norton, 2004.

"Conversations with Mao Zedong." Wilson Center: Digital Archive (International History Declassified).
(https://digitalarchive.wilsoncenter.org/collection/172/conversations-with-mao-zedong)

Mao Zedong. "Speech at a Meeting of the Representatives of Sixty-four Communist and Workers' Parties" (November 18, 1957).
(https://digitalarchive.wilsoncenter.org/document/121559.pdf?v=d41d8cd98f00b204e9800998ecf8427e)

제32장

楊繼繩. 『墓碑: 中國六十年代大饑荒紀實』. 香港 : 天地圖書有限公司, 2008.

張素華. 『變局 : 七千人大会始末, 1962.1.11.-2.7.』. 北京: 中華書局出版社, 2006.

Bernstein, Thomas P. "Mao Zedong and the Famine of 1959-1960: A Study in Willfulness." The China Quarterly, No. 186 (Jun, 2006): 421-445. 본문의 세 번째와 네 번째 주제는 상당 부분 이 논문의 내용에 근거하고 있다.

Chan, Alfred. Mao's Crusade: Politics and Policy Implementation in China's Great Leap Forward. New York: Oxford University Press, 2001.

MacFarquhar, Roderick. The Origins of the Cultural Revolution, Vol. 3: The Coming of the Cataclysm, 1961-1966. New York: Columbia University Press, 1997.

Thaxton, Ralph A. JR. Catastrophe and Contention in Rural China: Mao's Great Leap Forward Famine and the Origins of Righteous Resistance in Da Fo Village. Cambridge: Cambridge University Press, 2008. 특히 Chapter 5 and 6.

Yang, Dali. Calamity and Reform in China. Stanford: University of California Press, 1996.

제33장

楊繼繩. 『墓碑: 中國六十年代大饑荒紀實』. 香港 : 天地圖書有限公司, 2008.

張素華. 『變局 : 七千人大会始末, 1962.1.11.-2.7.』. 北京: 中華書局出版社, 2006.

Dikötter, Frank. "The Disappeared." Foreign Policy, No. 198 (JAN./FEB. 2013): 90-95.

Li, Hua-yu. "Stalin's "SHORT COURSE" and Mao's Socialist Economic Transformation of China in the Early 1950s." Russian History, Vol. 29, No. 2/4, "The Soviet Global Impact: 1945-1991": 357-376.

MacFarquhar, Roderick. The Origins of the Cultural Revolution, Vol. 3: The Coming *of the Cataclysm, 1961-1966.* New York: Columbia University Press, 1997.

Wemheuer, Felix. "Dealing with Responsibility for the Great Leap Famine in the People's Republic of China." *The China Quarterly*, No. 201 (MARCH 2010): 176-194.

_____. "Regime Changes of Memories: Creating Official History of the Ukrainian and Chinese Famine under State Socialism and after the Cold War." Kritika Explorations in *Russian and Eurasian History*, Vol. 10, No. 1 (2009): 31-59.

홀로도모르 관련 자료

(http://www.holodomoreducation.org/news.php/news/4)

제34장

楊繼繩. 『墓碑 : 中國六十年代大饑荒紀實』. 香港: 天地圖書有限公司], 2008.

張素華. 『變局 : 七千人大会始末, 1962.1.11.-2.7.』. 北京: 中華書局出版社, 2006.

錢庠理. 『歷史的變局 : 從挽救危機到反修防修, 1962-1965』. 『中華人民共和國史』 第5卷. 香港: 香港中文大學, 2008.

MacFarquhar, Roderick. *The Origins of the Cultural Revolution, Vol. 3: The Coming of the Cataclysm, 1961-1966.* New York: Columbia University Press, 1997.

"Readjustment and reaction, 1961-65" in Encyclopedia Britanica.

(https://www.britannica.com/place/China/Readjustment-and-reaction-1961-65)

제35장

高皋, 嚴家祺. 『文化大革命十年史 1966-1976』. 天津人民出版社, 1986.

錢庠理. 『歷史的變局 : 從挽救危機到反修防修, 1962-1965』. 『中華人民共和國史』 第5卷. 香港: 香港中文大學, 2008.

Dittmer, Lowell. *Liu Shaoch'i and the Chinese Cultural Revolution: The Politics of Mass Criticism.* Berkeley: University of California Press, 1974.

MacFarquhar, Roderick. *The Origins of the Cultural Revolution, Vol. 3: The Coming of the Cataclysm, 1961-1966.* New York: Columbia University Press, 1997.

인명 색인